组织理论：历史与流派

（第二版）

朱国云 著

南京大学出版社

图书在版编目(CIP)数据

组织理论:历史与流派 / 朱国云著. —— 2 版. ——
南京:南京大学出版社,2014.8
ISBN 978-7-305-13769-3

Ⅰ. ①组… Ⅱ. ①朱… Ⅲ. ①组织理论—研究 Ⅳ.
①C936

中国版本图书馆 CIP 数据核字(2014)第 181119 号

出版发行	南京大学出版社
社　　址	南京市汉口路 22 号　　邮编 210093
出版人	金鑫荣
书　　名	组织理论:历史与流派(第二版)
著　　者	朱国云
责任编辑	花建民　　编辑热线 025-83685870
照　　排	南京南琳图文制作有限公司
印　　刷	南京大众新科技印刷有限公司
开　　本	718×1005　1/16　印张 23　字数 410 千
版　　次	2014 年 8 月第 2 版　2014 年 8 月第 1 次印刷
ISBN	978-7-305-13769-3
定　　价	45.00 元

网址:http://www.njupco.com
官方微博:http://weibo.com/njupco
官方微信号:njupress
销售咨询热线:(025) 83594756

* 版权所有,侵权必究

* 凡购买南大版图书,如有印装质量问题,请与所购
  图书销售部门联系调换

组织理论历史与流派

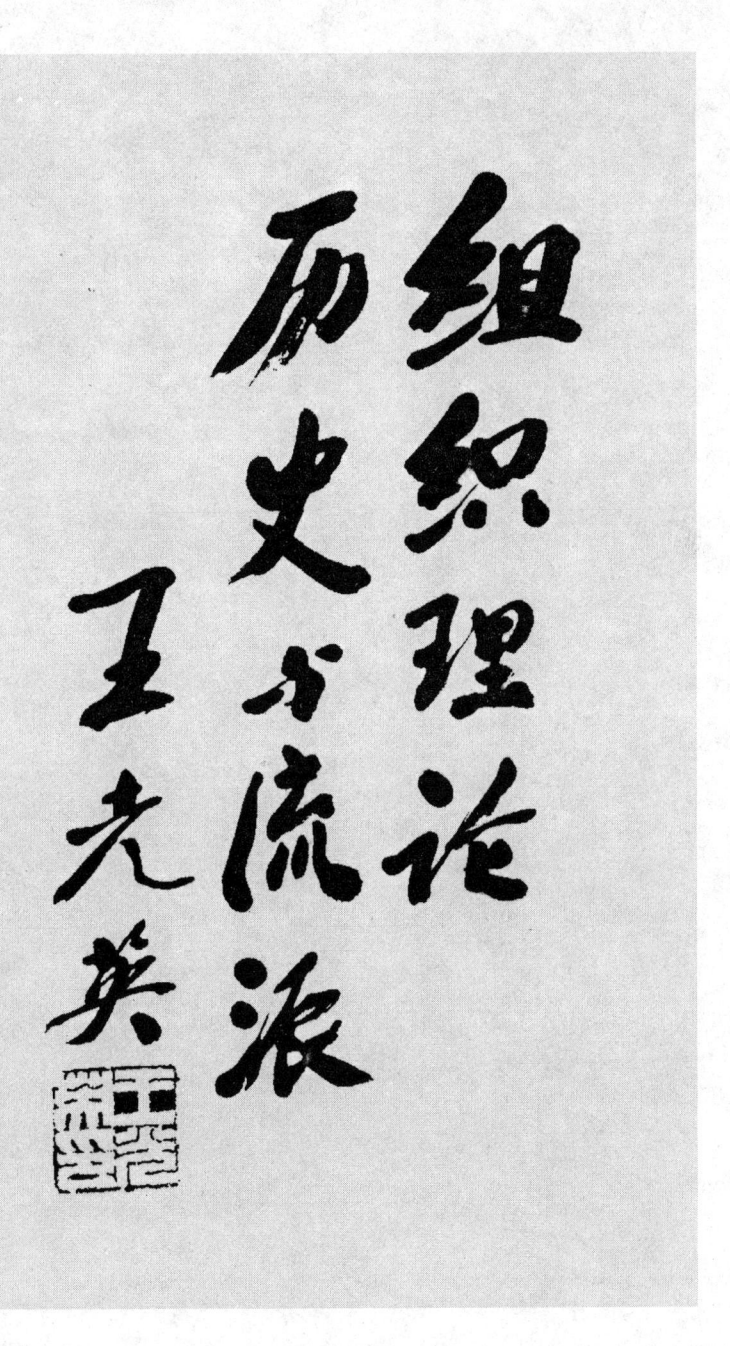

王光英

著名社会学家、全国人大常委会原副委员长王光英为本书题写书名。

可贵者胆 所要者魂

全国人民代表大会常务委员会副委员长朱学范题

组织理论
历史与流派
费孝通题

著名社会学家、全国人大常委会原副委员长费孝通为本书题写书名。

第一版序

经过较长一段时间的思考、准备和创作,朱国云教授的《组织理论:历史与流派》终于出版问世了。其间,她在美国纽约州立大学奥尔巴尼分校进修一年,师从著名组织理论学家理查德·H.霍尔教授学习组织理论,并由著名组织行为学家戴维·麦克费雷具体指导研究组织理论。其间收集了有关方面的许多资料,萌发了编著一本介绍和评述西方组织理论的书的念头;回国后,为准备给政治学和行政学专业的研究生开设这门课程,又研读了许多相关的书籍和资料,草写了厚厚一叠讲稿;在教学过程中,又听取了一些教师和学生的意见,边讲边改,深入研究;最后,水到渠成,较为顺利地完成了书稿的创作任务。可见,此书是朱国云教授多年来的一项重要的教学与研究成果,为此她付出了巨大的辛劳。苦中有甜,劳有所得,应该庆贺。

在本书里,作者对西方组织理论形成与发展的社会背景、影响因素、历史沿革及学术流派等,作了较为系统的探究和阐发。

从现有的资料来看,"组织理论"这一专门术语最先是由古立克、厄威克提出来的,组织理论的最初体系则是由巴纳德和西蒙构建起来的。虽然组织理论的零碎思想也许在这以前就有了,但组织理论的较为完整的形态还是首先出现在西方,具体一点说,出现在美国。这当然并不是偶然的。任何一种理论的产生都是为了解决现实中的问题,现实对理论的要求则构成组织理论产生的社会背景。组织理论形成的社会基础应该是多方面的,但下述几方面却是有根本意义的。一是工业革命推动了市场体系的发展,反过来向企业管理提出了更高要求,市场本身的缺陷又扩大和增加了公共行政的职能,这两者都促使研究理论的人和管理实践者将组织从原来只是管理的一个环节上升为管理的核心。二是崇尚科学的思潮推动美国企业创造出"科学管理"模式,而德国思想家韦伯所提出的专业化、层级制、高效化的理想型官僚体制也正好适合了实践需要,这两者又大大地推动了人们对组织的研究。三是美国传统政治中就有重视公共行政的因素,这种因素经威尔逊提出公共行政与政治分开的原则的推动,组织理论就成为与政治保持距离的科学领域了。

正是在这种社会背景下,西方的政治学家、管理学家、心理学家都投身于组织的研究。从这一意义上来说,组织理论本身就是多学科交叉、渗透的结果。组织理论除了知识方面的因素外,还受组织管理实践以及政治、心理、哲学等方面的影响。组织理论形成的年代,正是西方逻辑实证主义、科学主义、理性主义盛行的时期,这些都构成组织理论发展过程中的影响因素。纵观组织理论的发展史,可以很清晰地看到其中一直存在两对矛盾,即政治民主与组织集权的矛盾、组织的理性原则与人的心理道德需求的矛盾。强调实证主义、科学主义、理性主义的因素的学者撇开政治民主、道德需要和价值取向,在讲究效率的宗旨下,把组织仅仅看成是达到既定目标的工具和手段。相反,强调政治、道德和价值需要的学者则反对工具理性主义,要求考虑组织设计、决策、运行、发展中政治、道德、文化的作用。

由于组织理论研究中包含着矛盾,组织的理论体系就不可能是完全静止、单一的。研究的动态性和理论形态的多样性使组织理论有了自身的历史演变过程。这一演变的过程虽然表现出多样性、分散性的特点,但并不是没有轨迹可循的。撇开一些次要的方面,我们可以将西方组织理论的发展看成是从早期形成时的传统形态,经过理性形态、人际关系形态、权变形态到文化形态的依次变化的过程。抓住这一主要的历史发展线索,对不同理论流派就能加以分类,从而看清它们的基本倾向和在整个演变中所占的位置。

构成总的历史演变线索的还是一个个不同的理论派别即学术流派。当然,不同学术派别之间的差别有时不一定是明显的,有时观点相同的流派也不一定是同时的,或前后相继的。将具有同一理论价值取向或同一理论形态下的若干组织理论一起加以介绍和评述,可以从不同的角度看一种理论形态的内容、特征。而选用的标准则是对一种理论形态具有典型意义的派别。比如,在传统形态上,本书选取了泰罗、法约尔、韦伯等人的理论,并介绍了古立克、厄威克对传统组织研究的综合,这样,就能看到这一时期组织理论形态的整个面貌。在研究和阐述人际关系取向的理论形态时,则列出了梅奥、利克特、麦格雷戈、马斯洛、赫茨伯格、阿吉里斯等人的理论,从而从多视角、多侧面展现对理性模式表示怀疑的组织理论家的观点。

本书的主要特点是线索清晰,重点突出,前后连贯,评析得当。

在我国管理科学研究领域中,出版过很多有关企业管理和行政管理方面的通论、原理,也出版过不少有关管理的方法论及管理思想史方面的著述,但专门论述组织理论的书却很少。虽然组织翻译了不少西方有关管理学家的名著,但从组织理论的角度,将他们的思想连贯起来分析评价的则更少。这本书的出版,在这方面是一次有意义的尝试和补缺。

本书的第一个特点是线索清晰。西方学者论及组织的书很多,不同学者论述的角度也不一样。为了让中国的读者对西方组织理论有一个全面、动态的了解,本书将西方组织理论的演变过程分成五个时期,每个时期集中介绍一种理论形态,从而使读者能清晰地把握西方组织理论变化的主要线索。将理论史分段是一件困难且常常招致批评的事。因为思想家的思想过程、不同思想在社会上的传播过程是不能生硬地用年月日来加以划定的。但是,没有一定的时间界限,人们则根本无法去把握历史。因此,分段是必要的,但对理论发展的分段要照顾到历史与逻辑的统一。当然,将西方组织理论的历史分成这五个时期究竟准确不准确,分段的起讫时间是否妥当,都有待于读者的评判。

本书的第二个特点是重点突出。西方管理学的书很多,名家很多,观点很多。要把主要流派介绍出来,选谁、选什么代表作、选什么有代表性的观点,所有这些都很费脑筋。本书采用的方法是以20世纪90年代西方最为流行且有权威性的组织理论为基准,然后看历史上什么理论、什么著作、什么人物对组织理论的发展最有贡献。这样,选择的代表人物及其代表性著作、代表性观点就有现实感,对现实的组织管理实践就有指导作用,同时也就体现出重点。当然,这本西方组织理论的流派史还是粗线条的,要写得更细、更具体就要多选择一些人物、著作和思想观点,不过那样可能就显得太庞杂了。

本书的第三个特点是前后连贯。因为是用选择代表性人物、代表性著作、代表性观点的方法来叙述理论史,就容易发生人物之间、观点之间互不联系的现象。本书在这方面作了很多努力,尽量地把前后代表性人物的理论观点对照起来论述,从而使读者产生历史延续的感觉。如对韦伯理想性官僚制的评价,基本上贯穿全书。对有关观点尽量做到前后照应,让读者能看出其产生、发展和变化的基本脉络。

最后,本书还注意对西方组织理论作出较为客观公正的评价。这本书是介绍西方思想家的观点,其中有许多认识和看法是不符合马克思主义的。对待这些,当然要分析、批评,提出我们自己的看法。但是,这种分析尽量地要由西方思想家们自己去做,即用他们之间的学术批判来说明某种理论观点的片面性和局限性。另外,即使要批评某些观点,也尽量地放到一定时期、一定的理论背景下进行,做到言之有据,切中要害。在这方面,本书作者也下了一些功夫,收到了比较好的效果。

我作为本书的第一个读者,精读一遍,略有一些体会,随笔写下以上几段文字,一为读后心得,自我享受;二为宣传广告,向广大读者推荐:此乃一本有价值之作,值得一读。

张永桃

第二版序

社会自古以来就有组织,只是各种组织的性质、原则、形式、职能和活动方式不同。动物界许多物种也有组织。雁群飞行,总有领头雁,或"一"字形,或"人"字形,整齐壮观。蜜蜂也有分工的,蜂王统率蜂群;羊群有领头羊,蚂蚁有蚁王。当然动物界有组织是本能的行为,不可与人类的组织并论。人类社会有各种各样的组织,最严格、威武的就数军队。社会有组织就会产生组织理论,历史上,关于组织的看法、见解、论述、观点比比皆是,不过大都是关于具体、特定组织的论述。关于军队的性质、编制、训练、功能、作战的论述可能最多,也许是由于军队地位特别,也许是由于战争对军队生存的考验非常显著。不过,在近代以前,并未形成系统的组织理论,因为,历史上生产落后,社会发展缓慢,社会组织比较简单,而且社会组织形式常常几百年几千年基本不变,因此对组织的研究很少。

组织理论是现代社会产生的。工业革命以来,社会化大生产迅速发展,科学技术日新月异,市场经济蓬勃兴起,企业、事业单位如雨后春笋般涌现,公共行政事务日益繁重,而且竞争激烈,变化很快,对企业、行政、事业单位和社会生活等管理产生了新的要求,管理科学应运而生,组织理论也随之出现了。

组织是应管理的需要建立的,有管理就要建立组织,组织是管理的基础,组织为管理服务。管理决定组织,所有管理都是通过组织来实现的,有各种管理,就有各种组织,行政的、军事的、企业的、事业的管理性质与职能不同,各种管理的组织也不同。管理与组织不可分割。从认识发展来看,管理科学出现时,已包含组织方面的论述,后又形成组织理论。组织理论是管理科学发展的产物,标志着对组织在管理中的重大作用的认识深化了。

管理科学、组织理论的产生和发展,都是为了提高管理水平,推动管理进步,以调动人们的积极性,增强凝聚力,促进决策科学化,或提高企业的劳动生产率与效益,或提高行政、事业单位的工作效率,防止重大失误、浪费与事故。科学技术是生产力,管理也是生产力。

我国正在进行社会主义现代化建设,发展社会主义市场经济,改革行政机构,建立现代企业制度,同时各方面亟需实行科学管理,提高管理水平。过去我国实行计划经济体制,不重视管理,机构重叠,职责不明,人浮于事,纪律松弛，官僚主义盛行，缺乏民主、科学的决策程序，缺乏认真的监督，严重束缚了群众的积极性、创造性，劳动生产率低下，办事拖拖拉拉。实行科学管理是迫切的重大任务。加强管理，首先要靠我们自己总结经验教训，解放思想，勇于实践，敢于探索；同时要认真学习和研究外国先进的科学管理经验与理论，这是借鉴人类文明成果的重要方面。

南京大学出版社出版的《组织理论：历史与流派》一书，是朱国云教授多年从事教学与科研的成果。该书科学地论述了组织理论历史发展阶段和重要学派的基本观点，内容丰富，线索清晰，评点公允，颇有独到见解。对于了解和研究组织理论，推动科学管理，很有帮助，值得企业、事业单位和行政部门的同志阅读，也是从事有关科研教学工作学者的有价值的参考书。

科学管理的水平，取决于生产力发展水平、科学技术发展水平、市场经济发育程度、民主法制建设状况、社会制度和文化传统等，同时也取决于管理部门工作人员的思想、文化和业务水平。我们要运用马克思主义的观点和方法，立足自己的实践，总结历史经验和文化遗产，借鉴别国的管理科学、组织理论，从我国实际出发，大胆探索，不断创新，在各个领域实现科学管理，创造有中国特色的管理科学和组织理论。

胡福明

目 录

第一章　组织理论及其发展历史 ··· 1
　一、组织理论及其知识体系 ·· 1
　二、西方组织理论发展的历史阶段 ·· 6
　三、西方组织理论发展史的研究方法 ··· 9
　四、研究西方组织理论发展史的价值 ·· 12

第一编　科学管理时期组织理论的研究与发展

第二章　泰罗的职能组织理论 ··· 18
　一、泰罗的组织理论研究活动及主要著述 ································· 18
　二、组织科学管理原理 ··· 22
　三、组织计划原理 ··· 24
　四、组织职能化原理 ··· 25
　五、泰罗组织管理理论的发展 ··· 28

第三章　韦伯的组织结构理论 ··· 31
　一、韦伯的组织理论研究活动与主要著述 ································· 31
　二、组织研究的理想类型方法 ··· 35
　三、权力形态与组织类型理论 ··· 37
　四、法定权力与组织结构理论 ··· 39
　五、官僚制组织的社会作用 ·· 40
　六、官僚制组织的后续研究 ·· 41

第四章　法约尔的组织过程理论 ·· 45
　一、法约尔的组织理论研究活动与主要著述 ····························· 45
　二、社会组织理论 ··· 47
　三、组织因素理论 ··· 48
　四、组织职能理论 ··· 50
　五、组织运行理论 ··· 52
　六、组织管理原则 ··· 54
　七、组织参谋理论 ··· 56
　八、组织"跳板"原则 ·· 57

第五章 厄威克和古利克的组织设计理论 …… 59
一、厄威克和古利克的组织理论研究活动与主要著述 …… 59
二、古典管理理论的系统化 …… 61
三、组织设计理论 …… 64
四、组织结构原则 …… 66
五、组织因素和类型理论 …… 68

第六章 福莱特的组织动态管理理论 …… 70
一、福莱特的组织理论研究活动与主要著述 …… 70
二、环形心理反应理论 …… 72
三、"集体工作网"理论 …… 73
四、组织权威理论 …… 75
五、组织协调理论 …… 78

第二编 行为科学时期组织理论的研究与发展

第七章 梅奥的人际关系组织理论 …… 84
一、梅奥的组织理论研究活动与主要著述 …… 84
二、组织协作关系理论 …… 88
三、"社会人"理论 …… 89
四、非正式组织理论 …… 91
五、非正式组织理论的发展 …… 92
六、人际关系组织理论的局限性 …… 93

第八章 利克特的支持关系组织理论 …… 96
一、利克特的组织理论研究活动与主要著述 …… 96
二、参与式管理理论 …… 98
三、组织支持关系理论 …… 100
四、组织基本单元结构理论 …… 102
五、组织领导理论 …… 107

第九章 马斯洛的组织人性假设理论 …… 110
一、马斯洛的组织理论研究活动与主要著述 …… 110
二、组织成员动机理论 …… 113
三、组织成员需要层次理论 …… 114
四、组织成员需要演变理论 …… 116

第十章 麦格雷戈的组织成员人性假设理论 …… 120
一、麦格雷戈的组织理论研究活动及主要著述 …… 120
二、组织人性假设理论 …… 121

三、组织管理模式理论……………………………………………… 126
　　四、组织人性假设理论的发展……………………………………… 127
第十一章　赫茨伯格的组织激励理论……………………………………… 131
　　一、赫茨伯格的组织理论研究活动及主要著述…………………… 131
　　二、组织的双因素理论……………………………………………… 135
　　三、组织职务丰富化理论…………………………………………… 140
　　四、组织激励理论的发展…………………………………………… 141
第十二章　阿吉里斯的组织学习理论……………………………………… 145
　　一、阿吉里斯的组织理论研究活动与主要著述…………………… 145
　　二、组织成员个性发展理论………………………………………… 147
　　三、正式组织与成熟个性矛盾理论………………………………… 149
　　四、组织应用理论及其模式………………………………………… 152
　　五、组织学习理论…………………………………………………… 156

第三编　科学决策时期组织理论的研究与发展

第十三章　巴纳德的组织平衡理论………………………………………… 164
　　一、巴纳德的组织理论研究活动与主要著述……………………… 164
　　二、现代组织理论的地位…………………………………………… 166
　　三、组织结构及其发展理论………………………………………… 168
　　四、组织管理权限理论……………………………………………… 173
　　五、组织特殊化理论………………………………………………… 176
　　六、组织平衡理论…………………………………………………… 178
第十四章　西蒙的组织决策理论…………………………………………… 182
　　一、西蒙的组织理论研究活动与主要著述………………………… 182
　　二、对传统组织理论的批评………………………………………… 185
　　三、组织影响理论…………………………………………………… 187
　　四、组织目标理论…………………………………………………… 190
　　五、决策过程理论…………………………………………………… 191
　　六、组织设计理论…………………………………………………… 197
　　七、组织平衡理论…………………………………………………… 200
第十五章　弗洛姆的决策规范理论………………………………………… 203
　　一、弗洛姆的组织理论研究活动与主要著述……………………… 203
　　二、组织期望激励理论……………………………………………… 204
　　三、决策规范理论…………………………………………………… 206
　　四、符合情境的决策………………………………………………… 212

第四编　系统科学时期组织理论的研究与发展

第十六章　本尼斯的组织发展理论 ·············· 217
　　一、本尼斯的组织理论研究活动及主要著述 ·············· 217
　　二、组织内部协调理论 ·············· 219
　　三、组织外部适应理论 ·············· 225
　　四、未来组织发展预测 ·············· 228
　　五、组织领导能力理论 ·············· 230

第十七章　菲德勒的组织权变控制理论 ·············· 232
　　一、菲德勒的组织理论研究活动与主要著述 ·············· 232
　　二、领导方式形态理论 ·············· 234
　　三、权变控制模型理论 ·············· 237
　　四、动态领导过程理论 ·············· 240

第十八章　卡斯特和罗森茨韦克的系统与权变组织理论 ·············· 245
　　一、卡斯特与罗森茨韦克的组织理论研究活动与主要著述 ·············· 245
　　二、组织理论的演变与组织的系统权变观 ·············· 247
　　三、组织与工艺技术关系理论 ·············· 252
　　四、组织结构与设计理论 ·············· 254
　　五、组织行为理论 ·············· 258
　　六、组织影响与领导理论 ·············· 263
　　七、组织控制理论 ·············· 265
　　八、组织变革理论 ·············· 267

第五编　管理文化时期组织理论的研究与发展

第十九章　沙因的组织文化模型理论 ·············· 277
　　一、沙因的组织理论研究活动与主要著述 ·············· 277
　　二、研究组织文化的意义 ·············· 279
　　三、组织文化的正式定义 ·············· 280
　　四、组织文化的层次 ·············· 283
　　五、组织文化的塑造与传播 ·············· 287

第二十章　路易斯的组织文化渊源理论 ·············· 291
　　一、路易斯的组织理论研究活动及主要著述 ·············· 291
　　二、文化的社会心理功能 ·············· 293
　　三、组织文化的社会心理渊源 ·············· 293

  四、组织文化的层次结构 ·· 295
  五、组织环境的变化与文化的重构 ································ 296
第二十一章 斯默西奇的组织共有意义理论 ··························· 299
  一、斯默西奇的组织理论研究活动及主要著述 ···················· 299
  二、组织的气质 ·· 301
  三、组织的仪式 ·· 303
  四、组织的口号 ·· 304
第二十二章 圣吉的学习型组织理论 ································· 307
  一、圣吉的组织理论研究活动及主要著述 ························ 307
  二、学习型组织的内涵 ·· 308
  三、学习型组织的五项修炼 ······································ 310
  四、建立学习型组织的障碍 ······································ 312
  五、自我超越及其修炼 ·· 313
  六、改变心智模式和建立共同愿景 ································ 315
  七、新型的组织管理 ·· 317
  八、组织领导者新角色 ·· 319
第二十三章 哈克的混序组织理论 ··································· 322
  一、哈克的组织理论研究活动及主要著述 ························ 322
  二、物理学研究对社会组织变革的深刻影响 ······················ 325
  三、传统思维与现代思维的区别 ·································· 327
  四、混序组织及其特征 ·· 330
  五、混序组织形成的挑战及其应对 ································ 332
第二十四章 霍尔的组织效能理论 ··································· 336
  一、霍尔的组织理论研究活动与主要著述 ························ 336
  二、组织效能及其主要的分析模型 ································ 337
  三、建构组织效能分析的矛盾模型 ································ 340
  四、组织效能矛盾模型的应用 ···································· 343
  五、当代的组织理论流派分析 ···································· 344

后 记 ··· 349

第一章 组织理论及其发展历史

【摘要】

组织是由具有互动作用的人群依据其结构和功能所构成,并有其行动规则和规范的社会实体。以组织的结构、运行和变革的规律为研究对象的组织理论是具有特殊内容和形式的知识体系。

西方的组织理论是西方发达国家的组织成员和管理者在组织设计、运行和发展的实践基础上,在探究组织的结构、运行及其变革、发展规律的过程中所产生和积累起来的、以知识形态为表现的理性思维的产物。西方组织理论在其历史发展中形成了既互相补充又相互竞争的学术流派。

对于正投身于现代企业管理和现代公共管理的中国实践者和理论工作者来说,应当运用历史与逻辑相统一的方法和比较分析的方法来认真研究和分析西方组织理论研究的历史和不同时期产生来的多种多样的流派。

研究西方组织理论的历史与流派的作用既可以帮助我们了解西方的企业组织、公共组织设计、维护和变革的实践经验,也可以帮助我们了解西方的管理者和研究者基于实践对组织的结构、运行、变革所做的理论概括,这两方面又都有助于我们构建有中国特色的现代组织理论。

一、组织理论及其知识体系

无论是公共行政(Public Administration)还是企业、事业管理(Private Management),都同组织联系在一起。凡有管理的地方,必有组织,绝不存在没有组织的管理;同样,凡有组织,必定需要管理,也绝不存在没有管理的组织。组织是一切管理的载体,管理不过是组织维持其存在和发展的方式而已。如果说人类有什么最值得夸耀的话,就是他们在历史的进程中发展了一种特有的组织能力,与此相应也就产生一门学科,即组织理论。

组织理论研究的对象是人类的各种组织。首先存在的是人类的组织现象、组织运行和组织过程,然后才发展起关于这一现象、运行和过程的理论。关于什么是组织的问题,历史上人们就有不同看法,至今还在争论中。这些组织理论历史与流派的争论一方面反映了人们对组织现象、运行和过程认识的深化,另一方面,也反映了组织是一个复杂的存在物,其结构、运行和过程有许多规律性,人们可以从不同的侧面去认识它。①

从词源学上来考证,在汉语中,组织有编织的含义。而在西方,组织一词来源于希腊文"Organon",其意思则是"工具"、"手段"。在19世纪70年代以前,组织一词主要被用来说明生物的组合状态。1873年,英国哲学家斯宾塞将组织一词引进了社会科学,他在提出"社会有机体"这一概念的同时,将组织看成是已经组合的系统或社会。

在西方,人们对组织的定义是多种多样的。比如,维克·A. 汤普逊(Victor A. Thompson)认为,组织是"一个高度理性的、非个人的整体,大量的专家为达到公开宣布的某些特定目标而合作"。巴纳德对组织的界定是"至少两人组成的,自觉合作的个人行动或力量的系统"。巴基(E. Wright Bake)则指出,组织是"一个连续的系统,有明确的人类行为的分工和合作,利用、转换和结合一系列具体的人类物质、人力资本和自然资源,使之成为一个独特的、能解决问题的整体,以便满足在特定的环境下与其他人类行为和资源系统相互产生的特殊的人类需求"②。

人们比较多地引用 E. 格罗斯与 A. 埃策尼和 E. 卡斯特与 E. 罗森茨韦克关于组织的定义。格罗斯与埃策尼关于组织的定义是:"组织,是人类为了达到某些共同的目标而特意建构的社会单元,企业公司、军队、学校、教会、监狱等都是组织。那些自然形成的群体,如部落、阶级、宗教团体以及家庭,则不包括在内。现代化组织具有以下特征:(1) 在劳动、权力以及沟通责任上有所分工,分工的方式既不是任意的,也不是传统的,而是围绕某一特定目标加以精心设计的;(2) 具备一个以上的权力核心,用以指挥组织成员的行为,以促进组织目标的实现,这些权力核心要不时地考核组织的绩效,必要时调整组织结构以增加效率;(3) 实行成员的淘汰.对不胜任的成员通过轮训、降职、撤职的方式加以更换。"③

E. 卡斯特与 E. 罗森茨韦克关于组织的定义是:"组织是:(1) 有目标的,即怀有某种目的的人群;(2) 心理系统,即群体中相互作用的人群;(3) 技术

---

① G. 摩根在其著作中归纳出10种关于组织的定义:(1) 组织是追求目标的理性实体,如企业;(2) 组织是权力分子的结盟,如立法机构;(3) 组织是与环境互动的开放系统,如科研机构;(4) 组织是为实现目的的人为系统,如宗教团体;(5) 组织是由相对独立的单位组成的松散式结构,如学校;(6) 组织是影响决策的政治系统,如工会;(7) 组织是对内部成员互动加以约束的工具,如军队;(8) 组织是通过内部纵向、横向关系处理资讯的单位,如行政部门;(9) 组织是成员只能接受制度而无权自由选择偏好的模式,如工厂;(10) 组织是由不成文的协议构成的团体,如利益集团。

② 参见尼古拉·亨利《公共行政学》,华夏出版社2002年版,第47页。

③ E. Cross and A. Etzioni: *Organizations in Society*, N.J., Prentice Fall, 1985, pp. 5-7.

系统,即运用知识和技能的人群;(4)有结构的活动整体,即在特定关系模式中一起工作的人群。"①

综合上述种种定义,我们可以大体了解到,人类社会中的组织是在一定的环境中,互动的个人或团体为实现一定的目标,依据一定的职权关系,通过一定的结构所形成的,对环境既适应又改造的具有明确界线、不断成长的有机实体。首先,组织都生存和运行在一定的环境下,组织与周围社会环境发生相互作用。组织有着明确的边界,组织对环境既要适应,又要改造。其次,组织是由互动的个人或团体组成的社会单元。第三,组织通过内部沟通交流,会形成团体意识,并具有明确的共同目标。最后,组织通过一定的职权关系形成了比较稳定的内部结构。

组织中包括着心物两个方面的因素。对组织进行界定可以从静态和动态的意义上理解组织。但组织不仅有静态结构、动态的功能和行为,而且还是一个有机的生长体,随着环境的演变而自求适应、自谋调整变革。社会学家帕森斯(Talcott Parsons)指出,大凡一个组织都必须能够解决下列四个基本问题,否则不成其为组织:如何适应环境(Adaptation),如何决定共同目标并完成它(Goal Achievement),如何协调统一使组织成为单一整体(Integration),如何使得组织的成立或发展不错过机遇(Latency)。

对组织亦可从心态意义上理解。组织中不仅存在权责分配关系,不仅是一种不断适应与成长的有机体,同时也存在组织成员对权责的认识,以及由感情交流与思想沟通所形成的团体意识。

人类组织的实践一定早于有关组织的研究,也一定早于组织理论的出现。有些学者认为,对组织现象进行系统、自觉的研究始于20世纪20年代前后。也有学者认为,组织理论的出现最早在20世纪30年代,因为1930年美国出版的《社会科学大辞典》中还没有组织理论的词条。台湾学者张润书则认为,直至1937年,在古利克和厄威克合著的《行政科学论文集》中,才出现了有关组织理论的简要内容。②

人们不仅在对组织的定义上有不同见解,而且在对组织理论的定义问题上也有不同的看法。大致存在两种不同的意见:一种意见是比较多的作者感觉对组织理论下定义有困难,就采取不作定义,只作分类的做法。这种对组织理论感到难以定义而采取不作定义的态度是不可取的,它无助于问题的解决。

---

① F. E. Kast and J. E. Rosenzweig: *Organization and Management*: A System and Contingency Approach, N. Y. McGraw-Hill, 1970, p. 9.

② 参见张润书《行政学》(修订四版),台湾三民书局2009年版,第123页。

感到下定义有困难，正说明了研究组织理论具有必要性、迫切性和科学性。人们更应积极、科学地去探索、分析、研究其发展的系统规律，从而在予以准确定义的基础上进一步发展它、运用它。

另一种意见是同意给组织理论以界定。在这一态度下大致又有两种情况。一种情况是有些学者认为组织理论与组织行为学就是一回事。这种看法有一定的道理。但是，仔细推敲，组织理论与组织行为学应该说还是有区别的，前者是个整体，后者只是一个局部。组织行为学侧重研究组织中的个体与群体的行为和心理，而组织理论不仅要研究组织行为学方面的内容，还要研究组织结构、职能及其运行等多方面的内容。

第二种情况是有人将组织理论与行政组织理论作等同的看待。这种看法也同样有一定的道理。但是，仔细分析，组织理论与行政组织理论也还是有区别的。前者是一般理论，后者是个别理论。因为组织理论是一门跨学科的理论，是政治学、行政学、社会学、经济学、军事学等所共同研究的重要课题。而行政组织只不过是众多的社会组织中的一部分——尽管是其中很重要且规模庞大的一部分——其理论不能包括或普遍适用于各种社会组织。除了行政组织理论外，还有关于国家管理的国家组织论和政府组织论，各种兵法中的军事组织理论，以及一些主要的政党的组织理论，等等。它们都是各种类别的组织理论。

真正从组织的角度来给组织理论下定义的要数英国学者 D. S. 皮尤，他在《组织理论精萃》一书中指出：组织理论可以界定为研究组织的结构、职能和运转及组织中群体行为和个人行为的知识体系。这一定义列出了组织理论所要研究的内容，并指出了组织理论是一个知识体系。但稍嫌不足的是没有突出其规律性，因为凡是理论总是要研究事物的本质及其规律的。由此，可以将皮尤的定义加以完善为：组织理论就是研究和解释组织的结构、职能和运转及组织中群体行为与个人行为等现象，并指出其中的规律的理论和知识体系。[①]

人们常常用"既古老又年轻"来形容组织理论。说组织理论"古老"，是因为凡要研究管理就必然要研究组织。组织是管理行为的载体，没有组织就无所谓管理行为。但是，以往的管理理论不是以组织为基础的，即组织没有被摆到管理活动及其知识体系的核心位置上。所以，那时的组织研究只是一种有关组织的思想因素，没有对其地位、性质、结构、运行、变革进行系统的探究，也没有形成为一个独立的知识体系，或一门独立的学科。将组织及其结构、运行和变革的规律专门作为对象来研究，并形成一门学科则是近几十年的事情。

---

① D. S. 皮尤：《组织理论精萃》，彭和平等译，中国人民大学出版社1990年版，第3页。

正是在这一意义上，我们又说组织理论是"年轻"的。

到了近代，研究管理学的学者们则纷纷以组织为中心来观察、论述管理活动，从而使组织理论成为一门独立的学科。对于组织理论究竟在什么时候成为一门独立学科的问题，人们的看法也是很不相同的。有的人认为，从泰罗开始进行独立的管理研究也就有组织理论了；有的人却认为真正的组织理论是从马克斯·韦伯开始的。要澄清这一问题，最好的办法还是借助于历史考证。

应该说，对组织进行系统的研究是20世纪中期以后的事。以1930年出版的《社会科学大辞典》(Encyclopedia of the Social Sciences, New York, Macmillan)一书为依据，当时这本辞典中还没有列上"组织理论"的词条。直至1937年，英国行政学与管理学名流厄威克和美国行政学家古利克在他们合著的《行政科学论文集》中发表了一篇题为《组织理论概述》的论文，从而出现了组织理论的最初概念。不过，他们也没有对组织理论提出自己专门的、有独创性的见解，也没有围绕"组织理论"作更多深刻系统的论述。但从那时候开始，对组织理论问题进行讨论的学者则日益增多，相应地，以组织理论为内容，或直接以组织理论为标题的文章、专著也日渐增多。

到了20世纪50年代，公共行政学家们和企业管理学家们都非常热衷于探讨"组织理论"，并在组织理论的名义下发表各种见解、论述和观点，大量的论文、科研报告和著作也就接踵而至。这时马克斯·韦伯关于"官僚制度"的译著也被介绍到美国并产生了很大的影响。所以，后来有人称韦伯关于官僚制理想形态的学说是最早也是最有代表性的组织理论。

但是从整个西方实务界和学术界对组织及组织理论的研究来审视，真正的、具有实质意义的组织理论研究应该是从西蒙开始的，或者说现代意义上的系统组织理论是西蒙创立的。西蒙是诺贝尔经济学奖的得主，他不仅是位管理学家，而且还是著名的计算机科学和心理学专业的教授。他所倡导的决策理论，是以社会系统理论为基础，吸收古典管理理论、行为科学和计算机程序等科学的内容，逐渐发展起来的一门交叉性、边缘性学科。决策理论学派的学者们认为，决策程序就是全部管理过程。管理就是决策。而组织不但是管理对象，同时还是管理手段，现代社会其自身就是一个有目的的、高度组织化的、开放的社会系统。因此，应用系统理论研究组织理论与管理的问题也就是顺理成章的了。

作为一门学科的组织理论究竟是归于社会科学还是归于其他科学，对此有两种观点。一种观点觉得组织理论是社会科学，这种观点得到多数人的同意。但另一种观点则认为，组织理论属自然科学，是自然科学中的管理学分支。如我国国家自然科学基金委员会管理学部的课题指南中,就明确规定组织理论与组织行为学为自然科学项目。实际上,现代组织理论既有社会科学的属性与内容,又有自然科学,甚至还有工科科学的属性和内容,应该是属于文理交叉的边缘学科。

组织理论有着自己的知识体系。要了解组织理论的知识体系,可以从三个方面着手。一是从组织理论与管理实践的相互关系着手。作为管理的具体实践或实际的技术手段,主要包括:管理过程(计划、寻找资料、组织、激励、控制)、管理决策(判断的、战略的、协作的、作业的)、管理对象(工商企业、政府、教育、宗教、军事)。正是在这一实践的或实际操作的基础上,才产生组织理论。二是从组织理论与相关学科的关系来看,组织理论与下列学科的知识紧密相联:行为科学(人类学、心理学、社会学)、社会科学(经济学、政治学、历史学)、哲学、分析科学(数学、统计学、比较分析)。组织理论的发展与这些学科的发展以及它们的相互渗透密不可分。三是从组织理论本身的研究内容来看,组织理论包括:组织的政治、经济、社会环境,组织的界线与活动范围,组织之间的界面,组织的结构,组织中的正式与非正式关系,组织中的权力、职权和影响,组织目标与价值系统,组织中的群体动力学,组织成员的激励,组织的战略与战术,组织中的管理过程,组织信息决策,组织稳定、革新与发展,等等。

再从另一个角度来看,一般说来,一门学科的知识可以由理论、方法、历史等几大部分构成。就组织理论来说,这里讲的"理论",主要是指组织的一般理论、组织行为学;这里讲的"方法",主要是指研究组织的各种途径、手段;这里讲的"历史",也主要是指理论发展的线索和各种流派。本书只是涉及组织理论知识体系中的某个层次或某个部分,即组织理论本身研究的内容以及西方组织理论发展史上的主要流派。

二、西方组织理论发展的历史阶段

以 20 世纪 30 年代为分界线,在此以前,差不多所有的管理学家和管理专家们尽管也在谈论组织,并且也对组织的问题进行过研究,但是,他们都没有想到要用"组织理论"这一术语来概括他们的研究工作。1937 年厄威克与古利克的《管理科学论文集》问世,第一次正式提出了"组织理论"这一概念以后,各种对组织的研究才归并到"组织理论"的名下。自此以后,管理理论与组织理论逐渐成为管理领域中两个平行的研究领域。

到了巴纳德从事管理和组织研究,特别是赫伯特·A.西蒙登上管理学研究的舞台并成为代表人物时,组织理论开始成为一切管理学的基础。人们普遍认为,管理学最根本的任务就是要寻找适合人性,并与技术相结合的有效运行的组织。对于管理学家和管理专家来说,他们的中心任务不再是罗列多少条管理原则,而在于对组织本身加以设计、调整、管理、革新。在法约尔那里,组织原先只被看作管理的一个环节,但在西蒙及所有现代管理学家那里,管理只不过是组织的一种职能和存在形式而已。

一切管理学理论说到底都是以组织理论为基础的。坚持将组织理论作为各种具体的管理理论的基础,这是现代管理理论同古典的、传统的管理理论相区别的重要标志。因此,要对现代管理理论有所认识,就必须研究组织理论。

组织理论作为对组织的本质及其运行规律加以科学概括的逻辑的与知识的系统,本身也经历了一个产生、发展和逐步完善的过程。目前这一理论还处在不断发展之中。因此,我们要了解组织理论,并运用组织变革中的新经验来进一步丰富组织理论,就必须认真地研究组织理论不断演化的历史及其在历史进程中所产生的诸多学术派别。

在弄清楚有关组织理论的知识体系和所要研究的主要内容以后,接下来的问题是要对组织理论发展的历史阶段进行划分。只有首先分清这一理论不同的发展阶段或各个时期,才能找出每个时期的一些主要流派,然后再确定哪些流派值得研究。

要对组织理论演化和发展的历史进行分段,就必须确定组织理论史的分段标准。一种是以时间为标准的阶段划分。以组织理论研究者的研究时期和著作出版的先后次序为标准,可将组织理论划分为三个前后相继的演化、发展阶段:一是古典组织理论(Classical Organization Theory)形成和发展阶段;二是近代组织理论(Contemporary Organization Theory)形成和发展阶段;三是现代组织理论(Modern Organization Theory)形成和发展阶段。这种对组织理论研究演变、发展所作的历史阶段划分,其优点是时间顺序比较清楚,但缺点则是人们从中看不清各种理论要素自身的发展线索。比如,在同一时期内出版了好多著作,讨论的组织要素也并不相同,人们就不容易看清某种组织理论要素前后的联系、内容演化发展的线索,当然也不好进行比较。

另一种是以内容为标准的划分,即以组织结构、组织职能、组织体制、组织决策等组织理论要素内容的变化作为标准来划分和研究组织理论的演化发展的历史阶段。其优点是组织理论要素内容方面的线索很清楚,但整个组织理论前后演变的界限就显得非常模糊。

较好的办法是将上述两种划分标准结合起来,以组织理论的主要理论流派为标准对组织理论史的演化发展阶段进行划分。这种划分也有一些学者做过。① 以学术流派的演变来考察组织理论的演化发展既能顾及内容的前后连贯演变，又能以一个个流派为标记，纵观西方组织理论研究所经历的若干阶段和时期。

依照上述分析，可以将组织理论发展的历史流派演变分为五个时期：科学管理时期（The period of Science Management，大约从20世纪初至30年代）、行为科学时期（The Period of Behavioral Science，大约是20世纪30—50年代）、科学决策时期（The Period of Decision Making，主要是20世纪40—50年代）、系统科学时期（The Period of Systems Approach，主要是20世纪60—70年代）、文化管理时期（The Period of Cultural Management，20世纪80—90年代至今）。这种划分有一定的道理，既能观察到组织理论内容的变化，也能看清人们对组织理论研究思维的逻辑演进轨迹。

以泰罗、韦伯、法约尔为代表的早期管理学家对组织问题进行研究的时期，可以称作是组织理论发展的科学管理时期。其后，以梅奥、利克特、马斯洛、麦格雷戈、赫茨伯格、阿吉里斯为代表的一批学者特别强调组织中的社会、心理系统及人的行为因素的作用，他们从事的组织研究的时期可以称为行为科学时期。

以巴纳德的《经理人员的职能》和西蒙的《管理决策的新科学》的出版问世为分界线，表明组织理论的研究已进入科学决策时期。在20世纪60年代以后，本尼斯出版了《组织发展与官制体制的命运》，卡斯特与罗森茨韦克于1979年完成了《组织与管理：系统与权变的观念》的写作，这些都标志着组织理论研究已进入系统科学时期。

1983年埃德加·沙因出版了他的奠基之作《组织文化与领导》，1990年彼得·圣吉出版了带来轰动效应的《第五项修炼》，20世纪90年代末迪伊·哈克奉献给人们经典性的《混序：维萨与组织的未来形态》，这些都标志组织理论研究已进入文化管理时期。

在传统的管理研究和行为科学组织理论中，组织只是作为经营管理过程中的一个环节而得到讨论，组织仅仅成为一种管理手段而得到重视。其中泰罗和法约尔偏重于分析组织中的管理与决策，韦伯则侧重于探讨组织结构。而在现代管理理论中，组织则成为管理的核心，人们认识到没有组织就没有管理，管理在一定程度上只是组织的一个职能。但是，现代组织理论也不是凭空产生来的，它经过了传统管理理论阶段的准备，并在其基础上深化发展起来

---

① 像台湾学者姜占魁教授就曾以学派为标准来划分组织理论的发展阶段，但姜占魁教授似乎过于考虑学科的特点，因此，历史线索被掩盖了，显得有点混乱。

的。在组织理论的研究中,由于所处的历史时代不同、各个时代所要解决的问题不同以及分析问题的方法及其侧重点的不同,因而先后出现了很多的组织理论流派。我们不可能对每个流派中的每个代表人物都展开研究;对某个具体代表人物来说,我们也无法对他的所有思想都作详细的研究,而只能选择一个时期中有代表性的人物,并对他们有代表性的观点进行分析。比如,在科学管理时期,我们只选择了五位主要的代表人物,对他们有关组织理论研究的有代表性的观点加以分析。这五位代表人物分别是美国的"科学管理之父"弗雷德里克·W. 泰罗、以博学著称的德国社会学家马克斯·韦伯、法国的工程师和地质学家亨利·法约尔、英国行政学与管理学名流林德尔·厄威克和美国行政学家路瑟·古利克、"动态管理学的先知"玛丽·帕克·福莱特。

行为科学时期主要研究两个方面的代表人物:一是旧行为科学方面的代表人物,如原籍澳大利亚而后来移居美国的乔治·埃尔顿·梅奥;二是新行为科学方面的代表人物,美国学者伦西斯·利克特、道格拉斯·麦格雷戈、亚伯拉罕·马斯洛、弗里德里克·赫茨伯格、克里斯·阿吉里斯等。

科学决策时期有三位主要代表人物需要分析:一是多年担任美国新泽西贝尔电话公司经理,不仅是企业家也是理论学家的切斯特·巴纳德;二是组织决策理论学家赫伯特·A. 西蒙;三是决策规范理论的提出者维克托·弗洛姆。

系统科学时期主要研究三位代表人物:一是美国的组织发展理论学家沃伦·本尼斯;二是美国的权变管理创始人弗雷德·菲德勒;三是美国的组织权变理论学家弗里蒙特·卡斯特和詹姆斯·罗森茨韦克。

文化管理时期要研究的代表人物比较多,一共是六位:对组织文化作出科学界定的埃德加·沙因;对组织文化的各种观点进行综合的迈意尔·路易斯;对组织文化中的共有意义进行研究的斯默西奇;研究学习型组织的著名学者彼得·圣吉;揭示混序时代诞生的著名学者迪伊·哈克;组织效能理论研究的先驱理查德·H. 霍尔。

三、西方组织理论发展史的研究方法

对理论和理论史的研究不同于对经验科学以及工程科学的研究。后者常常借助于实地调查或科学实验来了解各自研究对象的运动、变化的规律。而理论和理论史的研究,多半只能运用理性思维、逻辑分析的方法。从组织理论这一学科的特点出发,其研究方法大致有如下两种:

一是历史与逻辑相结合的方法。所谓历史和逻辑相结合的方法,即首先要按照组织理论的实际演进的历史来研究每一个学派和人物,要弄清其产生的社会、经济、技术环境,探索其理论上的历史渊源和具有创新意义的贡献。任何新的组织理论都是同社会经济、管理实践、技术应用的发展密切相关的。比如,一个工厂技术程度低、人员少,组织就不严密;相反,技术程度高、人员多,组织就严密。

其次要进行逻辑研究。各种组织理论都是为解决现实生活和生产中的实际组织问题而构建起来的。在不同的社会、经济状况以及科学技术在实际生产中的应用程度下,人们面临的组织问题是不相同的。在一个时期,从事组织理论研究的学者注意的是这么一些问题,而到了另一个时期,另外一些从事组织研究的专家学者可能遇到的是另外一些新的情况,他们集中注意的自然是另外一些问题。

但是,由于组织理论研究的对象是共同的,不同时期的组织理论研究者们肯定会在一些最基本的组织问题上进行不同方面、不同程度的探讨。有些问题很早就被一些学者提出来了,但有相当长一段时间,其他学者似乎不再关心这些问题了。但过了一段时间,这些完全相同的问题或非常类似的问题又被某些新的学者提出来,并且从一个全新的角度进行了研究。

如果我们仅仅从实际存在的历史出发,将不同历史时期的各种组织理论与研究者放在一块,展示在人们面前的将是一片杂乱无章的理论观点和人物的堆积。组织理论发展史的研究任务恰恰就在于要将这些在历史的流逝中出现的理论及其代表人物用一条清晰的线索连贯起来,使人们从历史和自然的变化中寻找出逻辑和规律。

二是比较分析的方法。要对组织理论的发展形成一个完整的概念,就必须对不同学派的观点和主要思想的异同、源流关系进行仔细认真的分析。这种分析所使用的最基本的方法就是比较。在运用比较方法时,应当强调比较的系统性。仅仅就某些个别问题进行比较,甚至是局限于个别论点的比较,容易出现片面性。系统比较要求将每一种组织理论流派置于具体的历史环境和组织管理的实践中加以对比。

这种系统比较的典型例子是美国组织理论研究的学者们所作的美日两国组织管理的比较研究。20世纪70年代后期,美国管理学界开始出现美日企业组织管理比较研究的兴趣,研究者的目的是为了判断美日企业组织管理方式的优劣。1981年,美国加州大学洛杉矶分校管理学教授威廉·大内通过对美日企业管理方式的比较分析,提出新型的管理模式,学术界称之为Z理论。其主要原则与内容是:① 长期雇佣制;② 合意式决策制定;③ 个人责任制;④ 缓慢评价与提拔;⑤ 控制机制较为含蓄、不正规,但检测手段较为正规;

⑥ 中等程度专业化职工的发展途径；⑦ 对职工全面关怀，包括其家庭。

同年，美国斯坦福大学企业管理研究所教授 R. 巴斯卡尔与哈佛大学企业管理研究所教授 A. 艾索斯合著了《日本的管理艺术》一书，书中提出"7S"管理模式。所谓"7S"是指：① 最高目标(Superodinate)：组织灌输给其成员的具有重要意义的指导性观念或组织存在与发展的根本宗旨；② 技巧(Skill)：组织中的主要成员或整个公司的某种独特的经营与管理能力；③ 作风(Style)：组织中的主要管理人员为实现组织目标所采用的方法，其中也包括组织的传统作用；④ 人员(Staff)：公司内部重要人事分类的详细内容（即工程师、企业家、企管硕士等）；⑤ 制度(System)：规定的报告和例行的程序，如举行会议方式，等等；⑥ 结构(Structure)：组织图的内容（即部门、分权等）；⑦ 策略(Strategy)：组织的计划或措施，以此来分配公司的稀少资源，最终实现预定目标。巴斯卡尔和艾索斯将上述的"7S"分为软S和硬S两类。其中，"最高目标"、"人员"、"技巧"、"作风"是软S，其余的则为硬S。在"7S"中，"最高目标"是联结其他各项的纽带。他们认为日本的企业之所以有效能，是因为注意到这些变量的统一，而且特别关心那些和人有关的因素，即软S。他们通过对日本松下电器公司和美国国际电话电报公司进行比较研究后认为，美日管理的根本差别就在于日本比美国更注重软S。

通过这种系统的比较分析，一方面可以揭示两种社会文化背景下管理活动各自的特点和特殊性，另一方面可以揭示管理社会化大生产的共性，促进不同社会制度国家的经济技术合作和管理知识、管理经验的相互学习与借鉴，并通过比较不同的组织理论的异同，最终建立起系统的组织理论。

在运用比较方法时，也可以将中国的组织管理思想与西方的组织理论加以比较。不少人认为，西方的组织管理先进，应该全盘搬用。这种想法不完全科学。我去过美国，观察和调查过一些美国的企业、行政部门、学校等机构的组织管理，的确是比较先进的。早在20世纪80年代，许多组织就实行了办公自动化管理。美国不仅管理手段先进，而且组织管理的理论研究在世界上也是起步较早、发展较快的。其原因是这个国家科学技术一直领先，组织的外部环境变化相当迅速，这就为高水平的组织理论研究提供了条件。

美国早就将公共行政学、组织理论作为一门学科专业，面向社会招生；凡要应聘作管理人员的，在学历资格方面，即使有了某一专业的学位证书还不行，还必须具有行政学学位证书。可见美国对管理人员组织管理的理论水平和素质的要求是比较高的。

但是，我们没有必要因此而妄自菲薄。中国有数千年的历史，不仅在科学技术、人文科学方面为世界做出过辉煌的贡献，而且中国从古代起就重视组织管理方面的实践与研究。在中国漫长的历史发展中,人们摸索出了一整套组织管理的丰富经验。中国作为一个有悠久历史的以灌溉农业为主要产业的国家,从久远的古代起就形成了大规模的农业生产组织和强大的中央行政组织。与此相适应,也留下了大量的历代思想家关于组织管理的研究成果。从孔子、孟子、荀子的著作,到毛泽东、邓小平的著作,甚至《孙子兵法》、《三国演义》中都有大量的组织管理思想,这是中华民族的一个巨大的尚待挖掘的具有世界历史意义的宝藏。我们既不要有民族虚无主义,也不要夜郎自大,应当将西方组织理论的发展与中国的组织管理思想的发展进行比较,将对西方组织理论发展史的研究与整理同挖掘中国古代的组织思想的遗产,概括提炼现代先进的组织思想结合起来。

四、研究西方组织理论发展史的价值

研究西方的组织理论发展历史,首先是为了更好地了解和总结西方发达国家具有合理内容的组织管理的经验。中国社会经过了30多年的改革开放,成为东亚乃至整个世界经济增长最快的国家之一。当一个传统的农业社会向现代化的工业社会实现快速转型时,一方面必须吸收发达国家的先进技术和大量的资金;另一方面,也许是更为重要的方面,必须借鉴发达国家成功的管理经验。20世纪最后一二十年留给人类的最重要的观念是:科技是生产力,管理是生产力。再过一二十年,中国最为缺乏的可能不是技术,而是成功的管理。

在近30多年中,我们对西方发达国家的管理经验作了大量的学习和引进,也效仿了不少管理上的成功做法。但是,光从操作层面上模仿,往往只能学一点皮毛。西方先进的管理经验是建立在较为坚实的理论研究的基础之上的。不了解西方的组织管理理论,就无法从较深层次上去深入地把握西方管理经验的精神实质。

西方发达国家的许多成功的管理经验并不是自然而然地产生和发展起来的。一方面,他们的市场经济发育较为成熟,工业化进程也比较早,因而具有丰富的企业与公共管理的实践;另一方面,西方具有理性思维的传统,加上大学教育的发达,一大批学者、专家不断地从事组织管理方面的理论研究,从而使实际的组织管理达到了较高水平。

如果我们学习西方发达国家的组织管理,只停留在一般模仿的层次上,这种学习是很难奏效的。我们必须下决心去钻研西方组织管理中的理论,分析这些理论特别是其中的组织理论,才能真正把握西方管理的精神实质,也才能真正弄清哪些经验对中国的管理是适用的.哪些用处是不大的。

研究西方组织理论发展的历史与流派的第二个作用在于能帮助我们真正了解西方的组织理论。要了解西方的管理经验必须了解西方的组织理论,而要了解西方的组织理论,就必须了解西方组织理论的发展史及各种理论流派。西方的组织理论,特别是美国的组织理论,是经过了近百年时间的积累才发展起来的。不对西方组织理论发展的漫长历史进行考察,我们就不可能真正地把握这一理论发展的线索。

西方的组织理论是在西方组织管理实践的不断变革与发展中总结概括出来的。而且,许多有宝贵价值的组织理论,都是在实际的组织管理出了问题,进而对这些问题进行研究之后才产生来的。每一种理论流派都有它产生的社会经济、技术与文化环境;每一种理论流派也都同它前面的、后面的流派有着批判与继承、吸收与创新的关系。只有对这众多的理论流派作深入、细致的分析、研究,并从中提炼出具有规律性的观点与结论,才能加深对西方组织理论的理解。

研究和分析西方组织理论发展的历史与流派的第三个作用是有利于创建具有中国特色的组织理论体系。在组织管理方面,中国有着丰富的经验和悠久的历史。历代的思想家也对大型的社会组织与管理阐述了自己的见解。但是,应当承认,现代的组织理论只能建立在运用科学技术、进行社会化大生产和有着完善的市场经济体制的基础之上。因此,我们只有在充分吸收中国古代组织与管理思想,总结概括现代先进的组织和管理观念的基础上,才能创造出既富有现代色彩又具有中华民族特色的组织理论。

西方的组织理论有其文化与政治制度方面的烙印,正是这种烙印决定了我们不可全盘照搬。但是,西方组织理论发展的历史可以给我们提供非常有用的借鉴。西方组织理论之所以发展到今天这样的水平,是与其发展中允许各种流派进行学术上的争鸣分不开的。

现代科学哲学认为,理论的发展从某种意义上可以看成是模式与典范的变更。而这种变更并不是一下子完成的,它有一个过程:问题(Q)—观察(O)—假设(S)—证明(P)—理论(T)。科学研究并不是始于观察,而是开始于问题,有了问题,展开学术争论,才能百花齐放,建构出许多"假设"即"暂时性的理论"。这些"暂时性的理论"在相互的竞争中,最终都是通过实践来检验其正确与否。凡是正确的就保留下来并不断完善;凡是错误的则被抛弃。只有这样不断地探索、积累,才能打好一门学科理论建构的基础。新的组织理论的建构也需要遵循这一过程规则。

第一编　科学管理时期组织理论的研究与发展

如果说,以往人类都是通过农耕和手工业的方式在缓慢的探索中向前推进生活资料和生产资料的生产的话,20世纪的最初30年则是人类现代化进程亦即工业化发展明显加速的时期。这种加速发展主要体现在两个方面:一是工业生产的规模日趋扩大,从无数个小工厂因激烈竞争而倒塌的废墟上产生一个个大型企业;二是随着自由竞争向垄断的过渡,政府对工业和市场的宏观调控职能进一步得到强化。

20世纪初现代化进程的上述两个方面带来两个结果:一是在大型企业组织中,劳资冲突加剧,市场竞争激烈,管理混乱无章,生产效率低下;二是国家在社会生活中的作用明显加强,国家的行政职能得到强化,官僚制的政府机构表现出较高的效率。

工业组织与行政组织的现状引起了一批在企业与行政机构担任管理工作的专家、学者的注意。他们开始有意或无意地触及到组织问题。由于不同的研究者所处的环境和所关注的对象不一样,他们在对组织进行研究时所选取的角度也是不一样的,从而也就形成了不同的理论和学派。

按照通常的分类方法,可以将这一时期有关组织理论的研究分为三大学派:科学管理学派、官僚体制学派和行政管理学派。科学管理学派的代表人物是泰罗;官僚体制学派的代表人物是韦伯;行政管理学派的代表人物是法约尔。作为这一时期研究成果的汇集者是厄威克、古利克。而福莱特则在组织理论研究从科学管理时期向行为科学时期的转化中起到了极其重要的纽带作用。

无论是泰罗、韦伯还是法约尔,他们都没有明确地提出过组织理论的课题,他们只是在自己的管理研究中较多地涉及一般的组织问题。泰罗在阐述自己的科学管理理论时,反复强调生产效率的提高与科学管理的体系的形成是直接相关的。他的所谓科学管理体系就是一个对企业的组织进行整体的管理。在构造企业的合理组织时,他将作业与管理区分开来并专门对组织的职能问题作了研究,从而与其后继者形成了科学管理时期有关组织理论研究中的科学管理理论学派。

组织既可以存在于工业企业中,也可以存在于军队中,还可以存在于政府机构中。韦伯对行政机构中出现的官僚组织体制作了分析，他关注的重点是组织内部的权威关系，即"个人为什么会服从命令，人们为什么会按他们被告知的那样去行事"的问题。后来的一些学者继续对此作了深入的阐释，从而形成了科学管理时期组织理论研究中的官僚体制学派。

法约尔继承并发展了泰罗的思想，他认为管理的任务就在于建立起一种组织，使人们在其中能以最有效的方式从事活动。管理部门要完成这一任务，就要确立良好的组织结构。他对组织设计问题进行了探索，其成果构成了科学管理时期组织理论研究中的行政管理学派。在这一时期快要结束的时候，厄威克与古利克在致力于阐释法约尔的思想并努力构造专门的行政管理学的知识体系时，第一次正式地提出了"组织理论"这一概念。其后，许多管理专家和学者，都以"组织理论"为主题进行研究和著述，从而推动了一门独立学科的建设。因此也可以将科学管理时期的组织理论研究看作是组织理论这一学科发展的孕育阶段。

尽管厄威克和古利克已经生活在梅奥从事霍桑实验的年代，并且，他们也对霍桑实验作过评述与研究，但是，厄威克和古利克终究是科学管理时代的人，他们没有对人际关系组织理论产生过真正的兴趣。成为科学管理时期与行为科学时期组织理论研究联系纽带的是无意中闯入组织理论领域的福莱特，由于她比较早地使用心理学的分析方法研究组织问题，使她成为组织理论研究中人际关系学派的先导。

从泰罗、韦伯、法约尔到厄威克、古利克、福莱特，西方的管理专家和学者们对人类社会的管理行为和组织能力进行了卓有成效的研究。这种研究并不是出于这些管理工程师或学者单纯的兴趣。这种研究和探索最根本的，也是最强大的推动力是生产的发展和工业的进步对新的组织理论提出了强烈的需求。当人类开始学会将技术运用于生产活动并产生大规模合作的需要时，组织就自然而然地形成了。但是，现代大工业所要求的组织性与人类从动物界中提升出来而具有的合群性，在性质上是根本不同的。后者只是一种本能与自然属性，而前者则是人类的能动性和理性的表现。

正如这一时期管理与组织思想的集大成者厄威克与古利克所认识到的那样，任何组织与管理都是与给定的时间和地点中的活动规模、技术状态以及社会发展的状况相联系的。组织理论的历史发展是与人类对科学技术的运用程度的提高、生产的集约化水平的提高相伴随的。在一个以机械和半自动化劳动为基础的时代，人类本身的机械性和低水平的需求得到充分的体现。因此，与这种组织的生态环境和人的发展程度相一致的只能是泰罗主义的科学管理体系。

这种"科学管理"比较多地带有机械性、经验性的色彩。无论泰罗还是韦伯，都是以个人或个体作为分析的单元的。他们赋予人两种基本的属性：一是趋利性；二是合理性。前者将人视为以金钱为目的的存在物，后者将人视为事事计算的存在物。在这样的假设前提下，他们思考着什么才算是"成功"的管理。

以泰罗为代表的一批人重视经验，他们从动作与时间的分解研究着手，将工人组织起来。他们的贡献在于把管理职能与作业职能分离开来，管理成为专门的职业和一个层次。这样，也就提供了对管理进行专门研究的可能性。但在泰罗那里，组织只是一种能力。法约尔也是一位从事组织管理实践的工程师，他认为组织的管理不只是管理者的事，从组织的最高领导到普通成员都要分担管理职能。法约尔将组织看成是管理的一个环节，他比较多地从组织形态方面研究一般的组织理论。法约尔认为组织的外部形态是受其组成人员的数量制约的，组织的内在形态则是由人的因素决定的。他理想中的组织形态结构是命令统一、指挥统一的军队结构。

韦伯对组织研究的贡献在于，他运用经验观察与理性假设相结合的方法，提出了官僚制是技术社会中大规模组织的最为理想、也最为可行的结构形态。他考察过官僚制在德国这样一个较为专制的国家和在美国这样一个较为民主的国家实行的情况。他将组织结构的研究推向科学管理时期的最高水平。

厄威克与古利克总结了科学管理时期人类对组织管理研究的成果，首先提出了"组织理论"这一概念，从而将组织问题的研究提高到学科的水平。一旦从组织理论的视角再来回顾科学管理时期的管理理论研究，组织就从一般的管理中被提升出来。也只有从这时开始组织才成为一切管理中的中心问题。

福莱特是第一批人本主义组织理论的倡导者之一。她强调了组织中人的相互关系的心理方面。她一改过去人们运用静态的方法研究组织的做法，使行政学与心理学相结合，注意人们在组织中的相互作用，启发组织领导更多地去关心人。正因为这样，虽然福莱特与厄威克等科学管理时期的组织学家联系较为紧密，但她的思想在很多方面已越出了科学管理时期的界限。后来一大批研究组织中人际关系的学者如梅奥、切斯特·巴纳德，都把第一个强调人与人的关系和把集体决策作为组织分析重点这一荣誉归功于她。从这一点来说，福莱特成为科学管理时期的组织理论研究与行为科学时期的组织理论研究的过渡性环节。

在技术至上和个人主义盛行的美国，福莱特的许多思想没有引起当时人们足够的重视，但在大洋彼岸的英国，由于有组织的工会比较发达，她的思想受到了一定的关注,尤其是在强调群体的日本,福莱特的思想得到高度赞扬。随着社会的发展,美国人又重新发现了福莱特,除德鲁克给她以极高评价外,在20世纪80年代新公共管理运动的"重塑政府"浪潮中,福莱特的思想成为政府变革的渊源。所以,有人指出,尽管直到20世纪80年代,戴维·奥斯本和泰德·盖布勒才提出要"重塑政府",但其理论渊源完全可以追溯到福莱特那里,她是"重塑政府运动之母"。在信息化和全球化的背景下,福莱特的当代意义更为突出。她倡导的融合统一原则,对于异质文化的整合与和谐社会的建设极具指导意义。站在新的世纪,人们会发现,福莱特在80年前的思想,仍然值得去发掘。

第二章 泰罗的职能组织理论

【摘要】

弗里德里克·温斯洛·泰罗是科学管理的创始人。为了表彰他在这方面的成就和贡献,人们在他的墓碑上刻上"科学管理之父"。这一称号不仅为他本国的管理者,同时也为全世界的管理者所公认。泰罗和他的同事是对传统的管理思想进行综合整理的第一代人,同时也是对组织问题进行探讨的第一代人。

作为一名管理工程师的泰罗,在前人提出的管理思想的基础上,与其合作者一起对动作与时间进行了实验与研究,从中概括出科学管理的基本原则,并提出了组织计划原理、组织职能原理、组织例外原理等具有开创性的理论。其后继者对这些原理作了推广和完善,并提出了有关组织中人的主观心理因素问题。正是从科学管理开始,管理学才告别了单纯的依靠经验总结和智慧技巧的传统套路,沿着伽利略、牛顿创立的实验科学的道路向前发展,由"治术"发展为一门科学和一种学术。

在那个时期想到要把管理从生产过程分离出来并加以研究的绝不止泰罗一个人。在泰罗之前已经有人做过这方面的尝试,在泰罗对个体生产活动的动作及其时间做探索时,不仅有一批追随者,更有不少志同道合的研究者传播和拓展了他的研究成果。

作为第一批敢于吃螃蟹的人,泰罗及其合作者、追随者是有重要贡献的,由于他们的努力,管理被描述为一个把组织的物质资源或技术力量同人力资源结合起来以便实现组织目标的过程。在泰罗以前,没有人像他们那样把管理问题发展为如此高程度的一种系统方法,并同时把管理同组织职能结合在一起。

一、泰罗的组织理论研究活动及主要著述

弗雷德里克·W. 泰罗(Frederick W. Taylor,1856—1915)出身于美国费城一个中产阶级家庭。他的父亲一心指望他日后能像自己一样,成为一名名律师。泰罗年轻时学习刻苦,以优异成绩考上了哈佛大学。但后来因为患有

眼病和神经性头痛，只好中途停学。1875年，泰罗进入一家小的机械厂当学徒工。1878年转入费城米德维尔钢铁公司当技工，不久就先后被提升为工长、总技师和总工程师。在泰罗担任工长时，他坚持在夜校读书，并最终取得了工程学学位。1890年，泰罗离开了费城米德维尔钢铁公司。第二年独立开业，从事工厂管理咨询工作。1898年他又进入伯利恒钢铁公司，继续从事管理方面的研究。

泰罗在实践中逐步萌发出要对生产中的时间和动作加以管理的想法，并在初步的实验中发现了一些生产管理的科学原理。当他尝试把这些原理运用到管理中时却发现非常的不顺利。因为这件事，泰罗曾经遭受过工人和经理的强烈反对，并且丢掉了职位。但他没有因此而灰心，仍然专心致志地向其他管理者讨教，对生产中的科学管理坚持不懈地进行钻研。

1881年，25岁的泰罗吸取了当时的管理者们的成果，开始在米德维尔钢铁公司进行劳动时间和工作方法的分析研究。在此以前，在美国已有几位管理者对科学管理进行了带有突破性的探索。其中有代表性的是亨利·普尔（1812—1905）、丹尼尔·麦卡勒姆（1815—1878）和亨利·梅特卡夫（1847—1917）。亨利·普尔担任过《美国铁路杂志》的编辑，1849年进入纽约伊里铁路公司，1854年成为该公司负责人，1862则担任美国所有铁路公司运营的总监。麦卡勒姆是普尔的长期合作者，一直从事纽约伊里铁路的管理。梅特卡夫则是一位一直从事军事工业企业研究的美国军官。

麦卡勒姆在管理纽约伊里铁路的过程中制订了严格的管理制度：明确分工负责制；授予管理者足够的权力；实行奖惩制；建立报告核查制。同时，他还建立了严密的组织制度：将职工分成等级并按等级配上制服；为职工拟定职务说明书作为职责依据；建立以总经理、董事会为树干，下属部门为树枝的组织图。

普尔根据麦卡勒姆在伊里铁路公司工作的经验，提出了健全的管理体系的三条基本原则：一是有详细分工的组织；二是有以报告制度为主的通讯联系；三是有一套关于成本、收入等方面的预测资料。另外，普尔还提出不能将人看成是一部机器，要用集体精神来克服只强调严格管理的官僚化作风。

亨利·梅特卡夫先后在军械局、武器局、弗兰克福兵工厂、贝尼西亚兵工厂、沃特夫里叶兵工厂担任过管理工作。在弗兰克福兵工厂，为了克服那里原来存在的低效、浪费的状况，他建立了一套定额成本核算制度。他认为企业中的控制权应归最高领导，企业中有关支出和成本的详细信息应反馈给领导。他以长期的观察为根据，制订出各种定额，用以衡量效率与成本。他设计出一种可记载工人劳动情况和材料消耗的工时卡和材料卡，把它们既作为指令，又作为长期保存的资料,从而将劳动控制、成本核算、工场管理结合起来。

1885年,梅特卡夫将自己和其他人的管理经验加以概括,出版了《制造业的成本和公营及私营工厂的管理》一书。在书中,梅特卡夫指出:"管理技巧追求的是产生一定的效果,而管理科学主要关心的是调查产生这些效果的原因。因此,选来作为说明的管理技巧固然重要,但始终存在着一种相应的管理科学。"他认为,这些应该成为一条普遍原则。[①] 泰罗承认自己的某些组织管理思想正是来自梅特卡夫和其他一些对管理已经做了探索的人。前人的研究进一步坚定了泰罗开创科学管理道路的决心,也为他后来富有收获的试验和研究指明了方向。

在米德维尔钢铁公司,泰罗进行了著名的搬运铸铁件和材料装入铁锹的试验。搬运铸铁件试验是在费城米德维尔钢铁公司的五座高炉的产品搬运班组大约75名工人中进行的。当时的大型钢铁公司中工人的劳动绝大部分是机械性的,劳动除了用双手以外,不用任何工具。生铁搬运工弯下腰,捡起92磅重的生铁块,然后搬运到几英尺或几码外的工场上,把生铁块扔下,或堆积起来。泰罗训练工人,改进操作方法,结果使铸铁件的搬运量提高了3倍。

另一项铁锹试验要解决的是两个实际问题。一是能让各种材料达到标准负载的铁锹的合适的形状、规格的问题;二是将各种原料准确省时装锹的方法问题。此外,泰罗还对材料装入铁锹的每一套动作的精确时间作了分析,从而得出了一个"一流工人"每天应该完成的工作量。这一试验的结果是非常惊人的。经过对铁锹形态规格的改进,规范材料装入铁锹的动作,堆料场的劳动力从原来要求的400—600人减少为140人,平均每人每天的操作量从16吨提高到59吨,每个工人的日工资从1.15美元提高到1.88美元。后来泰罗在伯利恒钢铁公司又进行了金属切削方面的试验。

泰罗通过对动作和时间的研究,制定了"按件计酬"的原则和"差别计件比率"原则。运用这两个原则进行计算和支付工人每天的劳动所得。比如,假若每个工人每天的劳动量的标准是4件。如果工人完成的产品件数在4件之内,假定是3件,则每件的工资为0.5元;若为4件,每件的工资为0.6元;完成5件,则每件的工资为0.7元。依此类推,每超出一件,每件的工资就高0.1元,从而形成不同的比率。

泰罗在前人研究的基础上所进行的时间和动作研究包括两部分:一部分是将工人的作业分解成基本动作,目的是要消除劳动过程中的慢动作、无用的动作和错误的动作。二是累计基本动作所需时间。若基本动作所需标准时间

---

① 转引自孙耀君《创建管理体系的先行者》,《管理科学》1985年第6期。

为 a、b、c、d、p 为不可避免的迟缓,那么,某一作业基本动作的标准时间则为:
$$T=(a+b+c+d)(1+p)$$

泰罗在进行这些方面的试验与研究时,有很多的亲密合作者。其中比较有代表性的是亨利·甘特(Henry L. Gantt,1861—1919)和卡尔·巴恩(Karl Bane,1860—1939)。亨利·甘特于 1887—1893 年在米德维尔钢铁公司当过总工程师泰罗的助理。他同泰罗的合作主要在四个方面。一是提出了一种简单易行的工资制度并设立了一项"奖金计划"。按照这一计划,工人即使不能完成其一天内应当完成的任务,他仍可以得到五毛钱奖金;如果工人在三个小时内完成了三个小时应完成的定额,他就可得到四个小时的工资;假若工人在三个小时内完成了要四个小时才能完成的定额,那么,他可以拿五个小时的工资。二是在 1903 年提出了一种"日平衡图",虽然看起来简单,但却能有效地控制生产进度。三是强调对工人的培训,不仅教会工人操作,还要训练他们的勤奋与协作精神。四是强调工业民主和重视管理中人的因素。

巴恩是出生于挪威的美国工程师。1899 年,他在伯利恒钢铁公司时,担任泰罗的特别助理。巴恩在数学方面具有天才。在帮助泰罗进行金属切削试验时,他总结出一个包括 12 个变量的公式。这一公式后来被泰罗在《工场管理》一书中引用。此外,巴恩还与泰罗合作进行了工时研究、疲劳研究。泰罗称巴恩是"能解决很难解决的问题的人"。

正是在这种对科学管理展开团体合作研究的气氛中,泰罗收获了他的创新成果。1895 年,他在美国机械工程师协会的学报上发表了题为《计件工资制》的论文,提出了自己有关科学管理的见解。这些最初的观点经过后来的实践检验和充实,于 1903 年写成了《工场管理》一书出版。到 1911 年泰罗又进一步对已有成果加以完善,最终写成了至今仍然是经典著述的《科学管理原理》。

泰罗后来试图将他发现和概括出来的管理原理应用于政府兵工厂的管理实践。结果却引起了那里工人的骚乱。美国联邦众议院为此在 1911 年成立了一个专门委员会负责调查泰罗的企业管理方法。泰罗出席了众议院专门委员会的听证会,并在会上发表了证词,他利用这一机会全面而详细地阐述了自己的科学管理思想。

泰罗首创的科学管理原理在管理学和组织理论发展史上的功绩是不可低估的。他为美国后来产生的"工业工程学"开了先河。泰罗及其追随者的研究工作,一直受到"美国机械工程师协会"的支持。1912 年美国成立"促进管理科学协会"。1915 年泰罗病逝后,该协会改名为"泰罗协会"。

泰罗在组织理论研究方面的主要著作有:《计件工资制》(*A piece rate*

system，1895)；《车间管理》(*Shop Management*，1903)；《科学管理原理》(*The Principles of Scientific Management*，1911)。其中《科学管理原理》一书自初版至今已有一个多世纪，它一直是全世界从事组织管理和研究的人员必读的著作。

二、组织科学管理原理

泰罗创立了一种超越常规的组织管理体制，并且建立起具有"积极性和激励"特点的"科学管理"理论。在《科学管理原理》一书中，泰罗谈到，他之所以要研究科学管理，是为了向人们指出，工业生产由于效率低下而正遭受巨大损失；解决效率低下的办法，与其说要找到超人，还不如说要加强系统的管理；最好的管理的确是一门科学，它是以一系列的规律、法则和原理为基础的。

在泰罗看来，一切管理的基础在于认清人的本性并由此而设计出合理的生产体制。他认为人天生就有厌恶工作的本性，其表现就是人人具有"磨洋工"、"怠工"、"慢慢来"的习性。这种习性并不是后天形成的，而是一种天性与本能。泰罗甚至认为人的这种本性是从人来到人世间就有的。当初，亚当与夏娃生活在生活资料取之不尽、用之不竭的伊甸园中，不需要以劳动来换取生活必需品。自从他们偷吃禁果，被逐出伊甸园以后，人类才开始要为生活而辛苦地劳动。因此工作对人来说是一件万不得已的事。

正因为人的本性是害怕工作，而工作的唯一目的是为了追求物质利益，因此，人最大的欲望就是获得金钱。只有金钱才能吸引和诱使工人勤快地干活。也正因为人天性是懒惰的，因而对人就不能过分地相信。管理要对付的是人的消极与被动，对组织员工必须要加以控制、惩罚、威胁。

在泰罗看来，凭经验做事的管理者并不知道这一套，在已有的生产体制中，经理们对工人完成各项工作所需要的时间标准是无知的，从而给工人"磨洋工"大开了方便之门。在工厂里，之所以到处存在"怠工"或"磨洋工"现象，其原因有两个：一是由于人们有一种贪图轻松的自然本能的倾向，我们不妨称之为本能的"磨洋工"行为；二是由于不科学的人事体制和人事关系造成的，我们不妨称之为由生产体制所造成的"磨洋工"。[①]

但泰罗认为，导致这种"磨洋工"现象的还有另外一个原因，这就是管理体制问题。旧的管理体制不是运用科学的方法，不是由专家对工人的操作和所需时间进行详尽的测定，而是依赖粗糙的经验，结果，工人只是从其本能出发

[①] 参见泰罗《科学管理原理》，上海科学技术出版社1982年版，第10页。

来劳动。

泰罗对机械生产条件下的两种管理体制进行了比较。一种是旧的体制，或称为常规型管理体制。在这种体制下，工人是由于雇主实施一些特定的激励而发挥主动性与积极性的。因此又可称之为"刺激积极性"的管理体制。实际上，在这种管理体制下，"为了尽可能地调动工人的主动性和积极性，管理人员必须给予他属下的工人某种超出本行业平均水平的额外刺激。这类刺激因素可以几种不同的形式出现。例如，给予工人得到迅速晋级或提升的希望；以鼓励高产优质为目的，给予优厚的计件报酬或用奖金、红利的形式予以奖励以及缩短工作时间等。"[①]

泰罗认为，在旧体制下，所有的计划工作都是由工人的个人经验来决定的。而运用科学的管理原则，生产的计划必须由管理人员依据科学的规律来制订。在这种体制下，计划人员的专职就是预先制订计划，有科学依据地去找到使劳动的每一部分工作都能够做得又好又经济的方法。总之，"在单一的'刺激积极性'的管理体制下，整个问题实际上都'推给了工人'，而在科学管理体制下，一半问题则'落到了管理人员的肩上'。"[②]

泰罗总结了科学管理的原理，它共有四条。其一是要用对工人操作的科学研究来取代旧的单凭经验对工人管理的方式，以形成科学的劳动过程。泰罗认为，人们其实并不知道一个合理的日工作量究竟是由什么构成的。就一个工厂的领班来说，他总是不断地抱怨手下的人太少，活计干不了；就一个工人来说，他也从来没有弄清楚领导究竟要他干多少。要改变这种局面，就必须改善管理体制。而新的管理体制只有在运用科学的方法进行调查，从而形成科学的劳动过程的基础上才能建立起来。所谓的科学调查，就是要实地进行记录、列表，归纳出法则，找出规则，将这些规则、法则运用于对工人的日常管理，使每个工人有更多更好的产出，使每个工人得到更多的工资。

其二是要在对工人的选择与培训上按科学来办事，以形成科学的选人与用人机制。泰罗认为管理者的重要责任在于要认真地研究每一个工人的品质、性格和工作成绩，其目的是为了进一步地发现其发展的可能性；然后再认真地、系统地训练、帮助和培训他们，尽可能地给予这些人以提升的机会，最终使他们胜任"最有兴趣的、最适合于其天赋能力的工作"。

其三是要对经过科学挑选和培训的工人进行科学管理，从而促使科学培

---

① 参见泰罗《科学管理原理》，上海科学技术出版社1982年版，第20页。
② 同上，第24页。

训与科学的劳动过程相结合。泰罗认为，人们可以按自己的愿望发展科学，也可以按自己的愿望选择和培训工人。但是，如果不将科学管理体制与工人的积极性结合起来，就有可能前功尽弃。泰罗指出，"我们可能按科学行事，也可能不按科学行事；我们可能按科学法则完成工作，也可能按我们的老方法完成工作"，"因此我提出'促使科学与工人结合在一起'"。① 这里，"促使"的含义就在于要让管理人员从旧的管理体制转向科学管理的制度。他认为，工人为了获得高的报酬，是乐意与管理人员合作的。问题是在管理过程中，进行科学管理的真正障碍主要来自现存的管理体制，要实行科学管理，管理人员就必须来一场"精神革命"。

其四是要正确划分工人与管理人员的实际工作，从而形成管理者与工人的经久性合作。泰罗认为这是科学管理四条原则中最为困难的一条。这一原则要求管理者与工人之间在实际工作的职责方面有一个近乎均等的划分。它由三部分构成：时间和动作研究、任务管理、职能化的组织原理。时间和动作研究主要包括为规定标准时间所进行的研究和为消除无用的动作、寻找有效的作业方法、改进工具和机器所进行的研究。任务管理的基本原理是：以"一流工人"的高效率为标准来规定作业标准，作业人员行为标准化，实行奖励工资制。职能化的组织原理，即将管理从劳动中分离出来，作为一种专门化职能，管理部门成为职能部门。

泰罗研究科学管理是基于一个基本思想，即劳动生产率的提高，与其说是依赖于人的因素，不如说是依赖于管理体制。在放任的旧式管理体制下，生产效率低下；而在科学管理体制下，生产效率就提高。管理与技术性的生产设备不同，后者是作业问题，而管理是个组织问题。泰罗认为，高效率取决于形成一个"健全的组织"。因此，从这个意义上可以说，科学管理的本质就是组织。

三、组织计划原理

在泰罗时代，组织理论还没有发展成为一个独立的分支学科，因此，在科学管理原理中，泰罗并没有专门讨论组织理论问题。但是，组织是管理的载体，没有组织就谈不上管理。因此，泰罗在研究科学管理时，不可能不涉及组织问题。泰罗明确指出："在一个更复杂的生产组织里，也只有当这个生产组织在完成其生产中所耗费的综合支出维持在最低限度时，才能实现工人们和

---

① Jay M. Shafritz and Albert C. Hyde: *Classics of Public Administration*, 2nd, The Dorsey Press, Chicago, 1987, p. 31.

雇主的高度繁荣。"只不过这些关于组织的理论探讨暂时还是以要素的形式包含在他的管理思想之中。泰罗对组织理论要素的研究主要包括：组织中管理职能与作业职能的分化；组织中管理职能的专门化；组织中的计划职能；组织管理中的例外原理。

泰罗首先对组织中的计划因素进行了研究。泰罗非常重视组织管理中的计划问题。他认为，同对时间的研究一样，谁也不会对计划部的价值和必要性产生怀疑。在泰罗看来，组织中设置计划部是具有本质意义的。计划部是把所有的"计划和脑力工作"从工场作业的工长和工人的工作中分离出来并集中到一个部门而形成的机构。组织中的所有计划、对工人的所有指令都是从计划部发出的。"整个工厂的日常工作不是由厂长、工长来干，而是由计划部完成的"，这种管理是一种通过组织进行的管理。

泰罗所规定的计划部的总任务是：时间研究、标准化研究、资产和库存管理、成本的记录与分析、组织的维持和改善、雇佣和监督等劳务管理、有关采购和销售的分析，等等。这些计划的职能不是下放给具体执行此项职能的工人或工长，而是全部集中在计划部。所有的指令都从计划部传达到各个单位，各个单位都向计划部报告情况。另外，计划部还对制订的作业计划向各个单位的传达、单位中计划的实施等方面加以管理和控制。

在将管理职能与作业职能加以适当分离的基础上，进一步将计划职能同作业、管理职能加以分离，这是泰罗科学管理中的一个非常重要的思想。因此，在泰罗那里，计划部的工作绝不仅仅限于狭义上的计划，它包括调查、控制等内容。在泰罗的组织理论中，计划部的职能包括：进行旨在发现科学事实的调查研究，如时间研究；规定基于科学调查的"标准或指标"；决定计划和发布必要的指令；通过对指标和实际成绩的比较进行控制。

四、组织职能化原理

泰罗在对管理进行研究时，注意将整个企业运行过程分成两大部分：作业的部分与管理的部分。泰罗在回答有些人对他将管理叫作科学的问题时曾说过：所谓科学就是将已经存在于头脑中的未加分类的知识加以正确的分类和组织。人们在管理中，可能是按科学行事的，也可能是不按科学行事的。新的管理方法就是不按老办法行事，而是按科学法则完成任务。泰罗的按科学方法办事，主要表现在他第一次将组织中的管理职能与作业职能分离开来。

在《科学管理原理》中，泰罗得出了三点主要的结论："（1）用科学取代工人个人的主观判断；（2）在研究、教育和培训工人，或者也可以说对工人进行一系列的'试验'后科学地选择和发展工人的个人特长,而不是听任工人自己选择自己和在漫不经心的状态下发展个人特长;(3)管理人员和工人进行密切合作,按照所发现的科学规律办事,而不是经常把如何处理问题全部推给工人个人去解决。"①

在这三个结论中,泰罗将组织中的作业职能与管理职能加以必要的分离。在旧的管理体制下,组织的作业职能与管理职能不分,实际上将一切都推给了工人,由工人按照自己的意愿去劳动,结果造成工作效率低下。泰罗倡导的科学管理体制,在组织内实行职能分离,管理人员承担计划职能,工人承担执行职能,从而使管理走向科学化。

对于管理人员来说,他必须承担以下任务:利用时间研究等管理技术来确定劳动过程中的科学法则;科学地选拔和培训工人;发展管理科学。而对工人来说,其任务是:按照管理人员确定的科学法则进行作业;通过向计划部报告来支持管理人员的管理职能。到后期,泰罗又强调管理职能同作业职能的统一。在组织理论上,可以说泰罗是第一个提出将组织中的任务管理与管理职能既相分离又相结合观点的人。

泰罗将组织中的与作业相对应的职能专门化,即意味着管理成为一个专门的机构。所谓职能组织其实也就是管理组织。只有将管理变成一个同工人作业相对应的不可或缺的重要职能,才谈得上管理的科学化。泰罗指出,在传统的工业组织中,其指令的传达和日常的管理就像军队一样,有关的命令全由厂长通过工头传达给工人。在这种组织中,厂长和工头的工作非常繁杂,而且作为厂长和工头其素质要求就非常高。

泰罗认为,从组织结构的外部特征划分,组织可分为军队式组织、职能组织、线性和参谋组织。在现代工业发展的形势下,那种军队式的组织应当由职能式的组织来代替。泰罗特别以军队组织为参照论述了职能组织的特征。在军队式的组织中,每个工人只接受一个管理人员的命令,其特点是坚持命令统一原则。而职能组织则与军队式组织不同,它在行使专门化职能的同时,还存在这样的权限关系:执行各不相同的特定管理职能的几个职能工长,根据各自的职能同时或不同时地向作业人员下达命令,进行指挥。

泰罗指出,按照军队式组织,一个工长所管的工作,可以分割为 8 个职能组织中职能工长的工作。其中有负责工程的、负责指令卡的、负责工时和成本的、负责劳务隶属的,等等。而在职能组织中,职能工长在计划部制订作业和工程计划后,通常以书面形式向现场的工长和作业人员发出,并从工厂现场再

---

① 参见泰罗《科学管理原理》,上海科学技术出版社 1982 年版,第 77 页。

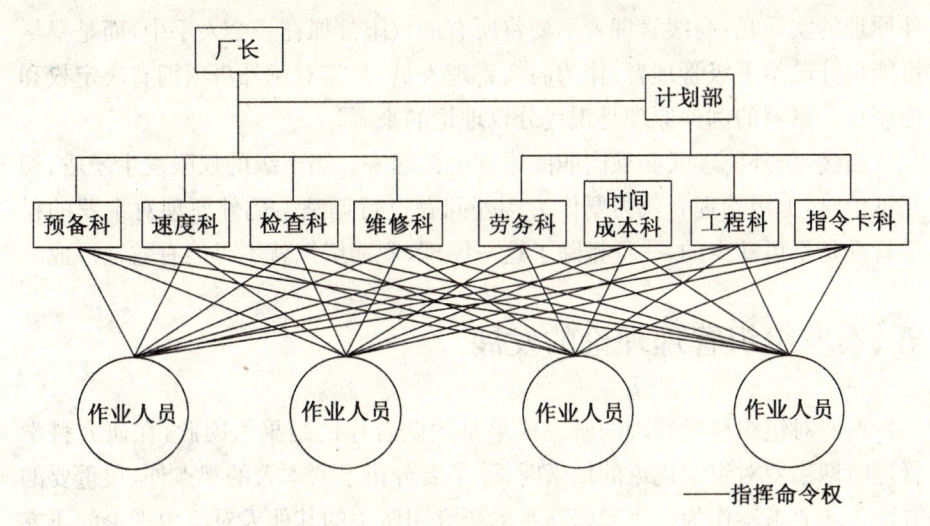

```
                    ┌──────┐
                    │ 厂长 │
                    └──┬───┘
                       │      ┌──────┐
                       ├──────│计划部│
                       │      └──┬───┘
        ┌──────┬──────┬┴─────┬──┴───┬──────┬──────┬──────┐
     ┌──┴─┐ ┌──┴─┐ ┌──┴─┐ ┌──┴─┐ ┌──┴─┐ ┌──┴─┐ ┌──┴─┐ ┌──┴─┐
     │预备科│ │速度科│ │检查科│ │维修科│ │劳务科│ │时间 │ │工程科│ │指令卡科│
     │    │ │    │ │    │ │    │ │    │ │成本科│ │    │ │    │
     └────┘ └────┘ └────┘ └────┘ └────┘ └────┘ └────┘ └────┘
```

图 2-1 职能组织

以书面形式向计划部报告。而现场的工长则根据自己的职能，就地对作业问题直接进行指挥。与军队式组织相比，职能组织具有较多的优点：一是职能组织管理人员培养所需时间要短一些；二是职能组织的管理人员的任务和职责明确；三是职能组织中管理人员的管理工作标准化。

泰罗认为旧的组织理论所规定的职能组织的特征是：已经专门化为特定的管理职能的每个管理人员，只要在其职能范围内，他对所有的作业人员都有指挥权。各作业人员不是只从一个管理人员那里接受任务，而应根据特定的管理范围，相应地从不同的管理人员那里接受命令。这样，管理中的统一原则就被破坏了。泰罗指出，职能组织对劳动的管理应当实行分割管理，所有的管理人员都应尽可能地少分担管理职能。应当建立这样的组织：把各个管理人员的工作限定在执行单一的主要管理职能上，按照军队式的组织形式，每个工人只能接受一个管理人员的命令，从而坚持统一的原则。当然，泰罗并不认为统一原则是绝对的。为了实现这种职能专门化，必须规定一定的权限关系：几个具有特定管理职能的职能工长，在依据职能对工人下达命令时，应进行指挥调度上的相互帮助。

在泰罗的组织理论中，有一个不可忽视的原理，即例外原理。所谓例外原理，就是上级经营者把权限集中在自己手里，为了不被大量详细而庞杂的文件和报告弄得心烦意乱，就尽可能地将权限委让给下级经营者或助理管理人员，自己只保留例外事项的决定权或控制权。这样上级经营者就有足够的时间考虑基本政策，研究人事等重要事项。

例外原理的实行，要求在上级管理者之下设立新的管理阶层。泰罗的例外原理的实质是：高级管理者不要将所有的权限都抓在一个人手中，而是要尽可能地分散给下级管理者；作为高级管理人员，只需对例外事项拥有决定权和控制权。泰罗的例外原理是现代分权理论的来源。

当然，例外原理又必须同职能原理衔接起来。当下级的权限发生矛盾、相互抵消时，上级管理者就需要作为例外问题进行调整。例外原理对泰罗的科学管理是不可缺少的，一旦排除了这一原理，职能组织就不可能有效地形成。

五、泰罗组织管理理论的发展

泰罗对组织科学管理的研究成果是团队合作的结果。因此，在研究科学管理时期泰罗对组织理论的探索时，除了要分析泰罗本人的观点外，很重要的方面是还要考察作为一个紧密联系的研究团队中的其他人对组织理论的研究成果，这些成果有些是对泰罗观点传播和扩展，有些则是对泰罗思想的完善和补充。只有这样，我们才能把握科学管理时期以泰罗为代表的或泰罗制下的组织理论研究的全貌。

在组织科学管理运动的初期阶段，同泰罗一起倡导并坚持科学管理的还有几位主要的管理学家。其中两位是与泰罗几乎齐名的科学管理的先驱者吉尔布雷思·弗兰克夫妇(Gilbreth Frank B., 1868—1925; Lillian M., 1878—1972)。弗兰克喜欢在做任何事情之前都要思考一下方法上的根据。他的父母本来想送他去麻省理工学院攻读工程学位，但年轻的吉尔布雷思却认为，追求事业发展的最好的方法就是尽早从事工作，不必去接受漫长的学校教育。因此，在他17岁时，他就去当了一名制砖的徒工。在学徒期间，他发现工作中有许多步骤和方法是不正确的，有些是不必要的，如放置工具的位置、劳动的姿势等，都值得研究。经过10年学习锻炼，1895年，27岁的吉尔布雷思成为一名独立的经营承包商。为了提高经营效率，他对效率高的生产方式进行了调查，并对其中一些最快、最好的动作加以剖析。1904年，吉尔布雷思与莉莲结婚。莉莲是一位心理学家和管理学家，她是美国第一个获得心理学博士学位的妇女，后来还出版过《管理心理学》。婚后，两人共同研究科学管理的问题。

吉尔布雷思夫妇在早期著作中，独立地提出了与泰罗创立的科学管理相同的原理，并成为泰罗科学管理思想的坚定拥护者。吉尔布雷思将学徒时产生的想法付诸实施。他在自己的工场上研究工人最为适宜的动作。他们利用电影拍摄技术将工人的动作记录下来，进行分析并按最经济的原则组合。经过分析，工人砌砖的动作从18个减为5个，每小时砌砖数从120块增加到

350块。

他们深信,他们所研究的成果,不仅仅适用于制砖工厂,而且对办公室、实验室、政府机关都是适用的。吉尔布雷思夫妇经过多年的探索,发明了一种规范动作的"最佳方法"。他们将动作分解为接近、移动、抓住、放到位置、解开、放手、检验、操作、放到身前、寻找、选择、计划、平衡性耽搁、紧握、不可避免的耽搁、可避免的耽搁、休息等17个单元,然后再合并为一种最为经济的动作,他们把这一发明称为Therbligs,这是吉尔布雷思姓字母的倒拼。

吉尔布雷思夫妇还对疲劳作了研究。他们认为疲劳同工作的环境有关,也同工作与休息的协调有关。于是,他们研究了工作、工人与环境之间的相互影响,找出了工人本身对工作效率有影响的包括健康、技术水平等在内的15项因素;确定了环境对工作有影响的包括照明、颜色等在内的14项因素。另外还找出了一种将工作和休息进行合理搭配的方法。

吉尔布雷思夫妇还创造了"升迁三职位计划"(Three-Position Plan of Promotion)。这一计划的主要内容是,在选用一个工人时,必须为其考虑三个职位:他以前的职位、目前的职位、未来升迁的职位。因此一个工人应做三部分的工作。只有这样,这个工人才可能有升迁的资格,而他升迁之后,也才能有人来接替他的职位。

由于莉莲是一位心理学博士,因此,她比较多地进行工人劳动的主观心理的分析,从而与吉尔布雷思的工作构成互补。与泰罗仅仅强调对工人的惩罚相区别,他们提出了劳资合作、工人参与计划以提高劳动效率的思想。他们指出,当新的大规模的工业生产方式取代了早期的不正规的手工工艺以后,工人的自尊心常常受到伤害。因此,要实现高效的组织目标,就必须使工人本身与生产保持一致。

吉尔布雷思夫妇的研究工作具有重大意义,他们较早地注意到工作环境对工人的影响,并强调了工人的劳动动机在组织管理中的重要性。另外,他们还指出,在组织管理中,必须考虑工人对自尊方面满足的需要。就这一点来说,吉尔布雷思夫妇的研究已经带有后来的X理论、Y理论的因素了。

泰罗制的另外两位有代表性的追随者是哈林顿·埃默森(Harliton Amoson,1853—1931)和莫里斯·库克(Moris Kuke,1872—1960)。库克主要是将泰罗的科学管理理论运用到教育领域和市政机构。他比较多地注意让工人自觉地接受科学管理。埃默森的功劳在于对泰罗有关提高效率的做法作了改进,并摒弃了泰罗提出的职能工长制和激励工资制。在美国东部铁路公司运费率的听证会上,他阐述了科学管理原则,并使这一运动在全美获得公认。他指出铁路方面每年在劳力和材料方面的浪费高达3亿美元,只要采用科学管理,每天就可以节省 100 万美元。

埃默森的贡献主要是提出了 12 条效率原则:明确规定的目标;广泛征求意见;向有能力的人请教;遵守规则,服从纪律;建立正直、公平的制度;可靠、及时、充分的记录;科学地安排与计划;确定标准和日程表;提供标准化的条件;进行标准化作业;进行书面作业指示;对完成任务者加以奖赏。

泰罗的管理思想在大不列颠的影响主要是通过亚历山大·丘奇(Alexander Church,1866—1936)表现出来的。他认为泰罗的理论更多的是分析性质的,对管理任务的理解过于狭窄。他主张组织管理应当关心总的效率而不是只关心某个生产单位,如一个商店、一个工厂的效率。在这种关心总效率的思想指导下,他提出了组织管理的"五项职能"学说,即设计、设备、控制、比较、作业。这对后来的组织理论学家提出组织管理原则产生了极为重要启发作用。

第三章 韦伯的组织结构理论

【摘要】

马克斯·韦伯是一位在其死后很久其组织研究的伟大思想才被人们发现的德国学者。今天他被很多人推崇为组织理论研究的先驱。

韦伯生活在德国历史上的一个特殊时代。他从个体的主观行为出发,论述了个人行为的合理性与社会结构秩序的合法性。韦伯在前人对官僚制研究的基础上,对这一社会组织的特征、权力结构、效率、作用进行了经典性、理想性的概括。他认为任何有组织的团体,唯其实行"强制性的协调"方能成为一个整体。基于此,他将官僚集权的行政组织体系看成是最为理想的组织形态,并预言人类在以后的发展中将普遍采用这种组织结构。

韦伯指出,在理想化的官僚制的组织形态中实现着专业性的劳动分工,存在着以权力为中心的等级系列,通行着通过公开考试或严格挑选录用公职人员的竞争机制,一切公职人员领取固定的"薪金",同时受到纪律的严格约束。

韦伯也认为,官僚制犹如一个巨大的笼子,使得固定在其中的人失去了积极性和创造性。人在追求理性的过程中失去了自我,似乎变成了组织这台机器上的一个零部件。对此韦伯也感到苦恼和无能为力。他寄希望于通过直接选举具有超凡魅力的领导人来解决这一问题。

在韦伯之后,古尔德纳、默顿、塞尔兹尼克等人对官僚制进行了有益的探讨。今天,在西方的思想界和实践界,出现了两种截然相反的对待官僚制的立场和态度。一些人把官僚制说得一无是处,要坚决摒弃官僚制。另一些人则认为官僚制对于现代社会来说是不可少的。正确的立场和态度是要找到改造和完善官僚制的途径。

一、韦伯的组织理论研究活动与主要著述

马克斯·韦伯(Max Weber,1864—1920)1864 年出生在德国图林根州埃尔富特市的一个中产阶级家庭,他是家中的长子。韦伯 5 岁时,全家迁至柏林。韦伯的父亲原是一位地方行政长官,来到柏林后,担任普鲁士国民议会议员和德意志帝国国会议员。老韦伯没有坚定的信念和崇高的理想,习惯于妥

协和舒适。韦伯的母亲海伦具有与其丈夫完全不同的气质,她对加尔文教非常虔诚,而且富有责任感。这种不同的气质使家庭关系十分紧张。丈夫用铁腕统治着家庭,对妻子实行虐待。这种家庭生活的背景导致马克斯·韦伯成年后内心一直充满矛盾。

虽然儿童时代的韦伯羞怯多病,但智力很发达。青年时就博览群书,能写出学术论文。1876 年圣诞节,年仅 13 岁的韦伯就将撰写的两篇历史论文送给父母,标题分别为《论德国历史的发展以及皇帝和宗教的角色》以及《论罗马帝国从君士坦丁至民族迁徙运动的历史》。14 岁时,韦伯写的信件便开始引用荷马、西塞罗、维吉尔、李维等人的著作;他在进入大学前就已经熟读了歌德、斯宾诺莎、康德、叔本华等人的主要著作。年轻的韦伯尤其表现出他对研究社会科学的强烈兴趣。

1882 年韦伯 18 岁,他进入了海德堡大学的法律系学习。1884 年的秋天,韦伯回到老家就读于柏林大学。在接下来的 8 年中,他除了曾至哥廷根大学就读一个学期并且又服了短期的兵役外,一直待在柏林研究深造,与双亲住在一起。除了继续学业外,韦伯还担任了实习律师。1886 年韦伯通过了律师"实习阶段"(Referendar)的测验,成为一名实习法官。在 19 世纪 80 年代的后期,韦伯继续对罗马土地所有权的历史进行研究。1889 年韦伯完成题为《中世纪商业组织的历史》的博士论文,取得了法律博士学位,同时也取得了在柏林大学执教的资格,并成为该校的讲师。

在即将完成博士论文的那一年中,韦伯也开始对当时的社会政策产生兴趣。1888 年他加入了一个名为"社会政治联盟"(Verein für socialpolitik)的专业团体。这个团体的成员大多是当时隶属经济历史学派的德国经济学家,他们将经济视为解决当时广泛社会问题的主要方法,并且对当时的德国经济展开大规模的统计研究。1890 年联盟制订了一个专门的研究计划,以检验当时日趋严重的东部移民问题。由于当时德国劳工逐渐迁往快速工业化的德国城市,大量外国劳工迁徙到德国东部的农村地区。韦伯负责这一研究计划的实施,写下了大量的分段调查报告。最后的总体报告得到好评,被公认为是一篇杰出的观察研究论文,这也因此巩固了韦伯身为农业经济专家的名声。

1893 年韦伯与一名远亲的表妹玛丽安娜·施尼特格尔(Marianne Schnitger)结婚,她后来也成为一名女性主义者和作家。新婚后两人于 1894 年搬家至弗莱堡。韦伯在那里写下了一本名为《罗马的农业历史和其对公共法及私法的重要性》的著作,完成了他的教授资格测验,获聘为弗莱堡大学的经济学教授。1896 年韦伯也获聘为其母校海德堡大学的教授。

韦伯这一很有希望的开端 1897 年被他父亲打断了。老韦伯到海德堡看望儿子。父子发生了争吵。小韦伯指责父亲野蛮地虐待母亲,并将父亲赶出去。一个月以后,老韦伯去世。这场没有和解的争吵成为韦伯毕生的遗憾。自那之后韦伯患上了失眠症,个性也变得越来越神经质。这使他越来越难以胜任教授的工作。1900年的夏季和秋季,韦伯在精神疗养院休息了几个月,接着在年底和妻子前往意大利旅游。

19世纪90年代初,是韦伯频繁发表论文的时期。但在其后的1898年到1902年底他几乎没有再发表任何著述。1902年4月韦伯返回海德堡,1903年秋季辞去了教授的职位。在摆脱了教学工作的束缚后,韦伯在1903年与他的同事维尔纳·松巴特(Werner Sombart)创办了一本名为《社会学和社会福利档案》的社会学期刊,由韦伯担任副编辑。1904年,韦伯开始在这本期刊上发表了他一生中最重要的文章,尤其是《新教伦理与资本主义精神》的系列论文,这些论文后来成为他一生中最知名的著作,并且也为他后来进行的许多有关文化和宗教对经济体系影响的研究奠定了基础。1904年,韦伯出版了《新教伦理与资本主义》,表达他对新教伦理的热爱。这是他唯一一本在世时便已出版成书的著作。也就是在这一年,韦伯前往美国旅游了3个月,考察新教派的影响和官僚制在一个民主社会中的作用。韦伯参与了当时在圣路易斯举行的社会和科学大会,这是与世界博览会相关的大会之一。尽管韦伯表现得越来越成功,但他仍觉得自己无法再胜任固定的教学工作,因此继续保持着私人学者的身份。

1907年韦伯获得了一笔可观的遗产,这使得他能够继续专心研究而无须再为经济问题担忧。作为一名热情的民族主义者,韦伯希望有一个强大的德国。第一次世界大战爆发后,他称这是一场"伟大而重要的战争"。尽管此时他已经50岁了,但仍然自愿参战,当一名预备役军官。韦伯被任命管理9所军事医院。利用这一职位和机会,他以局内人的身份观察官僚制。后来,战争规模不断扩大,韦伯开始反战,他想对德国政治施加影响。1912年,韦伯试着组织一个左翼的政党以联合社会民主主义者和自由主义者,但最后并没有成功。主要是因为当时的自由主义者仍担忧社会民主主义的革命理念的可靠性。

从预备役退伍后,韦伯继续大量写作。他想完成早些时候就开始动笔的名著《经济与社会》。但是,他最终还是未能完成这一巨著。1920年6月,韦伯因患肺炎,过早地结束了充满悲剧的一生。韦伯终生从事学术研究,从社会学的角度,对宗教生活、经济生活和政治生活进行了研究,对犹太教、基督教和佛教都作过深入的、有见地的探讨。

韦伯在世时的德国社会状况与其家庭的状况是类似的,即到处充满了矛盾和冲突。德国没有经历过像法国那样较为彻底的资产阶级革命,因此,尽管西部地区的工业获得了发展,形成了资产阶级控制经济的局面,但是,整个德国仍然被东部地区传统的封建制度所左右。封建贵族式的传统价值观念依然盛行,即使是处在迅速上升中的资产阶级也希望他们的后代在将来的某一天能进入贵族阶层。

在韦伯从事学术研究的时期,"德国的社会和政治结构就具有这样的特点:经济的结构及政治的结构与社会价值体系之间明显地分裂开来。经济结构越来越受到工业制度和资产阶级的统治,而文化价值体系和政治结构则仍然受传统的半封建社会价值观和官僚保守主义的支配。"[①]

在这种内部的矛盾与冲突的基础上,存在着在政府与军队中通行的复杂的官僚制度。德国的政府与军队都受着普鲁士保守主义和忠于职守精神的支配。正是在普鲁士政府、军队的管理制度和工业企业的组织结构中,韦伯看到了官僚制的许多共同的特点,他对这些特点作了详尽而深刻的分析。同时,他也看出了这种组织结构和运行制度对人格的荒谬而可笑的影响。韦伯探讨过官僚制的种种弊端,但他却因为找不到克服的办法而对官僚制的前景感到失望。

尽管韦伯与弗雷德里克·泰罗、伍德罗·威尔逊等是同时代的人,并且在学术上取得了同样巨大的成就,但因他的著述大多采用了德国哲学家所喜欢的那种令人厌恶的晦涩难懂、枯燥乏味的文体,从而不能为一般的人所接受。韦伯的思想很晚才被西方学者所认识和知晓,他的著作很迟才被译成英文。自20世纪40年代以后,韦伯的思想开始得到西方学者的广泛研究。在西方人们一致认为韦伯是一名杰出的社会学家,同时又是官僚制组织模式的创始人。

虽然韦伯一生著述丰富,但他在世时只出版过一部著作。在他去世后,人们将他的论文和遗稿加以整理出版。韦伯的德文著作也先后被翻译成多种文字在全世界广泛传播。与组织理论有关的主要著作是《社会与经济组织理论》(*The Theory of Science and Economic Organization*, Free Press, 1947);《新教伦理与资本主义》(*The Protestant Ethic and the Spirit of Capitalism*, Auen & Unwin, 1930)。

韦伯是一位在当代社会科学史上具有重大影响的大师级人物。他将理论思想与历史分析广泛地交织在一起。那个时代有不少社会科学家喜欢将历史资料置于预先设立的理论框架之中,韦伯却不是这样。在其著作中,历史资料

---

① D. P. 约翰逊:《社会学理论》,南开大学社会学系译,国际文化出版公司1988年版,第264页。

被用作发展理论概念和范畴的基础,这使他的研究与分析变得更为灵活、更为开放。韦伯通过对历史与现实相结合的探索,确立了现代组织的结构功能学说。他认为组织领导要履行规定的职责就必须具有合法的权力,在合理的官僚制度中,上下级之间应贯彻职位等级原则,官僚组织应当由经过充分专业训练的、专职的、领取薪水的、得到任命的职业官员组成,在"官僚机器"中工作的人应该去掉他们身上人性方面的差异。韦伯通过与英语、法语世界中的学者不同的途径提出了与亨利·法约尔、卢瑟·古利克、林德尔·厄威克却非常相似的,但带有自身特色的古典组织理论。韦伯的组织理论是对泰罗和法约尔古典组织研究的一种提升,对后世的管理学家,尤其是组织理论学家产生了重大影响。正因为如此,在组织管理思想发展史上他被人们尊称为"组织理论之父"。

二、组织研究的理想类型方法

人类对官僚制的早期研究至少可以追溯到莫斯卡(G. Mosca)。他在《统治阶级》(The Ruling Class)一书中指出,在所有的社会中握有公共权力的人即政府总是少数。他将政府分为两种形态:一种是封建的形态,另一种是官僚的形态。在官僚形态的国家中,经济、司法、行政、军事等功能都有严格的划分,互不从属,各有专司。莫斯卡认为公务人员即官僚不再是权威的附属物,它有可能发展成为"官僚专制主义",因此,"代议制度"必须对官僚制实行制约。虽然莫斯卡并未对官僚制作出明确的界定,但是,他的分析依然震动了19世纪西方的社会科学界,因为他将行政中的"文官体系"从政治体系中分离出来。

在莫斯卡之后对官僚制进行了进一步研究的是罗伯特·米歇尔斯(Robert Michels)。他认为,在现代国家中官僚制是必要的,但是,他又指出,对官僚制的分析不应局限于国家,应当从组织的角度研究这种制度。米歇尔斯以政治组织为例进行分析,他认为政党的领袖雇用专职人员,帮助处理各种专业事务,这些人是以管理层级组织成长起来的。这批专家与一般人员不同,成为专业化的领导层,他们的工资来自政党成长的收入,因而他们不会采取危害政党的措施。发展到最后,维护和保证这类专业化组织的存在与强大就成为目的。因此,米歇尔斯得出了一个著名的论断:"谈论组织,就是谈论寡头统治。"米歇尔斯对官僚制的研究的贡献就在于他将官僚制与组织结合起来。[①]

---

① Albrow Martin: *Bureaucracy*, Pall Mall Press Ltd., London, 1970.

韦伯在前人研究的基础上对官僚制的历史进行了经济、政治、文化层面的考察，运用其"理想类型"的方法对官僚制重新进行了阐释。韦伯认为，人类对于外物的认识是通过概念和范畴来进行的，因此在进行理论研究之前就必须对概念和范畴加以准确的界定。在这一方面，自然科学有严格规定和程序。社会科学要想成为真正的科学就必须像自然科学一样构建严谨而精确的概念与范畴。但是，由于社会科学的研究对象是由具有不同动机和意志的人的行为构成的，因此其概念的构建就远比自然科学来得困难，不能套用实验的方法，而必须运用"理想类型"(Ideal-types)的方法。韦伯对这一特殊的研究方法做了说明，他认为"理想类型是通过单方面地突出一个或更多的观点，通过综合许多弥漫的、无联系的、或多或少存在、偶尔又不存在的具体的个别的现象而成的，这些现象根据那些被单方面地强调的观点而被整理成一个统一的分析结构。①

正是运用"理想类型"的方法，韦伯抹去了传统官僚制的"神圣光环"，除去了公共官员"所有的感情价值"，而只将它们视为一种技术工具，从而建构了"理想型官僚制"的组织模型。韦伯"理想型官僚制"理论的突出贡献就在于他"放弃了西方一直沿袭的以叙述制度的价值规范为主的研究途径，而以合理主义价值立场、类型化比较研究与发生学因果分析有机结合的'理想类型'的方法论"。从而突破了自然科学和传统的社会科学研究的方法论局限，以一个全新的视角对这种新型组织形式进行了一种理想状态的学理分析。②

韦伯研究官僚制组织的"理想类型"方法开辟了组织研究的新途径。首先它是由理智构造的思维工具，具有高度概括性和抽象性，不同于现实；其次，理想型概念认为任何事物的发展规律都具有逻辑上的可能性（理想类型），它是在对繁多的经验事实进行整理之后得出的，突出具有规律性和共性的东西，是经验事物的典型形式；最后，毫无疑问，理想类型作为某种变异的形式，和现实之间存在着差别。这种概念结构既非历史现实，亦非"真实的"现实，它只具有纯理想的有限概念的意义，真正的现实或行为可以与之相比较，并为解释那些有意义的成分而对之作观察。③ 理想类型作为一种认识方法，其特点就在于通过比较不同经验事实与理想类型之间存在的极为细小的差别，对经验事实的客观性认识更为清晰。

---

① 马克斯·韦伯：《社会科学方法论》，朱红文等译，中国人民大学出版社1992年版，第85页。
② 孔繁斌：《行政理性化的追求与困境——马克斯·韦伯的官僚制理论分析》，《南京大学学报》1998年第1期。
③ 马克斯·韦伯：《社会科学的方法论》，杨富斌译，华夏出版社1999年版，第189页。

三、权力形态与组织类型理论

韦伯认为,任何一种组织都只有以某种形式的权力为基础,才能实现其目标。权力可以消除组织的混乱,使得组织的运行有秩序地进行。如果没有某种形式的权力,组织的生存都是非常危险的,就更谈不上实现组织的目标了。

韦伯将权力划分为三种类型。[①] 第一种是理性的、法定的权力。它指的是依法任命,并赋予行政权力,对这种权力的服从是依法建立的一套等级制度,这是对确认职务或职位的权力的服从。第二种是传统的权力。它是以古老的、传统的、不可侵犯的和执行这种权力的人的地位的正统性为依据的。第三种是超凡的权力。它是指这种权力是建立在对个人的崇拜和迷信的基础上的。韦伯阐述了三种纯粹形态的合法权力各自的合法性依据。法定权力的依据是对标准规则模式的"合法性"的信念,或对那些按照标准规则被提升到有权指挥的人所具权力的信念。传统权力的依据是对古老传统的不可侵犯性和对传统执行权力的人的地位的正统性信念。超凡权力的依据是对个别人特殊和超凡的神圣、英雄主义或模范品质的崇拜。

韦伯认为,这三种纯粹形态的权力中,传统权力的效率较差,因为其领导人不是按能力来挑选的,仅是单纯为了保存过去的传统而行事。超凡权力过于带感情色彩并且是非理性的,不是依据规章制度,而是依据神秘或神圣的启示。所以这两种权力都不宜作为行政组织体系的基础。只有理性和法定的权力即合法权力才能作为行政组织的基础。因为理性的合法权力具有较多的优点,如有明确的职权领域、执行等级系列、可避免职权的滥用、权力行使的多样性等。这样就能保证经营管理的连续性和合理性,能按照人的才干来选拔人才,并按照法定的程序来行使权力,因而是保证组织健康发展的最好的权力形式。

与神授权力相对应的是"神秘化的组织"。在这种组织形态中,行使权力的方式是基于领袖人物的个人人格。这些领袖人物具有"超凡魅力"的特征。借助于这一特征,领袖成为超脱凡人,并且被赋予超自然的、超人的权力的人,像先知、救世主、政治领袖就属于这类神秘化的人物。"神秘化的组织"大多由领袖和他的一批弟子组成。典型的"神秘化的组织"是以宗教的或政治的形式出现的。由于这类组织只是靠个别领导的权威或其人格来维系的,对领袖的

---

① Harold F. Gortner, Julianne Mahler, Jeanne Bell Nicholson: *Organization Theory: A Public Perspective*, Wadsworth, Inc., 1989, p. 67.

命令,组织成员只能坚决地服从。因为这种组织的基础是对某个人特殊的、超凡的神圣性、英雄行为或典范品格的信仰以及对这类人的启示或发布的命令的信仰。在神授权力的范围内,人们之所以服从,是因为对某些有神授资格的人以及他的品质的信任。这种服从是一种对超凡魅力领袖人物的信仰问题。

因此,这种组织的基础并不是稳固的。领袖人物在世时,组织似乎很稳定统一。领袖人物一旦去世,组织内部都会因为争夺接班人而发生分裂。即使领袖人物生前就指派了接班人,这个继承人也不一定就能被组织的其他成员所完全接受。假如继承人是通过血统的遗传来实现的,那么,这一组织就会演化成为"传统的组织";而当领袖人物的继承人是通过一定的法则来行事的,那么,"神秘化的组织"就会发展成为"官僚组织"。

与传统权力相对应的组织形式是"传统的组织"。在这种组织中,命令和权威的基础是先例和惯例,或者说成员的服从是坚信古老传统的神圣不可侵犯以及对根据这些传统行使权力者的不可怀疑性。在传统权力的范围内,从前发生过的东西就被看作是神圣不可侵犯的东西,并由此确定了各种团体的权利和期望。在这类组织中,习惯成了伟大的仲裁者;人们对领袖之所以服从是因为发布命令的人占据着神圣不可侵犯的职位。这种服从所依赖的是一种在习惯性义务范围内对个人的忠诚。

在"传统的组织"中,存在着两种制度:一种是世袭制,另一种是封建制。在前者那里,官员只是领袖的个人奴仆,并因其忠诚而从领袖那里领到报酬;而在后者那里,官员则有自己的收入,他们对领袖保持着一种传统上的忠诚关系,从而比世袭制下的官员具有较多的自主权。当一个公司实行世袭制时,经理的职位就是后代从其父亲那里获得的基于财产继承权的一种遗产。在挑选和任命公司的管理人员时,公司所优先考虑的不是人们的专业知识,而首先是血缘关系。

与法定权力相对应的组织是"合理化—法律化"组织,它是以官僚组织的形式出现的。其基础是正规形式的法律以及对处于掌权地位的人依据法律所发布的命令的信任。在韦伯看来,这种组织是在现代社会中占主导地位的权威制度,并且是一种合理的制度。[①]

"官僚组织"的合理性表现在:它犹如一台精心设计的机器,在执行每一项功能时,机器上的每一个零件都会发挥出最大的功能。这一组织又具有法制性,因为这种组织中存在一系列的规则和程序,在组织中担任一定职务的成

---

① Harold F. Gortner, Julianne Mahler, Jeanne Bell Nicholson: *Organization Theory: A Public Perspective*, Wadsworth, Inc., 1989, p. 67.

员，必须依据相应的规则和程序来行使其职责。在法定权力的范围内，人们之所以服从命令，所依据的正是依法制定的非人格化的规章。这种服从是忍受约束的问题。

四、法定权力与组织结构理论

韦伯重点论述了理想类型的官僚制组织中的法定权力。在韦伯看来，法定权力的有效性取决于对下列相互依赖的观念合法性的承认。一是通过协议或者强制可以建立任何一种法律规范，在权宜之计、理性价值或二者兼而有之的基础上，至少要求法人群体的成员服从。二是每一个法人团体本质上存在于一个有意地正规建立起来的、抽象规则连贯一致的系统中。而且，法律的执行被认为是把这些规则运用于特殊的案例；执行过程是在法律规定的原则限度内，合理地追求管理法人群体的规章中所详细规定的利益。三是权力的代表人物占据着一定的"公职"，在与其地位相关联的行动中，包括对其他人发出的指令在内，他服从于一种非人格化的规章，他的行动总是围绕着规章进行的。四是服从权力的人仅仅是作为法人群体的一名"成员"才这样做的，并且他所服从的仅仅是法律。在这一点上，他可能是一个协会的会员、一个地区性社区的居民、一所教堂的教徒或者一个国家的公民。五是法人群体的成员服从于一个当权者，并不是服从作为个人的他，而是服从那个"职位"，服从非人格化的规章，因为权力是按照规章来授予的。

韦伯认为行使合法权力的最纯粹的形式是雇用官僚制的行政人员，只有组织的最高首脑是依靠占有、选举或指派委任等方式才能占据权力职位的。但是，即使在这种情况下，官员的权力也存在一个合法的"权限"范围。处于最高权力之下的全体行政人员从最纯粹的形式来说是由个体官员组成的。他们的职责必须符合一定的标准：他们有人身自由，只服从他们非人格化的官职义务；他们是按照明确规定的官职等级制度组织起来的；每一官职都有法律意义上的明确规定的权限范围；官职通过自由契约关系担任；以技术资格为根据选择候选人；行政人员获得的是以货币形式支付的固定薪金；官职被任职者看作他的最主要的工作；行政是一种职业，按资历和成就并由上级确定晋升；行政人员服从对其行为的严格控制，遵守纪律。

现代官僚组织结构具有许多明显的特征。首先，这种官僚组织具有普遍性。这种官僚组织类型在私人诊所、靠宗教团体维持的医院以及天主教会中都存在。就是在经营酱菜的大型企业中也存在官僚组织，并且企业越大，官僚制的作用就越大。

其次,在任命制最明显存在的地方,官僚制的权力则是以最纯粹的形式行使的。选任制的情况有点不同。选任制不可能实行一种严格的纪律,因为它可使一名下级官员按照与其上级同等的条件为当选而竞争,下级官员的命运不依赖于上级官员的裁定。

第三,根据自由合同任命,它使自由选拔成为可能,这是现代官僚制所不可缺少的。如果存在一个非人格化权限范围的等级组织,而职务被不自由的官员所占有,那么,这种占有就成为"世袭的官僚制"。

第四,在官僚组织中,技术资格的作用不断增强,甚至某一党派的官员也需要有专门的知识。在现代国家中,唯一没有技术要求的"官职"是部长或总统。这说明他们不是实质性的,而只是形式上的"官员"。在官僚制的上层,存在着至少不是纯粹的官僚制的因素。

第五,官僚制的官员通常能得到一笔固定的薪金。与此相对照,私人占有的收入来源称为"收益"。官僚制的薪金一般也用货币支付。因此,出租和出售官职,或用官职收入作为抵押,这些现象同纯粹的官僚制是格格不入的。[①]

第六,在典型的官僚制中,官员是以所担任的官职作为主要职业的。凡不是任职者主要职业的"官职",特别是"荣誉"职务不属于官僚制的范畴。

五、官僚制组织的社会作用

官僚制管理优势的源泉在于技术知识的应用,随着现代技术和商品生产方面经营方法的发展,技术知识已变得非常重要。以知识为基础的管理,使官僚制具有特别的合理性。一方面,技术知识足以使官僚制的职位拥有特殊的权力;另一方面,官僚制组织能够利用其掌权者,从实际工作经验中发展知识,从而进一步增强权力。

韦伯认为,官僚制是不可动摇的。他指出,当那些处于官僚制控制下的人试图摆脱现有的官僚制机构的影响时,在正常的情况下,唯一可能的是创立一个他们自己的组织,而这一组织同样脱离不了官僚制的过程。在现今的社会中,只有依赖官僚制社会才能正常发展。

在官僚制中,所有的人都被组织在服从非人格化的、具有知识的大型法人群体中。这种官僚制可能产生另一些主要的、更为普遍的社会结果。首先,社会会出现"拉平"的趋势。因为官僚制本身反对滥用管理资料、滥用权力以及以荣誉地位或财富为手段来占有职位。这种反对特权的趋势必然有利于民

---

① G. J. Gordon: *Public Administration in American*, St. Martin's, N.Y., 1995, p.122.

主制。

其次,这种官僚制又会使人变得没有感情和热忱。因为在官僚制中占据支配地位的是非人格化的规范,每个人都处在同样的经验、同样的待遇之中,组织的规范并不顾及个人的直接利益。

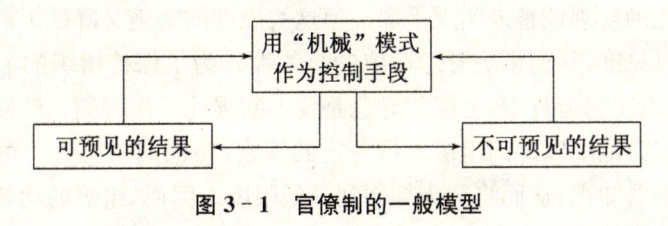

```
          用"机械"模式
          作为控制手段
         ↙           ↘
  可预见的结果      不可预见的结果
```

图3-1 官僚制的一般模型

韦伯认为,资本主义体制存在于官僚制的发展中,虽然不是唯一因素,但是的确起了不可否认的重要作用。没有官僚制,资本主义生产将无法延续。他甚至认为,任何合理的社会主义类型也必须接受官僚制并增强其作用。但是,韦伯始终认为,官僚制是在资本主义保护之下发展起来的,资本主义是官僚制管理的最合理的经济基础。

六、官僚制组织的后续研究

在韦伯之后,阿尔文·古尔德纳(Alvin W. Gouldner)、默顿(Merton)和塞尔兹尼克(Selznick)对官僚制组织进行了更为深入的研究。阿尔文·古尔德纳是美国圣·路易斯的华盛顿大学的社会学教授。他最初研究的课题就是关于工业组织方面的。另外,古尔德纳还担任过新泽西州美孚石油公司的顾问。古尔德纳试图将韦伯的官僚制度运用到对现代工业组织的研究中去。在研究官僚组织时,古尔德纳发现,韦伯忽视了一个问题,即一旦组织成员拒绝服从上级的命令,也就是组织成员同组织发生抵触时,组织的权威就会受到破坏。

古尔德纳以美国一个石膏矿为例得出了官僚制组织的三种行为模式:虚幻式、代表式、以惩罚为主式。古尔德纳认为,在三种行为模式中,应用最广的是"以惩罚为主式"的模式,因为它强调的是利用普遍的和非人格化的规则,而不是过分地强调权威人士的个人权力,从而减少了组织内部人与人之间的冲突,保证组织的高效率。但是,这种"以惩罚为主式"的行为模式也存在问题。惩罚必须同严密的监督相结合,但在进行监督时,组织成员之间的权力上的差异就会显现出来,从而表现出不平等。比如,上级监督下级是易行的,而下级要监督上级就不那么容易。有时,靠正式组织去监督效果不大,相反非正式组织的作用却较大,但在监督问题上,又会因此而产生正式组织与非正式组织之间的矛盾。①

古尔德纳比较重视官僚制组织的平衡问题。他认为组织的平衡中存在一种二律背反。当组织的高层加强控制,组织群体内部出现紧张关系时,必须依靠非人格化的规则调整来实现平衡。但这类规则的实施又降低了群体内部权力关系的可见度,从而影响管理职位的合法性。为了保持组织的上述平衡状态,在官僚组织的运行中,上层领导总是要不断强化工作规则。然而工作规则会提供给权力范围以外的组织成员一定的线索,使他们获得关于可接受行为的最低界限的知识,从而将行为抑制到最低限度。因而,组织的功效也就必定是低的,这就必然造成组织成就与组织目标之间的不一致。当官僚制组织的上层领导一旦发现功效降低时,他们就会加强监督,增加组织内部权力关系的可见度,提高群体中的紧张程度。这样一来,最初的以制订工作规则为基础的平衡又被破坏了。因此,对于官僚制组织来说,其运行只能处在这种不平衡—平衡—不平衡的循环之中。

默顿(Merton)是美国著名社会学家、结构功能学派的创始人。1940年,他对功能失调的组织进行了研究。韦伯的官僚制组织在实际运行中会产生对其结果无法预见的问题。作为新官僚制理论的代表者,默顿注意的重点应是如何对组织成员在行政管理中发生的"无法预见"的反应作出控制。他认为组织内的成员常常会将在某一情境中适合的反应不自觉地运用到相类似的另一情境中去,并由此产生组织所无法预见的、不满意的结果。默顿将这种"反应样式"称为"个性"。

默顿认为,通过加强对组织成员"个性"的控制来实现组织行为可靠性的做法会产生三方面的结果。一是个人化关系数量减少。官僚制是一组职务或一组角色之间的关系,官员不是作为或多或少独特的个人,而是作为有明确权利和职责的职位代表对组织中的其他成员起作用的。组织内的竞争发生在一个严格规定的范围内,评价和晋升相对说来不依赖于个人成就。二是参与者对组织规则的内在化日益增强。组织为了实施自己制订的规则,最初设定了一些与组织目标无关或关系不大的价值观。但在后来的实践中,却发生了"目标位移"。产生目标位移的情况有两种:一种是在一系列的情境中,对某些备选方案进行重复选择,从而产生对某个方案偏好的工具性活动;另一种情况是对某个备选方案选择后产生了始料不及的结果,从而对这一方案的选择也成

---

① A. W. Gouldner: *Theoretical Requirements of the Applied Social Science*, American Sociological Review 22, 1957, pp. 91-102.

为工具性的活动。① 三是越来越多地将分类作为一种决策技术。在人类的思维中，分类的确是一个基本构成部分。但在官僚制组织的运行中，分类指的是将决策中的备选方案归入一个较为狭窄的范围内，从而减少供选择方案的数目。

通过减弱个人化关系、增强规则内在化、减少寻求备选方案的数目等途径，能够让组织成员的行为具有高度的可预见性。这种做法也导致组织成员行为的刻板性。这会造成如下后果：首先，它满足了维护组织体制的需要；其次，它增强了组织对个体行为的防御性；第三，进一步增加了用户方面的困难。其结果是，一方面组织内部产生不公正，另一方面组织的服务功能减弱。

如果说默顿关心的是如何通过规则加强对官僚组织的控制的话，那么，塞尔兹尼克(Selznick)则与之相反，他关心的是组织中权力的授予问题。塞尔兹尼克在韦伯学说的基础上，提出了自己的官僚结构模型。在默顿的官僚结构模型中，需求的控制是重点，而在塞尔兹尼克的官僚结构模型中，重点却变成了权力的授予。

按照塞尔兹尼克的官僚组织结构理论，从组织的高层到基层，应实行较多的授权。授权会产生一系列的结果。首先，授权必然增加专业能力训练的数量。通过授权，管理者可以将注意力集中在相对少量的问题上，从而使有限范围内的经验得到丰富并可以提高雇员处理本职范围内问题的能力。由于上述的作用，授权可以削弱组织目标与组织成员之间的差别，其结果是刺激组织进一步的授权。

其次，授权也可能导致分散主义和组织内子单位之间利益的分歧。在一个官僚组织中，许多人的发展要依赖于子单位的稳定与成功，而每一个子单位都要维持自身的存在并得到发展，它就必须使自己对整个组织的贡献高于其他的单位。这样，子单位之间必然会发生利益纷争，使整个组织出现目标与利益上的分歧，甚至会导致子单位之间的冲突。在这种情况下，又会导致授权的增加。

第三，授权产生的专业训练一方面使组织成员的能力增强，但另一方面也会增加人事变动的费用。

由此可见，官僚组织内的授权，对于组织目标来说，可能产生两种不同性质的结果：一种结果是使组织的功能得到协调，另一种结果是导致组织功能的失调。授权既可能有利于组织目标的实现，也可能造成组织目标的偏离。塞

---

① R. K. Merton: *Bureaucratic Structure and Personality*, Social Forces 18, 1940, pp. 560-568.

尔兹尼克还发现,无论组织目标实现与否,都会引起组织内授权的增加。

塞尔兹尼克提出了一个模型,他认为可以通过两个限制功能失调的"抑制因素",即"参与者对组织目标的内在化"和"组织目标的业务有效性"的作用,控制日常决策对组织目标偏离的倾向。①

---

① Jay M. Shafritz, J. Steven Ott: *Classics of Organization Theory*, Wadsworth, Inc., Belmout, California, 1992. pp. 81 – 86.

第四章 法约尔的组织过程理论

【摘要】
  亨利·法约尔是法国工程师和著名管理学家。他被后世的许多管理学家誉为同泰罗齐名的"古典管理理论之父"。

  他的命运显然要比韦伯好一点。尽管其组织研究的思想在他学术生涯最富有创造力的时候未能得到传播,但在他的晚年其思想终于被人们所知晓。

  法约尔从自己的管理经验出发,明确地提出没有组织就无法发挥管理的功能。他从社会组织的论述入手,对组织的构成因素、组织的职能、组织的管理与运行原则、组织中的参谋机构及组织中的"跳板"原则等方面进行了系统的研究。

  他对组织理论的独一无二的贡献是提出了与物质条件相对应的社会组织这一概念,并将管理作为组织中的一种独立职能加以分析。他比西蒙差不多要早半个世纪以自己的方式提出组织与管理具有同样含义的命题。

  法约尔的组织理论起着承上启下的作用。他在组织研究方面继承和发展了泰罗的很多思想。比如,他提出的"跳板"原则,其实是对泰罗的"例外原则"的深化;他也强调了泰罗所论述过的职能化原则。法约尔又将管理与组织结合起来,并认为组织与管理是同一个含义,这一点与西蒙后来所讲的"所谓管理,就是建立组织,管理组织"又是相同的。

一、法约尔的组织理论研究活动与主要著述

  亨利·法约尔(Henri Fayol,1841—1925)1841年出生于法国一个资产阶级家庭。1856年至1860年先后在中学和大学学习,毕业后成为一名采矿工程师。法约尔的整个职业生涯是在本国的高芒特里—福尔沿布德—德卡斯维尔采矿冶金联合公司度过的。他在30岁还刚刚出头时,就担任了矿冶公司总经理。当时这家公司正面临危机,法约尔运用新的组织与管理思想对公司进行整顿,终于使企业从破产的边缘走向欣欣向荣。当法约尔77岁退休时,该公司已经在经营和财务方面立于不败之地,直至今天它仍然是法国中部最大的矿冶集团的重要组成部分。在总结这一段实践经验时,法约尔写道:"尽管

矿井、工厂、财源、销路、董事会、职工同原来都是一样的,只是运用了新的管理方式,公司才以同衰落时一样的步调复兴和发展。"

法约尔于 1918 年退休。退休以后,他仍然致力于组织理论与管理理论方面的研究。他对法国的邮政机构、烟草专卖事业、陆军和海军学校等作过管理工作方面的调查。据说,在 1925 年,即他硕果累累的一生快要结束时,他还专心于有关烟草专卖事业管理的调查。另外,法约尔还在一个高等军事院校专门开设讲授管理学的课程。法约尔从多年的管理实践经验出发,对组织行为中的过程管理理论作了科学的概括与阐释。他试图创立一种对各种组织都能适用的一般理论。

法约尔属于那种直到其晚年思想才被世人所知并因此而出名的人。事实上,当人们广泛地阅读法约尔的管理著作时,他已经年过 70 了。法约尔在担任总经理期间,一直致力于管理上的改革,他注意从组织的上层入手进行研究。1908 年,他在矿业工会的百年纪念大会上,发表了关于"一般管理的原则"的演讲。另外,他还写过关于采矿工程管理方面的论文以及若干管理学论著。但是直到 1916 年,矿业学会的公报才发表了他的《工业管理与一般管理——预测、组织、命令、协调、控制》的小册子。其他论著则鲜为人知。直到 1949 年,康斯坦斯·斯托尔斯(Constance Storrs)才将法约尔的《工业管理与一般管理——预测、组织、命令、协调、控制》由法文译成英文出版发行。

法约尔虽然同泰罗一样当过工程师,并且都对企业与行政机构中的管理问题作了研究,从而都成为传统管理理论的创始人,但两人存在很多的不同点。泰罗开始是作为一名普通工人进入工厂的,后来才去从事工程技术工作和管理研究。他是从对劳动技术的调查入手,寻求实行管理科学化的目标,强调对时间、动作和工资制度的研究,并将这些问题作为工厂组织理论研究的重要方面。法约尔则不同,他一进入企业,就加入了管理队伍,以后又升任为一家大公司的最高领导,并在法国好多个机构中从事过管理方面的调查研究与教学工作。因此,法约尔的管理理论大多是以大企业的整体作为研究对象的,而且他认为其研究成果不仅适用于公私企业,也适用于军政机关和宗教团体。

法约尔是西方传统管理理论的重要代表,并且也是以后发展起来的组织理论中的管理过程学派的鼻祖。他既重视对组织加以研究.也重视对人加以考察。正如后来法国管理学家盖克所说,法约尔的管理理论是"指挥的理论,是指挥人的理论"。这实际上就为后来组织理论研究中人际关系学派的发展提供了基础。传统的管理理论经过厄威克、穆尼-莱利、戴维斯、布雷克等人的继承与发展,后来又由孔茨、奥唐奈、纽曼荟萃成集,形成一门完整的学说。

上述的一些管理学者都仿效法约尔将管理的职能分成各种因素和各个过

程来加以考察,于是被称为管理过程学派。法约尔的管理过程理论将管理分成计划、组织、指挥、调节、控制等几大基本职能,他认为可以从理论上来剖析管理人员的职能;可以依据经验总结管理的一般原理;可以将原理扩展到实践中运用;管理原理可以为管理理论提供要素;管理是一种可以改进的技能;从实践中得出的基本原理是可靠的;完整的管理理论既包括基本原理又包括其他有关知识。

法约尔在组织理论研究方面的主要著作是《管理的一般原则》(*The Principles of General Administration*, 1908)、《工业管理与一般管理——预测、组织、命令、协调、控制》(*General and Industrial Management*, Trans, *Constance Storrs*, London, Pitman Publishing, Ltd. 1949)。

在这些著作中,法约尔明确地提出,"组织这个词近来为表示经营的方法而被广泛使用,正确地讲,它同管理有着同样的含义。组织的目的是实现计划、组织、调节、控制"。法约尔将管理与组织结合起来,并认为组织与管理是同一个含义。这一见解与现代组织理论是相通的。

二、社会组织理论

法约尔对泰罗的组织理论作过评价。他认为,泰罗的组织理论强调了两点:一是辅助现场工长的必要性;二是提出工长在下命令时相互帮助,即多少否定了命令统一的原则。泰罗"第一点想法是有见地的,第二点想法是不健全的,也是危险的"。"管理的基础是以一个作业人员不能同时在两个以上的工长指导下进行作业,这种原则体现出了军队式组织"。

作为古典管理理论之父,法约尔是将组织当作管理职能的一个要素加以研究的。法约尔的一个重要贡献是在论述管理职能时,引进了一个概念,即社会体。他认为管理的基础是社会体,没有社会体,管理职能就不会存在,而离开了管理,社会体也就无法形成并得到维持。

社会体是同物的组织相区别的人的组织。在社会中,每个成员可以看成是一个细胞,多数成员结合在一起就形成组织,随着成员数目的增加,组织也就日益完善化、专业化。这时的组织与管理就显得特别重要。"没有神经组织,也就是说如果没有管理活动,有机体就会失去活力,从而迅速地衰灭"。因此,在法约尔那里,组织是与管理分不开的,"管理的功能只有通过组织机体才能产生来"①。社会组织对管理职能来说是起限制作用的。

从这一意义上来说,组织理论在约法尔的管理理论中占有非常重要的地位。法约尔认为:"组织一种事业,就是向这种事业提供一切有利于它发挥机能的材料、机械设备、资本、人员。这些东西可以分为物质组织和社会组织这两个主要部分。"但法约尔比较重视社会组织。他说,如果具备了必要的物质手段,组织成员就能行使其一切职能,进行事业所包含的一切活动。正因为这样,法约尔的管理理论从其本质来说,是关于社会组织的理论。

组织的发展程度与组织的形式是相互联系的。处在不同发展程度的社会组织,它们具有不同的组织形式;而具有同样发展程度的社会组织,其组织形式都非常相像。但是,对于两个组织来说,其形式上的相同并不等于有同样的内部构成和同样的技术力量。形式一样的两个社会组织,一个可能很好,一个则可能很不好,关键是要看组织成员的才能。

个人在组织中起着一种类似于细胞在生物体中所起的作用。在个体经营的企业中,个人是唯一的细胞,而在大企业中,个人则是这一组织的千分之一或百分之一。机体的发展是通过基本单位的组合来完成的,组织也是一样,它通过基本单元组合而逐步形成机构,这种发展是与分化同时并存的。

社会组织这种机体与动物一样,原先的少量的基本功能可能会分化成无穷的活动。对于这些活动如果缺少高级权力机构的直接干预,那么其功能就会紊乱,从而使组织衰落下去。可见,在一个组织之中,中心权威的作用是不可缺少的。

在任何一个社会组织中,都存在一系列具有六种基本职能(技术、商业、财务、安全、会计、管理)的机构。在个体经营的企业中,这六种职能可能由一个人来承担。而在一个国家企业中,这些职能则极其复杂,分工很细,需要大量人员并形成数目众多的大小机构。如,在一个股份有限公司中,有以下主要机构:股东大会、董事会、总管理处、地区和地方领导,另外还有总工程师、各部门领导、车间主任、工长,等等。

三、组织因素理论

法约尔在组织理论中着重讨论了组织的构成因素。一是组织的外部形态因素。他指出,组织的一般形态是由组织人员的数目决定的。一个人承担的

---

① Henri Fayol, *General and Industrial Management*, Trans. Constance Storrs, London Pitman Publishing, Ltd., 1949, p. 19.

企业,不会形成任何管理阶层;在只有几个职工的小企业中,产生的是工人只从管理人员那里直接接受指令的组织形态。而一旦有了10人、20人、30人,就要形成具有中间管理阶层的组织形态。比如,在企业的最高领导与职工中间就需要增加工长这个层次。当工长增加到若干人数时,就需要增设一个管理工长的职位。如果工长相应地增加到3人、4人、5人时,在工长之上,就要增设一名科长,作为工长以上的管理层次;当科长也有了3名、4名、5名时,在其之上就又要增设处长这一管理层次。如此类推下去,组织中的管理层级就必然会增多,从而组织也就会逐渐变为金字塔式的结构。

在法约尔看来,不管领导处于哪个层级,他都只能指挥极少的部下,一般不超过6人。而当管理工作特别简单时,比如工长,有时可以直接指挥20人或30人。如果将工长所管的职工数定为15人,在有60人的地方,第一层次管理人员为1人,第二层次管理人员则为4人。这样,组织规模越大,其职能就会越复杂,加上分工极细,这就需要设立较多的中间组织,从而占有大量人员并形成数目众多的机构。在法约尔看来,这种组织发展的一般形式能够适应对任意人数的职工实行组织化;另外,即使是最大的企业,其组织层次一般也不会超过8层或9层。事实上,法约尔的层级结构原理表明,他所认为的理想组织形态是一种线性组织形态。

从法约尔关于组织的外部结构分析中可以看出,他比较多地强调应当将命令的统一、指挥的统一和层级分布作为组织管理的基本原理。在他的组织理论中,不管组织的种类如何,只要它们是处在同一发展阶段上,其组织形态都具有某种类似性。他曾指出,在同类型的企业中,组织的职能是完全相同的;在不同类型的企业中,组织的职能也有某种类似性。法约尔的这一观点并没有否定泰罗关于组织职能化的原理。这是因为,法约尔本人并没有否定组织中职能的专业化问题;同时,尽管他认为在相同的发展阶段上,组织的外部形态是一样的,但是,仅外部形态相同并不意味着具有相同的局部结构和相同的有机特性。

二是组织的内在因素。如果仅从组织的外部形态来看,各种组织似乎是一样的,但是法约尔认为,"为了建立有效的组织,光聚集人和分配职务是不够的。必须具备如何使有机的整体适应各种要求,如何发现所需要的人材和如何因材制宜地安排每个人等方面的知识。总之,必须有多种重要的素质。"组织的效率取决于组织的内在因素。这一点是法约尔组织理论的又一个重大特征。

法约尔明确指出:对组织的管理绝不是机械式的,"管理组织,即各中级阶层的管理人员都可以成为力量和观念的源泉,而且必须是这种源泉……在管理人员中存在着能使最高权威者的行动力扩大的创造性"。形式相同的组织并不等于有同样的内部构成。相同形式的两个社会组织,一个可能很好,一个则可能很不好,关键在于组成组织的人员特别是管理人员的诸如创造性和实际能力等方面的"人的因素",这是决定组织是否有效的内在因素。在这一点上,法约尔的确要比泰罗正确得多。泰罗虽然也谈到职工的选择与培训,但是,他基本上将职工看成是消极的、被动的,甚至他也将管理人员视为是没有创造性的存在物。尽管法约尔也并没有真正重视职工的人际关系、感情以及各种需要等方面的因素,但是,他开始提出"人的因素"问题,并将这种因素看成是同"机械式"的因素相对立的东西。

在对组织的因素进行论述时,法约尔虽然要比泰罗深入和详尽一些,比如他就考虑过组织的社会性问题,而泰罗仅仅考虑纯粹的管理问题,但是,法约尔并没有将他刚刚抓住的社会性因素应用于组织的分析,社会性因素在他那里仍然是抽象的。正因为这样,当他分析组织结构时,他还是就组织本身谈论组织,而没有将一个现实的组织放到社会的大背景下进行分析。法约尔没有提出组织的社会环境概念。事实上,任何组织都不是孤立的,缺乏物质的、技术的因素和手段,组织就无法存在,更谈不上正常运行。一个现实的组织总有其外部环境,组织管理的重要任务则是要保持组织自身与外部环境的平衡。

四、组织职能理论

对于一个组织来说,大体上可以分成两大部分:物质组织和社会组织。只有在配备了必要的物质资源以后,社会组织才能完成它的一些主要任务与基本职能。

法约尔认为,社会组织应当完成下列任务:注意深思熟虑地制订并执行组织的行动计划;努力使企业的物质组织和社会组织与企业的目标、资源及需要相适应;建立一个一元化的、有能力的、坚强的组织领导;将组织中的力量协调起来以利于配合行动;作出清楚、明确、准确的决策;将每一个人安排到最能发挥其作用的职位上去;对每一个职位明确规定其职责;鼓励组织中的成员的首创精神与责任感;对组织成员所做的工作给予公平而合适的报酬;对出现的过失与错误进行必要的惩罚;教育组织成员严格遵守纪律;强调组织指挥的统一性;要求组织成员做到个人利益服从集体利益;对组织实施严密的控制;强调组织内部的物品秩序与社会秩序;注意同规章过多、官僚主义、形式主义、文牍主义等组织中的弊端作斗争。

法约尔将企业组织的基本职能分为六组:① 技术职能。在现代组织中,技术活动的数量不断增加,无论是物质的还是精神的产品一般都出自技术人员之手,这些事实使得组织的技术职能突出出来。② 商业职能。组织中的商业职能包括了多个方面,比如对市场的了解与预测;在企业发展中正确地使用合同和运用价格机制。③ 财务职能。组织中的人员、厂房、设备、原材料、股票红利、准备金等都需要资本,要使组织获得和适当地利用资本,就必须有完善的财务管理。④ 安全职能。其任务是消除所有可能危害组织生存及其发展的各种因素。⑤ 会计职能。会计是组织的视觉器官。组织中好的会计制度应当是简单明了的,它能给组织提供有关运行状况的确切概念。⑥ 管理职能。这一职能包括计划、组织、指挥、协调、控制等要素。

法约尔的组织职能可以表示如下:

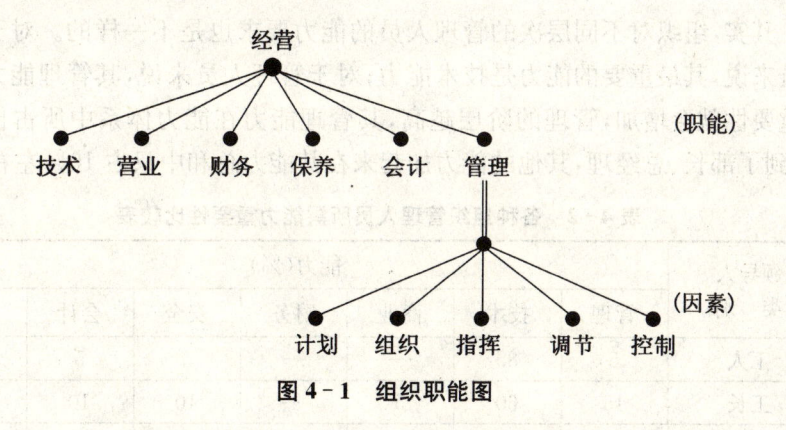

```
            经营
   ┌────┬────┬────┬────┬────┐
   ●    ●    ●    ●    ●    ●         (职能)
  技术  营业 财务 保养 会计 管理
                          │
              ┌────┬────┼────┬────┐
              ●    ●    ●    ●    ●   (因素)
             计划 组织 指挥 调节 控制
```

图 4-1 组织职能图

与组织的上述六个方面的职能相对应,组织成员也应当具备这几个方面的能力。但是,对一般组织成员与组织领导人来说,不同能力的相对重要性是不一样的。法约尔将组织成员从工人一直到总统共分成九等。对工人来说,其必要的能力是技术能力;到第三、第四等即车间主任、厂长,他们具备的技术能力与管理能力同等重要,如果地位再提高,管理能力的相对重要性就会加大。对于处于第六级的经理来说,其主要能力则应当是管理能力。在部门领导那里(属第五等),商业能力、财务能力、安全能力和会计能力占有相当重要的位置,而随着等级的升高,这些能力的比重会减少,而管理能力的重要性会提升。

组织规模的大小也会对组织成员的能力产生巨大的影响。一个小型组织的领导人只需要技术能力,而随着企业等级的上升,管理能力的相对重要性突出出来,相应的技术能力的要求则相对降低。在一个中等规模的企业中,技术能力与管理能力的重要性是相等的;对于一个大企业来说,领导人的管理能力则是最为重要的(参见表4-1)。

表 4-1 各种规模企业领导人必要能力的相对重要性比较表

领导人类别	能力(%)						
	管理	技术	商业	财务	安全	会计	总计
初级企业	15	40	20	10	5	10	100
小型企业	25	30	15	10	10	10	100
中型企业	30	25	15	10	10	10	100
大型企业	40	15	15	10	10	10	100
特大企业	50	10	10	10	10	10	100
国际企业	60	8	8	8	8	8	100

其实,组织对不同层次的管理人员的能力要求也是不一样的。对于作业人员来说,其最重要的能力是技术能力;对于管理人员来说,其管理能力的相对重要性就会增加,管理的阶层越高,其管理能力在能力体系中所占比重越大,到了部长、总经理,其他的能力加起来在其能力总和中只占10%左右。[1]

表 4-2 各种组织管理人员所需能力重要性比较表

领导人类别	能力(%)						
	管理	技术	商业	财务	安全	会计	总计
工人	5	85	—		5	5	100
工长	15	60	5	—	10	10	100
车间主任	25	45	5		10	15	100
分厂长	30	30	5	5	10	20	100
部门领导	35	30	10	5	10	10	100
经理	40	15	15	10	10	10	100
总经理	50	10	10	10	10	10	100
政府部长	50	10	10	10	10	10	100
首相	60	8	8	8	8	8	100

五、组织运行理论

作为一位著名的法国管理学家,法约尔强调的是管理教育而不是管理技术训练。他可能是第一个将"管理"与"行政管理"加以区分的人。法约尔提出

---

[1] 孙耀君主编:《西方管理学名著提要》,江西人民出版社1992年版,第77页。

了管理的五项要素或原则：目标、专业化、协调、权威、职责，简称 OSCAR。[①]正因为如此，他要比泰罗更重视组织问题的研究。与法约尔几乎同时出名的德国社会学家、管理学家马克斯·韦伯对行政组织进行了深入的研究，他认为官僚集权体制是最理想的组织形态。在这一组织形态中包括：劳动分工；按权力等级组织起来的公职或职位系列；经过正式训练、教育获得技术资格或通过考试的方法挑选组织成员；公职人员是任命的；行政管理人员是专职的公职人员；行政管理人员应遵守严格的纪律。

法约尔将计划作为组织管理和运行的第一项要素。在泰罗的科学管理理论中，计划占有非常重要的位置。法约尔接受了泰罗的计划思想，对计划的根据、特征、制订计划的人力条件进行了研究。任何组织的行动计划在其制订过程中都必须考虑下述的依据：组织已有的资源、组织的活动性质和组织的未来发展趋势。一个好的行动计划应当具有以下的特征：统一性、持续性、灵活性、准确性。统一性要求除了有总计划外还要制订与其相配套的具体计划，如技术计划、商业计划、财务计划等。持续性要求计划的指导作用必须是连续不断的。灵活性要求计划能顺应人的认识而及时地加以调整。精确性则要求计划对组织的各种因素的认识必须尽可能是正确的。制订计划的各级管理人员应当具备对人管理的艺术、积极性、勇气、专业的能力，等等。

组织管理与运行的第二项要素是组织。法约尔是将组织作为管理的一种职能来加以理解的。他认为狭义的组织职能主要是：制订并执行行动计划；保证社会组织、物质组织与企业目标、资源、需要相适合；建立一元化的、有能力的坚强领导；作出清楚、明确、准确的决策；有效地配备和安排人员；明确职责；鼓励首创精神；给职工以公平的报酬；对过失与错误加以惩罚；促使人们遵守纪律；保持秩序；统一指挥，等等。这种职能必须经过长期的专业训练方能获得。

组织管理与运行的第三项要素是协调。协调就是要使组织中的一切工作都要配合，要使组织中的社会机构和物资设备机构两者之间保持一定的比例。在一个内部协调的组织中，各个部门之间都是相互了解、步调一致的。组织要做到协调一致就必须要有一个明智的、有经验的、积极的领导。通常可以利用领导们出席会议的机会来解决共同的问题，召开部门领导会议是组织协调不可缺少的方法。同时，组织内部的协调工作本身就是一门艺术，领导必须学会这门艺术，采取各种方式，理顺内外部的关系，使组织能发挥出整体效益，并达到既定目标。

---

① 姜占魁：《行政学》，台湾五南图书出版公司 1987 年版，第 100 页。

组织管理与运行的第四项要素是指挥。组织建立起来以后,要使组织发挥作用,就必须做好指挥工作。领导要很好地完成指挥职能,就必须做到:对自己的职工有深入的了解;淘汰没有工作能力的人;深入了解企业与职工之间的协定;领导要作出榜样;对组织进行定期检查;开好会议和充分利用书面的和口头的报告形式;领导不需要在工作细节上耗费精力;在职工中保持团结、积极、创新和效忠的精神。

组织管理和运行的第五项要素是控制。法约尔认为,控制的目的在于指出工作中的缺点和错误,以便加以纠正并避免重犯。在组织中,对物、人、行动都必须进行控制。组织控制与检查人员工作的好坏有很大的关系。法约尔认为一个好的检查员应该是有能力的、大公无私的人,他们依靠的是思想正直和独立自主的精神。

六、组织管理原则

在法约尔看来,管理只是社会组织的手段与工具,这种管理既是对物的管理,又是对人的作用。社会组织健康与正常的活动取决于某些条件,法约尔将这些条件称为"原则"。他本人认为管理原则应当是灵活的,关键是人们必须懂得怎么运用那些原则,这里起作用的是领导者的经验与机智。

法约尔列举了他经常使用的 14 条组织管理原则,并将其称为"法约尔原则"[①]。这 14 条原则是:

(1) 劳动分工,即专业化。法约尔认为,劳动分工属于自然规律,其目的是用同样的努力生产出更多更好的东西。劳动分工不仅适用于技术工作,而且毫无例外地适用于所有涉及一批人或要求几种类型的能力的工作。其结果是导致职能专业化和权力分散。因此,劳动分工应当具有一定的限度。

(2) 权力和责任。权力是指挥与要求别人服从的权利。在一个领导者那里,应善于将职能规定的权力同由于自己的智慧、博学、经验、指挥才能所做的工作区分开来。作为一个出色的领导者,个人权力是规定权力的必要补充。当管理人员运用权力时,他同时应承担相应的责任。

(3) 纪律。纪律实质上就是与企业以及下属人员之间的协定相一致的服从、勤勉、积极、举止及尊敬的表示,无论这些协定是否讨论过,是书面的还是默许的,是几方共同的愿望还是法律和惯例的结果。没有纪律,任何一个组织

---

① Jay M. Shafritz, J. Steven Ott: *Classics of Organization Theory*, 3rd Wadsworth, Inc., 1992, p.56.

都不能兴旺发达。

(4) 统一指挥。无论对哪一项工作来说，一个下属只能接受一个领导人的命令。这是一条普遍的、永远必要的准则。在这一问题上，法约尔显然不同意泰罗的观点。泰罗在提倡职能组织的同时，又认为作业人员只从一个工长那里接受命令的做法必须排除。这就否定了命令统一原则和指挥统一原则。法约尔认为，泰罗允许一个作业人员可以在一个以上的工长指导下进行工作的做法是在破坏命令统一原则。

(5) 统一领导。这一点要求在某一组织的计划中，从事同一类活动的组织成员，只能有相同的目标。这是统一行动、协调力量和一致努力的必要条件。统一领导是指只有一个领导者、一个计划；而统一指挥是指一个下属人员只能听从一个领导者的命令。统一指挥与统一领导是一致的。

(6) 个人利益服从集体利益。它要求在一个组织中，每个成员都应将组织的总目标作为至高无上的东西。在一个企业中，一个人或一些人的利益不能置于企业利益之上。

(7) 报酬。人员的报酬是其服务的价格，应该合理，并尽量使企业及其所属人员都满意。报酬应当公平，应当奖励有效的努力和激发工作热情，应当不要超过合理的限度。

(8) 集权化。集权化像劳动分工一样是一种必然规律。组织中的集权应当掌握在一定的程度范围内，这一程度应由组织的环境、条件、成员的素质来确定。

(9) 等级系列。等级系列指的是从最高权力机构到基层管理人员的领导系列。在等级系列中，中间等级是很重要的。要保证从基层到最高领导的路线传输非常通畅，就需要有统一的指挥。尽管在组织上等级制度是必不可少的，但是，平级之间的沟通也是十分重要的。

(10) 秩序。在组织中，建立秩序是为了避免时间和物资的损失。无论物品秩序还是社会秩序都是非常重要的，只有在有秩序的条件下，时间才不会被浪费，对人的组织与选拔才能顺利进行。

(11) 公平。公平是由善意和公道产生的。公平并不排斥刚毅，也并不排斥严格。做事公平要求有理智、有经验，并有善良的性格。它要求在对待组织成员时，应做到善意与公道相结合。

(12) 人员的稳定。一个人要适应其新的职位，并能很好地工作，需要比较长的时间。因此，要培养一名出色的管理人员非常不容易。一般地说，一个繁荣的组织，其人员是稳定的，而运行不好的企业，其人员是经常变换的。因此，一个成功的企业应拥有一支相对稳定的经营管理人员队伍。

（13）首创精神。想出一个计划并保证其能成功地执行是一件快乐的事情，同时这也是人类活动最有力的刺激之一。首创精神是一种力量的源泉，为了提倡这一精神，组织甚至可以牺牲部分管理人员的"个人虚荣心"。

（14）集体精神。组织要求成员的真正才干是协调组织内部的各种力量，激发组织成员的工作热情，发挥每个人的才能。

七、组织参谋理论

组织参谋论是法约尔组织理论的一个具有独创性的内容。参谋部这种机构在现代组织中则变成智囊团。法约尔关于在组织中建立参谋部的思想在一定程度上是从泰罗那里接受来的。泰罗在论述组织职能时谈到必须在企业中为现场工长配备各种专家。在大的企业中，工长承担的任务是非常复杂的，为了支持工长完成任务，就必须聘请各类专家做好参谋工作。法约尔曾明确地指出："我认为，泰罗在强调这种参谋职能的必要性和让人注意设置参谋的方面做出了很大的贡献。"

随着组织规模的扩大和管理层次的增加，管理职能所占比重越来越大。没有一个组织的领导能够解决组织运行过程中提出的所有问题，也没有任何一个领导具有完成组织中各种协调、控制和决策等职责所需要的精力与时间。因此，为了领导好一个组织，就有必要设立参谋机构。

法约尔显然是从军队组织的建制中受到启发，他认为社会组织也应当建立一个在名称上与军队一样叫作"参谋部"的机构。法约尔认为："参谋部是指由具有领导人所欠缺的知识、能力和时间的人们形成的集团，它是经营人员在素质上的补充和加强，从某种意义上来说是扩大。"这一机构是由一组有精力、有知识、有时间的人组成的。参谋部是领导的依靠，是一股加强的力量。参谋部的成员不分等级，它只接受最高领导的命令。在不同的组织中，参谋人员的职位是不同的，可以是秘书、咨询专家，也可以是研究小组、实验室成员。

参谋人员不能形成拥有自己权限的阶层，它只能接受领导人的命令，同时，他们无权让下级机关执行这些命令。为了使参谋人员能完全接受领导的安排，并且只对领导负责，参谋人员一般不参与下属部门的执行工作。参谋人员既可以在参谋部工作，也可以在其他时间为组织中另外的部门工作，甚至一个参谋人员可以同时在几个不同的企业组织中做参谋工作。

参谋人员的主要职能是"在经营者的计划下指导未来，争取获得一切可能的改进"。应当养成把参谋部看成是为此而进行思考、研究和观察的机构的习惯。参谋人员为了能圆满地执行这一重要任务，必须摆脱对日常性业务管理的责任,从而自由地进行活动。

法约尔认为参谋人员有四种功能:① 为领导的日常工作、通信、接待、案卷的准备与研究提供帮助;② 同组织内部与外部取得经常性的联系并对组织的运行加以控制;③ 预测未来,制订与协调各种计划;④ 调查研究,研究改进工作的措施。

法约尔一方面认为正常的组织形态应当是线性组织,另一方面又认为在正常的组织中应当设立参谋组织。参谋组织是非线性组织。这样,在法约尔的组织理论中就出现了有关线性组织与参谋组织的关系问题。

八、组织"跳板"原则

法约尔在组织理论中讨论了层级原则。所谓层级,是指"从最高的权威者到最下级阶层的管理人员的系列"。在组织中,权限线则是从最高权威者发出的或送达到最高权威者的一切信念、指示、报告等信息通过各连续点必须经过的线路。如图 4-2 所示,则为 G—A—Q。在 A 之下有 B 和 L 两个负责人;在 B 和 L 之下又有 C 与 M 两个负责人。这样,权限线就垂直地或成斜

图 4-2 跳板原则

线地向下伸展。来自上级的指令或来自下级的报告都不能脱离权限线进行传递。这就是法约尔在组织管理中所强调的层级原则。

但是,对于大的企业和行政机构来说,上述的权限线一般都比较长,从而在处理问题时费时较多,而事业的发展恰恰又要求对各种事务尽可能地作出迅速的处理。为了解决这一矛盾,法约尔提出了"跳板"原则。如图 4-2 中,F 这一职务与 P 这一职务有关,这就产生了 F 与 P 协调的问题。按照权限,F 应当向 E 报告,E 应当向 D 报告,逐层上升,一直到达 A。然后 A 在自己的位置上指令 L,L 同 M 协商,然后再依次逐层到达 P,并从 P 再返回到 A,由 A 再到 F。这样做显然太繁琐了。如果能利用 FP 这个"跳板",F 与 P 直接协商,处理问题就简单多了。如果利用"跳板"的直接协商不能解决问题,则应停止直接协商,并按照层级原则向上一个层级报告,由上级来仲裁。①

法约尔认为,"利用'跳板'原则处理问题非常简便、迅速和准确"。按照层级原则,需要传递 20 次、要起草大量文件、要经过几周乃至几个月时间解决的

---

① Henri Fayol: *General and Industrial Management*, Trans. Constance Storrs, London Pitman Publishing, Ltd., 1949, p. 64.

问题，F 和 P 只要经过一次直接协商就解决了。一些行政机构之所以官僚主义盛行，究其原因，就在于许多人为了"逃避责任"，而不采用"跳板"原则，机械地运用层级原则。另外，作为上级也应当鼓励下级使用"跳板"原则。当然，在层级原则与"跳板"原则之间会存在矛盾，因此，法约尔指出："当一个职员迫于要就某个问题作出决定，并且又得不到上司的帮助和支持时，他就必须具有足够的勇气和自由，根据由整体利益规定的原则作出决定。"

法约尔对组织理论的发展是有特殊贡献的。他明确地讲过："组织这个词近来为表示经营的方法而被广泛使用，准确地讲，它同管理有着同样的含义。组织的目的是实现计划、组织、调节、控制。"

法约尔的组织理论还起着承上启下的作用。首先，法约尔在组织研究方面继承和发展了泰罗的很多思想。比如，他提出的"跳板"原则，其实是对泰罗的"例外原则"的深化；他也强调了泰罗所论述过的职能化原则。

其次，法约尔将管理与组织结合起来，并认为组织与管理是同一个含义，这一点与西蒙后来所讲的"所谓管理，就是建立组织，管理组织"是相同的。这一见解与现代组织理论是相通的。

法约尔在考虑企业与行政机关的管理职能时，为了使这一职能与生产、财务、会计这些职能明确地区分开来，在物质的经济结构与人的社会体之间划了一条清楚的界限，并在此基础上，形成了他的社会组织理论。

这样做的结果是双重的：一方面，所有的社会组织都成为同类的东西，从而可以进行比较，对任何一个组织的描述，同样适用于其他的组织。这就使其组织理论带有普遍性。另一方面，这也使组织与其外部环境割裂开来，这样，组织就成为抽象的存在物了。

其实，任何一个组织都不是孤立的，如果离开了技术和其他的物质条件，即脱离了具体的环境，组织不仅不能正常运行，不能实现其目标，而且根本就无法存在。①

---

① 占部都美：《现代管理论》，蒋道鼎译，新华出版社 1984 年版，第 83 页。

第五章 厄威克和古利克的组织设计理论

【摘要】

　　林德尔·福恩斯·厄威克和路瑟·古利克是古典管理理论和古典组织理论的汇集者和集大成者。厄威克概括出的组织结构设计的八条原则和古利克总结出的组织管理的七项职能，虽然不断地受到当时以及后来的理论研究者的质疑，但直至今日这些原则和职能仍然在管理界和管理学界被广泛地使用。厄威克和古利克在管理理论上的贡献并不在于他们自己创造了多少新的管理和组织理论，而在于他们对古典组织和管理理论进行了必要的整理和综合。如果没有厄威克和古利克在 20 世纪 30 年代孜孜不倦地对古典组织和管理理论进行梳理、归纳、综合，并推动更多的人去完善，也许就很难说今天人们能够最终领略和欣赏到体系如此完整和严密的组织管理理论。

　　厄威克与古利克对科学管理时期的组织与管理的研究成果进行了概括、归纳，他们最闪光的工作在于首次提出了"组织理论"这一范畴。1937 年他们为了对古典管理理论作一番全面的整理，合编了《行政科学论文集》。就是在这本论文集中，他们发表了一篇题为《组织理论概述》的学术论文，第一次将"组织理论"摆到行政学、管理学的重要位置上来。虽然他们当时并没有对组织理论做出多么深刻、系统的阐述，但自从这本论文集问世以后，行政学家、管理学家们就开始在"组织理论"的名义下发表论文和著作，从而推动了这一独立学科的形成与发展。

　　厄威克与古利克对组织的因素、组织的类型、组织的结构原则作了系统论述。特别重要的是，他们对组织设计问题进行了探讨。与他们同时代的福莱特，则强调了组织中人的心理因素。由于他们共同的努力，从而为组织理论中人际关系学派的登场作了必要的知识准备。

一、厄威克和古利克的组织理论研究活动与主要著述

　　林德尔·福恩斯·厄威克（Lyndall Fownes Urwick，1891—1983）是英国著名的管理史专家、教育学家。1891 年出生于英国。年轻时在牛津大学接受过良好的系统教育。第一次世界大战和第二次世界大战期间厄威克都在英

国皇家军队中服役。由于出色的工作,他获得了中校军衔。因此,人们经常尊敬地称呼他"厄威克中校"。厄威克在 1920—1928 年期间担任过有名的朗特里公司的组织甘特图表的执行秘书,1928—1933 年期间担任总部设在日内瓦的国际管理协会的首任会长。同时,他还是伦敦厄威克和奥尔管理咨询合伙有限公司的董事长,这一职务一直担任到他 1951 年退休为止。在担任协会主席和咨询公司董事长期间,厄威克不仅亲自参加组织管理实践,而且还坚持联系自己的工作从事组织管理理论的研究。特别值得一提的是,厄威克因咨询公司的业务,经常要到美国去。他不仅对美国公司组织的科学管理的实践和组织理论的发展状况有很好的了解,而且还直接参与到美国组织管理理论的研究中去。退休以后,厄威克继续致力于组织管理方面的教学和著述工作。

20 世纪 30—40 年代,也是正逢厄威克和古利克致力于从实践中探索组织管理的职能和原则的时期,组织管理实践和理论研究已成为英美等工业化发达国家企业组织和公共组织广泛关注的课题。从 1911 年美国管理学家泰罗的科学管理著作问世以来,人类的组织管理实践已经大大向前发展了,原有的组织管理的知识也早已无法满足组织管理的实际需求。泰罗的组织管理研究主要是以企业的合理化管理为出发点的,其论述虽然扎根于实验从而富有实用性,但总的来说仍缺乏科学性。法约尔吸取了泰罗及其学生和追随者的很多有益见解,并从实施管理教育的目的出发,对组织管理原则进行了总结,其论述虽然具有很强的概括性,但缺乏系统性。管理科学和有关组织管理的知识要能取得进一步的发展,就需要对已有的研究成果加以整理,并将这一知识的核心内容即组织理论揭示出来。这一具有重大意义的工作是由厄威克和古利克合作完成的。

与厄威克有着密切合作关系的美国学者路瑟·古利克(Luther Gulick,1892—1993)1892 年出生于美国。曾经担任过罗斯福总统执政时期的行政管理委员会的委员。由于具有在联邦政府工作的经验,他对政府的行政组织的性质、结构及其运行有深刻的了解。他和厄威克一样,在汇集和概括总结古典组织管理理论方面有极大的兴趣。

厄威克从事管理和组织理论方面研究的年限很长,著述也非常丰富。现在比较流行的与组织管理理论研究有关的厄威克的主要著作是《动态的管理》(*Dynamic Administration*, Pitman, 1941);《行政的要素》(*The Elements of Administration*, Pitman, 1947);《科学管理的形成》(*The Making of Scientific Management*, Pitman, 1948, 1951);《管理备要》(*The Golden Book of Management*, An Historical Record of Seventy Pioneers, Pitman, 1956)。

古利克在组织理论研究方面的主要成果是1937年他与厄威克合作编辑的《行政科学论文集》(Papers on the Science of Administration,1937),正是在这一论文集中,他们提出了组织理论这一新的术语。在谈到"科学价值与行政"问题时,古利克使用了一个由他创造的新词语"POSDCORB"来说明组织所具有的基本职能和工作内容。

二、古典管理理论的系统化

厄威克坚信虽然组织形形色色,组织管理也各不相同,但是,只要是组织管理就一定有由一般的原则、职能所构成的共同理论。这些原则和职能已经以分散的形式存在于先前的组织管理实践和管理学家们研究的成果之中了。关键是要有人将它们综合起来。早在1933年厄威克就在《明日的管理》中首先提出了所谓"组织的纯理论"这一见解。1937年厄威克有了一次机遇进行了这方面的首次尝试。他和美国的合作者著名的管理学家卢瑟·古利克合编出版了《管理科学论文集》。该论文集反映了那个时代各种不同的组织管理思想,集中探讨了正式组织的结构设计和如何提高组织效率的问题,并将从法约尔以来有关管理职能方面的种种理论观点加以系统化。之后,厄威克在1944年出版的《管理的要素》一书中指出,自然科学同社会科学之间的差距导致管理学仍是一种不精确的科学。但是人们实际的管理知识在数量上是很多的,只要加以系统整理,就足以使它能够成为比一般人所认为的更具科学性和统一性的一门学科。为了朝这个方向前进,促进组织管理知识体系的完善与发展,就需要努力建立一种统一的管理理论。

为了切实构建"组织的纯理论",厄威克选择了一些在他之前重要的管理学家如泰罗、法约尔、穆尼、赖莱等人的著作,系统分析了他们的思想、概念和原则。他以泰罗科学调查所确定的原则为基础,以法约尔管理过程的职能为框架,提出"逻辑方阵"作为组织和比较管理概念的方式,列表显示出各个管理学家的共同之处,以便找出更为广泛的组织管理原则。他发现,虽然这些著名的管理学家分属于不同的文化、不同的国家、不同的职业,没有或很少从对方的思想中汲取营养,但他们却提出了一些类似的概念,常常不约而同地采用相近的研究途径,表述了一些用语不同但内容却十分相似的原理。他把这些著名管理学家的思想和理论进行了系统的归纳,在《管理的要素》一书中,厄威克构筑了管理理论的综合框架,即目标、过程和结果相结合的管理理论体系。

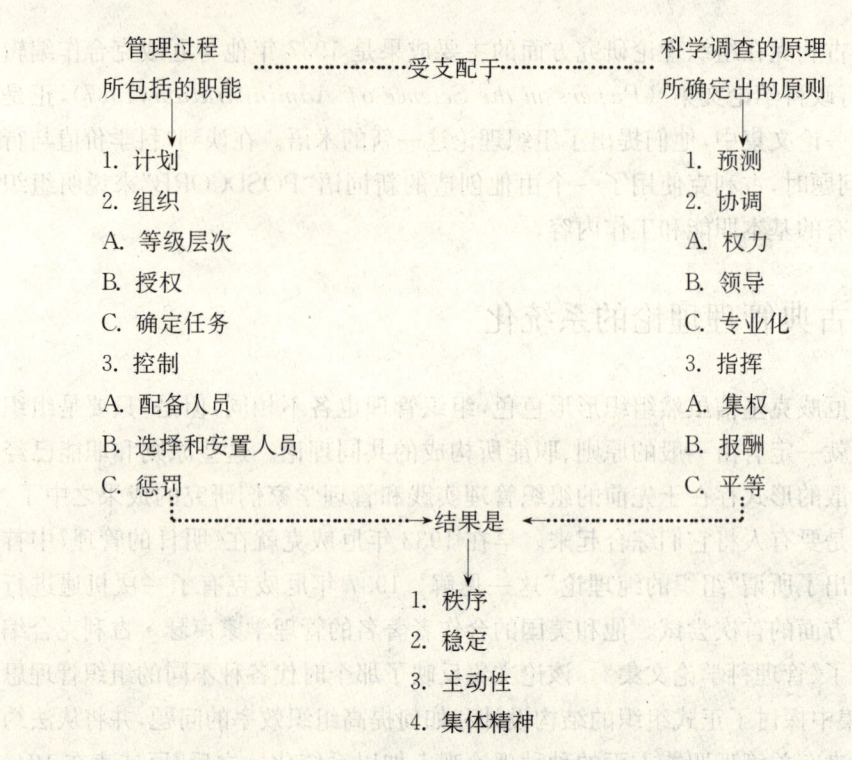

```
   管理过程                           科学调查的原理
  所包括的职能 ·········受支配于·········  所确定出的原则
        ↓                                    ↓
   1. 计划                             1. 预测
   2. 组织                             2. 协调
     A. 等级层次                         A. 权力
     B. 授权                            B. 领导
     C. 确定任务                         C. 专业化
   3. 控制                             3. 指挥
     A. 配备人员                         A. 集权
     B. 选择和安置人员                     B. 报酬
     C. 惩罚                            C. 平等
        └·············→ 结果是 ←·············┘
                        ↓
                     1. 秩序
                     2. 稳定
                     3. 主动性
                     4. 集体精神
```

图 5-1　厄威克对古典组织管理理论的加工整理

图 5-1 很好地展示了厄威克对古典管理理论的系统化所做的工作。厄威克首先是从泰罗那里吸取了管理要以科学调查为指导原则的思想，强调对工作的管理可以通过对工作场所本身收集的客观资料的分析来进行，他认为这是指导所有管理职能的基本原则。其次是根据法约尔的管理五要素即计划、组织、指挥、协调和控制来展开的。在讨论这些要素的过程中，厄威克多年以来一直致力于收集实际资料，试图整理成一个完美组织所需的各种原则。厄威克认为，管理过程由三个职能组成：计划、组织和控制。这三个职能的指导原则是预测、协调和指挥。厄威克认为，要控制必然就要运用指挥原则，即指导和监督下级的活动。这样，在法约尔那里指挥只是一个单独的要素，而在厄威克的理论中，指挥要素则被提升为一项原则。

在将泰罗、法约尔的组织管理思想系统化的过程中，厄威克做了三项重要的工作。首先，在组织管理的计划和组织职能方面，厄威克完整地采纳了法约尔关于计划职能的分析和穆尼关于组织职能的分析，即仍认为组织职能有着等级原则、授权和确定工作任务等三种派生职能。

其次，在组织管理的控制职能方面，厄威克从控制职能中推论出了一些职能和原则。他认为控制的派生职能同组织的人事因素有关，主要包括配备人员、挑选人员、安置人员和惩罚。其中,配备人员的职能包括安排管理人员担任一种职务,根据其能力确定他们的权力与责任;挑选和安置管理人员和一般职工,不仅要按照工作的要求,而且也要根据公平报酬原则来决定;对下级的日常监督,包括惩罚活动,是为了保证已达成的协议得到遵守,而平等或公平的原则是惩罚职能的基础。

第三,厄威克在对管理理论的综合中还总结了管理的间接目标,即秩序、稳定、主动性和集体精神。他认为,如果管理人员在履行他们的职能时多少注意到一些适当的原则,那么这四个目标是可以达到的。正是通过这些梳理、归纳、加工,最终形成了泰罗—法约尔—厄威克古典组织管理学派。

1956年,厄威克应国际科学管理委员会的邀请亲自编写了《管理备要》一书。厄威克在题为"作为一门知识的管理学的重要性"的序言中开门见山地指出,在过去的四分之三个世纪中,主要是在近40年中,一门新的知识学科由于实践的需要而获得了社会上最优先的地位。这门知识学科在不同的时期和不同的国家中的名称不同,如管理学、科学管理、合理化、工作的科学组织、斯达汉诺夫主义等。它主要是应用于工商企业的管理。但从早期阶段开始,人们就认为,只要它的原理是有充分依据的,它就必然同样适用于人类有组织协作的所有各种形式,适用于任何一种形式的管理事务以及事务管理。

厄威克进一步指出,这门新的知识学科虽然历史还很短,但在世界上,它几乎深刻地改变了每一个国家的经营管理企业的思想。凡是自觉而全面地在工商企业中应用了这门知识学科的,都大大地提高了生产效率,并节约了人的劳动。它为解决劳资之间,劳动者同组织者之间的矛盾提供了最好希望,甚至有许多人认为是唯一的希望。而这些矛盾迄今为止阻碍着人类充分发挥机器动力所具有的各种潜力。在经济事务领域之外,它将探讨目前尚未解决的难题:人们应如何组织国家政府制度和处理国家之间的相互关系,如何能够为了全体的利益而发挥每个人的力量,并永远消除阶级之间和国家之间可诅咒的物质对抗,为新的、有益的事业而发挥人类的建设性努力。可见厄威克有一种雄心壮志,他要让"组织的纯理论"不仅在工商企业组织中得到运用,而且要在国家治理和国际治理中得到贯彻。

厄威克也许还是最先发表Z理论的管理学者。早在1953年,美国学者道格拉斯·麦格雷戈就提出,管理人员由于所持基本观点的不同,所作出的决策也是截然不同的。那些认为人在总体上是懒惰、不值得信任、与管理者对抗的管理人员所做出的决策,与那些认为人在总体上是合作而且友好的管理人员所做出的决策相距甚远,因此有必要按照不同的方式对人进行组织、领导、控制和激励,据此,麦格雷戈提出了X理论和Y理论。X理论所代表的是关于指挥与控制的传统观念,强调管理的强制性。Y 理论则是作为与人力资源管理相关的最为现代的新理论起点而提出的。虽然人们可能更看重 Y 理论,但现实中 X 理论仍然有一定的市场。同时,也有学者认为在 X 理论、Y 理论之外,还存在其他理论,比如 Z 理论。厄威克也许是最先发表 Z 理论的管理学者,他提出 Z 理论的目的在于弥补麦格雷戈的 X 理论和 Y 理论所存在的缺陷。厄威克认为 X 理论和 Y 理论的缺陷主要有两个。一是没有阐明个体需要了解集体的目标,以及他们的工作怎样才能对这些目标有所贡献;二是没有阐明当个体愿意为集体目标作出贡献时,他们会得到什么样的回报。

三、组织设计理论

厄威克认为,组织原理是"研究分析旨在实现目的的各种活动和职务,并落实到每个人,再对每个人的活动进行调节和控制的方法"。组织设计理论有三个主要内容:一是实践论;二是技术论;三是管理机构论。[①]

厄威克指出,从组织设计的角度来说,组织是规定各个成员应该履行的职责和成员之间相互关系的,其目的是最有成效地促进从事经营的各个成员协调地进行活动。组织中关键的内容就是规定成员的职务和职务相互间的关系。组织是进行管理的有效手段,是管理的一部分,是为管理服务的。

厄威克将组织形态看成是通过规定某种权限关系使组织形成一定体系的方式。具体的组织形态可分为军队组织、职能组织、线性和参谋组织。与线性组织和参谋组织相对应的是线性部门和参谋部门。线性部门是直接实现经营目的的生产部门和营业部门。参谋部门包括由服务职能的分化而形成的经理部、人事部等服务参谋部门,以及因计划、控制等管理职能的分化而形成的管理参谋部门。参谋部门只有向前者出主意、提建议和提供服务的权限,并以此来谋求职能部门的管理职能。因此,在上述的这样一种组织形态中,只有专业化原则和军队式组织的命令统一原则才能保持组织的协调统一。

厄威克提出,在管理范围扩大的社会中,参谋组织也相应地扩大。这是因为,企业的规模在增大,管理职能日益专门化,经营越来越科学化,只有通过参谋的活动,才能促进管理技术和生产技术的进步,经营才能科学化。

厄威克等人讨论了线性组织与参谋组织的关系。一种观点认为,线性组织与参谋组织是两种不同种类的部门。这种观点以霍尔登为代表。这批学者将参谋部门细分为四大类:一是旨在实行控制的控制参谋——成本管理、预算

---

① 占部都美:《现代管理论》,蒋道鼎译,新华出版社 1984 年版,第 92 页。

控制、监督、生产管理、人事管理;二是旨在提供服务的服务参谋——调查、采购、运输、设施、税务、统计;三是旨在进行调节的调节参谋——生产计划部门、产品部;四是旨在提供咨询的咨询参谋——广告宣传部、劳资关系部、法务部。

厄威克认为,将线性组织与参谋组织作上述划分并不是十分科学的。首先,参谋部门的分类已经表明,不同的参谋部门的权限是不同的,而这样的划分使参谋的性质变得不清楚了;其次,它只将参谋部门的作用限制在对线性部门的促进作用上,而事实上,作业部门和参谋部门的职能在不少地方是交叉的,这就容易引起混淆;第三,认为线性组织、参谋组织一定要与相应的部门对应起来,这必然造成理论上的混乱,如,人事部门主要是向最高一级领导就人事政策和人事计划提供咨询,因而,人事部应当属于参谋组织,但是在人事部内部,也存在上下级关系,也属于线性关系。

另一种观点是职能分化论。这种观点认为线性组织和参谋组织只不过是经营组织中具有不同职能的形态而已。坚持这种观点的是戴维斯。他认为,任何企业都有自身的有机职能,即以经营活动作为目的,正是从这种有机职能中分化出线性组织和参谋组织。最初是有机职能,当职能化导致管理专业化后,一方面产生线性职能(经营职能、业务管理职能、第一次作业职能),另一方面产生参谋职能(专门参谋:计划方面;调节参谋:控制方面)。厄威克认为上述观点也不尽合理。

第三种观点是权限关系论。其代表人物是厄威克和孔茨。他们认为,任何一个组织都具有三种权限,即线性权限、参谋权限和职能权限。线性权限,即线性关系,专指上下级阶层的权限关系。线性权限就是指挥命令的权限。参谋权限,专指参谋关系,即单纯的建议权限。职能权限是指一个管理人员在特定的职能范围内对其他部门关于业务活动的程序和方针的决定所具有的权限。本来这应当是线性管理人员的权限,但有时,由于需要利用专门知识、统一行动方针,因此,参谋机构也必须具有这方面的权限。

组织应如何设计?是从上到下,还是从下到上?古利克认为,这是在讨论关于组织的理论时最容易产生的争议。有些权威人士认为应该从上到下进行运作和考虑,而有些权威则认为应该从下到上。这些争议的产生是自然的,因为有些权威感兴趣的是有关核心管理和决策的问题,而另一些权威更感兴趣的则是单个个体的贡献和行动。那些主张从上到下运作的人,把组织看成为在主要决策者控制之下的企业的整个分工单元的系统。而主张从下到上运作的人会认为,每一种组织的方式都应对整个问题进行全盘考虑,因而到底以哪种观点看待这个问题并不重要。其实,这两种观点是有实际区别的,那些主张从上到下运作的人必须注意,不要为了在上层建立一个好的组织机构而牺牲个人的工作效率;那些主张从下到上运作的人则不要因为热衷于提高个人工作效率而妨碍了整体的协调。

古利克指出,在任何实际情况下,组织的问题都必须通过由上而下和由下而上两种途径来解决,尤其在对一个正在运营的组织重新组合时更需如此。然而,理论上看似合理的程序与实际的需要是否一样呢?古利克认为,在同时从上到下和从下到上进行组织或改组的计划中,一定要协调好二者结合的中心点。在主要决策者管理下的初次分工计划中,必须运用控制范围的局限性原则。在对分工后的专门小组进行初次组合时,必须运用同质性原则。如果企业机构的由上而下的分工不能和由下而上的组合衔接起来,就必须作进一步的分工和组合。每前进一步,这两个互相冲突的原则之间就越来越相融合,直到二者达到最佳的结合点。

四、组织结构原则

厄威克和古利克一直致力于收集和整理前人留下的组织思想,他们试图构造出一个完美的组织原则体系。大量的研究使他们确信,合理的结构对于士气和效率来说,远比组织成员的个性重要得多。因此,他们特别重视组织结构的研究,对法约尔最早提出的目标、专业、协调、权威、职责五个原则进行了补充与完善,并提出了组织结构的十大原则。[①]

一是目的原则。不管何种组织,它必然具有某种目的,而组织结构则必须同其目的相符合。

二是专业化即分工原则。组织中的每一个成员都必须承担某种专门性的工作,履行专门性职能。这种专业化的发展必然引来三种正式联系:行业上的联系、功能上的联系和人员的联系。但古利克认为,组织内的分工并不是无限制的。它至少受到三个方面的制约:第一,受人的全部时间所能容纳的工作量的制约;第二,受给定的时间与空间中的技术与传统的制约;第三,任何细致的分工不能超过人的机体的结构。

三是协调原则。设计和建立的组织结构必须便于组织内部以及外部的协调,有利于组织的统一。古利克对组织的协调问题十分重视,认为在组织中,必须处理好全局与局部、整体与部分的关系。"当一个人单独去建造一座房子时,他的计划就是他的工作。他决定什么先做,什么后做,这就是'工作的协调'。当许多人一起建造一座房子时,专门的协调工作就万万不可忽视了。"

[①] 姜占魁:《行政学》,台湾五南图书出版公司1987年版,第11页。

古利克指出，协调必须通过组织。"组织作为一种协调的手段，它要求建立权威体系，通过将每一种专业化的作用联合起来，把共同目标转变为现实。"他将协调工作具体地分成四个步骤：第一步是要限定必须做的工作，比如以最少的成本将材料分给居民和工厂；第二步是证明工作的目标已经被认识了；第三步是依据工作的范围、技术状况和给定时期的社会发展情况，来决定参与工作分工的专业化单位的性质与数量；第四步是在专业分工的基础上建立和完善权威机构。[①]

四是权限原则。在任何一个组织中，都必须产生一个拥有最高权限的人，并形成从最高权威到每个成员的界限分明的权限系统。组织中每个成员的职责要有明确的界线，职责要求应以书面的形式确定下来，以便使每个人都了解自己的职责并承认这一职责。同时，权力应与责任相符，具有一定的权力就意味着必须承担一定的责任。

五是统属原则。在组织内部形成明确的上统下属的机制，令行禁止。古利克指出："从很早的时代起，人们就认识到再没有什么比双重的命令更能引起混乱的了。'一个人不能为两个主人服务'……已作为日常生活中人们相互关系的准则被接受下来。在行政管理中，它以'命令统一的原则'为人们所熟知。"[②]

六是职责原则。组织内部各个职位的职务、内容、责任、权限以及同其他职位之间在权限方面的关联，都必须明文加以规定。

七是统一原则。处于同一职级的职位，其责任、权限必须是同等的。

八是幅度原则。一个上级其直接控制的幅度一般以不超过5个部属为宜，一个主管人员其联系的面也不能太宽，一般以6个为界。

九是平衡原则。任何一个组织其结构之间必须保持平衡。

十是继续性原则。组织结构是可以改变的，组织的生产与再生产过程就是组织的变革过程。

要正确看待厄威克和古利克提出的管理原则。首先，这些原则具有普适性。组织的管理确实是有原则可循的，要使组织结构完整严密，运用灵活方便，不能不遵循一定的原则。1937年的布朗委员会以及1945年和1950年的两届胡佛委员会等多届美国行政改革委员会在很大程度上都接受了他们提出的行政组织管理原则。现代行政管理的实践也证明，厄威克和古利克提出的

[①] Jay M. Shafritz, J. Steven Ott: *Classics of Organization Theory*, Third Edition, Books/Cole Publishing Company, 1992, p. 90.

[②] ibid.

组织管理原则在很大程度上具有可行性,有效地指导了过去乃至今天的组织管理实践。

当然,这些原则也具有相对性。赫伯特·西蒙等人曾经批评过厄威克和古利克提出的原则只是一些"格言"或"谚语",不赞同他们的许多原则,如控制幅度宜小不宜大、单一领导,认为这样的原则会导致沟通困难、妨碍效率等。关键是我们在组织管理实践中,不能对这些原则作机械理解和运用,应当掌握合适的度。

五、组织因素和类型理论

古利克和厄威克通过对各种组织的分析,提出了构成组织的七大要素(POSDCORB)。厄威克指出,主要的机构必须组织起来,建立一个在复杂情况下更为有效的决策职能。实际上这不是一个新的想法。比如,任何人都不期望主要决策者自己写信。主要决策者有他的私人秘书,秘书作为办公室里的成员,帮助他做一部分工作。这个秘书不是任何机构的一部分,他只属于主要决策者自己。即使在其他不同的情况下,主要决策者的其他方面的工作,也可以通过这种方式,由秘书管理得很好。但是,在进行这一工作以前,人们头脑里必须对组织有一个清晰的图像。这一图像能使人们直接地面对这些问题:行政主管的工作是什么?他应干什么?厄威克和古利克给出的答案就是POSDCORB。在这里,"行政"和"管理"都失去了它们原有的专门的含义,它们融入了组织的要素之中[1]。

POSDCORB是厄威克和古利克为了引起组织的管理者对组织主要因素的注意而创造的、在原先的词典没有的新词汇。它是由代表以下活动的英文单词的第一个字母组成的。

P 指规划(Planning)。任何组织,其运行都须事先作出周密的规划和制订详尽可行的计划,否则会陷入头痛医头、脚痛医脚的消极应付的境地。

O 指组织活动(Organizing)。组织的重要职能是将相同的工作岗位归为一个职位,将相关的职位结合成一个单位,将相关的单位构成一个部门,如此层层归并,最终形成完整的组织形态。

S 指人事管理活动(Staffing)。任何组织都要进行人事方面的管理,其中包括对人员的选择、使用、培训。

---

[1] Luther Gulick, Lyndall Urwick, eds.: *Papers on the Science of Administration*, New York: Institute of Public Administration, 1937, p. 13.

D 指指挥活动（Directing）。组织的任务在于建立统一的指挥系统，确立各个层级之间的权限关系，明确各个成员的职责。

CO 指协调活动（Coordinating）。组织必须对其内部的上下层级之间、平行层级之间的关系进行沟通和协调。

R 指报告（Reporting）。组织须对其工作的成果加以记载、分析、研究、审查、评估，并形成文字报告。

B 指预算活动（Budgeting）。组织要对其活动的费用进行事先的计划，这就要求对预算加以编制、运用和审计。

尽管归纳、汇集和整理出上述的众多原则，但是古利克认为："原则并不是随意的。原则是科学的一部分。当对原则建立起充分的设定时，人们相信它是自明的真理。只有这样行政管理才能成为科学的组成部分，就像几何学成为数学的一部分一样。"[1]

厄威克和古利克坚信，如果组织的这七个方面的要素能被主要决策者作为主要职责所接受，这些要素就可以作为决策者的分工单独被组织起来。这种分工的需要，完全取决于企业组织的规模和复杂程度。在庞大的企业里，特别是主要决策者不可能做所有这些本属于他的工作的情况下，组织的决策者就可以把其中的一两项工作分给别人去做。

上述各种组织要素在不同的组织中所占的比重是不一样的，依据组织中何种因素占主导地位，可以对组织加以分类。古利克以行政组织为例，将组织分为四种类型：

一是目标组织。这类组织的设计与建立的重点是服务于一定的、非常明确的目标，如教育局、环保局、交通局等。

二是程序组织。这类组织的重点是对工作中的某些程序加以管理，专门处理某些环节上的具体业务，而并无确定的目标，如预算单位、总务单位、审计单位等。

三是管理人、物的组织。组织的功能主要是对人或物加以管理。细分也可以划为两小类：其服务对象是以人为主的管理人的组织；其服务对象是以管理物品为主的管理物的组织。

四是地区组织。主要是以具体组织这一实体所在的地理位置为特征或名称的组织，如伦敦地铁管理处。[2]

---

[1] Harold F. Gortner, Julianne Mahler, Jeanne Bell Nicholson: *Organization Theory*: *A Public Perspective*, Wadsworth, Inc., 1989, p. 67.

[2] 姜占魁：《行政学》，台湾五南图书出版公司1987年版，第104页。

第六章 福莱特的组织动态管理理论

【摘要】

玛丽·帕克·福莱特是一位被管理学界尊称为"动态管理学先知"的重要组织理论学家。她以极其浓厚、奇特的兴趣,对集体以及社会中的个体进行剖析、阐释,她告诫人们可以通过民主和管理,让组织成员充分地发挥自己的潜能;并在这个管理过程中,使管理者所隶属的组织更加发达、强大。她认为,建立在互相尊重、互相理解基础上的组织关系,才是有效的组织管理的根本所在。

福莱特坚持认为组织成员的行为,不仅是对环境的反应,而且也是对"自己的反应改变了的环境"所做出的反应。在管理中,人们的反应改变着环境,这种对环境的改变也在同时改变着反应。

福莱特阐明了组织中权威与责任、利益的不可分割性。她认为组织中的权威从属于工作、职责,并与工作、职责同在,权威是非人格化的,是一个过程,不存在"最终权威"。

福莱特认为,市场需要秩序,自由放任的时代确实是结束了。但是,她并不认为人们真正的需要代之以一个由强权进行控制的社会。人们组织起政府、企业以及国际关系的目的及其过程,应当是一种组织控制。脱离了社会的正常职能,这种控制就不可能产生,这种控制是组织职能之间的相互协调配合,也就是说,这应当是一种集体的自我控制。

一、福莱特的组织理论研究活动与主要著述

玛丽·派克·福莱特(Mary Parker Follett, 1868—1933)是最先提出组织动态管理学说的组织理论学家。她是一位消瘦、秀气、气质非凡、魅力超群,却又一辈子未婚的传奇女性。她不仅是一位波士顿上层社会的社交名流,而且是一位具有重大建树的一流学者,在政治学、经济学、法学和哲学方面都有着极高的素养。这种不同学科的综合优势,使她可以把社会科学诸多领域内的知识融会贯通,从而在管理学界提出了独具特色的新型理论。有人认为,福莱特的思想超前了半个世纪甚至80年。20世纪60年代以后管理学的诸多

探索,追根溯源都能在福莱特那里得到启示。由于她对管理学的巨大贡献,已故当代管理大师德鲁克把她尊称为"管理学的先知"。甚至有人把她与泰罗相提并论,宣称这位杰出的女性应当与"科学管理之父"弗雷德里克·W.泰罗并列,可称之为"管理理论之母"。

　　福莱特1868年9月3日出生于美国马萨诸塞州波士顿市附近的小城昆西。福莱特在幼年就经受了常人所没有的生活磨练。她的母亲神智不健全,而父亲又在她十来岁时就过早离开了人世。作为长女,福莱特很早就肩负起照顾家庭的重担。正是童年时代的自立自强,福莱特要比常人对生活的苦难有更深刻的理解。磨难使她养成了坚强、独立、执着的个性。后来,福莱特从她的祖父和父亲那里继承了一笔相当可观的遗产,这使她不用再为经济来源而犯愁,并为以后的求学生涯解除了后顾之忧。1896年,福莱特出版她的成名作《众议院发言人》。1898年,她以优异的成绩毕业于马萨诸塞州雷德克利夫学院(Radcliffe College),获荣誉文学学士学位。

　　20世纪初期,福莱特一直从事公益性的社会工作,而且她把地点选定在位于波士顿的粗俗下层聚居区的一个叫作洛克斯伯里的乌烟瘴气的男性俱乐部里。她有着"直面惨淡人生"的勇气和信念,面对醉鬼,她毫无畏惧,绝不放弃自己的努力。有些小伙子害怕面对她,就把自己反锁在俱乐部的卫生间里狂饮一通。福莱特和她的挚友布里格斯一道,不依不饶地警告他们说,如果他们坚持不开门的话,她就要搬进一架梯子从窗子爬进去把他们揪出来。

　　1918年,福莱特出版了《新国家:作为大众政府解决方案的集体组织》,引起了巨大反响,该书被大西洋两岸的学术期刊纷纷转载,由此也确立了福莱特作为政治思想家的声望,从而使福莱特成为国际性的杰出人物,把她推向更为广阔的公共领域的舞台。

　　1918—1924年期间,福莱特在各种仲裁委员会、最低工资委员会和公共陪审团中提供无偿服务,形成企业是一种社会机构的理念并进行推广,同时在各种组织中推广小组工作制和民主化管理方式。1924年,福莱特出版了企业哲学著作《创造性的经验》。从1926年起,福莱特连续数年应邀在英国商人朗特里主办的牛津大学伯利奥尔学院做关于管理学的主题报告。1928年,福莱特移居英国。1933年,福莱特应邀在伦敦政治经济学院的商业管理系作演讲,演讲的内容后来被厄威克收集并于1949年出版,论文集的题目是《自由与协调》。1933年12月18日,福莱特在波士顿逝世,享年65岁。

　　在从事社会福利事业的过程中,福莱特亲眼目睹了其家乡波士顿工业界存在的种种弊病,这促使她开始关注工业方面的组织和管理问题。福莱特关于组织和管理的思想大多是通过演讲表达出来的。福莱特以她的融合统一理论为基点，对组织和权威进行了独到的研究。她在组织理论方面的研究，成为开启巴纳德协作系统理论的先声。1941 年，H. C. 梅特卡夫和厄威克编辑出版《动态管理——福莱特演讲集》(*Dynamic Administration, The Collected Papers of Mary Follett*)。1949 年，厄威克又以《自由与协调》为题出版了福莱特在伦敦经济学院的演讲集。这两部著作对全面了解福莱特的思想具有重大价值。

在组织理论研究方面，福莱特的主要著作有:《新国家:作为大众政府解决方案的集体组织》(*The New State: Group Organization the Solution of Popular Government*, 1918);《创造性的经验》(*Creative Experience*, 1924)。

二、环形心理反应理论

福莱特在管理和组织方面的研究是同她的心理学探索分不开的。在福莱特生活的 20 世纪初期，心理学取得了迅猛的发展。福莱特是一个对新事物永远怀有好奇心的人，她跨越学科之间的樊篱，开始研究心理学，并从埃德温·B. 霍尔特(Edwin Bissell Holt)所提出的"环形反应"中得到了很大的启发。霍尔特是早期行为主义心理学的代表之一，是威廉·詹姆士的学生和继承人，他特别重视人的行为的"特定反应关系"。福莱特的组织管理理论研究，正是从这里起步的。

"环形反应"揭示了人类社会的一个基本事实:在行为过程中，联系是普遍存在的，而且这种联系不仅存在于刺激物与反应之间，更重要的是，还存在于刺激物与之前发生的反应之间。以下棋为例，首先下的人可以按自己的意愿出棋子，对手这时也会有相应的动作。但是，到了第二回合，首先下的人必然要考虑双方已经形成的对弈格局，他的反应不是单纯地针对对方刚才的动作，而是同时作用于自己的活动与对方动作之间的联系。这个博弈过程呈现的不是简单的线性刺激—反应模式，而是一个更为复杂的环形反应(交互反应)模式。

从心理学的视角观察这种模式，它具有多方面的特点。首先，行为既是内部决定的，又是由外部决定的;其次，行为是机体的活动和环境的活动之间相互交织的过程，反应是针对某种关联发生的;再次，通过相互影响的活动，个体和环境各自创造了崭新的自我;第四，开始新的关联过程;第五，带来了不断发展变化着的环境。"环形反应"不是面对僵化固定的环境，而是变动着的环境;环境的这种变化，又是与环境之间的互动引起的;这种变动的关联，总会引起某种增量。

福莱特认为,以这种"环形反应"来观察人类生活和管理,现实的生活与管理就是一个多种变量相互交织、共同发挥作用的过程。世界上根本不存在一种所有的思想都从一个模子里铸出来的唯一思维模式。一切一元论、目的论在这里都没有立足之地。必须摆脱一切片面的观点的限制与束缚,积极地在相关因素的不断变化的过程中去研究它们。

　　环形心理反应引起了福莱特极大的兴趣,她认为我们的行动帮助创造我们正在对其做出反应的环境。这就意味着,一个人的行为,不仅是对环境的反应,而且也是对因"自己的反应改变了的环境"所做出的反应。在管理中,人们的反应改变着环境,这种对环境的改变也在同时改变反应。人们总是处于环境和自身变化的交错互动发展之中,从而不断地有所创新。

　　在福莱特看来,这种环境发展的观点对于工商企业管理有着重要的意义。她曾经就针对这一点指出:不仅对企业关系,而且对一切的人类关系而言,有一句话是至关重要的,即"既不要让自己去适应环境——对这个世界而言,我们比环境更加必不可少;也不要按照自己的喜好来塑造环境——对这个世界而言,我们所有人或者我们每个人,都是微不足道的,远远不足以塑造环境;我们要做的只是考虑我们自己与环境之间的相互调整、相互影响的行为,这意味着我们和环境都发生了改变"。

三、"集体工作网"理论

　　就在福莱特从事组织管理方面探索的时期,德国社会学家马克斯·韦伯对组织理论进行了开创性研究。福莱特认真研究了韦伯提出的官僚制组织理论。韦伯概括和提炼的理想型的官僚制组织建立在法理权威之上,它的形式、结构和运行机制,表现为高度理性化的法律规章和制度体系。在官僚组织中,由制度规定组织层级、部门划分、职位设置、成员资格,由此形成非人格化的层级节制体系和部门结构,组织成员是否胜任仅仅取决于他的能力,而不是取决于他对组织领袖的个人忠诚或出身门第。相对于传统组织和个人崇拜组织来说,官僚组织的实质,就是抛弃人治,实现法治,屏蔽情感,崇尚科学。

　　然而,基于自己独特的民主政治观,以及对于人类组织中普遍存在的联系行为的强烈认同,尤其是基于对"人"的重视,福莱特在韦伯提出官僚组织理论的同时,却从完全不同的角度,提出了组织设计的新模式,即"集体工作网",相当于现代组织管理中所说的"团队模式"。这一模式是建立在环形心理反应的互动机制上的。虽然我们对于福莱特当时是否真正想过要用她的集体工作网来取代韦伯的官僚制组织模式的问题,因为没有直接的确切资料而一时还没有定论。但是有一点是毋庸置疑的,即福莱特的组织理论反映了当时乃至今天社会变化的一种新趋势,即从工业化社会向一个知识化社会的过渡。尽管这种社会转型到现在还没有完全实现,但福莱特以她特有的敏锐目光,觉察到了这种变动及其深远的历史意义,并且为回应这种变动提出了行动预案。这一点正是福莱特超前的地方。也正因为如此,20世纪后半叶,凡是批判官僚制的学者总会在福莱特的理论中找到共鸣。

福莱特对组织的重新设计,并不是彻底否定官僚制。官僚制立足于工具理性,追求效率,有其合理的一面,但它缺乏相应的人文关怀。福莱特则立足于价值理性,以人为本,具有强烈的人道主义情怀。她的理论是对官僚制的一种补充和修正,并在一定程度上克服了官僚制忽视"人"的弊端。

福莱特把组织看成是"集体工作网",并积极提倡组织内部的横向合作模式。她认为,横向合作与纵向合作在今天的许多工厂里都存在着。企业管理中最重要的趋势是建立各个不同部门之间的交叉作用的体制。为了实现这种纵横向交叉合作的机制,开明的领导者用"交叉作用的委员会"和"平行的诸葛亮会"来描绘"水平式的职权"。这种组织设计,不但标志着领导方式的变化,而且预示着组织变革的方向。现在已经有越来越多的管理者认识到组织扁平化的意义,并在改变着他们的领导方式。原来那种对垂直发布命令做法的青睐和依赖,对权力等级链的维护和强调,现在则越来越多地转向通用公司的韦尔奇所倡导的那种水平状"无边界组织"(Boundaryless Organization),转向领导和部属的互动。矩阵组织和团队组织,在一定意义上实现了开明的领导者的部分理想。管理领域时髦的环形组织、椭圆组织、网络状组织,以及方兴未艾的学习型组织的出现,都验证了福莱特的预见。

从管理学诞生以来,直线指挥和参谋咨询的关系就一直是一个争论不断的话题。开明的领导者对于这一问题,也应从交叉机制的角度进行思考,以寻求经理与专家的合作。一方面,福莱特认为,对于专家在制定决策过程中所扮演的角色应当给予充分的肯定。但是另一方面,她反对过分夸大专家的作用,反对专家凭借技术优势控制直线领导。尽管直线领导对于专家意见应尽可能地予以高度重视,但同时她也指出,没有哪个管理人员由于有了专家而放弃思考,专家的意见不应当不经思考而自动地形成决定。在直线和参谋的关系上,开明的领导者依然试图通过"融合统一"的方法协调二者,把专家的专门知识与经理人员的管理知识结合起来。

四、组织权威理论

在任何一个现实的组织中,总存在权力和权威。因此,任何组织理论都必须对权威和权力作出合乎逻辑的解释。为了给融合统一的行动原则提供理论前提,福莱特对组织权威作了全新的阐释。雷恩曾对福莱特的权威理论作了简明的概括,认为福莱特试图用"共享的权力"来代替"统治的权力",用"共同行动"来代替同意和强制。当存在"发号施令者"和"接受命令者"的时候,融合统一就难于实现。"上级"和"下级"的角色区分,为利益共同性的认识制造了障碍。为了克服这一点,福莱特反对"专断的权力",创造性地提出使命令"非人格化",并要服从"情景规律"的设想。

在发布命令问题上,福莱特指出:专断的命令忽视了人类天性之中最基本的因素之一,那就是主宰自己生活的愿望。任何无视人们的自尊和情感的待人处世的方式,将会得到罢工的报复。她指出"发出专断的命令"有四大缺点:一是会失去可能从被指挥人那里得到的贡献;二是容易引起工人和工头之间的摩擦;三是会非常严重地影响工人对自己工作的自豪与骄傲;四是削弱了责任感。

福莱特对"发出专断命令"的第三类缺点特别关注,她多次强调,工人们往往热切地希望获得某种地位,并且希望他们的表现保持一个较高的水平,正如他们的雇主一样,工人在自己的工作中得到最大的乐趣,来自于完成了自己所能作出的最好的作品的满足感。但组织管理中以往存在的专断的命令方式,是一种典型的"他治"方式。福莱特认为应倡导的新命令方式,必须将"他治"转变为"自治"。

要实现服从命令与自治的融合,就必须解除命令中包含的人身支配关系。所以,福莱特提倡,一个命令最好不要以涉及人身问题的方式发展,这不是因为发出命令的人希望事情被做好,而是因为这个命令是形势所需,这就是"情景规律"。所谓"情景规律"(Law of Situation)有时也被译为"形势规律",是指命令来自于事实和环境,而不是来自于发布者的意志。比如,一个关于工作安排的命令,调度员就比总经理更有权威。由此出发,福莱特号召人们尽量做到命令的客观化和非人格化,以"命令来自工作,而不是工作来自命令"来指导自己的行为。要做到命令的非人格化,就得改变一些原有的思维定势。

福莱特指出,在传统的等级制组织中,权力与职位直接挂钩,上司给下属发号施令时处于不对等地位,上级一般也不会考虑下属在接受命令时的感受。而在"情景规律"支配下,"上司"和"下属"的角色都有了相应的改变。"一方面,上司应改变武断地发出命令、强迫别人盲目服从的习惯。因为这样做往往会破坏下属的创新精神,打击自主意识,挫伤自尊心。另一方面,对于下属来说,接受命令的最佳态度是理智的调查、提出改革建议的热情,以及礼貌的建议方式。双方需要经常思考的问题,不是如何才能取得对别人的控制,而是我们所有人如何才能取得对环境的控制。这一观点的微妙之处,是福莱特采取了与韦伯完全不同的思路,但要达到的却是与韦伯相同的目标。福莱特把韦伯式的单向命令权威变成了以情景为平台的双向互动,所要达到的效果,却正是韦伯追求的"去魅"和"非人格化"。而这种"非人格化",又提供了通向巴纳德式"权威接受论"的逻辑通道。

另外,福莱特还倡导通过职业培训来强化命令的非人格化。她举了一个例子:在一个给工人提供销售培训课的商店,当一位女售货员正在卖一件服装的时候,她想到的不是命令,她只不过是在按照她所受到的训练来完成自己的工作罢了。想到自己正在做的事情只是自己工作的技能技艺,与将其视为遵循命令相比,这两者给工人心理上带来的感觉是非常不一样的。所以,职业培训的作用不可低估。

为了实现权威的非人格化,福莱特提出,权威的基础是知识。当一个人服从的不是上司的指令,而是服从知识时,他就不会同上司发生冲突,因为每个人都感到是在遵循情景规律的支配,而不是受某人的支配。这种权力就是一种共享权力,而不是统治权力。

福莱特进一步认为,良好的人际关系,实质就在于尽量限制"统治权力"的出现,而尽量创造"共享权力"的氛围。在更深的层次上,福莱特认为,只要是对抗或斗争,肯定就会追求统治的权力。福莱特甚至对甘地倡导的"非暴力不合作"运动也颇有微词,认为这只不过是一种比较隐蔽的统治权力表现形式罢了,是在被压迫的"贱民"中寻求服从和追随。福莱特不赞成甘地的斗争方式,认为只有追求合作,权威才能够与知识和经验相辅相成,变成共享权力。

福莱特还认为,"权力、责任、利益三者之间是一种不可分割的合作关系"。由工作本身,而不是在官僚等级制度中所占据的职位,来决定一个人拥有怎样的职权和多大的职权。这一点决定了福莱特的理论与传统的等级制组织是不同的,而在一定程度上则与韦伯的非人格化权威相契合。福莱特指出,权威从属于工作、职责,并与工作、职责同在,权威是一个过程,不存在"最终权威"。从权威与责任、利益的不可分割性,福莱特又推导出权威的过程性,并否定"最终权威"。她说,最终的决定是一个相互作用的影响过程的一部分,而这些影响可能是以组织的形式实现的,并且这些相互作用着的影响不断地积聚着力量。一个决定的形成往往是通过一个过程来实现的,这里体现的是职权的累积。福莱特还指出,正是通过对产生着权威的过程的规律的理解,人们才获得了真正意义上的自由,权威应该被理解为一个自我发展的过程。至此,福莱特完成了从环形心理反应出发,到互动式的权威情景规律,再到相互作用形成职权的理论推演,她的理论在画出了一个漂亮的弧线后形成了一个自洽且近于完美的闭环。

按照福莱特的思想,管理的实质是心理上和利益上的融合统一,组织的实质是情景支配下的互动体系,所以,组织与管理中的领导活动也要随之产生全新的变化。在福莱特的理论中,领导不再是对他人的统治和支配,而是领导者与被领导者相互影响。她认为,人们在团体中寻求归属,在联合中寻求安慰,在隶属中寻求实现。所以,管理的本质是寻求合作。权威是一个自我发展的过程,所以就不应该把人们分隔开来并将他们分成两个阶级——发出命令的阶级和服从命令的阶级。

由此出发,福莱特对领导问题做出了与众不同的阐释。她强调,经理人员应当具备领导能力,但这种领导能力不是颐指气使,不是发号施令,而是实现组织的协作,确定共同的目标,进而鼓励和引导人们对情景作出积极反应的能力。经理作为一种社会职业,需要具备一定的素质。福莱特说,"人们必须像对待其他任何一种职业那样来严肃地对待这种职业。他们必须认识到,正如所有的专业人士一样,他们承担着重大的责任,他们在一个巨大的社会的众多职能中承担着一种创造性的职能,一种我认为只有经过训练并有纪律的人才能在将来成功地承担的职能。"

首先,领导的最重要的素质就是控制整个局势的能力。领导并不仅仅是对人的领导,而且还是整体环境的领导。领导者是一个可以总结集体经验的人,他们懂得如何组织一个企业的全部力量,并且使之服务于一个共同的目标。这一点,正是福莱特信奉的互动反应哲学在经营管理实践中的逻辑推演,并为后来的研究者强调管理的系统性和整体性奠定了基础。

其次,领导者要有预测能力。因为我们所要面对的是一个时刻处于变化之中的环境,所以决策必须对发展做出预期。决策仅仅适用于当前环境的,一般都是二流人物的标志,领导者的任务正是对由眼前到未来的过渡做出卓越超凡的理解。福莱特还指出,我们往往拥有我们自己创造的环境——对于企业成功的意义,没有哪句话比这句话更加富于创造性了。这就是领导者的任务如此艰巨的原因,就是伟大的领导者需要伟大素质的原因——最精确、最敏锐的领悟力、想象力和洞察力,同时还有勇气和忠诚。这一点,正好体现了福莱特的动态性管理的理念。

再次,领导者应当有冒险精神。对于什么是冒险,福莱特有自己的经验性界定:"冒险精神并不一定意味着赌徒的禀性。它应当是开拓新道路的开路先锋的精神。"①这一点,强调的是领导与创新的紧密结合。

最后,也是福莱特最看重的是,领导者应该善于培养下属。由于在福莱特的理论中非常强调领导与部下的协调,所以她认为,领导不是让部下服从,而是让自己和部下都服从于共同目标。这样才能建立共同的情感,形成彼此积极理解对方的同情。她说:"最好的领导者努力培训他们的下属,使下属成为领导者,而一个二流的管理者则往往试图将自己的领导强加给别人,因为他害怕这将威胁到他自己的领导。第一流的领导者则努力培养自己的下属的领导能力。他不需要对自己俯首贴耳之辈、对自己无条件服从之人。今天,最能干的人有着更大的目标,他们想要做领导者的领导者。"②这一点,涉及对领导活动本质的认定。人们常说"关键在领导",而福莱特则抓住了"领导的关键"。

五、组织协调理论

福莱特的动态组织管理理论的重点是研究组织的运行。她认为在组织运行中,有两个问题是最基本的:一是组织想让人们做什么;二是如何对人们的工作和学习给予科学的控制和引导。福莱特认为这两个问题都与人际关系中人的基本动机有关。她试图从人的角度来看待组织运行过程中的领导、权力、冲突等因素。

尽管在福莱特从事组织研究的时代,心理学还是一门非常新的学科,但是,她已经将这一学科的知识和方法运用到组织理论的研究中。她将组织运行的关键看成是个人与组织的协调。在这一协调过程中,组织必须让个人了解其总体目标,从而使组织的总目标成为组织所有成员的共同目标。

福莱特对现实社会中发生的人与人的冲突进行了研究。她指出,传统的组织理论将人们之间的冲突看成是无法利用和有害的。其实冲突是一个过程。分歧发生以后,只要能找到解决的方法,就能以一种建设性的态度达到组织的目的。处理冲突可以有三种方法:一是使一方获胜并由它来支配另一方;二是双方互相顺应和妥协;三是通过寻找共同点,达到相互结合。

福莱特认为,组织中的控制越来越多地意味着对生产要素的控制,而不是对人的控制。也就是说,控制不能束缚人的自主性和创造力。控制是集体控制,即调整上级和下级之间的相互关系,而不是一个由上级单方实施的控制。

---

① 葆琳·格雷汉姆编:《玛丽·派克·福莱特——管理学的先知》,向桢译,经济日报出版社1998年版,第166页。
② 同上,第169页。

也就是说,控制来源于情景,每一种情景都能产生它自己的控制,因为正是情景的事实以及情景中许多团体的交织决定着相应的行为。绝大多数情景都过于复杂了,以致不能由最高层集中控制而有效地发挥作用。所以,必须在组织中的许多"点"上形成"控制集合"或"相互关联"。这种交织和相互关联是以协调为基础的。

福莱特认为,要解决组织的协调问题,首先就要将组织看成是"综合统一体"。在组织这个统一体中,每个人都应最大限度地发挥自己的能力,都应根据自己对需要完成的工作的认识来接受命令,都应对自己应起的作用承担责任。对于同一层次的成员而言,虽然谁也不能给对方下命令,但双方都应一致服从适应客观形势的命令。作为组织的领导,不应当将权力仅仅看成是控制性的,而应该看成是共有的。他应当将其领导工作看作是努力发挥每一个组织成员能力和作用的工作。用福莱特的话来说,领导者要提高的是组织的权力,而决不是要突出哪个人的权力。[①]

在福莱特看来,协调就是一个环境中所有的因素之间的相互联系,是通过相关责任人之间的直接接触进行协调,是在初期就应当开始协调,是一个连续不断过程。由此,她提出了协调和在组织运行协调中的一些原则。具体概括为四条:一是能通过直接接触达到协调的原则。这一原则要求在组织中,无论哪一层次的管理人员,都必须相互间以及同职工保持直接的交往。由命令所构成的"纵向"链条和同层级之间的"横向"联系,对于达到组织内部的协调是同等重要的。二是组织内部的协调事先进行的原则。福莱特认为,为了更好地做好协调工作,组织领导应在一项政策或决策形成的过程中,就让组织成员参与其中,而不要等政策发布或决策公布以后出了问题才去进行协调。这种事先进行协调的工作可以提高组织成员的士气和积极性。三是组织内部协调的多因素原则。组织的协调往往涉及多方面的因素,各个因素相互间产生着交互作用。因此,要实现组织内部的协调,就必须考虑在一定情境下各种因素的影响及其变化。四是组织内部协调的过程原则。福莱特指出,在许多组织中流传着一种所谓行为的最终责任的说法,这种说法是不正确的。因为组织协调是一个连续过程,其中某一项政策或决定,只不过是其中的一点。因此,协调工作强调的是共同的责任,是一个过程的责任。这四点共同构成了组织的原则,并包含着这样一个结论:协调和控制是重合的,协调的目的就是保证有控制地实现目标。协调是为了达到统一,而统一就是控制。

---

① Jay M. Shafritz, Albert C. Hyde: *Classics of Public Administration*, Moore Publishing Company, Inc., 1987, pp. 66-67.

在谈到协调是"一个环境中所有的因素之间的相互联系"时,福莱特纠正了人们长期以来的一个认识误区——为了集体的利益,个人要无私地放弃自己的个性和利益。福莱特曾经明确指出:"为了集体的利益,个人要无私地放弃自己的个性和利益的谬论,是我所知道的最普遍、最有隐患的谬论之一。"她解释说:在国际事务中,不应当使自己的国家丧失民族性,而正是这种民族性,才使国家具有了国际性。企业也是这样,部门主管不应当放弃自己部门应有的权利,而应当使自己的部门与整个企业统一化、整体化。融合统一不是一种没有个体支撑的想象中的"集体",而是许许多多具体政策之间的相互作用。在谈论个体的人、某个部门时,都不应该使用"牺牲"这个字眼,而应当使用"贡献"这一词汇。融合统一不以牺牲个体为代价,恰恰相反,它以个体作用的发挥为前提。从这一观点中,可以清楚地看到,福莱特的团体原则正是基于对个性、自我利益的深切认同,由此,以人类社会的联系和互动为前提,在集体的环境下达到人性的全面释放,实现人的全面发展。

正是以上这种基于"合作"的哲学理念,福莱特对"服务"的传统含义提出了挑战,创造性地提出了"相互服务"的概念。她反对那种把企业看作单纯"营利组织"的观念,坚持认为企业有着更广泛的社会责任,而不仅仅是只有经济责任。她认为社会责任和经济责任是统一的。"企业事实上并且也应当被视为是一个真正的社会服务部门"。她用典型的坦率表达了自己的见解:"以前有这么一种观念,认为在白天,一个人为自己挣钱,这是一个自私的职业;而在晚上,他通过参加学校委员会或者某种与公益有关的会议,为社区提供自己的服务,这是一个在为社会尽职的职业。或者,他可能在企业中度过他生命的早期和中期,努力挣钱,再在以后的日子里,通过把他的金钱用于对社区有益的方面,来为社区服务——但愿他能够活着看到那个阶段的到来。拥有的比这个健康得多的观点是:'我们为利益而工作,为服务而工作,为我们自己的发展而工作,为对创造事物的热爱而工作……我们的工作本身,就是我们对社会的最伟大的服务。'"[①]

福莱特认为,组织运行中的协调还与组织中权力的使用有关。传统的组织理论认为,组织的目的只能依靠命令来实现。福莱特却指出,人恰恰是怨恨管制的,越管制就越可能产生相对立的行为方式。因此,她认为权力这种作为使人们改变行为的能力并不是组织实施领导唯一可依赖的东西。在组织中,权威比权力更为重要。权威更多地与个人知识有关,而不是与等级制组织结构中正式委托的权力相关。

[①] 玛丽·派克·福莱特:《自由与协调》,管理出版社1949年版,第78页。

第二编　行为科学时期组织理论的研究与发展

这一时期是从 20 世纪 40 年代开始的。从 20 世纪 30 年代末起，在西方的工业生产中，电气化、自动化、通用化日益成为占主导地位的趋势。随着科学技术不断地转化为生产力，生产和资本的集中化程度越来越高，企业的规模以及管理社会的各种机构的规模也变得日益庞大。无论是工业企业的组织还是服务于公益目标的组织，它们与外部的联系、自身内部的结构，特别是组织成员之间的关系日趋复杂化。

在新的技术进步和工业的巨大发展面前，传统的组织理论已经显现出落后性。无论是泰罗、韦伯，还是法约尔、厄威克、古利克，他们都把组织成员看作是只有一种需要即经济利益需要的纯理性的存在物。并且，在他们的理论前提中，都包含着人只有通过物质的激励才能努力工作的假设。其实，在任何一个组织中，组织成员除了物质需求外还有其他各种需要，人们除了在组织中结成一定的正式关系外，还会形成非正式的关系。

正是从人不仅是一个"经济的"存在物，而且是一个"社会的"存在物，人不仅是一个理性的存在物，而且是一个感性的存在物的假设出发，一批管理学家开始注意从人群关系入手研究个人的和群体的行为。也正是在这一时期，西方社会科学研究中兴起了一股行为主义热潮。组织理论对人群关系、人的行为的研究明显地受到当时在经济学、政治学、社会学、心理学等学科中流行的行为主义的影响，从而带有强烈的行为主义色彩。

行为主义科学时期，在众多的从事组织理论研究的学者中做出了较多，也较为显著贡献的要数乔治·埃尔顿·梅奥、伦西斯·利克特、道格拉斯·麦格雷戈、亚伯拉罕·马斯洛、弗里德里克·赫茨伯格、克里斯·阿吉里斯等人。他们的共同特点是特别强调组织中的社会、心理系统及人际关系因素的作用，提出了一系列不同于传统组织理论的新原则，如人格尊重原则、相互利益原则、人性激励原则、人人参与原则、相互支持原则、协调一致原则，这些构成了新的组织理论流派的重要内容。

梅奥比较注重对组织中人群关系的研究。在梅奥以前，研究组织理论的学者们，或者是从事组织建构的实际工作者们，只强调组织中管理的科学性和严密性，而轻视人的主观作用，把人仅仅看成是机器的附属物。梅奥和他的同事则注重研究人的情感、态度,研究人的个体行为和群体行为,从而提出若干有关组织理论的新原理。

这些新原理主要体现了梅奥就当时的管理者对工业社会组织内部人际关系的新见解:一是认为组织中的人是"社会人",是复杂社会系统的成员;二是组织中除了正式组织外,还有"非正式组织";三是作为新型的组织领导者,其能力主要表现在能够通过提高组织中成员的满足程度来激励人的"士气"。这些富有创造性的理论,构成了组织理论发展史上的早期行为科学学派,即初期人际关系组织理论学派的基本思想。

从20世纪30年代末至50年代初形成的人际关系研究浪潮,推动了从事实际组织管理的人员与从事组织理论研究的学者对组织成员的行为以及组织中人与人之间关系的探索。人们开始接受一种新的组织观念,即在组织中,权力并不是唯一有效的东西;组织成员是有情感的、有着各种需要的活动着的行为主体。

初期的人际关系组织理论比较多地把目光集中在人的低层次的需要上,并将非正式的组织作为研究的重心,而且认为人的工作满意感总是同其工作的绩效完全结合在一起的。但是,更多的学者通过实证考察发现,这些结论并不是最科学的。他们开始对人的需要进行全面的、科学的概括,对工作满意感与工作绩效的关系进行更为深入、细致的考察,从而形成了新的更为细微和完善的人际关系组织理论。

利克特研究了组织中的"相互支持关系",他认为,完整的组织必须包括一个复合的巧妙搭配的群体结构,而其中的每一个工作小组都能娴熟地运用其决策程序,小组成员之间彼此都结成相互支持的关系。同时,组织应创造出一种气氛和条件来鼓励每个管理人员同那些与他们相处的工人打交道,并在某种意义上适应他们的价值观和愿望。

麦格雷戈对构成组织行为基础的人的行为动力理论进行了科学考察。他认为传统的组织理论是一种关于人的行为动力的X理论。组织成员的许多行为是无法用X理论来解释的。他主张用Y理论来取代X理论作为理解现代组织管理的基础。

马斯洛对人的需要进行了深入研究。他认为人作为一个有机整体,具有多种动机和需要,包括生理需要、安全需要、归属与爱的需要、自尊需要和自我实现需要。其中自我实现的需要是超越性的,追求真、善、美,将最终导向完美人格的塑造。在此基础上马斯洛进一步创建了人性假设组织理论。

赫茨伯格主持了著名的匹茨堡调查。在调查分析中,赫茨伯格发现,导致组织成员工作满意感的因素与导致工作不满意感的因素是彼此独立的;对工作的满意与不满意这两种感觉并不是对立的。他认为,任何组织的首要功能,不管这些组织是宗教的、政治的或工业的,都应该去满足人们为美妙的生活而产生的需要。

阿吉里斯则抓住个人与组织的整合这一主线,致力于研究个人的发展与其所处的工作环境之间的关系。他认为,每个人都有其可被充分认识的潜力。自我认识和自我实现,不仅有利于个人,而且也有利于他周围的人以及他所工作的组织的发展。任何组织,包括企业在内,在管理上都应当致力于调整个人之间的人际关系。阿吉里斯的组织发展、组织学习的概念一直是组织理论中的重要概念,特别是组织学习的概念在组织理论的文化学派那里得到更为深入的阐发。

由梅奥等人确立的初步的人际关系组织理论对组织成员有了新的看法,企业或团体中组织成员是为了满足作为"社会人"具备团体的归属感,同时也作为正式组织中的有追求自身利益的个体而展开行动的。车间里的人际关系影响职工的情绪,这种情绪又是影响组织生产效率的决定因素,这实际上是一种组织角色论。在梅奥以后,利克特提出的支持关系理论,麦格雷戈提出的X理论和Y理论,马斯洛提出的组织人性假设理论,赫茨伯格提出的激励保健理论,阿吉里斯提出的组织学习理论,这些实际上构成了组织动力论。正是借助组织角色论和组织动力论,最终形成了组织理论发展中的新人际关系理论流派。

由于新人际关系组织理论流派重视组织成员间的关系,重视组织民主和组织参与,故而又称之为"组织民主论"。另外,新人际关系组织理论流派也因特别强调组织中人的情感的因素,因而又被称为"人本主义的组织理论"(Humanistic Organization Theory)。虽然与科学时期的组织结构设计理论相比,新人际关系理论流派已经大大地向前推进了组织理论研究,将结构制度设计中人的方面,特别是人际关系的因素凸显出来,但建立在行为主义基础上的新人际关系组织理论只是对初期人际关系理论的延伸与发展。无论是组织角色,还是组织动力,都不能成为组织理论进一步发展的分析单位。

到梅奥、赫茨伯格、马斯洛等人为代表的时期,组织理论研究已经在组织的结构制度设计和组织成员关系两个方面得到充分的展开,但是,组织管理和发展的核心究竟是什么,这是组织理论在进一步发展中需要解决的关键问题,对于这一问题的探索则是由以巴纳德、西蒙为代表的一批学者来完成的。他们开始时继续沿着行为主义的传统前进,但是他们最终跳出了行为主义的旧基地。

第七章 梅奥的人际关系组织理论

【摘要】

乔治·埃尔顿·梅奥是行为科学的奠基人。作为哈佛大学的一名老教授,他的组织理论研究与教学生涯并不全是在书斋中度过的。他与商学院工业研究部的同事们下到工厂、车间,进行了"霍桑研究"。艰辛的社会调查和实地试验使他看清了西方工业文明中存在的劳资之间、工人与行政管理者之间的对立和冲突。他认为要解决这些社会问题,就必须重新对社会组织加以研究。

梅奥通过领导和参与长达10多年的"霍桑研究",对科学管理时期的泰罗主义提出了批评。他认为在工业发展的野蛮阶段,技术与物质利益起着巨大的作用。但在工业文明时期,人们之间合作的本能会得到发展。组织中的人绝不是单纯的"经济人",他们是"社会人"。人们之间的合作是要通过组织表现出来的。在组织内部会出现非正式的组织。他指出,同伙伴搞好关系的愿望是人类社会结合的本能,它容易胜过单纯的个人利益。在普通人中间,甚至在社会混乱的地方,仍然存在着人类合作的愿望,这种愿望是能够为聪明而老练的管理当局所利用的。

一、梅奥的组织理论研究活动与主要著述

乔治·埃尔顿·梅奥(George Elton Mayo,1880—1949),原籍澳大利亚,20岁时在澳大利亚阿福雷德大学取得逻辑学和哲学硕士学位,并应聘至昆士兰大学讲授逻辑学和哲学。后赴苏格兰爱丁堡研究精神病理学,对精神不正常现象进行分析。此后,在洛克菲勒基金会的资助下,梅奥移居美国,在宾夕法尼亚大学沃顿管理学院任教。在此期间,梅奥曾运用完形心理学的概念解释产业工人的行为,认为对工人的行为来说,其影响因素是多方面的,没有一个单独因素起决定作用。1923年,他在费城附近一家纺织厂就车间条件对工人的流动率、生产率的影响进行了实验研究。

1926年,梅奥进人哈佛大学工商管理学院专门从事工业管理的研究。1927年冬,梅奥应邀参加了对芝加哥西部电业公司的霍桑工厂(Western

Electrics' Hawthorne Plant)组织管理方面的实验,这就是管理科学和组织理论发展史上有名的"霍桑研究"(Hawthorne Studies)。

霍桑效应的发现来自一次失败的管理研究。美国芝加哥郊外的霍桑工厂,是一个制造电话交换机的工厂。这个工厂具有较完善的娱乐设施、医疗制度和养老金制度等,但员工们仍愤愤不平,生产状况也很不理想。为探求原因,1924年11月,美国国家研究委员会组织了一个由心理学家等各方面专家参加的研究小组,在该工厂开展了一系列的实验研究。这一系列实验研究的中心课题是生产效率与工作物质条件之间的关系。这一系列实验研究中有一个"谈话实验",即用两年多的时间,专家们找工人个别谈话两万余人次,并规定在谈话过程中,要耐心倾听工人们对厂方的各种意见和不满,并做详细记录,对工人的不满意见不准反驳和训斥。

这一"谈话实验"收到了意想不到的结果:霍桑工厂的产量大幅度提高。这是由于工人长期以来对工厂的各种管理制度和方法有诸多不满,无处发泄,"谈话实验"使他们将这些不满都发泄出来,从而感到心情舒畅,干劲倍增。社会心理学家将这种奇妙的现象称为"霍桑效应"。

霍桑实验是一项以科学管理的逻辑为基础的实验。从1924年开始到1932年结束,在将近8年的时间内,前后共进行过两个回合:第一个回合是从1924年11月至1927年5月,在美国国家科学委员会赞助下进行的;但后来由于中途遇到困难而停止。第二个回合是从1927年至1932年,由梅奥主持进行。从1927年起,以梅奥教授为首的一批哈佛大学心理学工作者将实验工作接管下来。梅奥断断续续地花费了9年时间领导了这一研究工作。整个实验前后经过了四个阶段。

阶段一:照明实验(1924—1927)

当时关于生产效率的理论,占统治地位的是劳动医学的观点,认为也许影响工人生产效率的是疲劳和单调感等,于是当时的实验假设便是"提高照明度有助于减少疲劳,使生产效率提高"。可是,经过两年多的实验发现,照明度的改变对生产效率并无影响。具体结果是:当实验组照明度增大时,实验组和控制组都增产;当实验组照明度减弱时,两组依然都增产,甚至实验组的照明度减至0.06烛光时,其产量亦无明显下降;直至照明减至如月光一般、实在看不清时,产量才急剧降下来。研究人员面对此结果感到茫然,失去了信心。

阶段二:继电器装配室实验(1927—1932)

这次实验的目的是为了弄清休息时间、作业时间、工资形态等各种作业条件的变化同作业效率之间的关系。实验是在五名女工中进行的,实验者同时又是监督者。实验共分13期实施。梅奥先后在这五人的作业环境中引入了

12种属于物理方面的变量,如车间的照明度、休息时间的长短和次数、工作日和工作周的长度等。与科学管理的假设相反,无论人为的改变对工人是有利还是不利,这五名女工的劳动生产率都是持续上升的。这一实验表明,工作的物理环境和工作时间不是对工人行为产生影响的主要因素。对参与实验的工人来说,使她们积极性一直能很好地发挥出来的因素是她们在实验中获得了组成为一个团体的机会。生产效率的提高取决于工人的情绪,而工人的情绪则是由车间的人群关系决定的。

阶段三:面谈实验(1928—1930)

这一实验开始采取指示性方式,即先拟好一定的题目,然后以问答的方式进行面谈。这种方法不易了解工人内心的意见。后来采取非指示性面谈的方式,让工人自由地说出心里的意见和不满。研究者在工厂中开始了访谈计划。此计划的最初想法是要工人就管理当局的规划和政策、工头的态度和工作条件等问题作出回答,但这种规定好的访谈计划在进行过程中却大大出乎意料,得到意想不到的效果。工人想就工作提纲以外的事情进行交谈,他们认为重要的事情并不是公司或调查者认为意义重大的那些事。访谈者了解到这一点,及时把访谈计划改为事先不规定内容,每次访谈的平均时间从30分钟延长到1—1.5个小时,多听少说,详细记录工人的不满和意见。访谈计划持续了两年多,在此期间,产量得到大幅度提高。很明显,工人们长期以来对工厂的各项管理制度和方法存在许多不满,无处发泄,访谈计划的实行恰恰为他们提供了发泄机会。发泄过后心情舒畅,士气提高从而推动了产量的提高。梅奥领导的小组先后同21 126名工人进行了交谈。从面谈中,他们了解到工人的不满有两种,一种是有事实内容的,一种只与心理状态有关。

阶段四:对车床布线室的观察实验(1930—1932)

梅奥等人在这个试验中选择了14名男工在单独的房间里从事绕线、焊接和检验工作,其中9名布线工、3名插座安装工、2名检修工。实验对这个班组实行特殊的计件工资制度。实验者原来设想,实行这套奖励办法会使工人更加努力工作,以便得到更多的报酬。但观察的结果显示,产量只保持在中等水平上,每个工人的日产量都差不多,而且工人并不如实地报告产量。通过深入调查发现,这个班组为了维护他们群体的利益,自发地形成了一些规范。他们约定,谁也不能干得太多,突出自己;谁也不能干得太少,影响全组的产量。他们还约法三章,不准向管理当局告密,如有人违反这些规定,轻则挖苦谩骂,重则拳打脚踢。进一步的调查发现,工人们之所以维持中等水平的产量,是担心产量提高,管理当局会改变现行奖励制度,或裁减人员,使部分工人失业,或者会使干得慢的伙伴受到惩罚。

通过观察发现,工人中间存在着某种与公司按编制建立的正式组织不同的非正式组织。在车间有时是一种非正式的组织在支配着团体的行动:对工作不得太用力气,否则,你就是"工资率破坏者";不得过分降低工作效率,否则,你就是"诈骗犯";任何对同事不利的事情都不得向监督者报告,否则,你就是"告密者",将被同事疏远。

实验小组由此提出"非正式群体"的概念,认为在正式的组织中存在着自发形成的非正式群体,这种群体有自己的特殊的行为规范,对工人的行为起着调节和控制作用,并且加强了内部的协作关系。

霍桑实验的结果由梅奥于1933年正式发表,书名是《工业文明里的人的问题》,这标志着人际关系学说的建立。通过霍桑实验人们终于发现人群中的一些内部规律,这为解决当时资本主义的社会问题提供了一条较好的思路。

在霍桑实验的基础上,埃尔顿·梅奥分别于1933年和1945年出版了《工业文明里的人的问题》和《工业文明中的社会问题》两部名著。霍桑实验揭示出工业生产中的个体具有社会属性,生产率不仅同物质实体条件有关,而且同工人的心理、态度、动机,同群体中的人际关系以及领导者与被领导集体的关系密切相关。霍桑实验以及埃尔顿·梅奥对霍桑实验结果的分析对西方管理理论的发展产生了重大而久远的影响,使西方管理思想在经历早期管理理论和古典管理理论(包括泰罗的科学管理理论、法约尔的一般管理理论和韦伯的官僚制组织理论)阶段之后进入到行为科学管理理论阶段。

在人际关系学派以前,各种管理理论主要强调管理的科学性和严密性,轻视人的作用,把工人看作机器的附属品。梅奥学派则注重人的因素,研究人的个体行为和群体行为,强调满足职工的社会需求,而这些结论的重要依据来自于著名的霍桑实验。

霍桑实验及其结论随着时间的推移,其影响也逐步扩大。一些大学开始设立相应的课程,人际关系学说及其观点逐步地进入了企业。1949年该学科被定名为行为科学以后,福特基金会成立了科学部,次年建立行为科学高级研究中心,并在1953年拨款委托哈佛大学、斯坦福大学等高等学府从事行为科学的研究。然后,洛克菲勒基金会、卡耐基基金会也相继拨款支持行为科学的研究。1956年美国出版了第一期《行为科学》杂志。

梅奥在组织管理和组织理论研究方面最重要的、具有代表性的著作是《工业文明里的人的问题》(*The Human Problems of an Industrial Civilization*, New York: The Macmillan Company, 1933)、《工业文明中的社会问题》(*The Social Problems of an Industrial Civilization*, Boston, 1945)。

二、组织协作关系理论

梅奥指出,在工业化之前的社会中,人们通过地区和血缘关系形成了心心相连的共同体纽带。通过这些纽带可以测量出社会是否安定。工业化的发展,促进了分工的发展,人们的工作日益专门化,劳动机械化,经营规模扩大化。在科学管理理论的作用下,人们片面地强调效率,结果车间共同体之间的纽带遭到破坏,从而导致工业文明社会的不安定。这样,车间共同体中的工人就从非正式组织中重新寻找新的共同体纽带,并确立起与效率原则背道而驰的非正式组织的原则。

梅奥具体引用了法国社会学家杜克海姆对社会状况的描述。在法国那些技术工业发展得最快的地方,发生了危险的社会分化,个人和社会合作的希望日见减少。梅奥指出,导致现代工业社会瓦解的主要因素有两个:一是不愉快的人在数目上增加了;二是社会的组织水平下降了。人们不再热切地希望合作,相反地,他们常常是相互戒备和敌视。

梅奥认为,科学管理时代的组织理论家完全把人与人之间的合作遗忘了。在他们眼中,社会完全是由一群乌合之众组成的。早期的组织与管理的理论家们完全跟着古典的经济学家跑。在李嘉图那里,经济学依赖于三条假定:一是自然社会是由一群没有组织的人组成的;二是每一个人都在按照自我保存和自我利益的打算而行动;三是每个人都在尽其所能为个人的目的而进行逻辑思维。

梅奥指出,李嘉图受了那个时代的历史学家和哲学的影响,将自然人的生活视为"孤独、贫困、肮脏、残忍和短命的"。这一假设已经被现代人类学的田野研究否定了。而且,人已经不再是处在自然状态下了。在一个社会中,人应当是合作的。如果人与人不是合作而是分解成一群个人,并且每个人都去拼命地寻求自我保存的办法,那么,这时的人就不是处在正常状态下,而是处在非正常状况之下。

可悲的是,经济学家正是把活生生的人看成是非常态的,经济学理论就变成对非常态情况下的人类行为的概括。但是,"19世纪经济学理论的主要假设已经不再站得住脚了。甚至在100年以前,可能还容易相信个人利益的追求是经济组织的基础这一原则根本上是切合的和恰当的。但是,虽然仍有一些经济学家和政治学家一直在坚持着这个假定,很明显,经济和政治的实践现在已经建立在极其不同的人类社会的概念上了。……当大学里的经济理论学家仍在假定个人利益足以成为发展理论和经济知识的基础时,行政人员由于他处理人事的实际经验,他的行动却建立在相反的、但是从实验里得出来的假定上。"①

当然,也还有相当多的人死抱住上述的观念不放,他们仍旧认为,即使在工业文明的社会中,社会还是由一群乌合之众组成的。对这种过时的假定抱肯定态度的人几乎都是那些同实际社会生活距离很远的学者、作家、律师,他们只有很少一点从经验中得来的知识,他们不具备处理人事的能力。

已经进行的实际的工业情况告诉我们,人类社会有结合的本能,这种结合的本能很容易胜过单纯的个人利益和逻辑思考。在现实社会中,在普通人中间,甚至在最混乱的地方,仍然继续存在着人类对合作的活动的欲望。管理人员凡是能够获得合作的,他就一定能认识到"权威"的真正来源和性质。

在19世纪,科学和工业的急速发展把个人对团体的一致之感和对工作的满足之感取消了,人们好像不再期望有什么别的进步,要进步的只是人的物质环境和他的肉体享受。这种状况是灾难性的,它是因社会处理技术的能力与处理人事的能力之间缺乏平衡发展所造成的。②

但是,社会总是要进步的。社会与其说是个人之间的竞争,不如说是个人在同他人进行着协作劳动;个人与其说是在追求利己之心,不如说是在为维护团体的地位而劳动;个人与其说是在合理地行动,不如说是非合理的感情逻辑地支配其行动。总之,在带有浓厚的商业气息的工业社会中,人与人之间的关系是个人通过对利己心的追求并根据市场原理而形成的。在这种工业文明中,人们往往由心理上结合起来的纽带而形成共同体世界。管理者只有从这种小团体出发确立领导方式,才能建立工业社会的秩序和新型的工业文明。

但是,如果没有组织也就不能有合作。任何工业组织都具备两个方面:一是技术上的专长和有效性;二是有效率的合作体系。梅奥认为,资本主义的发展使人们在物质和技术上取得了很大的成就,但是,在合作体系上却完全失败了。因此,人类必须推进工业文明,发展组织,从而发挥人类合作的本能。

三、"社会人"理论

梅奥认为泰罗组织中的人是一种只讲经济利益的人,是一种"经济人"。企业家作为"经济人",要追求个人的最大限度的利润;工人作为"经济人",则要追求最大限度的工资。如果组织中的人都是"经济人",企业家与工人将会

---

① 梅奥:《工业文明的社会问题》,商务印书馆1964年版,第50页。
② 同上,第37页。

发生矛盾。要解决矛盾,唯一的办法是提高单位时间的生产量。于是,泰罗只能提出以时间和动作的研究及奖励工资制为中心的科学管理理论。

这种"经济人"的假设出于古典的经济理论。梅奥考察了李嘉图的经济学逻辑,发现其中存在正如前面已经提到的三个限制性的概念:"(一)自然社会是由一群没有组织的个人所形成的。(二)每一个人按照自我保存和自我利益的打算而行动。(三)每一个人,尽他力所能及,为这个目的进行逻辑的思考。"①

但是这种"经济人"的假设并不是非常科学的。"经济理论在它涉及人的因素这一方面是非常不够的,简直是荒谬的。人类竟被不恰当地描写成为一群个人,每个人都被自私的利益所驱使着,每个人都为了争取稀少的生活资料在同其他的人斗争。"②梅奥认为这种理论完全歪曲了人类的常态。因此,必须要重建一套理论来代替正在流行的荒谬的经济学中的抽象概念。

梅奥指出,在工业文明建立起来以后,人们发现这种文明带来了很多的混乱。这种混乱是由于只讲人的物质需要和自私的属性造成的。事实上,在现实的生产组织中,工资、照明条件、休息时间等同生产效率并没有直接的联系,相反,人与人之间的关系却对生产的效率有着较大的影响。人不仅是一个"经济人",而且首先是一个"社会人"。

梅奥以"霍桑研究"的资料为根据,提出了与"经济人"相对应的"社会人"的假设。人是生活于社会的人,在社会上生活的人决不是孤立的存在物,而是作为某一集团的成员或分子去参与社会生活的。"社会人"不仅要求通过劳动获取收入,而且作为人,他还需要得到友谊、安全感和归属感,"社会人"是结成团体而行动的。

梅奥指出,正因为组织中的成员是社会的存在物,因此,组织的效率与人的态度、情绪有关。传统的组织理论认为生产效率、作业方法、作业条件三者之间存在着单纯的因果关系。

而"霍桑研究"表明生产效率与工资、工作时间、休息时间、作业条件的变化并没有多少直接的关联。只有那些将社会看成是一群乌合之众的经济学家们才会得出所谓的必然结论:物质刺激是人类唯一有效的动机。事实上,生产效率同组织成员的情绪有着十分重要的关联。情绪是组织成员在工作中所得到的满足程度的函数。组织成员的满足程度越高,情绪就越高;情绪越高,组织的效率也就越高。

---

① 梅奥:《工业文明的社会问题》,商务印书馆1964年版,第54页。
② 同上,第71页。

所谓组织成员的满足程度指的是他们对安全感和归属感等社会需要的满足程度。它主要取决于两种因素：一是成员的个人情况；二是车间的情况。前者往往受家庭生活、社会交往等方面的影响，后者则受人际关系的制约。梅奥从实验中得出结论："所有人的安全和稳定的感觉总是从成为一个团体的成员的保证上得来的。如果丧失了这个前提，就不是任何金钱上的改善和职业上的保证所能抵偿的。"[①]

四、非正式组织理论

在梅奥的人际关系理论中，组织内部的非正式组织的概念占有很大的比重。在梅奥看来，任何一种经营组织，首先可以分为技术组织与人的组织两个方面。前者是为实现生产目的而使用的工具、机械设备等物质条件，包括采用的手段所组成的物质组织系统，后者则是由经营者、技术人员、工人、事务人员等较多人构成的社会组织系统。

社会组织还可以再划分为正式组织和非正式组织。梅奥所说的正式组织指的是为了有效地实现生产目的而将各种成员间的相互关系安排得合理而有秩序的组织，组织系统表、人员编制、组织规章、行为准则等构成了正式组织赖以存在的主要因素。在正式组织中，每个成员的典型职能关系都能在组织图中显示出来。

但是，任何组织图都只能显示出组织成员的职能关系，而不可能显示其相互间接触和相互作用的社会关系。比如，在一个车间里，存在着不是明文规定的但事实上经常在起着作用的特殊价值标准：男子的工作比女子的工作更受到重视；在总公司的人，其工作更容易得到人们的赏识；尽管某位工人的生产效率很低，但他却是某个团体中的头目。只要人们在一起活动，他们就会自发地形成相互间的人际关系，从而形成非正式的组织。[②]

在非正式的组织中，每个人都有一定的社会地位和社会作用，而且人们的行为都须遵循一定的团体准则。由于非正式团体中的人都能遵守这些并不是明文规定的准则，因而能保证相互间的稳定性。比如，多数车间中的非正式组织都有这么一条准则：凡其成员的生产效率皆不能超过一定的标准，如果超过这一标准，他就会遭到其他人的质疑，从而使这个成员丧失安全感。正如梅奥

[①] 梅奥：《工业文明的社会问题》，商务印书馆 1964 年版，第 87 页。

[②] *William C. Johnson: Public Administration: Policy, Politics, and Practice*, The Dushkin Publishing Group, Inc., 1984, p. 85.

所指出的:"人们之所以形成非正式团体,乃是为了获得生活上的幸福与快乐,并获得社会安全感。"

在非正式的组织中,人们都有共同的情感和态度。团体的共同情感就是一种价值标准。由于大家同属于这一团体,所以必须遵守。这样,非正式组织的共同价值标准就成为对每个成员加以约束的律条。对于非正式组织来说,其价值标准同正式组织以及技术组织是不一样的,经营性的正式组织和技术组织其价值标准是成本逻辑和效率逻辑。所谓成本逻辑,就是在一切活动中,应当最低限度地支出费用。所谓效率逻辑,就是确保每个人有效地进行合作。而非正式组织的价值标准却是感情逻辑,它是指成员的一种非合理的行为准则。

非正式组织不仅存在于组织的普通成员之中,而且也存在于上层管理人员之中。但对于上层的管理人员来说,其成本与效率的逻辑更为重要,感情的逻辑则可能稍弱一些。从这点来说,梅奥似乎认为,在经营性的组织中,感情逻辑是一种工人的逻辑。由此,他指出,作为经营的管理者,更要时刻注意职工的感情,否则,成本和效率逻辑就会同感情逻辑发生冲突。梅奥把解决上述冲突看成是经营管理中的一个带有根本性意义的课题。

在人际关系组织理论看来,经营者同时承担着两种职能:经济职能和社会职能。前者的目的是为了有效地创造财富;后者的目的则是要充分认识非合理的感情逻辑在经营性组织的社会结构的底层所起的作用,从而采取有效措施培养好的人际关系,使职工在情感上得到满足。

五、非正式组织理论的发展

自梅奥在"霍桑研究"的基础上提出非正式组织理论以后,这方面的研究就日益成为管理学家关注的重要课题,先后出现了非正式组织结构理论、人际吸引理论、意见沟通理论、团体合作理论。

第一,非正式组织结构理论。这一理论又称为小团体(Small Group)结构理论。霍曼斯(George C. Homanns)将非正式组织的成员分成三部分:一是内部核心分子。这些人在行动中往往表现出主动精神,他们是团体的领导者、旧的价值的变更者、新的价值体系的创立者。二是边缘分子。他们处在团体的核心区域的外围,其行为可分为两种趋势:或者想打入核心层,或者试图退居到外层区域。前者表现出对核心分子高度的顺从性,即顺从团体的价值与行为规范;后者往往是那些企图打入核心层但幻想却落空的人,他们一旦发现核心层已经相当稳定,无法挤入时,就想从边缘退到外层区域。三是外层分子,也有两种行为态势,或者是孤独,或者是试图对整个团体提出挑战。

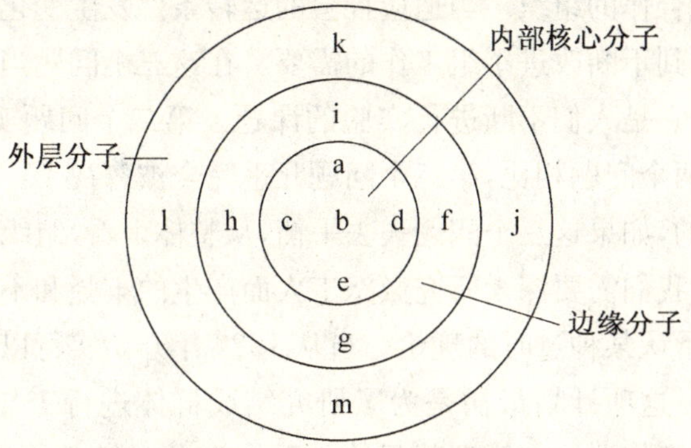

```
        k
        i        ——内部核心分子
        a
外层分子—— l h c b d f j
        e
        g        ——边缘分子
        m
```

图 7-1　非正式组织的结构

第二,人际吸引理论。其代表人物有纽康姆(T. M. Newcomb)、温切(R. F. Winch)。他们认为在非正式的组织内,人们之间具有相互吸引的特点。这种彼此间的吸引一方面是因为同一个小团体的成员在相同的环境下长期生活在一起,从而具有了相同的心理与态度,这种相同性越大,彼此间的吸引力也就越大。团体中的吸引力也可能来自成员之间的差异性,人们的行为是互惠的,团体中的成员之所以吸引,是因为一方需要从另一方身上获得自己所缺少的东西。

第三,意见沟通理论。它主要讨论非正式组织内部成员沟通的形式。通常有以下几类沟通形态:连串式沟通形态、放射式沟通形态、循环式沟通形态、放射连串式沟通形态、放射循环式沟通形态、连串放射循环式沟通形态。

第四,团体合作理论。团体内部各个成员的目标之间相互一致,这种一致指的是"零和"状态(Zero-Sumsituation)。要达到这种状态,在团体内部,人们之间必须相互依赖,相互吸引,相互了解,心理应和,行为类似,协调活动,富有弹性。

六、人际关系组织理论的局限性

对于梅奥领导的霍桑实验也有不少人提出了质疑,梅奥对人们的质疑作了回应。梅奥指出,令人好笑的是,有某些实业家,他们在经济理论方面受到僵化的训练,试图把霍桑研究贬低为"空论"。实际上,这是把位置完全颠倒了:霍桑实验毫无偏见地对事实重新进行研究,而批评者们毫无疑问地接受的是曾流行于 19 世纪,到今天已经失去作用的关于人的理论。

梅奥认为,在现代大型工业中,有三个持续存在的管理问题,即:把科学和技术技能运用于某些物质利益或物质产品；条理化地安排工作；小组工作组织，即不断进行合作的组织。当适应社会的运转条件发生变化时，这最后一个问题，必须考虑到不断改进小组工作的需要。在这三个问题当中，第一个问题有巨大的影响，它是人们不断进行实验的课题。第二个问题实际上也在很好地发展。与前两个问题相比，第三个问题几乎完全被忽视了。然而，有一个事实是确定无疑的，如果这三个问题失去平衡，从整体上看，组织不会取得成功。

梅奥指出，我们需要深入研究激怒工人而产生的牢骚和不满，需要认识实际情况而不是承认某种过时的理论。自从1929年开始实行以来，霍桑访谈计划已大有发展。这项计划最初是为了研究结成群体进行工作的工人的舒适感，后来逐渐把工作群体与管理部门的关系作为大型工业的基本问题之一进行了明确的说明。这项研究确实首次使我们断定，管理部门需要集中全力注意的第三个重要事务是组织工作中的配合性，即发展和保持协作。

梅奥通过领导霍桑实验，得出了一些重要结论：人的生产能力不仅仅取决于体能和精力，它深受社会因素和心理因素的影响；非经济的奖赏和惩罚是激励组织成员工作的重要因素；组织成员对管理阶层的抗议通常是以非正式组织的形态来进行的。这些就为后来的人际关系组织理论的发展奠定了基础。[①]

人际关系组织理论是对以泰罗为首的科学主义组织理论的一种批判。这一理论注意到组织中除了技术的一面以外，还有人的情感的一面。但是，人际关系学派在一反传统组织理论过分重视组织的技术结构和正式的管理以后，却走到了另一个极端。

首先，对"经济人"采取了过分的否定态度。泰罗的科学管理原理是建立在人都是好逸恶劳，但又拼命追求最大限度报酬的假设前提之上的。梅奥从另一个方面观察到人还是具有相互依赖，富有感情的属性的。因此人是社会存在物，说到底是"社会人"。但是，如果在强调人的感情和情绪这一方面的属性时，完全否定人的经济利益，这不仅是不全面的，而且还会忽视组织的经济效率。

其次，梅奥过分偏重于非正式组织的研究。尽管在"霍桑研究"中，梅奥的确观察到非正式组织对生产效率的影响，但是，这种影响并不总是必然的。在相当多的组织中，非正式组织并不能对整个组织产生举足轻重的影响。组织要达到自己的目标，主要不是靠小团体，而是要依赖正式组织，依靠规章制度。

---

① Rosenbloom D.：*Public Administration：Understanding Management，Polities，and Law in the Public Sector*，New York，McGraw-Hill Book Company，1986，p.137.

第三,梅奥过分地甚至片面地强调非合理主义。在一个组织内,成本、效率和感情这三者都有作用。但是,三者的作用并不是均等的,更不是本末倒置的。在三者之中,效率与成本应当处在主导地位上,而情感的逻辑则是次要的。泰罗忽视人的非理性的一面固然是不对的,但是,反过来,丢弃其成本的和效率的方面,只讲感情的方面,这显然也是不正确的。事实上,任何一个组织的成员,支配其行为的主要不是非理性的或感情的因素,而是理性的、逻辑的因素。

第八章 利克特的支持关系组织理论

【摘要】

组织心理学家伦西斯·利克特是一名研究组织领导理论的学者,他通过社会调查研究,总结出了与传统的权威管理不同的参与式组织管理方法,总结了高效管理组织中的支持关系,提出了高效组织中单元结构的设想和参与式的领导理论。

利克特认为,凡是低效率的部门往往都是被那些主张"工作中心论"的上层领导所把持。这种领导把自己的责任仅仅看成是利用包括人在内的资源去完成工作。相反,凡是高效率的领导都将注意力集中在下级所产生的问题中有关人的因素上,集中在有效地建立具有远大目标的工作小组上。他把这种领导称为"雇员中心论"者。在利克特看来,完整的组织必须包括一个复合的、巧妙搭配的群体结构,而其中的每一个工作小组都能娴熟地运用其决策程序。

利克特提出了一个组织领导中非常重要的原则即"支持性关系原则"。当个人把经验看成是有助于或可维护人的价值和重要性的意识时,体验和关心即被认为是支持性的。坚持这种支持关系原则是现代组织成功的保障。

一、利克特的组织理论研究活动与主要著述

伦西斯·利克特(Rensis Likert,1903—1981)是美国现代行为科学家、教育家和组织心理学家。1903年8月利克特出生于美国怀俄明州夏延市,父亲是一名工程师,他希望儿子继承自己的事业。利克特先是就读于密歇根大学,起初学的就是工程学,但后来却在1922年获得了社会学和经济学专业的文学学士学位。其后又到哥伦比亚大学攻读更高的学位。1932年获心理学博士学位。在那里他完成了具有里程碑意义的学位论文《态度测量方法》,该论文发表于《心理学档案》杂志。这篇学位论文成为利克特研究量表的基础(利克特量表是社会学家们的一种标准工具)。在密歇根大学期间,他和简(Jane Gibson)相识,并于几年后他攻读博士期间结婚,婚后他们有了两个女儿。

1930—1935年,利克特任纽约大学心理学教授,之后在康涅狄格州哈特福德任人寿保险机构管理研究协会董事。在此期间,他采用面谈和书面问答

的形式对10家最佳的和10家最差的保险公司进行了比较研究,其研究结果发表在《信心与机构管理》(与J. M. 威利茨合著)的一套丛书中。这项研究为他后来继续开展组织领导问题的研究打下了基础。1939年,利克特受聘于美国农业部农业经济计划调查处,在该处工作时他率先采用了谈话、编码和取样调查等方法,后来已发展成为社会学研究方法的基础。

第二次世界大战期间,利克特就职于美国政府,先后担任过美国农业部项目调研处处长和美国战略轰炸调查局风纪处处长。主要研究公众态度、公众体验和公众行为等课题。他与爱荷华州立大学合作研究制订了一套家庭取样调查的方法,即人们现在所知的概率取样调查。他还与其他人一起对战争债券、外国侨民和战时轰炸的影响等问题开展了广泛的研究。这一时期的实际工作使他萌发了组织构建综合性社会研究机构的想法。

1946年,利克特受密歇根大学之邀,为该校建立了社会调查研究中心,并担任中心首任主任。后来,该中心与麻省理工学院的群体动力研究中心合并,成立了密歇根大学社会研究所。利克特担任该所所长,一直到1970年他退休为止。该所对领导学、组织行为、物质刺激与行为、交流沟通与管理等方面的课题进行了研究并取得了一系列显著成就。

在此期间,利克特以社会研究所自1947年以来进行的数十项研究成果为依据,总结了当时美国企业经营环境变化的趋势和部分经营水平较高企业的实际经验,在1961年出版了《管理的新模式》一书,提出了一种新型的管理原理,特别是详细、系统地阐释了组织中的"支持关系理论"和以工作集体为基本单元的组织结构。此外,他还于1976年与妻子简合著了《对付冲突的新方法》一书。这些著作(包括100多篇发表在期刊上的学术论文)阐述了他对参与管理问题的理论观点,完善了他还在保险公司工作时就得出的一些结论。退休后,利克特建立了一家以他的名字命名的咨询机构——伦西斯·利克特服务社,将他的研究成果应用于实际管理和组织领域。1981年9月利克特在美国密歇根州安阿伯去世。

利克特一生留下了许多论著,其中在组织理论研究方面最为人们所称道的主要著作是《管理的新模式》(New Patterns of Management, 1961)、《人类组织:它的管理与价值》(The Human Organization: Its Management and Value, 1967)。在这些著作中,利克特指出,我们每个人都是希望得到赏识和承认的,希望有所影响,希望有获得成就的感受;希望有这样的感觉,即感到与我们关系重大的人都在信任我们并关心我们。我们希望感受到我们在世界上有一席之地。这种反应模式看来具有普遍性。在组织中的每个成员与组织的所有相互影响和相互关系中,他们根据各自的背景、价值观和期望,会把这些影响与关系的体验看成是支持性的,并会使每个人树立、维持他的个人价值和重要性的意识。凡是充满这种相互支持关系的组织一定是高效的。

二、参与式管理理论

利克特把组织管理者分成两种类型:低效的与高效的。他认为,传统实践的低效管理者坚持的是以泰罗为代表的科学管理理论,注重将工作分成各个部分,然后选择和培养工人到各个部分去,并对他们不断地施加压力,从而保证高效率地实现组织目标。

这种组织领导激发和引导组织成员的方法是通过权威实行控制。工作是有组织的,方法是预先规定的,标准、目标和预算是已定的。领导通过等级压力和经济压力来使人们遵从上述各种规定。低效管理者所主张的是"工作中心论",其最终结果只能是低效率。

与此相反,具有高效率的组织领导虽然也运用古典的组织管理理论所规定的那套技术手段,如时间和动作研究成果的运用,预算与财务的监督,但是,他们却是以完全不同于古典管理者的方法来运用这些技术的。与低效管理者相反,高效管理者认为直接运用权力控制会使组织成员产生不满,从而带来低效率。他们主张"雇员中心论",在管理中力求使组织成员产生积极合作的动因,将经济的、自我的和其他的激励机制合并使用。[①]

利克特认为,一个好的领导不是仅仅同生产打交道,而是主要是同人打交道。好的组织领导要坚持以工人为中心,同时树立远大的目标,并尽力通过科学决策来达到这一目标。利克特列举了四种类型的领导。第一类是实行铁板式的专制制。比如,在泰罗主义的科学管理制度下,管理者采用的是恫吓和威胁,上下级之间的联系极为罕见,上下级在心理上是格格不入的,大多数决策由组织的最高层作出。第二类是实行仁慈式的专制制。在这种制度下,管理者采用恩赐的手法,下级对上级毕恭毕敬,下级向上级汇报情况是报喜不报忧。决策一般也是在组织的最高层作出,只有在极小的范围内和特殊情况下,某些决策才会听取下级人员的意见。第三类是实行尊重式的专制制。在这种制度下,好的领导与管理者采用鼓励的方式,偶尔也采用惩罚的手段。上下级之间可以交换意见,向上级的汇报虽然不一定是报喜不报忧,但也仅限于一定的范围,指出上级的问题也仅仅是为了提醒。尽管有一些具体决策可以让下级作出,但绝大多数决策仍是由组织上层作出的。第四类实行的是协商式民

---

① D. S. 皮尤:《组织理论精粹》,中国人民大学出版社1990年版,第291页。

主参与制。利克特认为只有参与式的管理与领导类型才是最好的。这是一种小组参与管理制,或称为民主制。在这种制度下,管理者给予下级以物质奖励,实行充分的参与管理,确立远大的组织目标,经常注意改进工作方法。在小组参与式管理制度下,管理人员可以让部下参与决策,最终采用集体讨论、集体决定的方法形成决策。在这种体制中,组织成员的"自我实现"的需要得到满足,相互间充满信任感,因而组织效率自然就会提高。

高效的组织管理人员大多倾向于参与式管理体制。他们努力将组织转变成高度协调、高度激励和高度合作的社会系统。这一新的组织系统具有以下的基本特征:

一是组织成员对待工作、对待组织目标、对待上级领导总是采取合作态度,相互信任,与组织融为一体。这种组织成员与组织的融合是建立在对组织和组织目标具有深刻认识的基础之上的。

二是组织领导采取各种物质的、精神的办法来调动下属的积极性。让组织成员认识到自己的地位和价值,承担更多的责任;让他们有安全感和自我实现的机会,并鼓励他们发挥自身的创造精神。组织并不是将经济刺激作为唯一的动因,而是重视各种动因,比如由按照个人的自我价值和目标发展的欲望,以及对地位、赏识、赞同、认可和权力等欲望组成的自我动因;也有安全的动因;还有由好奇心、创造性以及对新事物加以体验的欲望所构成的动因,等等。

三是组织是由一个紧密结合、有效运行的社会系统构成的。这一社会系统是由紧密联结的工作群体组成的。各个工作群体中的成员都具有高度的群体忠诚心,其上下级之间呈现出积极的信任态度,个人之间的相互作用以及群体的活动表现出较高的水平。组织成为各个成员需求与欲望得到满足的统一体。

四是组织绩效的测定主要被用来作自我指导,而不是用于外加的控制。组织领导所选择的不是强制的动因,而是积极的动因,引导个人参与组织决策应成为组织管理工作的常规部分。①

要使一个组织成为上述的有效的社会系统,关键是要把组织成员看成是有血有肉、有独立人格的人,而绝不只是完成任务的劳动力或"机器上的齿轮和螺丝钉"。低效的组织管理者总是认为,激发和引导成员行为的方法是通过权威实行控制。在他们看来,工作都是有组织的,方法、标准和工作目标都是事先确定的,组织管理只是要通过等级压力和经济压力来强制人们实现各种规定而已。高效的组织管理者却认为上述办事的方法不会取得良好的效果。直接运用权力只会产生不服和怨恨。组织领导者应当善于在组织管理中使用

---

① D. S. 皮尤:《组织理论精粹》,中国人民大学出版社 1990 年版,第 290 页。

各种具有激励作用的动因。在参与式的体制中,组织管理者运用的仍旧是传统组织理论中论述过的那些技术手段,只是他们使用的方式建立在"以雇员为中心"的基础之上,努力创造协调的与合作的气氛,让所有的成员共同来实现大家所认可的目标。

实行参与式领导制度的组织管理人员应当具有独特的行为方式:首先,他要真正关心下属,细致周到,态度友好,随时准备提供支持和帮助,既为组织谋利益,也为职工谋利益;其次,完全信任组织成员的能力、干劲和诚实;第三,对组织成员有较高的期待,这种期待不是一种强制,而是一种信任与支持;第四,对组织成员给予指导、帮助和教育,以使他们不断地提高和发展;第五,当组织成员遇到困难或不能胜任工作时,应尽力帮助他并重新安排职位。

利克特提出了参与式领导制度的若干原则。一是相互支持的原则。这一原则要求组织中的管理人员必须充分考虑下级和普通成员的处境,让每一个组织成员自觉地认识自己的价值和地位,领导应支持下级为实现组织目标而采取的行动。上级的支持,能较大限度地激发出组织成员与领导的合作精神和相互间的信任感。二是团体决定原则。参与领导的组织管理体制在决策和监督上一般以团体的方式来进行。组织中的每个单位分别组成一个团体,管理人员就成为团体的领导。各个团体就组织中的有关问题展开集体讨论,在讨论的基础上再作出决定。在对决策的执行进行监督时,应利用团体成员的相互作用,采取集体管理的方式。① 三是目标管理原则。在实行团体成员和组织领导共同决策的领导方式时,必须预先制订严格的标准。只有较高的组织目标得到实现,组织的发展、组织成员的升迁、工资水平的提高才有可能实现。组织必须提出较高的奋斗目标,才能促使每个团体自觉地制订出高标准的具体的、业务指标。

三、组织支持关系理论

从霍桑实验中,人们发现生产效率依赖于职工情绪,职工情绪又依赖于组织中的人际关系,而形成组织中人际关系的一个重要因素是监督人员的监督方法。这样,初期的人际关系组织理论就为领导方式的研究奠定了基础。利克特依据关于"自我实现的人"的需要,提出了组织内部的领导与成员应当形成一种相互支持关系的结论。

利克特认为,在一个组织中,如果下属从实际经验中感受到上级是支持和

---

① D. S. 皮尤:《组织理论精粹》,中国人民大学出版社 1990 年版,第 293 页。

重视他们的,每个人都有价值,那么职工就可能对领导作出积极的反应;反之,如果他们感受到上级对他们不重视,甚至在组织中并没有他们的尊严和个人价值,那么,他们就会对领导持消极反应的态度。

这种反应模式具有普遍性。它是产生高度激励、高度合作的基础。当组织中个人之间的相互影响具有了这样的性质,即这些影响会传递给个体一种对个人重要性和个人价值的支持与承认的感受时,作用在每个组织成员身上的激励力量可能是不断累加和强化的。同时,组织中的个人对任何情况的反作用就是一种函数,不是相互影响的绝对函数,而是相互影响的感觉函数。这种感觉表明的是个体对待事物的看法,而不是现实中的客观真实性。在通常情况下,组织中的每个成员都是用他的背景和文化以及他的经验与期望去解释组织与个人之间的某种相互影响的。组织中的每个人总是用他自己的特殊背景、体验与期望表示出所产生的反应。

因此,为了使相互影响具有支持的性质,非常重要的是这种相互影响必须具有这样的特点,即每个人根据其经验与期望会认为这些相互影响是支持性的。这里最为关键的问题就是影响和关系的"支持性"。只有当组织成员从符合其价值观的目标、期望出发,将个人的经验看成是有助于或可维护人的价值和重要性的意识时,个人的体验和关系才能被认为是支持性的。

在此基础上,利克特对支持关系原理作了如下概括:"组织中的领导关系与其他程序必须保证如下的最大可能性,即在组织中每个成员与组织的所有相互影响和相互关系中,他们根据各自的背景价值观的期望,会把这些影响与关系的体验看成是支持性的,并且正是这种支持性促使每个人树立和维持关于他的个人价值和重要性的意识。"①

支持关系原理认为,领导以及其他类型的组织工作必须最大限度地保证组织的每个成员都能够按照自己的背景、价值准则和期望所形成的视角,从自己的亲身经历和体验中确认组织与其成员之间的关系是支持性的,组织中的每个人都受到重视,都有自己的价值。一旦在组织中形成这种支持关系,每个成员的态度就很积极,各项激励措施就能较好地发挥作用。组织内部充满了协作精神,组织的效率自然会提高。

组织内的支持关系,其实就是要创造一种环境,在这种环境中,组织成员通过切身的感受体会到领导者在其他各方面对自己的支持和重视,从而认识到自己存在的价值。在这种情况下,组织的工作环境就是"支持性"的,这时的领导和同事也是"支持性"的。因此,有关组织的支持关系理论,实际上是要求

---

① 孙耀君主编:《西方管理学名著提要》,江西人民出版社1992年版,第223页。

组织成员认识自身所担负的使命和任务,将自己的工作看成是对组织具有重要意义和富有挑战性的。组织成员一旦感受到自己具有存在的价值,就能激发出积极性并热情参与组织工作。

从支持关系理论出发,利克特认为组织领导和管理人员应该充分考虑组织成员的处境、想法和期望,让他们自觉认识到自己的价值和地位。同时,组织的领导和管理人员应支持组织成员去为实现组织的目标而奋斗,并由此激发出下属对领导的信任感。

支持关系原理为每个组织的成功指出了基本的方向,这就是组织必须让其成员意识到组织的目标与任务对于每个成员来说是最为重要的。为了实现高强度的激励,组织的每个成员必须认识到组织目标是至关重要的,必须认识到他所做的工作对于整个组织实现自身的目标是不可缺少的,同时还必须认识到自己扮演的角色是不容易的,是重要的,是有意义的。

在讨论支持关系时,利克特对组织与构成组织的小单位之间的关系作了深入的研究。无论何种组织,无论是政府组织、工业组织,还是军事组织,要使得组织运行良好,就需要设立一定的目标。这种目标必须同它内部各个单位的需要与期望很好地结合起来。如果组织目标与个人的需要和期望是相抵触的,那么,不仅下级不会为组织去奋斗,而且上级也无法支持下级的工作。因此,支持关系原理强调必须在组织目标与组织成员的需要和期望之间进行适度协调。

这种协调只能是动态的。因为,不论是个人需要与期望,还是组织的目标,都不可能是一成不变的。个人的期望会随着人与人之间的相互影响而增长和变化。同样,组织的目标也要适应社会经济和技术的进步而发生变化。因而在一个健全的组织中,必然存在一个不断检验和修改个人目标与组织目标的过程。

同时,在组织运行的过程中,组织内部不可能没有矛盾,有时,这些矛盾还可能发展成为冲突。即使是一个健全的组织也不可能例外。组织内部的冲突和分歧并不完全是坏事。因为,分歧和冲突对进步来说是必不可少的,只有在出现不一致的地方才会产生新的更好的目标和方法。利克特认为,在组织管理中,我们的任务不是怎样想方设法去减少或排除冲突,而是对已发生的分歧和冲突如何去建设性地加以处理。

四、组织基本单元结构理论

利克特从支持关系原理出发引申出工作小组的中心角色概念。支持关系原理的基本思想是组织成员具备维护人的价值的意识。而要达到这一要求，就必须在交往中得到一种特殊类型的人的反应：他是我们需要接近的人，是我们对其感兴趣的人，也是我们渴望从他那里得到赞同与支持的人。这种类型的人，又必定是同我们有很长时间面对面相处的人。这种类型的人只能是同一个工作小组的人。因此，工作小组乃是人们在其中花去大部分时间的群体，是一个特别需要相互支持的群体。为了能从小组中得到支持、重视，获得安全感和有利的反应，大多数人被充分激励起来主动地按与小组的目标和价值相一致的方式去行动。因此，可以得出如下的结论：只有当组织中的每个人都是工作小组的名副其实的成员时，管理工作才能充分利用人力资源的全部潜力。[①]

在一个组织中，如果工作小组作为中心角色，则组织成员就能被激励起来去接受群体的目标和决策；去寻求对组织目标和决策的影响，以便尽可能地与个人的经历和目标相一致；去同群体成员实现充分的沟通；去欢迎来自其他成员的沟通与影响；去采取行动，帮助完成被看成是群体最重要的目标与决策；去积极进行能得到群体成员支持和称赞的活动。

当一个组织所要发挥的效能，不仅仅是依赖于个人的作用，而是要依赖于具有高绩效目标的高效工作群体的作用时，组织管理就应当努力建设上述的一些高效能的工作小组，并领导那些同时作为不同小组的成员的人，将这些小组联结成为整个组织。一个小组的上级是另一个层次小组的下级，如此相互贯穿于组织之中。如果工作小组在每个层次上都是结合得很好和有效的，那么组织中小组间的联结过程就能很好地完成。

图 8-1 组织中交叉重叠的工作小组

在大多数的组织中，也有与参谋职能有关的委员会和各种特别委员会。它们也可以变成高效的工作小组，并且也可以将其他小组联结起来。这是附

[①] 孙耀君主编：《西方管理学名著提要》，江西人民出版社 1992 年版，第 224—227 页。

在直线组织内的那些交叉隶属关系方面的另一些联结。

运用具有高绩效目标的高效小组来代替以往传统的人对人的组织管理模式，在组织管理上会发生质的变化。在人对人的组织管理模式中，上层的总领导与分领导交流信息并做出决策。但是这些决策并不可能反映组织成员的利益，他们不会完全地接受这些决策，也不会努力地去干；相反，他们会想办法从上层领导那里争取到对他们有利的决策。

在人对人的管理模式中，上层领导只是为了分享信息才主持各种汇报会议。在这种多人参加的信息交流会上，一个分层领导即使有了好的主意也不会公开讲出来，他一定要等到会议之后单独与最高领导交谈，并以此来获取重要的、对其有利的决策。每一位分层领导在这种信息交流会议上都只会小心谨慎地提出一些价值不大的信息。

在人对人的管理模式中，一个分层领导会因他所掌握的信息而获益，这不仅仅因为他能想方设法从上级领导那儿获得对他有利的决策，而且，他也能运用自己的知识暗中与各个同级的领导或其下级取得默契，让某个同级或下级与其他人对立，并以此再来增加自己的影响力量。但是，这种状况对整个组织显然是有害的，它易造成组织内部的不信任。

人对人管理模式中的一个弱点是向上的沟通被大大地过滤过了，因而是不准确的。同时，通过组织向下传达的命令与指示也往往会走样。正因为这样，下级对于上级往往会察言观色，经常研究上级领导喜欢什么，不喜欢什么；赞成什么，不赞成什么；想听什么，不想听什么。然后他们再去寻找上级所想听、想要的材料来应付。

人对人的管理模式还有一个缺陷是它会导致各个职能部门之间的竞争。在组织中每个人都在想扩大其职责范围，从而去蚕食别人的职责领地，每一个下级总想从其上级领导那里得到这样的决策——这些决策可以使他轻而易举地实现目标，并获得出色的绩效。这种权力斗争的结果使得组织内的各个部门在工作中不得不承受最大的负荷，不得不精确地规定每个部门的工作职责和工作界限。谁也不敢让他人暂时跨入自己统管的活动领域，因为一旦这样做了，职责界限就有可能永远不变地转移过去了。

在人对人的管理模式中，组织中等级的控制越严，下属之间的争斗与敌视就越厉害。在独断专行的组织中，下级往往对上级卑躬屈膝，而在下属之间则彼此为权力和地位而斗争。最高层决策的广度越大，其下级之间存在的竞争、敌视、抵触的可能性也就越大。

在以工作小组为中心角色的组织中，各个层次的管理人员都会为群体决策贡献自己的专业知识。在小组中，某个成员因为富有想象力，他靠经常性的激励而提出各种新颖的观点,并因此而得到提升。组织中的其他人,如总工程师或研究工作的负责人,则可以帮助小组做筛选各种主意的细致工作。

这种工作小组利于比较精确地沟通信息。如果有人隐瞒了有关组织的重要事实,为的是在事后提供给上层领导,那么上层领导就会要求他在下次会议上向小组报告。小组也会对那些滞留重要信息的人采取严厉的制裁手段。同时,小组也能够将下级不敢直接向上级提的意见提交给上层领导。这样,就会在组织内部形成较为顺畅的信息沟通。

有效的小组活动还有一个重要的优点,即小组的成员都能为实现小组目标而自觉地贡献出自己的力量。这是因为小组的目标是通过群体决策而确定下来的。小组中的每个成员都参与了这种决策,因而他们对于小组的目标具有极强的自我识别能力。

在以小组为中心角色的管理中,可以相对地减少组织运转过程中配备的比最大负荷更少的人数。因为当某人负担过重时,他的同事就可以分担其部分负荷。在工作小组中,权力与地位的争执比较小,每个人的职责范围比较清楚。而且小组成员知道他提升的机会不是靠其职责范围的宽广,而是靠其工作业绩。这种工作业绩又是同整个小组的工作绩效联系在一起的。

任何一个工作小组在其活动中都会遇到一些基本的生存条件,比如在收入和储备方面存在不可逾越的界限,在流通资金上也有一定的限制。所有这些条件的总和可以看成是工作小组在决策时面临的形势需要。每个工作小组的管理人员必须通晓为小组活动提供条件与限制的形势需要。上级有责任作出满足这些形势需要的决策,组织领导应当充分考虑工作小组中对贯彻决策负有重大责任的那些人所提出的意见。

当上级领导与工作小组之间产生分歧时,上级领导应参加小组讨论,清楚地列举让别人接受某项决策的充分论据。如果领导与工作小组之间仍有分歧时,领导就面临两种选择:一种是压制工作小组接受其决策;另一种是他跟着工作小组的意见走。前一种选择可能削弱工作小组对领导的忠诚;后一种选择则可能以铸成错误作为代价。对于一个好的组织领导来说,他必须对所发生的一切负责任,而且必须负全部的责任。

在实行工作小组中心角色的模式中,工作小组的管理人员必须发挥较好的连接作用:一方面,他必须对其上级施加足够的影响,以便能影响上级的决策;另一方面,他又能满足下属对他的期望,这种期望主要是能在处理工作问题和处理涉及他的下属的福利问题时向上级施加压力。当一位管理者不能在层次结构中向上产生足够的影响,向下满足一定的期望时,他就不会得到良好的反应。

利克特将层次结构中管理者的这种作用称为"连接针"(Linking Pin)，具有高度群体忠诚心的有效小组必然在成员之间存在有效而充分的沟通，人们相互尊重，欢迎其他人来影响他们，当他们相信其他成员提供的根据是正确的时候，他们在思想和行动上就会受其影响。当非管理层的各个不同层次的工作小组能像一个群体一样有效地发挥作用时，当工作小组中每个成员都能对整个组织发挥作用时，"连接针"的作用也就能够充分体现出来。[1]

在利克特看来，借助连接针（联结销）可以把整个企业组织联结成为一个整体。利克特认为，组织中传统的个人对个人的关系，可以用更精确的群体对群体的关系来代替。组织是由互相关联的交叠的群体组成的；这些群体则是由位于几个群体交叠处的个人来联结的。利克特称这种个人为"连接针（联结销）"，作为连接针（联结销）的个人，把上级和自己所在的单位联结起来，起着承上启下的作用。他既是上级组织的成员，又是本单位的领导人。这样就突破了古典组织理论一人一个职位，各个部门之间有严格界限的概念。管理人员不能只求完成管理者的工作，还要做好联络工作。存在联结销结构的组织，具有一种向上的倾向性。凡沟通、管理的影响、目标的达成，都是向上看的，这正与古典的层级结构相反。假定人能意识到个人是这个群体的组成部分，他就易于忠于这个群体，易于接受这个群体的决策，促进信息的沟通。从实际的研究中也证实了这种组织形式可以鼓舞士气，提高绩效。

利克特后来在该模式中还加入横向的联系，横向的联系反映了沟通、影响、激励和协调等方面的需要。利克特特别指出，在联结销的结构中，所有群体必须同样地有效，任何一个群体失效都会影响整个组织的效能。换句话说，联结销链的强度决定于最弱的那个联结销的强度。为了提高群体的联结销的强度，防止群体的链索断裂，利克特建议设置附加的参谋小组和特别委员会，它们可以提供多重的交叠使组织结合得更好。

当通过交叉重叠的方法将工作小组同整个组织结合起来时，只有当其中的每个小组都充分发挥了作用，这种交叉重叠的潜能才能很好地发挥出来；而其中任何小组的失败都会对整个组织产生反面的影响。在这种层级结构中，无效的小组所处的层次越高，它的失败对组织的反面影响就越大。为了维持一个有效的组织，上级管理者不仅要主持自己直接下属的会议，而且必须掌握超过两级层次的某些重要会议。只有这样才能便于检查依靠下级报告的这种连接针的过程中有无疏漏。对于一个复杂的组织来说，只依靠单个的连接针或单个的连接程序就会存在较大的风险，它必须靠设立一定的参谋小组来

---

[1] D. S. 皮尤：《组织理论精粹》，中国人民大学出版社 1990 年版，第 305 页。

弥补。

五、组织领导理论

组织管理的核心问题是如何进行领导,而组织领导水平的高低在一定程度上又取决于领导方式。由于领导工作的复杂性,领导方式具有多样性与随机性的特点。许多研究人员就此认为根本不存在能够取得最佳效果的领导原理和方法。利克特指出,这一想法既是正确的又是错误的。正确之处在于它强调不可能找到简单划一的、适应各种情况的具体领导方式;其错误之处在于它否认存在一般的领导原则和方式。利克特认为,与领导体制相适应存在着四种方式的领导或四种领导风格。

第一种是专制权威式(Exploitative Authoritative)领导。其典型的表现是主管人员发布指示,决策中没有下属参与;主要用恐吓和处分,偶尔也用奖赏去激励人们;习惯于由上而下地传达信息,把决策权局限于最高层。

第二种是温和专制式(Benevolent Authoritative)领导。其典型的表现是领导者用奖赏兼某些恐吓及处罚的方法去鼓励下属;允许一些自下而上传递的信息;向下属征求一些想法与意见,并允许把某些决策权授予下属,但加以严格的政策控制。

第三种是民主协商式(Consultative)领导。其典型的表现是主管人员在做决策时征求、接受和采用下属的建议;通常试图去酌情采用下属的想法与意见;运用奖赏并偶尔兼用处罚的办法和让员工参与管理的办法来激励下属;既使下情上达,又使上情下达;由上级主管部门制订主要的政策并付诸实施,但让较低一级的主管部门去作出具体的决定,并采用其他一些方法商量着办事。

第四种是民主参与式(Participative)领导。其典型表现是主管人员向下属提出挑战性目标,并对他们能够达到目标表示出信心;在诸如制订目标与评价实现目标所取得的进展方面,让群众参与其事并给予物质奖赏;既使上下级之间的信息畅通,又使同级人员之间的信息畅通;鼓励各级组织作出决定,或者将他们自己与其下属合起来作为一个群体从事活动。

第一种领导方式是与传统的组织管理理论相一致的。这种领导方式是从任务出发的,以任务为中心,把领导和管理的职责局限在划分岗位责任、制订工作规程、培训人员、监督规章制度的执行、考核成绩,等等。这种领导方式必然是对组织成员监督防范、以压代管、动辄惩罚。这样实施领导的结果,会导致组织毫无凝聚力,成员士气低落,不满情绪日增,废品源源不断。利克特认为,极端专制的领导系统,效果最差。权力集中在最高一级,下级无任何自由发言的权力和机会,领导与下层存在不信任气氛,因而组织目标难以实现。

第二种是温和式专制领导。利克特认为,在这种领导系统中,权力控制在最高层,但领导者对下级较和气,授予中下层部分权力,下层自由非常少,奖惩并用,上下有点沟通,但是表面的、肤浅的,领导不放心下级,下级对上级存有畏惧心理,工作主动性差,效率有限。

第三种领导方式虽然是民主协商式的,但仍旧是权力型或命令型的,领导者对下级有一定信任,重要问题决定权仍在最高一级,中下级对次要问题有决定权,上下级联系较深,所以在执行决策时,能获得一定的相互支持;虽然领导采取了一些主动接近组织成员的行动,但实质上仍然是以任务为中心的。这种变形的以任务为中心的领导方式已不能适应现代组织发展的需要了。美国的工业正在遭遇来自其他发达国家的有力竞争,一些企业在激烈竞争面前推广"社会组织"的管理方式,从而获得了较高的效率。同时,美国社会也正在发生变化,人们越来越不愿意接受外来的压力和上司的监视。社会更加强调要培养心理上健康成熟的独立人格。另外,在复杂的组织中,由于新技术的普遍使用,领导事实上需要各方面专家的咨询,决策时更多地需要下属的帮助。所有这些,都要求改变陈旧的领导方式。利克特认为,在这种领导方式中,领导者对下级有一定信任,重要问题决定权仍在最高一级,中下级对次要问题有决定权,上下级联系较深,所以在执行决策时,能获得一定的相互支持。

第四种领导方式,即"参与式管理"的领导方式是一种新型的、能适应激烈竞争和培养独立人格的领导方式。这种领导方式是以组织成员为中心的,无论领导者还是管理者都重视工作中的人际关系,注意协调组织成员的情绪与态度。其结果必然使组织具有极强的凝聚力,士气高涨,队伍稳定,效率较高。利克特认为,在这种领导方式和风格中,上下关系平等,有问题民主协商、共同讨论,领导最后决策,按分工授权,下级也有一定的决策权;上下级有充分沟通,相互信任,感情融洽,上下都有积极性。用此种领导方法来管理的组织,在制订目标和实现目标方面是最有成效的。他把这些主要归之于员工参与管理的程度,以及在实践中相互支持的程度。

不同的组织面临不同的环境,要实行有效的领导,除了取决于领导的行为方式外,还取决于其他诸多因素。首先,领导者对自己行为方式的看法和说法与下属心目中感觉到或实际看到的行为方式可能根本不同;其次,即使下级确实看到、感觉到、体验到领导者有意采取的某种行为方式,不同的人仍然有不同的反应,由于期望不同,有的反对,有的拥护;第三,工作环境、工作性质和行业传统不同,下级对领导的评价也不同;第四,领导者的个性也影响其行为方式,行为与个性吻合,下级就觉得自然、实在,若个性与行为不吻合,下级就觉得做作、装样子。总之,领导方式与领导效果因会受到很多因素的影响而不完全一致。

最后,值得一提的是利克特对组织的研究是建立在实证的基础之上的。他在简化瑟斯顿量表的基础上发展出的一种简便而可靠的量表——利克特量表,是一种现代调查研究中被普遍采用的态度测量表。在该量表中,属同一概念的题目用加总的方式来计分,单独的题目是无意义的。它的基本形式是给出一组陈述。这些陈述都与某人对某个单独事物的态度有关。要求调查对象表明他是"强烈赞同"、"赞同"、"反对"、"强烈反对"或"未决定"。当然,根据需要词语表述可略有不同。标准的利克特量表共分5个等级,也可以根据需要简化或增加等级。利克特量表有积极性陈述和消极式陈述两种类型的陈述方式。如果答案选择是完全同意、同意、不一定、不同意、完全不同意,则为积极性陈述,选择"完全同意"的得5分,"同意"的得4分……消极式陈述评分则相反,即对"完全不同意"的给5分。被试者作答后,把分数相加就可得出总分。因此,利克特量表有时也称求和量表(Summated Scales)。依靠这种量表,利克特对组织和管理做了大量有价值的调查,并以此为基础概括出新的组织理论。

第九章　马斯洛的组织人性假设理论

【摘要】

　　亚伯拉罕·马斯洛是对组织中人的需要假说作出细致研究的了不起的学者。马斯洛信奉的是人本主义心理学，其核心观念是作为组织成员的个人是具有多层次需要的系统，个人在满足"自我实现"的需要时可达到"高峰体验"。

　　马斯洛认为作为一个有机整体的人，其行为与活动的动机和需要是多种多样的，从低级到高级，包括生理需要、安全需要、归属与爱的需要、自尊需要和自我实现需要。其中自我实现的需要是超越性的，它引导个体去追求真、善、美，将最终导向完美人格的塑造，高峰体验正是代表了个体最高层次的需要得到满足的最佳状态。马斯洛在他生活的时代，重新找回被技术排斥掉的人的价值，他相信人只要积极争取，是能够实现其完美人格的。

　　马斯洛认为，组织中的个体，其本性是中性的、向善的，他主张完美人性的可实现性，是一种乐观主义的美学。但马斯洛的研究也遭到一些人的质疑，他并不是从实验和实证的调查中得出有关人的需要理论的，而是离开社会实践谈审美体验、审美活动，有抽象、片面之嫌。

一、马斯洛的组织理论研究活动与主要著述

　　亚伯拉罕·马斯洛（Abraham Maslow，1908—1970）1908年出生于美国纽约市布鲁克林区的一个犹太人家庭。父母是从苏联移民到美国的犹太人，马斯洛是家中七个孩子中的老大。父亲酗酒，对孩子们的要求十分苛刻，母亲极度迷信，而且性格冷漠，脾气暴躁。马斯洛小时曾带两只小猫回家，但小猫被母亲当面活活打死。马斯洛的童年生活痛苦，从未得到过母亲的关爱。母亲去世时，他拒绝参加葬礼，可见其母子关系十分恶劣。不仅如此，作为犹太人，住在一个非犹太人的街区，上学后又是学校少有的几个犹太人之一，这一切使得马斯洛成为一个害羞、敏感并且神经质的孩子。为了寻求安慰，他把书籍当成避难所。马斯洛在其童年时期体验了许多的孤独和痛苦，后来回忆童年时，马斯洛不无感慨地说："我十分孤独不幸，我是在图书馆的书籍中长大的，几乎没有任何朋友。"

马斯洛从五岁起就是一个读书迷,他经常到街区图书馆浏览书籍。当他还在低年级学习美国历史时,托马斯·杰斐逊和亚伯拉罕·林肯就成了他心目中的英雄。几十年以后,当他开始发展自我实现理论时,这些人则成了他研究的自我实现者的基本范例。青少年时期的马斯洛曾因体弱貌丑(鼻子太大)而极度自卑,只好借锻炼身体以求得到补偿。进入大学后,他读到 A. 阿德勒著作中自卑与超越的概念,得到启示,从此改变了他的一生。但是早年的经历不仅影响了儿时的马斯洛,而且使成年甚至成名后的马斯洛仍然有自卑感,害怕当众发言,以致每一次演说之前他都会经历极为强烈的焦虑。

　　马斯洛的父母未曾受过良好教育,但他们坚持让马斯洛学习法律。起初马斯洛为满足父母的愿望于 1926 年进入纽约市立学院专修法律,但仅仅过了两个星期,他就断定自己的兴趣并非在法律上,感觉自己不适合当律师,因而另行选择了自己喜欢的学科学习。三个学期之后,他转往康奈尔大学。他的心理学导论课的教师是 W. 冯特的学生、构造主义学派的创始人 E. 铁钦纳,但他很快就厌倦了构造主义心理学的元素分析和铁钦纳的枯燥乏味的教学方式,不久又返回纽约市立学院。

　　1928 年,马斯洛不顾父母的反对,和他的表妹、也是高中的同学贝莎(Bertha Goodman)结了婚,后来他们有了两个女儿。成名以后的马斯洛经常说,他真正的生命是从结婚和转学到威斯康星大学开始的。那时马斯洛才 20 岁,贝莎 19 岁。婚后,马斯洛携贝莎迁往威斯康星州的威斯康星大学麦迪逊分校继续他的学业,这也是他真正进入自己的学术研究领域的一个重要转折点。此时,马斯洛发现了行为主义并为之欣喜若狂,不久即师从当时的行为主义代表人物之一 C. 赫尔教授研究动物学习行为。然而,随着日益增多地研读格式塔心理学和 S. 弗洛伊德心理学,马斯洛对行为主义的热情又渐渐减退。

　　当年轻的马斯洛夫妇有了自己的家庭后,马斯洛有了一个重要的发现。他写道:"我们的第一个婴孩改变了我的心理学生涯,她使我从前为之如痴如醉的行为主义显得十分愚蠢,我对这种学说再也无法忍受。它是不能成立的。我们越来越清楚地看到,人的身上有无限的潜在能力。如果适当地运用它们,人的生活就会变得像幻想中的天堂一样美好。"

　　马斯洛于 1930 年获威斯康星大学心理学学士学位,次年获心理学硕士学位,1934 年获心理学哲学博士学位。在威斯康星大学,马斯洛选修了美国灵长目动物研究的主导研究者、以研究罗猴和依恋行为知名的 H. 哈洛教授的研究实习课,并成了哈洛的研究助手,后来又成了他的第一个博士生。其间,另一位著名格式塔心理学家 M. 魏特海默也曾任过马斯洛的老师。从此,马斯洛渐渐对猿猴产生了兴趣,并自信找到了自己的研究领域。

在对猿猴的支配权和性行为的研究中,马斯洛闯入了一个几乎完全未知的领域。1932年2月至1933年5月,马斯洛每天花数小时,在不惊扰动物的情况下,对不同种类的35个灵长目动物悄悄进行观察,并做详细的笔记。在此基础上完成了题为《支配驱力在类人猿灵长目动物社会行为中的决定作用》的博士论文。

马斯洛经过细致的研究后认为,不仅在猿猴中,而且在其他哺乳动物及鸟类的社会行为和组织中,支配驱力都是一个关键的决定因素。他注意到支配驱力似乎源自一种"内在的自信心"或"优越感",而不是通过肉体攻击取得的。在某种意义上,他正在构思一种建立在支配驱力之上的初步理论,用来解释高级动物的许多社会行为。马斯洛这篇论文非常出色,给行为主义心理学家E.桑代克留下了深刻印象。桑代克在哥伦比亚大学给马斯洛提供了一份博士后奖学金,并邀请马斯洛在其所在的教育研究学院协助自己进行新的课题研究。1935年,马斯洛到哥伦比亚大学担任桑代克学习心理研究工作的助理。可见,马斯洛虽反对行为主义,但受的却是行为主义的教育。直到1937年,到纽约市布鲁克林学院担任心理学副教授时,他才在思想上放弃了行为主义,改而走向人本主义。

在布鲁克林学院期间,马斯洛心理学思想的转变是缘于下列原因:一是他的第一个孩子出世后,通过观察婴儿行为的奇妙现象,他领悟到行为主义心理学家企图藉动物研究结果推论解释人类行为的做法根本不切实际。他曾对人说:"我敢说,凡是亲身养育过小孩的人,绝不会相信行为主义!"二是受现象论中所强调的立即和直接经验观念的影响。三是受存在主义哲学家所强调的个人存在和自由意志观念的影响。四是受格式塔心理学思想中整体论理念的影响。马斯洛在布鲁克林学院任教期间,正是德国纳粹戕害知识分子自由学术研究的时期,欧洲很多著名心理学家避难到美国,他也因此而结识了格式塔心理学家魏特海默、W.柯勒、考夫卡及精神分析心理学家K.霍妮、阿德勒、E.弗洛姆等人。这些人的思想都对他的人本主义心理学理念产生过重要影响。

1951年,马斯洛应马萨诸塞州新成立的布兰代斯大学之聘担任心理学系主任和心理学教授;1954年他首次提出人本主义心理学的概念,因当时行为主义思想正处于鼎盛时期,未受到应有的重视,连他的文章都无法在心理学刊物上发表。1961年马斯洛与一批志同道合的学者联合创办了《人本主义心理学期刊》,第二年正式成立美国人本主义心理学会(后来成为美国心理学会第32分会),至此人本主义心理学思想才获得一席之地,马斯洛也因此在1967年当选为美国心理学会主席。1969年马斯洛退休后赴加州,成为加利福尼亚劳格林(Laughlin)慈善基金会第一任常驻评议员。

1970年8月国际人本主义心理学会成立，并在荷兰首都阿姆斯特丹举行首届国际人本主义心理学会议；1971年美国心理学会设立人本主义心理学专业委员会。这两件事标志了人本主义心理学思想获得美国及国际心理学界的正式承认。遗憾的是，马斯洛本人未能亲眼看到他多年为此竭尽心力、辛勤奔波的成果。1970年他因心脏病突发逝世于美国加利福尼亚州门洛帕克市（Menlo Park）。

马斯洛在组织理论研究领域最有代表性的著作有：《动机与人格》（*Motivation and Personality*，Hong Kong：Longman Asia Ltd，3rd Revised Edition，1987）；《人性能达到的境界》（*The Farther Reaches of Human Nature*，Arkana：Penguin Books，1987）。

二、组织成员动机理论

马斯洛对人们在管理实践和研究中产生的人类动机的理论进行了研究和概括，他认为，人的动机理论应当是一个体系，在这一体系中应当包含一些最为基本的要素。

首先，人的动机理论必须强调人是作为有机体，即由多方面结合而成的整体而存在并行动着的，这是人的动机理论的基石之一。

其次，必须明确反对将饥饿驱力（或者任何其他的生理驱力）作为一个动机确定的理论中心点或模型，因为任何基于肉体的和可定位的驱动力在人类动机中都会被看作是非典型的。

第三，人的动机理论应当强调并把它自身集中在最终的或基本的目标上，而不是局部的或表面的目标上；建立在其目的上而不是在实现其目的的手段上。这样的强调意味着无意识比有意识动机占有更中心的地位。

第四，不能将文化需要作为人的动机理论的基础。通常有一些可以达到同一目标的不同的文化途径，因而，有意识的、特殊的、局部的文化需要并不像更基本的、无意识的目标那样在动机理论中占有基础的地位。

第五，人的行动绝不是只有一个动机，任何有动机的行为，不论是预先有准备的，还是结果性的，必须被理解为一个通道。通过这个通道，许多基本需要可能同时被表达或满足。典型地说来，一个行动不是只有一个动机。

第六，人作为一个有机体，其行动总是被驱动的，实际上所有的有机体状态可以被理解为被驱动或驱动性的，只是有些是内部驱动，有些是外部驱动。

第七，人的需要以优先层次的方式安排着，也就是说，一种需要通常是在先前的另一种更有优势的需要得到满足的基础上产生的。人是有着持续不断需求和驱力的,同时,没有任何需要或驱力可以被看作是彼此孤立的,每种驱力都是和其他驱力的满足或不满足的状态有关的。

第八,列举各种驱力无论是理论还是实践上都没有指导意义。对我们来说,任何对动机的分类,都必须涉及动机的特性和一般性的层次问题。

第九,动机的分类必须依赖于目标而不是基于诱惑性的驱力或动机化的行为。

第十,动机理论应当是以人为中心的,而不是以动物为中心的。

第十一,必须考虑有机体反应所处的情景或场,但是,单纯的场不能对行为做出唯一的解释;进而言之,这个场本身必须以有机体的术语予以解释,场理论不能取代动机理论。

第十二,不仅要考虑有机体的结合,而且要考虑孤立的、特殊的、部分的反应的可能性,对它们进行一些补充也是必要的。

第十三,动机理论不是行为理论的同义词,动机仅仅是行为的一个决定因素,行为几乎总是由动机引起的,它也几乎总是由生理的、文化的和情境的因素所决定的。

三、组织成员需要层次理论

新人际关系组织理论包括了很多分支,相互间也存在较大差异,但他们有一个共同的方面,即都将人的活动动机归结为"人的自我实现的需要",以"自我实现的人"取代了"社会人"。新人际关系学派在很大程度上吸取了心理学家们的研究成果,尤其是马斯洛在他的"需要层次论"中大量吸收了心理学研究的最新知识。这与心理学家在这一时期将兴趣转向研究人的情绪和欲望有关。

"霍桑实验"和非正式组织的研究,使一大批从事心理与管理研究的学者开始对组织成员的欲望和动机产生极大的兴趣。心理学家们在早期的研究中将人分为三个层面:一是体态结构层面,包括头脑、四肢骨骼体系,这是先天遗传的部分;二是生理层面,包括呼吸系统、消化系统、神经系统和排泄系统,这也属于先天性的;三是心理层面,这主要包括个人与社会的关系,如人的情感、价值体系,经过"本我"到"自我"再到"超我"。

后来的心理学家主要把精力放在研究人的神经反射上。他们得出了组织成员的基本行为模式:"刺激—反应—行为",即 S—R—B。但是,这种研究无法解释这样的现象:为什么同种刺激对不同的人会产生不同的反应,而不同的刺激对不同的人有时又会产生相同的反应呢?

在对组织成员的欲望和动机的分析中做出重大贡献的是马斯洛。马斯洛的人本主义心理学思想，主要体现在他 1954 年出版的《动机与人格》一书中。他所指的"动机"一词，并非如一般人所界定的"是促发行为的内在力量"，他所说的动机，是特指人性本质中的善根。动机像一棵大树的种子，在长成大树之前，种子之中已蕴藏了将来成长为一棵大树的一切内在潜力。人类的动机也就是个人出生后一生成长发展的内在潜力。因此，马斯洛的动机理论其实就是人格发展理论。马斯洛在该书中，将动机视为由多种不同性质的需求所组成，故而称为需求层次论(Need-Hierarchy Theory)。

1954 年马斯洛在《动机与人格》一书中将人的动机从低级到高级分为 5 个层次：生理需求(Psysiological Needs)、安全需求(Safety Needs)、爱与归属的需求(Love and Belonging Needs)、尊重需求(Esteem Needs)、自我实现的需求(Self-Actulization Needs)。

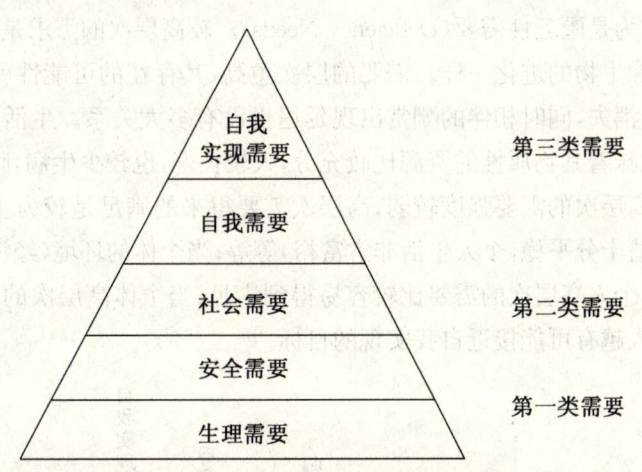

图 9-1　马斯洛人的动机与需要层次

在 1970 年新版的《动机与人格》中，马斯洛将人的需要又做了补充和完善，进一步形成了由低级到高级的 7 个层次：生理需求(Physiological Needs)，指维持生存及延续种族的需求；安全需求(Safety Needs)，指希求受到保护与免于遭受威胁从而获得安全的需求；隶属与爱的需求(Belongingness and Love Needs)，指被人接纳、爱护、关注、鼓励及支持等的需求；自尊需求(Self-Esteem Needs)，指获取并维护个人自尊心的一切需求；知的需求(Need to Know)，指对己对人对事物变化有所理解的需求；美的需求(Aesthetic Needs)，指对美好事物欣赏并希望周遭事物有秩序、有结构、顺自然、循真理等心理需求；自我实现需求(Self-Actualization Needs)，指在精神上臻于真善美合一的人生境界的需求，亦即个人所有需求或理想全部实现的需求。

四、组织成员需要演变理论

根据马斯洛的解释,各种需求层次之间存在以下的关系和特点:各层需求之间不但有高低之分,而且有前后顺序之别;只有低一层次的需求获得满足之后,高一层次的需求才会产生。但仍然有可能出现意外。例如,创造性的人的创造驱力,比任何其他需要都更为强烈,也有些人的价值观和理想是如此强烈,以致宁愿死也不肯放弃。

七个层次的需要可分为两大类,较低的前四个层次的需要可称为基本需要(Basic Needs),较高的后三个层次的需要可称为成长需要(Growth Needs)。基本需要有一共同的性质,即都是由于生理上或心理上存在某些欠缺而产生的,因而又可称为是匮乏性需要(Deficiency Needs)。较高层次的需求是后来才发展出来的,就像生物的进化一样。需要的层次愈高,其存在的可能性就愈低,这种需要就容易消失,同时相伴的酬赏出现延迟也没有多大关系。生活在高需要层次的个体意味着其物质性的资源比较充分,人较长寿,也较少生病,睡得较好,胃口也较佳,高层次的需要强度较弱;高层次需要得来的满足是较为主观的,如非常幸福,心情十分平稳,个人生活非常富裕,等等;当个体的环境(经济、教育等环境)较好时,个人高层次的需要比较容易得到满足;当个体高层次的需要得到满足之后,个人越有可能接近自我实现的目标。①

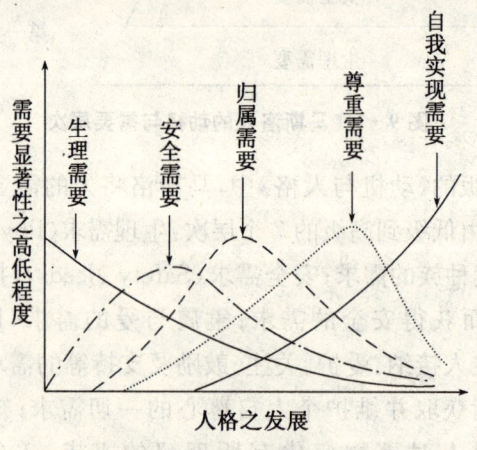

图 9-2 需要与人格层次分析

---

① A. H. Maslow: *A Theory of Human Motivation*, Psychological Review, July, 1943, pp. 370-396.

根据马斯洛的需求层次论,个人人格获得充分发展的理想境界是自我实现。自我实现就是人性本质的终极目的,也就是个人潜力得到了充分发展。据马斯洛估计,人群中能够自我实现者不会超过十分之一。其原因除了个人条件之外,主要受环境因素的限制。

马斯洛从美国名人中挑选出杰斐逊、林肯、爱因斯坦等人,经过比较分析,认为这些人都是自我实现的人。马斯洛发现这些人的人格特质有某些相同点,比如都有良好的现实知觉;都能正视自己、别人和自然;他们的活动和反应都是自发的,而不是被逼迫的;他们都能以问题为中心,而不是以自我为中心形成看法;都有独立自主性,不受环境和文化的支配;都能认识人类;都和为数不多的人产生深厚的友谊;都有与众不同的鉴赏力和审美观;都具有民主的价值观;都有一种哲理性、无敌意的幽默感;都具有创造力;都有较多的高峰体验;都有高度的社会兴趣,但不墨守成规。

马斯洛还认为,人的需要是不断变化的。人是一种不断地追求需要的动物,当一种需要得到满足时,另一种需要又会代之而起。人的需要是按一系列等级组织起来的。在最低等级上的是生理的需要。当它还没有得到满足时,是极为重要的。如果人没有面包时,面包就是他生活的一切。当他肚子空空时,爱情、地位、得到承认等需要对他来说都不会起作用。但是,当他定期能够得到足够的东西食用时,寻找食物就不再是一种重要的动力。人的其他生理需要,如休息、锻炼、住房、免受自然力的伤害等,也是一样,当那些需要缺乏时,它们就成为人行动的动力;当那些需要已经得到满足时,原来的需要已不是追求目标了。

当人的生理需要得到合理满足以后,下一个等级的较高的需要就开始控制即激励人的行为。这就是安全的需要。这是一种要求获得免受伤害、威胁、剥夺的保障的需要。这同时又是一种对"尽可能最公正的机会"的需要。当他确信有这种机会时,他是很愿意去冒风险的。但是,当他感受到威胁或处于附属地位时,他的最大需要就是要得到保障、保护和保卫。

当人的生理需要、安全需要都得到满足,不再为其物质、安全、福利保障担心时,社会需要就成为其行为的重要激励因素。这是一种归属的需要,交际的需要,被其同伴接受的需要,给予和接受友谊和爱情的需要。有时,组织管理人员错误地认为组织成员的社会需要是对组织的一种威胁。而大量事实表明,在合适的条件下,结构严密、内聚力强的组织比数量相等但缺乏凝聚力、只是一些单独的个人的组织能更为有效地实现组织目标。

在这些特征中,马斯洛特别强调顶峰体验的概念。顶峰体验(Peak Experience)指自我实现者在人生历程中曾有过的体验到欣喜感、完美感及幸福感的经验。顶峰体验多在人生领悟、至爱授受、苦尽甘来或宗教悟道等情境下产生，是人生难得的经验，只有实际经历过的人才会有此体验。顶峰体验是人类的共同感受，每个正常人都可能在生活中得到这种体验。自我实现者的顶峰体验频率较高且程度较深。

由于不满足于人本主义只关注个体自我及其实现，再加上受到东方智慧的影响，马斯洛在20世纪60年代中后期经常和苏蒂奇等其他人本主义心理学家讨论超越人本的问题。他们开始酝酿关于这一新领域的心理学，即"第四势力"或超个人心理学（Transpersonal Psychology）。马斯洛认为，这种心理学以宇宙为中心，而不是以人的需要和兴趣为中心，它超出人性、同一性和自我实现的概念。在此基础上，马斯洛修正和拓展了他的自我实现心理学，特别是需要层次论和自我实现论。超个人心理学自诞生之后，在西方迅速发展，产生了巨大的影响。

马斯洛的需要层次理论具有较多的缺陷。首先，这种模式结构忽略了许多中介变量。比如，人的年龄、专业等都会影响其需求的顺序。一个年轻的艺术家，往往不是先去追求低层次的需要，而是全力追求自我实现的需求。其次，马斯洛的需要层次理论较多地是纯逻辑的安排，而没有考虑现实的条件。一个人固然会从低层次需要逐步地向高层次需要发展，但是，这种需要由低向高的发展必须有外界条件的支持。可以讲人人都希望获得自我实现，但是，在一个资源有限的环境中，每个人都达到自我实现事实上是不可能的。第三，马斯洛只考虑到人的需要单向地由低层次向高层次的上升，但是，他没有回答一个常常会发生的情况，即当人们在从一个需求层次向另一个需求层次前进时，遇到挫折怎么办。

对于马斯洛的理论中的这些不足，心理学家阿德佛（P. Alderfer）依据他对工人进行的大量调查，提出了ERG理论。阿德佛认为，人的需要不是五种，而是三种：一是生存的需要（Existence Needs）。它主要是包括食物、空气、水、工资、工作环境在内的维持生存的物质需求，这是人的最基本的需求，相当于马斯洛的生理及安全需求。二是关系需求（Relatedness Needs）。它主要指个人与同事、上级、部属、朋友及家族之间建立并维系良好的人际关系的需要，相当于马斯洛关于友谊、爱和归属的社会需求。三是成长需求（Growth Needs）。它主要指个人通过创造，在事业上取得成功等来表现自我，相当于马斯洛的自我尊重和自我实现的需要。

阿德佛认为，人类的这三种需要并不如马斯洛所讲的是生来就有的，而是通过后天学习才形成的。人的这三种需要也不一定是按照由低向高逐级上升的，在一定条件下，需要可以越级发展，如人可能在没有归属的情况下，先产生自尊的需求。另外,阿德佛特别指出,人的需求既存在从低层次向高层次上升的提升程序(Fulfilment-Progression Process),但同时也存在遇到挫折后的退化程序(Frustration-Regression Process),比如人得不到好的相互关系,就下降为安于生存需要。

第十章 麦格雷戈的组织成员人性假设理论

【摘要】

道格拉斯·麦格雷戈是美国著名的坚持行为主义的社会科学家。由于提出了有关人性假设的理论即X理论-Y理论，麦格雷戈成为在20世纪50年代末期涌现出来的组织理论研究领域中人际关系学派的主要创始人物之一。和他同时进行研究，并为创立人际关系学派做出重要贡献的组织理论学家还有马斯洛、赫茨伯格等人。

麦格雷戈认为，有关人的性质和人的行为的假设对于决定组织管理人员的工作方式是极为重要的。各种组织管理人员都会以他们对人的性质的假设为依据，选择用不同的方式来对组织加以领导、控制和激励。

基于这种思想，麦格雷戈提出了有关人性假设的两种截然不同的理论：一种是消极的X理论，其核心是假设人性本恶；另一种是基本上积极的Y理论，其核心是假设人性本善。他告诫组织管理者，人们今天已经习惯于在工业组织中被指挥、操纵、控制，而在工作之外去寻求他们的社会需要、自我需要以及自我实现需要的满足。但我们离开符合Y理论假设的真正"工业公民"还很遥远，立即让组织成员都成为追求社会需要、自我需要及自我实现需要的满足的人，是不切实际的想法。

麦格雷戈明确指出，X理论完全依赖于对人行为的外部控制，而Y理论则侧重于依靠自我控制和自我引导。这种差异是将人作为孩子看待与将人作为成人看待之间的不同。在过去一直采取X理论的现实情况下，我们不能指望组织管理人员一夜之间就会发生转变，也就是说我们还不能立即就依据Y理论来进行组织管理。

麦格雷戈的学生是这样来评价他们的老师的："麦格雷戈有一种天赋，他能理解那些真正打动实际工作者的东西。"

一、麦格雷戈的组织理论研究活动及主要著述

道格拉斯·麦格雷戈（Douglas McGregor，1906—1964）出生于1906年。1924年，他去一家服务站当了一名服务员，后来考入韦恩大学，并在那里取得

文学学士学位。麦格雷戈在大学毕业后继续深造,1935 年,他获得了哈佛大学哲学博士学位,随后留校任教。1937 年至 1964 年期间,麦格雷戈来到麻省理工学院,在这所著名学府里从事教学,所讲授的课程主要是心理学和工业管理等。在此期间,麦格雷戈对组织的发展进行了研究。

1948 年至 1954 年,麦格雷戈在安第奥克学院担任院长。在这段时间里,他对当时流行的传统的管理观点和对人的特性的看法提出了疑问,在美国《管理评论》杂志 1957 年 11 月号上发表了题为《企业的人性方面》(The Human Side of Enterprise)的论文,提出了有名的"X 理论 - Y 理论"。麦格雷戈将该篇论文中的主要思想加以扩充,于 1960 年以著作的形式出版。麦格雷戈告诉人们,正如在 1945 年人们还不能建起一座原子能发电站一样,今天我们虽然创立了有关人的性质的假说,但现在还不可能建立起一个完全有效地应用 X 理论 - Y 理论的组织。

麦格雷戈认为,半个多世纪以来,传统的组织理论和科学管理的方法创设了种种条件和制度,已经将组织成员束缚在有限的工作上,这些工作使得他们不能利用自己的能力,不愿承担责任,造成被动状态,工作也因此而失去意义。在这种情况下,人的习惯、态度、期望,所有这些都受到传统管理经验的制约。

麦格雷戈提出,与 X 理论的假设相比,Y 理论更实际有效。因此他建议让组织成员参与决策。为组织成员提供富有挑战性和责任感的工作,建立良好的群体关系,这都会极大地调动组织成员的工作积极性。

麦格雷戈一生出版了大量的论著,和组织理论研究相关的主要著作是《企业的人性方面》(*The Human Side of Enterprise*, Management Review, November, New York, 1957)。

二、组织人性假设理论

麦格雷戈指出,组织是由个体的活动及其关系组合而成的,要了解组织,除了要弄清楚个体的工作动机之外,还必须知道个体是如何看待工作的。对于这个问题,学术界一直存在争议。通过观察管理者处理员工关系的方式,麦格雷戈发现,管理者关于人性的观点是建立在一些假设基础之上的,管理者根据这些假设来塑造他们自己对下属的行为方式。基于这些想法,他提出了 X 理论 - Y 理论。

麦格雷戈认为,有关人的性质和人的行为的假设对于决定管理人员的工作方式来讲是极为重要的。各种管理人员以他们对人的性质的假设为依据,可用不同的方式来组织、控制和激励组织成员的行为。基于这种思想,麦格雷戈提出了有关人性的两种截然不同的观点：一种是消极的X理论，它是以人性恶为基本假设的。另一种是积极的Y理论，它是以人性善为基本假设的。与此相对应，X理论规定了组织管理中的独裁式管理风格，Y理论则规定了组织管理中的民主式管理风格。

麦格雷戈将传统的管理观点及其管理方式概括为X理论。X理论包含两部分内容。一部分是传统的组织管理者对人性的特征的基本假设，另一部分是依据对人性特征的假设所采取的管理方式。总体上来说，持有X理论的管理者对组织成员的人性作了消极的假定，即认为人性本来是丑恶的。个体基本上都是厌恶工作的，工作中缺乏热忱，工作对他们来说实在是不得已的事。个体只喜欢享乐，凡事得过且过，尽量避免承担责任。因此，要让具有X人性特征的组织成员就范，组织管理者就必须采用严密控制的方式，比如利用扣减工资、取消休假等惩罚和威逼利诱的手段，来强迫组织成员好好地工作，从而保证提高组织的生产效率。

麦格雷戈对X理论的内容做了详细的阐述。首先，他对持有X理论的传统管理者对人性特征的假设做了归纳。麦格雷戈认为，在传统的组织管理中，管理者将组织成员即个体大致分为两类，一类是多数人，他们具有X理论所假设的人性特征；另一类是少数人，他们能克制自己，人性较为积极。因此，组织中的多数人就应当是被管理者，而能克制自己的少数人则应当担负起组织管理的责任。

在持有X理论的组织管理者眼中，大多数的组织成员在本质上都是懒惰的，他们会尽可能地逃避工作。工作对他们来说只是一种负担，毫无享受可言。只要一有机会，组织成员就会尽可能地偷懒，逃避工作。[1] 和偷懒的特性联系在一起的是，大多数的组织成员都没有什么雄心壮志，也不喜欢承担什么责任。他们宁可让别人领导自己。组织中普通成员缺乏自信心，把个人的安全看得很重要。

持有X理论的组织管理者还认为，组织中的大多数人因为逃避工作和缺乏进取心，从而其个人目标与组织目标总是矛盾的。大多数的组织成员只想达到自己的目标，因而在组织成员中缺乏实现组织目标的内在动力。为了达到组织目标，组织管理者就必须靠外力来对组织成员严加管制，用强迫、指挥、控制等方法，并以处罚、威胁等手段，迫使组织中的大多数成员做出努力，这样

---

[1] Jay M·Shafritz, J·Steven Ott：*Classics of Organization Theory*, Third Edition, Books/Cole Publishing Company, 1992, p.174.

才有可能实现组织的目标。①

麦格雷戈还指出,持有 X 理论的传统组织管理者都相信组织中的大多数人是缺乏理智的,他们不能克制自己,很容易受到别人影响和浅层次需要的诱惑。他们只能看到眼前的利益,看不到长远的利益,只想满足基本的生理需要和安全需要,而不会去追求其他更高层次的需要。因为缺乏雄心壮志,也容易安于现状,他们只会选择那些在经济上获利最大的事去做。

接着麦格雷戈分析了 X 理论中有关组织管理方式的内容。由于传统的组织管理者相信他们那一套对大多数组织成员人性特征的假设,他们也信奉一套与消极的人性假设相适应的管理人员的职责以及管理方式。传统的组织管理人员首先关心的是如何提高劳动生产率、完成组织任务,因此组织管理者的主要职能就是计划、组织、经营、指引、监督。

传统的管理人员相信好的管理主要是应用职权,发号施令,使成员服从,让人适应工作和组织的要求,而不考虑如何在情感上和道义上给人以尊重。在管理中应强调严密的组织和制订具体的规范和工作制度,如工时定额、技术规程等。同时,管理人员应以金钱报酬来收买员工的效力和服从。②

麦格雷戈指出,这种组织管理方式的实质是胡萝卜加大棒,一方面靠金钱的收买与刺激,另一方面严密的控制、监督和惩罚迫使成员为组织目标努力。组织管理人员主要是要运用组织赋予的职权,发号施令,使被管理方服从,要求他们服从并适应工作和组织的要求,而不考虑如何在情感上和道义上给他们以尊重;管理人员关心的是如何提高劳动生产率、完成任务,其主要职能是计划、组织、经营、指引、监督。强调严密的组织和制订具体的规范与工作制度,如工时定额、技术规程等,让员工服从,违反这些规定的人,就予以惩罚;用金钱报酬来收买员工的效力和服从。

在 X 理论指导下,组织管理者通常用工资或者奖金的形式给员工发钱。但是如果不顾工作业绩,通过一定时期的工作,每个人都能够得到一根胡萝卜的话,例如,按年资提薪和升职,定期论功加薪,甚至高级管理人员的奖金也不依据他们的业绩标准发放,这样做是起不到激励的作用的。麦格雷戈认为,人们经常过分地将它们看作是能够激励职员的唯一的力量,实际上影响职员激励的还有很多其他的因素。

麦格雷戈认为,虽然当时工业组织中人的行为表现同 X 理论所提出的各种情况大致相似,企业中对人的管理工作以及传统的组织结构、管理政策、实

---

① D.S. 皮尤:《组织理论精粹》,彭和平等译,中国人民大学出版社 1990 年版,第 311—312 页。
② 同上,第 319 页。

践和规划也都是以 X 理论为依据的,但是,人的这些行为表现并不是人固有的天性所引起的,而是当时工业组织的性质、管理思想、政策和实践所造成的。通过对人的行为动机和马斯洛的需要层次论的研究,他为"X 理论通行在美国工商界,并实实在在地影响了管理战略"而感到悲哀。他确信 X 理论所用的传统的研究方法是建立在错误的因果观念的基础之上的。

麦格雷戈指出,胡萝卜加大棒的激励理论虽然在一定的环境中能够合理发挥作用,管理人员可以提供或不提供用以满足人的生理需要以及安全需要的各种条件。这种管理方式或者给员工一定的好处来诱惑他们,或者靠制订严格的制度来惩罚和限制他们,但无论哪种管制方式都是从外部来刺激员工,提高他们的工作热情。在人们的生活还不够丰裕的情况下,胡萝卜加大棒的管理方法是有效的。但是,当人们达到了丰裕的生活水平时,这种管理方法就无效了。因为,那时人们行动的动机主要是追求更高级的需要,而不是生理需要、安全需要一类的"胡萝卜"了。

麦格雷戈通过研究认为,大量的组织管理实践证明,以 X 理论为前提的管理模式会造成人才创造性和奉献精神的不断下降、员工对工作绩效的毫不关心等不良后果,从而使人怀疑 X 理论是建立在错误的因果概念的基础上的。与建立在消极的人性假设基础上的 X 理论相对立,麦格雷戈提出了与 X 理论相对应的 Y 理论。麦格雷戈认为,由于上述的以及其他许多原因,需要有一个关于组织管理工作的新理论,把它建立在对人的特性和人的行为动机的更为恰当的认识基础之上。

麦格雷戈指出:传统的理论已经不适应管理的需要了,我们需要一种建立在对人性和人的行为动机更适当的假定之上的关于对人进行管理的理论。我想冒昧地提出此种理论的一些方面。如果大家同意,我们称之为"Y 理论"。Y 理论对于人性特征的假设是积极的、正面的,它假定人性本善,假设一般人在本质上并不厌恶工作,只要循循善诱,组织成员便会热诚工作,在没有严密的监管下,也会努力完成生产任务。而且在适当的条件下,一般的人不仅愿意承担责任而且还会主动寻求责任感。

与 X 理论一样,Y 理论也包含两个部分的内容:一个部分是对人性及其个体的行为特征的基本假设;另一部分则是对与积极人性特征相适应的组织管理的职责与方式的设计。在论及积极的、善的人性特征假设时,麦格雷戈指出它应包括下列方面:一是管理人员要负责为了经济目的而将生产性企业的各项要素——金钱、材料、设备、人员——组织起来。二是人们并非天性就是消极或抵制组织需要的。他们之所以如此是由于在组织中获得的经验。三是激励、发展的潜力、承担责任的能力、愿意将其行为指向组织目标,这些都存在于人们身上,而非管理人员加到人们身上的。管理人员的职责就是使人们有可能意识到并发展自己的这些特性。四是管理人员关键的任务是安排组织条件和工作方法,使得人们能够通过将他们自己的努力指向组织目标而最好地实现他们自己的目标。

在麦格雷戈看来,在现实生活中,一般人并不是天性就不喜欢工作的,工作中体力和脑力的消耗就像游戏和休息一样自然。工作可能是一种满足,因而自愿去执行;也可能是一种处罚,因而只要可能就想逃避。到底怎样,要看环境而定。

麦格雷戈分析了外来的控制和惩罚,他认为,这些并不是促使人们为实现组织的目标而努力的唯一方法。它甚至对人是一种威胁和阻碍,并使人成熟的脚步放慢了。人们在大多数情况下是愿意实行自我管理和自我控制来完成应当完成的目标的。对于一个组织中的成员来说,个人的自我实现的要求和组织要求的行为之间其实是没有矛盾的。如果给个体提供适当的机会,就能将个人目标和组织目标统一起来。

麦格雷戈在管理的实践中认识到组织成员对责任是有正确的理解的,一般人在适当条件下,不仅学会了接受职责,而且还学会了谋求职责。逃避责任、缺乏抱负以及强调安全感,通常是经验的结果,而不是人的本性。麦格雷戈相信,大多数人,而不是少数人,在解决组织的困难问题时,都能发挥较高的想象力、聪明才智和创造性。在现代工业生活的条件下,一般人的智慧潜能只是部分地得到了发挥。

麦格雷戈接着对建立在积极人性特征基础上的组织管理职责与管理方式做了阐述。他指出,以上有关积极的、善的人性的假设和个体行为的特征,规定了组织管理者应采取和传统的组织管理者不一样的管理措施和管理方式。首先是管理职能的重点不一样。在 Y 理论的假设下,管理者的重要任务是创造一个使人得以发挥才能的工作环境,发挥出职工的潜力,并使职工在为实现组织的目标贡献力量时,也能达到自己的目标。此时的管理者已不是指挥者、调节者或监督者,而是起辅助者的作用,从而给职工以支持和帮助。

其次是对组织成员的激励方式不一样。根据 Y 理论,对人的激励主要是给予来自工作本身的内在激励,让他担当具有挑战性的工作,担负更多的责任,促使其工作做出成绩,满足其自我实现的需要。

第三是在管理制度上给予组织成员的权利不一样。与传统的组织管理相区别,建立在积极人性假设基础上的现代组织管理强调要给组织中的个体更多的自主权,让他们实行自我控制,参与组织的管理和决策,并共同分享权力。

三、组织管理模式理论

麦格雷戈的人性特征假设的理论深化了马斯洛需要层次的理论。麦格雷戈所批评的 X 理论中对人性特征的假设，表明是个体的较低层次的需要支配着他的行为；Y 理论中对人性特征的假设，则表明个体的较高层次的需要在支配着他的行为。

麦格雷戈本人认为，与 X 理论的人性特征假设相比，Y 理论更实际有效，因此他建议让员工参与决策，为员工提供富有挑战性和责任感的工作，建立良好的群体关系，这实际上是在满足个体的高层次的需要，这会极大地调动员工的工作积极性。在过去的数十年中，世界许多大公司企业都较为坚定地相信麦格雷戈的 Y 理论，他们相信人是愿意负责、具有创造性和进取心的，每一位员工应当受到尊重和值得信任，并据此制订了大量的人才招聘、培训、选拔和激励制度和方案，取得了巨大成功。

在《企业的人性方面》一书中，麦格雷戈把 Y 理论称为"个人目标与组织目标的结合"，他认为，关键不在于采用强硬的或温和的方法，而在于要在管理需要的依据上或管理的根本观念上从 X 理论转向 Y 理论。X 理论的假设是静止地看人，现在已经过时了；Y 理论则是以动态的观点来看人。

依据 X 理论，组织管理要达到效果，就必须实行"独裁式－监督式"的模式；依据 Y 理论，组织管理要达到效果，就必须实行"参与式－社团式"的模式。前一种模式对于组织管理者来说，其管理的方式必然是"什么也别想，只能按我所说的去做"，这种"独裁式"的组织管理模式对于懒惰和不负责任的组织成员来说也许是有效的。对他们施加一些控制，甚至使用威胁和惩罚手段，以达到使他们生产出更多产品的目的。依据 X 理论，也会出现"监督式"的组织管理模式。对待组织成员，采用的是"我们会照顾到你，但你只能做我们告诉你应该做的事"的方式。同"独裁式"的管理模式相比，这是仁慈的组织管理方式。

如果依据 Y 理论，组织管理者的管理模式就会大不一样。管理者清楚组织成员最急需什么？组织管理的方式会变成"让我们一起工作，我们需要你的参与（但是我们还具有否决权）"。如果正面的自然的激励（即报酬）和工人自发的愿望，促使他们自己提高工作效率，组织管理者的方式则会变成"让我们平等地一起工作，我们需要你的投入，但绝对不会滥用职权强迫你们"。

有些坚持行为主义的社会科学家批评 Y 理论，认为其中存在缺陷。他们指出，Y 理论对人的特性的假设的确有其积极性的一面，这种对人性持有的乐观主义的看法对在组织管理中争取职工的协作和热情支持是必需的。但是，不能说所有的人都会这样。在现实生活中也的确有些人天生就是懒惰而不愿负责任的，而且坚决不愿改变。对于这些人，应用 Y 理论来进行管理，难免会失败。而且，要发展和实现人的智能潜能，就必须有合适的工作环境，要创造出这样一种环境来，成本也往往太高。所以，Y 理论也并不是普遍适用的。

当然并无十分精确的证据来判别哪一种人性假设更为有效。在现实的组织管理中，确实也能找到采用 X 理论而卓有成效的管理者的案例。例如，丰田公司美国市场运营部副总裁鲍勃·格克雷(Bob Mccurry)就是 X 理论的追随者，他激励员工拼命工作，并实施"鞭策"式体制。在竞争激烈的市场中，这种做法使丰田产品的市场占有份额得到了大幅度的提高。但也有许多成功的管理案例证明 Y 理论也是能帮助人力资源管理部门改变管理人的方式，改善管理人的效果。

麦格雷戈认为若遵照 Y 理论来行事，组织领导者应发掘员工的潜力，达到"个人与组织目标的一体化"。除了满足员工的生理需要外，还要考虑他们的精神需要。然而，也有人发现一些雇员并不像 Y 理论所说的那样，会珍惜责任和权力。相反，他们视领导为无能之辈，表面谦恭，背后却不按规则行事，目无法纪；做事得过且过，根本不负责任。这就是推行适合 Y 理论的措施时存在的问题。

麦格雷戈将人性分成两个极端，有关人性特征的假设的 X 理论和 Y 理论也就成为两个对立的管理理念和管理模式。事实上，现实管理中管理者面对的个体，其人性大部分不是处在两个极端上，而是两者兼之。因此，在现实的组织管理中，不可以纯用 X 理论或纯用 Y 理论来分析企业中的组织管理方法。

纯 X 理论和纯 Y 理论的一个缺点乃是忽略了人性的可塑性与多样性。一个组织中，众多成员良莠不齐，有的人较积极，有的人较消极，领导者若是先入为主地认同 X 或 Y 理论，必不能解决所有成员的问题。因此，X 理论与 Y 理论似乎都过于武断，领导者必须视情况综合运用，找出一种比较折衷的方案。

四、组织人性假设理论的发展

在麦格雷戈之后，在 20 世纪 70 年代初，洛斯奇(J. W. Lorsch)和摩尔斯(J. J. Morse)提出了"超 Y 理论"。超 Y 理论是与权变观念联系在一起的。他们认为 X 理论并非一无是处，Y 理论也不一定就普遍适用。一切都须根据不同情况，将组织、任务、成员组成最佳结构，才能激励组织成员取得最佳的工作成绩。

超Y理论对组织中的人性进行了以下方面的假设:首先,人是怀着各种各样的需要和动机加入到组织中来的,但其主要的需要是为了取得一种胜任感。这是组织成员成功地掌握周围世界而积累起来的一种满意感。

其次,尽管人人都想获得工作胜任感.但不同的人可以以不同的方式取得。这些方式是由组织成员获取工作胜任感的需要与其他各种需要之间的相互作用决定的。

第三,如果任务和组织相适应,组织成员胜任感的动机有很大可能得到实现。而且即使胜任感获得了实现,它仍然能起激励作用。当一个目标达到后,另一个新的更高的目标就树立起来了。[1]

美国另一位组织管理学家沙因(Edgar H. Schein)提出了一种综合性的分类。沙因是美国著名的管理心理学家,曾在哈佛大学获心理学博士学位,现为麻省理工学院管理与组织心理学教授,并任该校组织研究会主席,同时还兼任美国专业考试委员会组织心理学学历资格审查组主席、美国心理学会与社会学会理事、美国应用行为学研究所与国家培训实验室研究员。

在对人性进行假设的研究中,沙因也是作出重要贡献的学者(沙因在组织文化的研究中有更为重要的贡献)。他认为,在组织中存在四种特性的人:经济人、社会人、自我实现的人、复杂人。这四种特性各有长处,也各有缺陷,对于不同特性的人,应当采取不同的管理方法。

第一种是经济人,又可称为唯利人(Rational-Economic Man)。这种人性假设起源于享乐主义哲学和亚当·斯密关于劳动交换的经济理论,认为人的行为动机源于经济诱困,目的在于追求自身最大的利益。因此,必须运用金钱和权力、组织机构的操纵和控制来使组织成员服从并效率。

经济人假设的基本观点是:组织成员愿意接受经济性刺激物的激励,只要有最大的经济收益,他们就会积极工作;经济性刺激物是在组织控制之下的,因此,组织成员必定是受组织驱使的。为了让组织成员对利害关系进行理性权衡,组织必须对非理性的感情加以防范;组织只要能控制人们的情感,就能对成员中无法预计的品质进行控制。

针对经济人特性,组织可以采用下列管理策略:利用经济性奖酬来换取成员的工作与服从;管理的重点放在提高工作效率上;如果工作效率低、成员情绪不高,就需重新设计奖金刺激方案。这种管理的消极性在于:管理者奖励什

---

[1] J. W. Lorseh, W. J. Morse: *Organization and Their Member: Acontingency Approach*, New York, 1974, pp. 124–126.

么,成员就干什么,奖励多少,成员就干多少,在奖励之外,人们是不会多干的;靠奖金刺激只能训练出一切向钱看的人。

第二种是社会人(Social Man)。这种人的最大动机是社会需求。人在组织中的社交动机,比如希望自己被同事接受和喜爱,这种社会需求要比经济刺激更为重要。组织只有满足其成员的社会需求,才能对人有最大的刺激作用。

社会人假设的基本观点是:人际关系是形成人们身份感的基本内容,社交需要是人类行为的基本激励因素;工业革命带来的机械化使人的工作失去了许多内在的意义,人们只有在组织中通过社交关系将失去的再找回来;组织成员对同事们组成的社交联系的关心要更甚于对奖金的关注;组织成员重视的是管理者对下属身份的尊重。

针对社会人特性,组织管理应采取下列策略:应更多地关心组织成员的社会需要,而不要将注意力过分集中在完成任务上;应更多地关心组织成员的心理健康、归属和地位感,而不要一味对下属进行指导和控制;要更多地考虑集体的奖励而不是个人的奖励;管理者应充当成员与组织领导的联络人,富有同情心,多给成员提供方便和条件。

第三是自我实现的人(Self-Actualizing Man)。这种人更多地是关心能否将自己的潜力最大限度地发挥出来,只有才智充分发挥出来,人才会获得最大的满足。虽然人的能力有大有小,但是,即使是工作能力低的人,在其他方面的需要或多或少地得到满足以后,也会在自己的工作中寻找意义和满足感。

自我实现的人的假设的基本观点是:当组织成员的食物、饮水、住所等基本需要满足以后就会转而追求较高层次的需要,即自我实现,这是一种最大限度地利用自己的才能和资源的需要;组织成员总是希望在工作中通过行使自主权、采用长远观点看问题、培养专长和能力来使自己成熟起来;外部施加的刺激对人来说是一种威胁,人是由自己来控制和激励自己的;只要给予适当的机会,组织成员是会自愿地将个人目标与组织目标结合起来的。

针对自我实现的人的特性,应当采取下列管理方式:组织理应采纳麦格雷戈的组织行为动力理论的观念,重点应当放在使成员的工作变得更加具有内在的意义和富有更高的挑战性,使他们有一种自尊感与自豪感;组织管理者要为发挥成员的聪明才智创造条件,他不仅仅是一个激励者、指导者、控制者,更多的是创造和提供方便的人;组织应重视对成员的内在奖励,即让他们在工作中获得更多的知识,增长才干,获得自尊;组织内应实行民主,给组织成员以一定的自主权,让他们参与决策。

第四是复杂人。这种人性的假设认为,人是复杂的,人们的需要和潜在的欲望是多种多样的,而且人的需要是随着年龄的变化而变化的,是随着扮演的角色的改变而改变的,是随着所处境遇的不同而不同的。

复杂人假设的基本观点是:人的需要是多种多样的,它会因人的发展阶段、生活处境、情景、时间的不同而变化;由于人的需要与动机的相互作用,从而形成了复杂多样的动机模式、价值、目标,人们总是在不同的层次上去理解激励的;组织成员可以在自己的经历中获得新的动机,这些新的动机是他自己的原始需要与其组织经历相互作用的结果;人们可以在非常不同的动机下,全心全意地参加到组织中来,对组织来说,它可以获得最大效益,对个人来说,他从中获得了满足;组织成员会对各种不同的管理策略作出反应,不存在唯一的一种正确的管理策略。

针对复杂人应采取另外一种管理方式:组织管理者要有权变观念,以现实的情景作基础,实行多变的和灵活的策略;管理者应根据不同成员的具体情况,因人而异地实施管理,不能千篇一律;管理者的管理措施和方法必须是多种多样的,针对不同的情况,进行不同的控制、激励和指导。①

---

① H. E. Schein, *Organization Psychology*, Englewood Cliffs, N. J. Pretice-Hill, 1980, pp. 132-134.

第十一章 赫茨伯格的组织激励理论

【摘要】
　　赫茨伯格是一位著名的心理学家和管理学家,也是几乎每种管理学教材在谈到激励理论时肯定会提到的人物。然而令人遗憾的是,不知是他过于低调,还是学界过于偏颇,这样一位著名学者,关于他的生平几乎找不到多少资料,人们只能从零散的只言片语中窥其一斑。

　　赫茨伯格通过对匹兹堡附近数百名工人的调查,在前人创立的需要理论的基础上提出了组织成员身上存在着"激励-保健"双因素;通过分析传统的组织激励理论,提出了职务丰富化的新的激励途径。在赫茨伯格之后,弗洛姆提出了"途径-目标激励理论",劳勒和波特提出了过程激励理论,亚当斯提出了公平理论。

　　在这位匹兹堡调查人的眼中,世界上存在两种人:一种是具有亚当本质的人,他们寻求满足的方法是躲避不满足。他们要求的是"工作卫生",缺乏了这种条件,将会导致不满。另一种是具有亚伯拉罕本质的人,他们寻求满足的方法是追求成长因素。一旦这些因素缺乏也会导致不满。工作的满意与不满意并不互相对立,只是相对于不同本质的人而言。

　　同时,这位研究人的动机的心理学家也提出,组织成员具有两种需要:本能的需要和心理的需要。只追求本能需要的人注定要生活在痛苦之中;只有在满足了本能需要以避免痛苦,同时又满足了获得成就感的心理需要之后,人才能得到快乐。

一、赫茨伯格的组织理论研究活动及主要著述

　　弗里德里克·赫茨伯格(Frederick Herzberg,1923—2000)生于1923年。在美国纽约市立学院读完大学,获得学士学位;后来在匹兹堡大学获得博士学位。其后,赫茨伯格先是在位于俄亥俄州克利夫兰市的凯斯西储大学(Case Western Reserve University,又称华盛顿天主教大学)担任心理学系主任,后又到位于盐湖城的犹他大学(University of Utah)担任管理学教授。另外,赫茨伯格曾在克利夫兰州凯斯西部保留地大学担任心理学系主任和教授。

作为心理学家,赫茨伯格以西方人人皆知的《圣经》故事为喻,指出人类有两种需要,一种是亚当的需要,一种是亚伯拉罕的需要。所谓亚当的需要,是指亚当吃了苹果被逐出伊甸园之后,他不得不面对各种苦难,人的本质遭到谴责和扭曲,所以他要拼尽全力去摆脱环境造成的痛苦。所谓亚伯拉罕的需要,是指上帝赐福于他并承诺给他的子孙以大片土地,使他成为上帝的使者,足智多谋,富有想象力和创造性。从本质上讲,亚当的需要是动物性的,而亚伯拉罕的需要才反映了真正的人性。赫茨伯格称:"人类在工作中有两类性质不同的需求,即作为动物避开和免除痛苦的需求,及作为人类在精神上不断发展、成长的需求。"

为了验证这两种需要的假设,赫茨伯格展开了诞生出双因素理论的匹兹堡调查。1959年,他与同伴在号称"世界钢都"的工业城市匹兹堡选取了11个组织的200多名样本展开调查,主要对象是来自各行各业的工程师和会计师。研究人员与这200多名工程师、会计师逐一进行访谈,了解他们对于工作的态度是怎样的。在面谈中,询问访谈对象以下问题:(1) 在你过去的工作中,哪些事让你感到十分满意? 可以回答一件事,也可以回答多件事。(2) 让访谈对象对这种满意做出解释,为什么当时会感到满意? 这种满意是否影响了工作状况? 是否影响了自己与他人的关系? 是否影响了个人的幸福? (3) 在你过去的工作中,令人特别不快的事情是什么? (4) 这种不快对你的工作、人际关系和个人幸福有什么影响?

为了保证调查资料的可靠性和客观性,赫茨伯格对访谈内容有着明确的限定,要求访谈对象所列举出的事件必须是与工作直接相关的,从而把工作以外的事件排除在外。同时,谈到的事例必须是具体的、有时间、有地点的以及有情节的,从而把由想象产生的幻觉排除在外。

通过调查统计,研究人员发现工作中使员工感到满意的往往是这样五种因素:工作中的成就(Achievement)、对工作成绩认可和赞赏(Recognition,注意,这种赞赏必须是对工作的实际成绩而言,不包括为了改善人际关系而进行的所谓工作赞赏)、工作本身的魅力(Work Itself)、工作的责任感(Responsibility)、因工作取得的进步(Personal Growth)。其中前两种因素的即时效应往往较为明显,而后三种因素的持久程度更强。

调查的真正突破在于,上面这五种使员工感到满意的因素,即便缺少也不会引起员工不快。令员工感到不快的,不是这五种因素的力度不足,而是另外五种因素在起作用。统计表明,员工的不满往往是下面的因素引起的:公司政策与管理方式(Company Policies)、上司的监督(Supervisors)、工资(Pay and Security)、人际关系(Interpersonal Relationships)、工作条件(Working

Conditions)。这些因素的作用时间都很短,并且很难成为员工满意的因素。即便这些因素已经充分具备并且强度很大,也只能消除不快,很少能增加满意。国内关于这两种因素的介绍中,往往囿于代表这两种因素的"满意"(Satisfied)与"不满"(Dissatisfied)的词汇对立,对赫茨伯格的发现做出很僵硬的说明。最常见的说法是:"工作满意的对立面是没有工作满意,而不是工作不满意,工作不满意的对立面是没有工作不满意,而不是工作满意。换句话说,满意的对立面是没有满意,不满意的对立面是没有不满意,满意和不满意之间具有本质的差别,无法通过量变达到质变。"这种说法,往往使不了解赫茨伯格理论的人们如坠雾中,不知所云,这实际上反映出国内在介绍西方相关理论时的某些问题。赫茨伯格的理论,并不是那么深奥难懂。说穿了很简单,他强调的重点在于两种因素不是一回事,给人带来满意的是一组因素,令人产生不快的是另一组因素。赫茨伯格要用调查数据和资料来纠正人们常见的一个认识误区——人们一般认为,使人们得到满意的因素增加了,不满意自然就减少了;而使人们不满的因素减少了,满意自然就增加了。但调查证实,这种理解是南辕北辙的。赫茨伯格强调,这两种因素的差别,就好像视觉和听觉的差别,降低光线强度不会影响听觉,增大声音也不会改善视觉。

具体来说,一个工资很低、对上司极为不满、人际关系紧张、工作条件很差的员工,虽然很有可能在工作中牢骚满腹、怨气冲天,但是,如果他所从事的工作具有极大的创造性,他就有可能沉湎在工作中废寝忘食,感受到工作给自己带来的乐趣,并且做出卓越的成就。相反,一个工资非常高、上司特别和蔼、人际关系十分融洽、工作条件也相当优越的员工,他可能会对自己的处境很高兴,但他不一定就有工作上的积极性。面对着缺乏吸引力而又不得不干的工作,他可能根本没有多少兴趣。也许,他可能觉得不好好工作对不起老板,但他绝不会表现出工作的创造性来,也不会感受到工作的乐趣。

正是因为这两类因素截然不同,赫茨伯格才在调查的基础上提出了激励-保健双因素理论(Two Factor Theory)。导致员工满意的因素多来自于工作任务本身,如工作的重要性、工作内容的挑战性、他人对工作成就的认可、工作责任较大、工作能力的提高,等等。这类因素的改善,往往可以激发员工的积极性和热情,从内心鼓舞员工,提高一个人的工作效率,是一种使人上进的因素。由于这类因素的满足可以达到激励效果,提高人的积极性,因此被称为"激励因素"(Motivation Factors)。而导致员工不满意的因素则多来自于周围环境,比如公司政策、监督管理水平、工资高低、工作环境及条件、福利待遇、人际关系等。这类因素的改善,只能防止员工因为不满而产生的工作损失,能起到预防作用,却无法真正激发员工的积极性。由于这种因素是一种"维持现状"的因素,因此被称为"保健因素"(Hygiene Factors),也有人一度把它翻译为"卫生因素"。双因素理论的提出,在管理学界引发了一场轩然大波。在很长时间内,研究激励理论者总是把提高工资和福利、改善工作条件、调整人际关系等作为激励手段。然而,匹兹堡调查说明,这些都不是激励。真正的激励是来自于工作本身的刺激和人的发展欲望。可以说,匹兹堡调查在激励理论的发展上是一个转折点。赫茨伯格很形象地指出,作为父母,假设他们希望儿子学会骑自行车,如果仅仅是向孩子提供最好的技术指导和最安全的练习环境,许诺给孩子以优厚的奖励,而不是提供自行车,那么这个孩子永远也学不会骑自行车。以往的激励理论,忽视了自行车本身和孩子的学车欲望,仅仅强调了外在条件。

此后,他以主持匹兹堡调查而出名,一直从事管理学和心理学的教学和研究。双因素理论提出后,受到美国乃至世界学术界的高度重视,也受到严厉的批评和质疑,来自美国的批评尤其多。最重要的质疑,是对双因素理论的普遍性提出怀疑。有人指出,双因素理论的调查数据选样有偏差,因为调查对象基本上是工程师和会计师,范围狭小,而且样本数量不足。因此,这种双因素理论是否具有普遍性还有待检验。一线工人不见得同那些白领技术人员和财会人员的想法相同。谁能保证,优厚的工资报酬和友善的人际关系在白领和蓝领的眼里具有同样的分量?早在霍桑实验时,罗特利斯伯格就发现"工人的逻辑"和"经理的逻辑"是不一样的。对这种质疑,匹兹堡调查没有给出令人信服的解释。

针对相关的批评,赫茨伯格后来进行了更为广泛的补充调查。这个补充调查的范围扩展到国际领域,包括美国的工业、乡村、医疗等领域,欧洲(芬兰和匈牙利)的所有专业领域,一共进行了 16 次(在他的文章中用了 12 次的资料),取样达 1685 人。调查对象所处的行业和阶层千差万别,不再是单一的白领,而是包括了形形色色的社会角色,有基层经理、职业妇女、农业管理人员、即将退休的男性管理者、医院服务人员、护士、制造业主管、食品从业人员、军官、工程师、科学家、管家、教师、技术人员、女装配工、会计师、领班等。但调查方式和内容依然是匹兹堡式的,即请调查对象回答工作中令他们格外满意以及格外不满意的事件。[①] 补充调查实际上是对匹兹堡调查做了进一步验证,调查的结果仅仅在细节上有一些差别。例如,匹兹堡调查归纳出的五项激励因素,在补充调查中扩充为六项(原来的进步因素一分为二);保健因素更为细

[①] Harold F. Gortner, Julianne Mahler, Jeanne Bell Nicholson: *Organization Theory: A Public Perspective*, Wadsworth, Inc., 1989, pp. 350-351.

致多样(人际关系有了对象上的区分,变为与主管关系、与同事关系、与下属关系三种,增加了匹兹堡调查所没有的个人生活和地位因素)。但就数据的频率分布看,同匹兹堡调查高度吻合。这种因素分布的变化,恰恰反映了在更大范围内和更多群体内,双因素理论依然成立。

不过,由于双因素理论强调保健因素和激励因素的不同,所以,人们在接受这一理论时,往往会有意无意地把二者割裂开来甚至对立起来。所以,赫茨伯格在两次调查中都强调,二者的不同不等于二者的对立,恰恰相反,保健因素和激励因素构成了一个互相衔接的整体,同一因素可能会横跨两个方面,在一定程度上会有所重叠。在一定区域内,某些因素既是保健因素也是激励因素。但是,不宜过分夸大二者的一致性。从统计表可以看出,在两种因素的重合区域内,保健因素的激励作用是十分有限的,激励因素所起的保健作用频率也不高。在双因素理论提出之前,人们往往把保健因素当作激励因素,不同程度地忽视了真正的激励因素,这会使激励制度不注重员工从工作本身获得满足的相关途径,从而导致内在动机的萎缩,进而影响工作积极性。所以,双因素理论的真正贡献,不是把激励因素和保健因素截然分开,而是矫正此前的管理者过于重视保健因素的失衡。

有报道称,赫茨伯格曾经在30多个国家从事过管理教育和管理咨询工作,可见他同多数管理学教授差不多,都是一边当教书匠一边当咨询师。

赫茨伯格的著述不多,但在管理学文献中引用率不低。他的主要著作有:与伯纳德・莫斯纳(Bernard Mausner)、巴巴拉・斯奈德曼(Barbara Bloch Snyderman)合著的《工作的激励因素》(*The motivation to work*,1959);《工作与人性》(*Works and the Nature of Man*,1966);《管理选择:效率还是人性》(*The Managerial Choice:To Be Efficient and to Be Human*,Homewood Ill:Dow Jones-Irwin,1976)等。赫茨伯格还在各种学术刊物上发表了100多篇论文,其中发表于《哈佛商业评论》1968年1—2月号上的《再论如何激励员工》(One More Time:How Do You Motivate Employees)先后重印了100多万份,在随后的若干年中一直被评为《哈佛商业评论》最受欢迎的文章。

二、组织的双因素理论

20世纪50年代末,赫茨伯格通过与200多名工程师、会计的交谈,了解到有五种因素突出地和强有力地决定着组织成员的工作满意感:成就(Achievement)、承认(Recongnition)、工作职业(Challenging Work)、责任(Responsibility)和发展(Growth and Development)。其中,后三个因素对组织成员工作态度的持续变化具有更大的影响。①

而对组织成员来说，引起对工作不满意的因素却不是与上述相反的因素，而是另外的一些因素：公司的政策和管理(Policies and Administration)，监督(Supervision)，工资、地位、安全(Money, Status, Security)，人际关系(Interpersonal Relations)和工作条件(Working Condition)。② 赫茨伯格依据这些资料，绘制了一张满意因素与不满意因素的比较图：

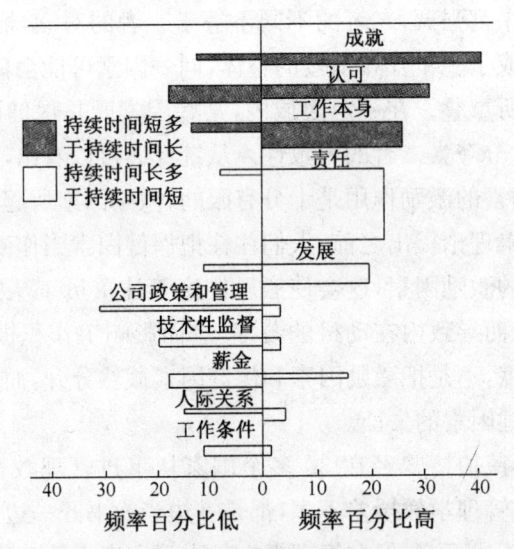

图 11-1 满意因素和不满意因素的比较

赫茨伯格认为，组织成员工作中的不满意因素并不与个人所做的工作本身有关联，这些因素只是涉及个人与其工作环境之间的关系。就是说，满意因素与工作本身有关，不满意因素与工作环境有关。因为不满意因素只与工作环境有关，所以，改善工作环境是为了防止工作中出现不满意因素。如果借用医学上的术语，就是为了"预防"，是一种"维持的"和"保健的"因素(Hygiene Factors)。与此相对应，那些满意的因素因与工作态度有关，则可称之为"激励"因素(Motivators Factors)。

上述两类因素，从心理学的角度来看，反映出人的一种二维结构需要：一个是避免不愉快的需要系统，另一个是与之平行的个人发展的需要系统。保健因素体现了人必须动物般地不断努力以求对环境的适应。激励因素是一种积极性的因素。如同一个孩子学骑自行车，父母可以给他安排安全的场所，可

---

① Harold F. Gortner, Julianne Mahler, Jeanne Bell Nicholson: *Organization Theory: A Public Perspective*, Wadsworth, Inc., 1989, pp. 350-351.

② ibid.

以保护他不受伤害,可以给他以技术指导,但是,如果不给孩子一辆自行车,他永远也学不会骑自行车。保健因素不能有效地促进心理的发展,要实现目标,就需要实质性的激励因素。

赫茨伯格进一步提出,产生工作不满意的因素与产生工作满意的因素是分开的、不同的。这两种因素不是互为正反的。因此,工作满意的对立面不是工作不满意,而是没有工作满意;同样,工作不满意的对立面不是工作满意,而是没有工作不满意。赫茨伯格认为也可以将这两种因素与视觉和听觉联系起来。工作满意感可以视为是视觉,工作不满意感可以看作是听觉。正如刺激视觉的是光线,刺激听觉的是声音,光线的强弱对听觉不起作用,声音的大小对视觉没有影响一样,两者是独立的,且作用是单方面的。导致不满意的因素对工作满意感的影响是极小的,导致满意的因素对工作不满意的影响也是很小的。

人的基本需要可以用两个平行的、方向相反的图解来表示。一个箭头表示人的动物性的、亚当式的性质,它关心的是避免来自环境的痛苦,对于人来说,心理环境是这种痛苦的主要来源。另一个箭头表示的是人性的、亚伯拉罕式的性质,它关心的是通过工作成就趋近于自我实现或心理发展。

保健因素可以防止个人对工作产生不满,但是不能使组织成员对工作产生满意感,因为它本身无法给人以成长的感受。心理成长取决于成就,而要取得成就,就必须工作。激励因素恰恰代表了工作因素,因而它是组织成员成长所必需的,能够产生激发个人追求自我实现需要的心理刺激。

由此,赫茨伯格提出了心理调整的两种类型。一种是适应环境的调整,这是一种回避性的调整;另一种是个人自身的调整,这种调整不是要维持过去的心理状况,而是要力争较好的心理状况,即争取心理成长、自我实现。从传统的观点来看,心理调整只是消除精神病或精神紊乱,恢复心理健康的途径。这种理解将心理健康与精神病看成是对立关系。这种理解是不妥当的。精神病因素涉及的是人的环境问题,当人缺乏环境方面的保健因素时,他就会生病,但满足这些因素对增强人的心理健康并无帮助。传统的看法没有强调增强人的心理健康方面的积极因素或激励因素。

因此,赫茨伯格十分强调与组织成员心理健康有关的激励-保健(Motivation-Hygiene)概念。这一概念有三层意义:一是它提出了一个命题,即精神病和心理健康不属于一个范畴。对于一个人来说,其心理上既存在患病的方面,也存在健康的方面。患病的方面反映出个人对保健因素的反应,健康的方面则反映出个人对激励因素的反应。二是过去调整个人心理健康的激励因素在理论和应用上都没有得到应有的重视,人们只是将积极的调整看作是成功地去除了消极的精神紊乱。三是这一概念给心理缺陷赋予了新的含义,并指出引起心理缺陷的因素属于保健因素的范畴,缺乏这类因素只会引起心理缺陷,而不会对心理健康产生影响。

保健因素与激励因素是两种不同的因素。追求保健因素的人主要对一般用来防止不满的事情感兴趣,这类事情却不可能是产生人的积极感情的来源。追求保健因素的人没有达到激发自我实现需要的个性发展阶段,从一定意义上来说,他们还停留在心理调整不大成熟的水平上。追求保健因素的人不仅是环境的受害者,而且是在临时性的满足方向上受到激励的。对这种人来说,并不是说其工作一点儿也没给他提供自我实现的机会,而应该说,在他的思想上,另一个方向上的需要即回避需要占据着支配地位,他正是通过回避行为,追求实际的快乐。

对于心理健康的人来说,在其心理上占优势的是从激励性因素中追求最大的满足。这种激励性因素对于个人的发展是必要的,它可以使个人投身到某些任务、计划和行动中去,并从中获得成就。对于一个追求成就的人来说,其一生中也会对其他事情感兴趣,但是,如果有了成就,即使缺少另外的一些环境,个人也不会感到忧愁、不满或不适。当然,追求成就的人,其志向也要与其现实能力相一致。问题是那些志向模糊的人仅仅是一种追求保健的人,他不去追求工作本身的满足而只追求周围条件的满足。这些人喜欢的格言就是"人人都能当美国总统","人的最高目标是按照自己的内在潜力和实际限制使自己成为一个创造性的、不平凡的人"。

可以用三个条件来界定心理健康的人:通过个人的发展经验来寻求对生活的满意;能取得有客观可能性的、同自身能力和忍耐力相称的充分的成功;对因保健条件差而产生的不适应能成功地加以回避。依据这些条件可以区分出七种类型的心理调整连续统:

① 属于健康的激励因素的追随者,既处在精神病连续统中,也处在心理健康的连续统中,能成功地回避保健需要的痛苦,又能成功地实现激励因素的需要;

② 不快乐的激励因素的追求者,虽从工作中感到了人的意义,但在动物式的回避痛苦中毫无改善;

③ 主观上想追求两方面需要,但只能在回避丧失保健因素方面取得成功;

④ 是一个不幸的激励因素的追求者,两方面需要都未能得到满足;

⑤ 成功地避免了精神病,但是不能实现心理健康;

⑥ 真正的精神病患者,虽追求保健因素,但在保健方面得不到满足;

⑦ 实行"禁欲主义",通过克制保健方面的需要来满足这种需要。①

表 11-1 心理调整类型

类型	描述
类型 1:健康的激励因素追求者	精神病←没有精神病 没有精神病→心理健康
类型 2:快乐的激励因素追求者	精神病←没有精神病 没有心理健康→心理健康
类型 3:保健因素满足的激励因素的追求者	精神病←没有精神病 没有心理健康→心理健康
类型 4:不快乐的和未满足的激励因素追求者	精神病←没有精神病 没有心理健康→心理健康
类型 5:不良的保健因素追求者	精神病←没有精神病 没有心理健康→心理健康
类型 6:有精神病的保健因素追求者	精神病←没有精神病 心理健康→没有心理健康
类型 7:禁欲追求者	精神病←没有精神病 没有心理健康→心理健康

赫茨伯格的双因素理论与马斯洛的需要五层次理论、阿德佛的 ERG 理论的关系可以表示如下:

```
自我实现          高阶成长            激励因素
                                   ·进　　步
自我尊重                            ·成　　长
                                   ·成　　就
社　　会          人际关系            保健因素
                                   ·工作保健
安　　全                            ·工　　资
基本生存                            ·工作状况
生　　理
(五层次理论)     (ERG 理论)         (双因素理论)
```

图 11-2 赫茨伯格双因素理论、马斯洛五层次理论、阿德佛 ERG 理论的关系

---

① D. S. 皮尤:《组织理论精粹》,彭和平等译,中国人民大学出版社 1990 年版,第 345 页。

赫茨伯格的激励保健因素理论有其合理的方面,也存在一定的不足。一方面,他只是选择了面对面谈话的方式进行调查,而没有进一步用其他的方法加以补充,对调查的结论也未加以进一步的验证;另一方面,他也未能对面对面谈话中可能出现的各种保留和有意掩饰加以必要的鉴别和剔除,而且,只将在匹兹堡对 200 多人的访谈中所得到的各种资料归为两类,这种概括和归类是不太认真的,也不能真正解决激励职工的问题。①

三、组织职务丰富化理论

赫茨伯格指出,激励保健理论不是通过使工作合理化来提高效率,而是通过丰富工作内容来更有效地利用人力资源,即运用调整激励因素的办法来对组织成员加以激励。赫茨伯格把这种对激励—保健理论的实际运用称为"职务的丰富化"。

在传统的组织理论中,对组织成员激励的方式只是一种职务的扩大化。这种方式不能对组织成员进行有效的激励。比如提高对职工的定额要求,对他们提出挑战,这等于是零乘以零;增加毫无意义的日常办公室工作,这等于零上加零;把一些本身需要丰富的工作重新组合一下,这等于用一个零去代替另一个零。赫茨伯格认为这种"职务的扩大化"只是在水平方向上扩大职务范围,它不能为组织成员提供精神满足和成长的机会。

在赫茨伯格看来,只有垂直方向上的职务范围的扩大,即"职务丰富化",才是真正的激励。他以企业秘书的职务变化的试验来说明这一原理。被用来进行试验的是一家大公司雇用的专门负责与股东联系的秘书。他们的工作都相当复杂,表面上看似乎任务很重从而富有挑战性,但通过面谈,发现这些秘书的工作态度和工作表现都很差,所谓挑战性只不过是停留在字面上。后来,从这些秘书中选出一组人,使其职务范围按一定的原则加以丰富化。在试验的头两个月里,该试验只是引入表中所列的七项激励因素中平均的一项。到了第六个月的月底,试验组成员在工作的表现和工作兴趣等方面远远超过了对照组。试验组的成员发出的信件的质量提高了,信息更为准确了,答复股东查询的速度加快了。而在这期间却没有发生任问保健因素的变化,比如工资没有增加。这充分说明只有丰富的工作内容才能最有效地利用人力资源。②

对职务丰富化来说,必须注意一些问题。首先,职务丰富化并不是一次性

---

① 孙耀君等:《西方管理学名著提要》,江西人民出版社 1992 年版,第 147—148 页。
② 同上,第 153—155 页。

的计划,而是一个持续不断的管理功能。不是所有的职务都能丰富化,也不是所有的工作都需要丰富化。被选择丰富化的工作必须具备以下特点:一是在管理工程方面的投资不会导致成本的大幅度变化;二是职工本来对这方面的工作态度就不好;三是花在保健方面的成本已越来越高。

其次,对那些职务内容将丰富化的职工,应当避免他们直接参与职务丰富化的计划。因为这会由于人际关系方面的保健因素而影响职务丰富化的过程,另外,让职工参与职务内容丰富化计划还会导致短期效果。

第三,要对第一线的管理人员可能会对变革产生的忧虑和对立情绪有足够的估计。忧虑是因为他们害怕变革会给组织工作带来更坏的影响。人们的表现会变差;对立则是由于职工的自主性增强了,失去监督责任的管理人员会觉得无所事事。

四、组织激励理论的发展

传统的组织理论强调的是"踢一脚"的激励方式(KAITA),即"给他屁股上踢一脚"。这种激励方式包括三种类型:第一种类型是体罚。这是一种粗俗的、毁坏组织形象的做法。它所带来的是组织成员与管理人员的冲突。与体罚相对应的第二种类型是对组织成员施加心理压力。这种消极的心理压力表面上是无形的,但是虽然身体上的强烈反应减少了,可心理痛苦却是无限的。上面两种类型都属于反面的"踢一脚"。第三种类型是正面的"踢一脚",即对组织成员不是"推"而是"拉"。比如对工人说:"为了公司,你做这件事吧!做完了有回报,会给你奖金和更高的地位。"如果将这些作为激励的话,组织就必须备有大量的"诱惑物",就像耍一条小狗一样,你必须在它面前不断地晃动饼干。许多人都认为反面的"踢一脚"不好,因为它是逼人就范,而正面的"踢一脚"却是诱使你就范。其实,诱使要比强迫坏得多。因为强迫只是一种不幸,而诱使则使你成为已发生在你身上的灾难的同谋。

在传统的组织管理中,存在许多像上述的"踢一脚"的激励方式。它们都没有能达到真正激励的目的。这类方式主要有以下几种:一是减少工作时间。不少人认为激励人工作的办法是让他们脱离工作,与此相应的是开展娱乐活动,似乎玩在一起的人才能工作在一起。但这样一来,人们的工作时间不是更短而是更长了。二是增加工资。这种刺激所产生的作用是让人们努力去追求下一次更高的工资。三是提高福利待遇。各种待遇增多的结果是工人不再认为附加的待遇是奖金,而认为是他应得的,除非组织能拿出越来越多的钱用于不断提高福利水平,否则工人就会觉得企业在把时钟向前拨。四是人际关系训练。可笑的是,30年前要让工人做某事,只要用一个"请",而现在要用上三个"请",工人才会对上司表示满意。五是敏感性训练。问题是在这类训练中,人们并不能真正相信别人,也不能真心地与他人合作。六是双向沟通。尽管管理人员为此采取了许多步骤,如士气调查、建议计划、小组参与等,但这些并没有在多大程度上改变激励效果,因为,人们需要的是自我实现。七是交流参与。许多研究沟通的专家被请去帮助职工理解管理人员为他们所做的事情,但依然没有产生激励效果,于是专家们认为也许是管理人员不知道职工在想什么。八是工作参与。这种做法其实只是"给工人一顶大帽子",使工人在某种程度上感到他能对自己的工作做主,从而给他提供一种成就感,但事实上这不是真正的成就,因为真正的成就是工作本身所提供的。九是与雇员谈心。这是需要试验所提倡的方式。这一方式后来遭到了非议,因为它干扰了组织和企业的正常工作。

在赫茨伯格研究组织激励理论的同时,弗洛姆、波特、劳勒也对组织的激励问题进行了探索。弗洛姆着重对目标的激励问题作了研究,提出了"途径-目标激励理论";波特和劳勒主要对组织过程中的激励问题进行了探讨,提出了"过程激励理论"。

弗洛姆的"途径-目标激励理论"不仅考虑人的需求,而且还对组织所面临的环境、满足这些需求的途径进行研究,从而做到把个人的需求与外界条件、个人因素与环境因素有机地结合起来。由于将人的需要满足与目标结合起来,因此"途径-目标激励理论"又称为期望理论。

在弗洛姆提出"途径-目标激励理论"以后,组织管理学家波特和劳勒又进一步发展了这一理论。爱德华·劳勒(Edward E. Lawler)在布朗大学取得学士学位后,到加利福尼亚大学伯克利分校攻读博士,并取得了理学博士学位。毕业后先执教于耶鲁大学,后来成为美国密歇根大学社会问题研究所的心理学教授和组织行为研究项目主任。同时,他还是西雅图巴特勒研究所人类问题研究中心的客座教授。劳勒在组织激励的研究方面作出了较大贡献。

与劳勒同时对组织过程激励进行研究的还有莱曼·波特(Lyman W. Porter),他是美国加利福尼亚大学欧文分校商学院院长,管理学与心理学教授。在耶鲁大学取得理学博士学位后,在加利福尼亚大学伯克利分校执教11年,并在耶鲁大学担任了一年客座教授。劳勒与波特最著名的著作是1967年出版的《工作绩效对工作满意感的影响》(*The Effect of Performance on Job Satisfaction*)。

20世纪50年代,对这一问题进行了研究的还有赫茨伯格,他认为不能将积极的工作态度与提高生产率相一致这一点看得过于绝对,但是确有数据可以提醒人们重视这一问题,工作态度是改善职工工作绩效的因素之一。

到了20世纪60年代,弗洛姆在调查的基础上提出,在职工的工作满意感与工作绩效之间存在着微弱但一致的关系。弗洛姆经过相关分析,得出职工的工作满意感与工作绩效之间的相关系数中值为+0.14。尽管这一相关关系并不大,但在他列举的23件相关事件中有20件是正相关的。

劳勒吸取了已有的研究成果,在工作满意感与工作绩效之间引进了另一个指标即奖酬。这样就形成了工作满意感、奖酬、工作绩效三者之间的关系。劳勒将奖酬分成两类:内在奖酬与外在奖酬。内在奖酬与绩效之间的相关度比较大。因为,这种奖酬主要是根据个人的工作绩效给予的,一般受其他因素的影响较小。外在奖酬则不一样,它与工作绩效之间并非没有关系,但是,它主要表现为工资、提升、职位、身份等方面,常常是用来满足低层次需要的,因而很难与工作绩效联系起来。

劳勒还认为,内在奖酬、外在奖酬与工作绩效之间的关系还受到期望的公平奖酬这一因素的制约。所谓期望的公平奖酬指的是一个人感到通过他的工作绩效所应得到的奖酬。因此,一个人的满意感包含两个变量的函数:他得到的奖酬的量和他心目中公平的奖酬标准。

依据这一理论模型,劳勒进行了实证研究,得出了如下结论:首先,一个人需要的满足程度与被他的上司所评定的工作绩效密切相关;其次,这种相关性在经理人员中比在非经理人员中表现得更为突出,因为经理人员的工作能够对满足高层次的内在奖酬提供更多的机会;第三,满意感与绩效的相关性要高于满意感与努力程度的相关性,满意感更直接地依赖于工作绩效而不是努力程度;第四,高层次需要的满足程度与低层次需要的满足程度相比,前者更紧密地与工作绩效联系在一起,自我实现需要的满足程度与工作绩效的相关性最大;最后,工作满足感有赖于工作绩效,而不是工作满意感导致工作绩效。

在20世纪70年代,坎贝尔对过程激励理论作了更为全面的阐述。首先,提出了任务目标的概念,从而将预期结果分成三层。坎贝尔在中间性直接结果与最终结果之外增加了任务目标这一层次。行动导致任务目标完成,这为第一层;任务目标导致直接结果,这为第二层;直接结果导致最终结果,这为第三层。

其次,更为明确地区分了直接成果和最终成果。直接成果取决于任务目标是否完成,潜在的直接结果就是所谓的"刺激",已经实现了的直接结果则是所谓"报偿"。

第三,某项行动或某种行为方式可能同时导致几种任务目标的实现,但预期概率却可以不同;每种任务目标的实现也可能以不同的预期概率同时导致几种中间性直接结果。同样，某种中间性直接结果可能以不同的预期概率导致几种不同的最终结果。

若将中间性直接结果的主观预期价值指数记为 VIm（m 取 $1,2,3,\cdots\cdots$），将最终结果的主观预期价值指数记为 VZn（n 取 $1,2,3,\cdots\cdots$），将特定环境条件下职工个人采取某种行动或某种行为方式而导致完成某项任务目标的主观预期概率记为 $EPIk$（k 取 $1,2,3,\cdots\cdots$），某项任务目标的完成导致某中间性结果的主观预期概率记为 $EPZm$，某直接结果导致某最终结果的主观预期概率即中间结果作为工具的有效性记为 IPn，激励职工采取某项行动的合力为 M，则激励作用的表达式为：

$$M = \sum EPIk \times \sum EPZm \times VIm$$

式中：$VIm = \sum IPn \times VZn$。

过程激励理论即期望理论是一种认知型过程理论。其要点是提出了预期的结果能够对人的行为加以激励。一般的"动机—需要"理论认为只有依靠直接满足人的某种需求，通过条件反射式反应，才能激励人们的行为。期望理论则认为对可能获得的结果进行推断、联想，在期望与结果之间建立联系，也可以激励人们的行动。如果说需要理论是动机的情绪模式，那么，期望理论则是动机的认识模式。[①]

[①] 俞文钊：《管理心理学》，甘肃人民出版社 1995 年版，第 219—221 页。

第十二章　阿吉里斯的组织学习理论

【摘要】

克里斯·阿吉里斯是美国著名的行为主义社会科学家和组织理论学家。阿吉里斯通过自主管理的试验,批评了传统的组织理论的局限性,在揭示组织成员个性从不成熟到成熟的发展过程的基础上,提出了组织应当依据具体情况的变化而发展,而适应组织成员个性的变化和组织的发展的途径则是组织学习。

阿吉里斯是一位具有承前启后作用的组织理论学家。他关于组织成员个性的发展,是在继承了马斯洛、麦格雷戈的个人需要层次及发展的理论的基础上向更为深化的方向所做的创新。同时,阿吉里斯又是在西蒙之前就对传统的组织理论的条规、原则进行了批判。他说过这样的话:"我的假设是:由管理人员(工业的、教育的、宗教的、政府的或工会的)发展和利用的现代组织战略导致了人类和组织的腐朽。而我的另一个前提则是:这些情况本不该如此。"这些对西蒙深入、系统的批判传统的格言式的组织管理理论是有启发作用的。

阿吉里斯在圣吉创立学习型组织理论之前早就对组织学习进行了探索。他认真研究了人的个性从不成熟到成熟的发展轨迹,并发现正式组织只能同个性不成熟的人相适应。要从不成熟的个性构成的组织发展到由成熟个性构成的组织,关键在于要发展组织学习。组织学习是多种多样的,有单环学习,双环学习,还有再学习。这些经典性的论述无疑为后来的学习型组织理论的发展做了前期准备工作。

一、阿吉里斯的组织理论研究活动与主要著述

克里斯·阿吉里斯(Chris Argyris)1923年出生于美国新泽西州的纽瓦克。1947年阿吉里斯在克拉克大学获得心理学学士学位,1949年在堪萨斯大学获得心理学和经济学硕士学位。阿吉里斯结束学业后,在耶鲁大学得到了第一个大学的教职,负责研究劳动力问题。从此,他正式开始了自己的学术生涯。从1951年至1971年,阿吉里斯一直在耶鲁大学教授行政科学。这一时期,他的学术才华开始显露,尤其是在1957年出版个人专著《个性与组织》,对

组织与个人关系作了独辟蹊径的研究之后，阿吉里斯在管理学界声誉鹊起，俨然成为一代学术宗师。1971年至1986年，阿吉里斯来到哈佛大学教育学院任教，1986年后转入哈佛大学商学院，担任詹姆斯·布莱恩特·科南特讲座教授，主要研究教育学和组织行为学。

阿吉里斯除了教学以外，还从事具体的组织管理实践。他在企业里进行过自主管理方式和管理制度的试验。试验是在一个工厂的生产班组中进行的。该生产小组从事收音机的装配。原先，小组内的12名女工按设计师的安排，按照领料、包装、检验等程序进行分工。工作小组实行自主管理后，让这些女工按照她们自己的想法去组织生产，并规定产量下降后不扣工资，产量增加则增加工资。实行自主管理后的第一个月，小组产量下降了70%。6个星期后，情况改变了，产量超过了试验前的指标，质量上升，成本下降。用户对产品批评的信件较试验前减少了96%。这证明自主管理能提高组织成员的积极性和创造力。

阿吉里斯是美国一些大的企业如IBM公司、通用食品公司、壳牌石油公司、新泽西标准公司、利弗兄弟公司等的顾问。另外，阿吉里斯还被法国、英国、挪威、荷兰、意大利、希腊、德国等国政府聘为经理人员培训和教育方面的顾问。他还担任过摩立特公司(Monitor Group)的董事。

根据阿特·克莱纳(Art Kleiner)在《异端学说的年代》(*The Age of Heretics*)一书中对阿吉里斯的回忆，"阿吉里斯带着眼镜、面色深沉、身材瘦削、脸颊消瘦，当争论变得激烈的时候，不管自己如何，他都会停下来咧嘴笑一笑，像是对能有机会检验自己的想法而感到欣然。阿吉里斯的嗓音很有特色，细长、温和并带有一点儿欧洲口音。他争论的方式也极具分析性。实际上，他对于生活的态度就是充满激情地去搜寻、探究原因并总结出规律。但是，他所深入研究的话题——探寻人类的本性——却令诸多有识之士敬而远之。比如，人们为什么不能够按照自己的意愿快乐地生活？组织内部的人群之间为什么会存在如此多的内耗行为？"也许，正是阿吉里斯思想的深度，影响了其理论的普及程度。在众多的管理学大师中，克里斯阿吉里斯·阿吉里斯可能不是最出名的，但他的著述肯定是最多的，也是最深刻的。

阿吉里斯研究管理咨询问题的著作《有瑕疵的忠告与管理陷阱》(1999年)，曾入选《哈佛商业评论》年度十大好书。由于其管理理论上的贡献，曾获得美国管理科学院(Academy of Management)、美国心理学协会(American Psychological Association)、美国主管训练协会(American Society of Training Directors)等机构授予的多项荣誉称号，其中包括11个荣誉学位与一项终身成就奖。其中，最著名的是1994年美国管理科学院授予他的"管理学科终身成就者"称号。授予阿吉里斯荣誉博士学位的外国大学有瑞典的斯德哥尔摩经济学院、比利时的鲁汶大学及加拿大的麦吉尔大学等。

阿吉里斯的研究领域涵盖了心理学、经济学、社会学、教育学和组织行为学等多个学科。20世纪50年代，他以研究个人与组织的关系而一举成名。接着，他的注意力转移到了改变组织的方法研究，特别是针对组织高层经理的行为研究。随后，这一研究路线又引导他去关注社会科学家作为研究者与介入者的角色地位问题，深入探讨介入的理论与方法。从20世纪70年代到80年代中期，他与唐纳德·舍恩(Donald Schon)合作，提出了个人与组织学习的理论。20世纪80年代以后，他与多位研究者与实务者一起，参与了多项组织学习与变革项目的研究。

阿吉里斯对组织理论的研究大体上可以分为三个阶段。第一阶段是从20世纪50年代末到60年代初，阿吉里斯考虑的是人性与组织的关系问题，以及组织需要与个人需要之间的吻合问题。这一阶段上阿吉里斯提出的代表理论是"人性与组织"理论，也称为"不成熟—成熟"理论。第二阶段是从20世纪60年代到70年代，阿吉里斯关注的组织变革问题，他努力寻找促进组织变革的方法，并提出把行动科学作为一种转变组织行为的工具来运用。这一阶段上阿吉里斯提出的代表理论是"行动科学"。第三阶段是从20世纪80年代至今，阿吉里斯的学术研究眼界更为开阔，研究也更加深入，研究的重点放在组织知识的作用上。这一阶段上阿吉里斯提出的代表理论是"组织学习"。正是这位大师，奠定了学习型组织的理论基石。

在阿吉里斯众多的著作中，有关组织理论的主要著作是《人性与行为》(Personality and Organization, 1957)；《理解组织行为》(Understanding Organizational Behaviour, 1960)；《个人与组织的结合》(Integrating the Individual and the Organization, 1964)。

二、组织成员个性发展理论

在组织理论研究的演变中，一个十分重要的问题就是个人与组织的关系问题。但是，早期的组织理论学家们，几乎都记住了组织，却忘记了组织中的"人"。随着行为主义科学的诞生，"人"开始成为组织的主体。然而，个人与组织的关系问题却依然没有得到深入、理性的探讨。对此，阿吉里斯的批评可以说是一语惊人，他通过自己的研究断然宣布：正式组织同人性发展背道而驰。由此，也揭开了组织理论中对人的研究的新篇章。1957年6月，阿吉里斯在《管理科学季刊》第二卷中发表了《个体与组织：互相协调的几个问题》(The

Individual and Organization: Some Problems of Mutual Adjustment)。这篇文章犹如一颗重磅炸弹,在经典组织理论体系上炸开了一个缺口。

阿吉里斯认为,基于社会环境和文化背景,一个人的个性发展总有其自己的轨迹。[①] 这一轨迹就是"不成熟—成熟"。这种发展可以用婴儿到成人的发展来作比喻。人们可以从下列方面来观察从婴儿到成人的个性变化:(1) 从婴儿的被动性发展为成人的主观能动性;(2) 从婴儿的依赖他人发展为成人的相对独立,即自立的同时又与他人保持必要的联系和依存关系;(3) 从婴儿的有限的行为方式发展成为成人多种多样的行为方式;(4) 从婴儿经常变化和肤浅、短暂的兴趣发展成为成人比较持久而专一的兴趣,其标志是成人在遇到挑战时专心致志地从整体上深入研究某一问题的全部复杂性,并通过自己的行动获得较大的满足;(5) 从婴儿时期只顾及当前发展成为成人时期有长远的打算;(6) 从婴儿时期在家庭中和社会上处于从属地位发展成为成人与周围人处在基本平等的地位甚至可以处于支配他人的地位;(7) 从婴儿时期缺乏自觉发展成为成人时期的自觉与自制力。[②]

一个儿童的兴趣和乐趣经常变化,他只对眼前的事物有兴趣。比如"等冰激凌的时间不能太长",他往往以自我为中心,不懂得他人需要,不懂得怎样以自己的要求去影响别人。但是,儿童却甘心处于这种地位,即自身大部分的行动都接受别人管束和控制,大部分愿望都得由别人去实现。当一个人能正确地分析自己、规划自己的奋斗目标,并且为了这一目标而承担与别人一样或更为重要的责任时,就说明他已不再是一个小孩子,而是一个具有成熟个性的成人了。

同样,组织成员在个性的发展方面,也要经过从婴儿发展为成人、从不成熟发展到成熟这样一个过程。这个过程就是从被动到主动、从依赖到独立、从缺乏自制到自觉与自制的演变过程。人的个性的发展轨迹与组织的发展是一致的。"正式组织"只能使人保持在"不成熟"的阶段,从而妨碍自我发展。

正是从人的个性发展的角度来考察组织管理的发展,导致阿吉里斯对传统的组织理论进行批判。阿吉里斯对传统组织理论的批判尽管同西蒙相比还不那么全面和深刻,但是,他可能是西方组织理论史上第一个对以泰罗、法约尔为代表的组织理论进行认真评价的人。他对传统组织理论的批判对西蒙不能说没有启迪作用。

---

① Harold F. Gortner, Julianne Mahler, Jeanne Bell Nicholson: *Organization Theory: A Public Perspective*, Wadsworth, Inc., 1989, p. 396.
② 孙耀君主编:《西方管理学名著提要》,江西人民出版社1992年版,第199页。

三、正式组织与成熟个性矛盾理论

传统的组织理论都倾向于研究正式组织。泰罗主张必须先有"精神革命"才能成功地实现科学管理,法约尔则主张"合作精神"。他们都是要求个人应当首先忠于组织,忠于正式结构。最有代表性的是厄威克,他主张按理性原则事先设计好一个理想的组织结构,使组织内部井井有条,一切都按既定秩序进行,每个人都各安其位,各行其是。这些传统的组织理论学家坚持认为,从长远效果来讲,只有按照逻辑设计出来的正式组织才更符合人的本性。

但阿吉里斯认为,正式组织"设计"出井井有条、秩序井然的结构和运行秩序,而现实中的个体却是各色各样、千差万别的。因此,正式组织总会要求它的成员适应组织,而不是组织适应成员。如果要按照每个成员的喜好和偏爱来设计组织,那么,组织就会变成由一片片补丁拼缀起来的"百衲衣"。而泰罗的"精神革命",法约尔的"合作精神",在阿吉里斯看来,都不过是为了改造个体,使个体适应组织的手段。传统观念认为,按照理性和逻辑设计出来的组织,从长远观点来看更符合人性。但阿吉里斯认为,组织中的个体作为健康的有机体,在人的个性方面,如同婴儿成长为成人一样,都不可避免地要经历从不成熟到成熟的发展过程。但是这种成熟过程,会被组织不客气地打断。凡是正式组织,都会阻碍个性的成熟。因此,组织理论的一个重大课题,就是找出这种冲突的解决方案。

其实,正式组织所通用的专业分工原则、等级层次结构原则、集中统一领导原则、控制幅度原则等都是同组织成员的成熟个性相矛盾的。在传统的组织理论中,专业化分工被视为是提高组织效率的重要原则。对专业化分工与组织效率之间的关系,传统理论提出了三条假设:一是在承担专业化分工原则所划分的工作任务时,人们能够以更有效率的方式工作;二是在确定的岗位上工作时,人们可以找到一种最佳方案,使工作速度最快;三是将更多的技艺和思维能力转移到机器上,可以排除独立的个人之间由于性格差异带来的影响。

产业革命时期尊奉为金科玉律的专业化原则,确实在机器化大生产的迅猛发展中建立了丰功伟绩。然而,专业化的致命之处,在于以消除个性差异为前提。身在机器前的工人,不再是活生生的"人",而是动作一致、思想一致、被机器化了的"劳动者"。消灭人的个性差异,等于人为地中断个性发展过程,扼杀人的自我实现的要求。而且过细的专业化分工,会使独立的个人能力发生严重的扭曲,工作越简单越符合专业化要求,同时也越会损害个人能力。阿吉里斯认为,专业化忽视乃至消除人的个性的差异,也就是宣布人不可能自我实现;同时,专业化分工越细,独立个人的能力就越得不到充分的发挥。工作越简单,就越是缺乏挑战性,这对于成熟个性的健康发展是极其不利的。

传统的组织理论强调等级层次结构。但阿吉里斯认为,这种结构本身存在问题,为解决结构本身的问题而采取的补救措施更存在问题。组织的等级层次结构,势必会形成"命令—服从"关系。这种结构关系会剥夺员工的自主权,限制员工的知情权,剥夺员工参与决策的机会,使员工易于产生依赖、被动、从属心理。传统理论提出了解决上述问题的几种措施,比如,对持积极态度的员工予以重奖,让技术上有专长的人担任领导。但是,问题并没有真正得到解决。给员工以重奖,实际上是在创造这样的心理氛围,即用金钱就可以去弥补精神上的损失,那么员工也可以到组织之外去寻求这种补偿。任用有技术专长的人担任领导也是与人类的个性特质相抵触的。员工所需要的领导不仅仅是因为他有工作专长,更重要的是他的管理能力和为人。阿吉里斯指出,如果领导人在任何情况下都能保持对组织的忠诚,那就有理由怀疑他的个性是否健康。作为部下,对领导人的尊重如果不是因为他的为人而是因为他的工作,那么这种尊重就有可能属于人格分裂。

传统的组织理论还认为,只要有集中统一领导,组织效率就会很高。这种看法也是不对的。在集中统一领导下,员工的个性发展由"自治"变为"他治"。员工的奋斗目标不是自己设定的,而是组织和上级为他安排的。这种目标具有外在性和肤浅性,不能达到"自我"层次,由此会导致员工心理上的挫伤与失败感,而个性的发展恰恰依赖于心理上的自得和成功感。只有员工根据内在需要自己确定目标,才能获得心理上的成功感,而这正是组织所排斥的。集中统一领导是与人的个性发展相抵触的。

传统的组织理论还强调组织的控制幅度原则。这实际上会加大员工的"管理距离"。控制幅度越小,部门划分就越多,而工作就越被分割得支离破碎。不同部门之间员工的沟通往来,就需要层层请示到有权指挥相关部门的共同领导为止。这也会剥夺员工的自治权,使员工更加深刻地感到无力控制自己的命运,增强依赖性。

阿吉里斯认为,正式组织为组织成员设定了以下的环境:领导决定一切,员工无权过问;员工处于依赖、被动和从属的地位;员工只有短期眼光,无长远打算;员工只有简单的技能;工作条件使员工产生种种心理障碍。

由此可见,正式组织与成熟个性的发展是相矛盾的,正式组织只能与婴儿的个性发展阶段相一致。事实上,在正式组织内,如果一个个性成熟的成人在工作的8小时内,以一种不成熟的行为方式行事,他反而会得到提升,获得高薪。从正式组织与成熟个性的矛盾分析中,我们就可以解释如下的现象:在一些组织中,恰恰是非成熟个性,甚至低能弱智的人能在某些工作中干得很出色。①

通过对人的个性发展过程的研究以及运用这一研究分析正式组织与成熟个性的矛盾,阿吉里斯得出了如下定理:

定理1:正式组织的要求与健康个性的发展是不协调的。如果应用传统的正式组织原则,即专业化分工、等级层次结构、集中统一领导的原则,建立起一个社会,同时又使用具有独立性、积极主动、能充分发挥自身的个性特征,即个性趋于成熟的职工作为组织要素,那必然会造成混乱。

推论:组织中混乱和不安的程度与健康个性的发展同正式组织的要求不协调程度成正比。

定理2:上述混乱和不安将导致员工的挫折、失败、行为短期化。如果员工追求健康、成熟的自我实现,其结果必然是:因为难以实现,员工产生挫折感;因为不能根据自身需要来确定自己的奋斗目标以及实现这些目标的手段,员工将感到无能和失败;因为无法确定和控制自己的未来,员工必然行为短期化。

定理3:正式组织的原则导致各个层级上的下属感受到竞争和压力,相互攀比,甚至相互为敌,各自只追求局部目标而不顾及更为重要的整体利益。因为下属对于领导是从属和依赖的,为了获得提升就必须在领导面前表现自己,彼此之间必然竞争;因为领导要求下属做好本职工作,只有本职工作完成好的才有奖励,因此,员工必然只注重局部工作而忽视整体利益;因为员工只注重局部工作,为了维持整体利益,领导就需要进一步控制,从而形成恶性循环。②

由于正式组织对个性发展的阻断,会导致员工产生离心力,而这又是正式组织所不愿看到甚至不能接受的。一般来说,员工受挫时,会产生一系列对抗办法,包括:离开组织;沿着组织阶梯向上爬以摆脱窘境;产生明显的矛盾行为,如精神恍惚,侵犯他人,行为缺乏逻辑性,彷徨不前,脱离实际的自我设计等;对组织失去兴趣,不指望工作能使自己满足,因而拈轻怕重,磨洋工,集体限制产量,甚至故意出错和欺骗;对正式组织冷漠旁观,形成非正式组织,诱发抗拒正式组织的行为;使非正式组织正式化;形成非正式群体规范,使某些不正常的行为经常化和习惯化;形成实用性的心理定势,只看重物质因素而忽

---

① 事实上,这一矛盾还会进一步激化。因为在这一过程中,职工的个性会不断发展,进一步成熟;正式组织的结构也会变得更为明确和严格;工作任务会变得更为机械、固定;工人有时也会降职使用。这就要求组织不能完全再沿袭正式组织的原则去管理,而须依据实际情况不断变革。

② 孙耀君主编:《西方管理学名著提要》,江西人民出版社1992年版,第207—208页。

视人的因素;对青年人或后继者灌输非正式群体规范和实用心态。

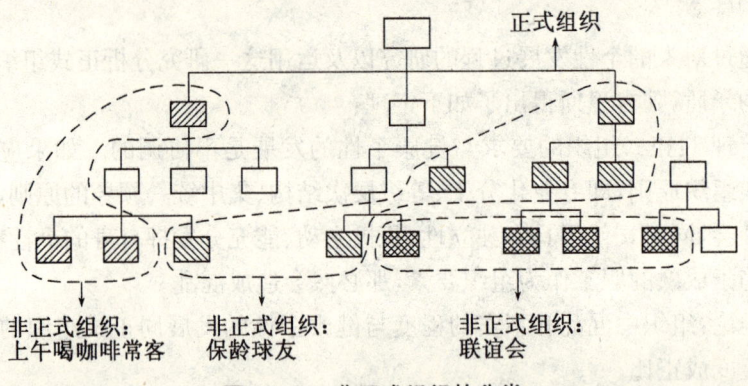

图 12-1 非正式组织的分类

对于组织成员产生的这种离心力甚至对抗,正式组织的经理一般会采取以下的手段来回应:强化领导行为中的压力因素;强化管理行为中的控制手段;增加"虚假"的员工参与和沟通。这些对策,只能使员工变得更加依赖和服从。依赖性和从属性的增加,又使问题变得更加严重。经理们本来打算克服的现象,由于这些措施而更为严重。

阿吉里斯认为,要跳出上述恶性循环,关键在于通过新的组织设计来实现个性与组织的协调。他认为,如何解决个体成长和组织原则之间的矛盾是管理者长期面对的挑战,领导者的任务之一就是努力减少这种不协调。而要减少这种不协调,就必须减少员工的依赖性和从属性。阿吉里斯开出的药方是:如果工作内容可以扩大并且有效实施以员工为中心的领导,情况就会得到很大的改善。在实践中,为了在健康的组织中培养出健康的个人,协调组织和个人的关系,管理者应该注意运用以下办法:工作扩大化和丰富化,扩大职工的工作范围,用从事多种工作或加大工作难度的方法扩大职工的技术领域与知识面;实行参与式的以员工为中心的领导方式;加重员工的责任,激发其责任心和创造性;更多地依靠员工的自我指挥和自我控制,等等。然而,这还取决于员工是否对组织有兴趣,是否愿意参与到组织的活动中来。

四、组织应用理论及其模式

通过对传统组织理论的批判,阿吉里斯认为,社会研究的方法需要有一个根本性的变革。以往的研究都是通过观察个人和群体的行为来进行的。这种科学研究具有标准的模式,即通过中立的观察者对个人和群体进行客观的观察,来取得资料、发现问题并进行进一步的分析。尽管研究者会采取种种相应措施以保持观察者的中立,但这种研究模式不可避免地会产生偏差。原因恰恰来自于研究者对被研究者的"介入"或"干预"。一旦接受研究的群体知道"他们"正在被"研究",强烈的自我价值感就会激励他们做得更好。

阿吉里斯指出,社会科学研究不能仅仅停留在观察和描述的层面上,而应该透过个体的行为本身,将注意力放在探索和研究隐藏在行为背后的动机上,比如,是什么使组织和个人这样做? 只有找到了原因才能解决实际问题。要做到这一点,就有必要摒弃以前科学研究的那种标准模式。阿吉里斯与舍恩在共同发展管理咨询和训练实务的工作中,合作提出了"行动科学"(Action Science)理论,并详细论述了该理论在市场环境下的应用。正是这个理论,彻底改变了传统的社会科学研究的理念和方式。

"行动科学"这一概念的出现,是阿吉里斯试图建立一种新的社会科学研究方法的标志。阿吉里斯和舍恩认为,人们总是在设计自己的行动,在任何相互作用中,无论是作为一个领导者、追随者还是观察者,人们的头脑中都会形成如何有效行动的计划。他们把人们的这些计划称为行动理论。实际上,这些行动理论就是如何有效行动的因果理论。人们会预测估计自己的行动所达成的结果及其意义,并依此来理解外在环境,而这些又会回过头来引导他们的行动。当上述行动发生时,人们一边检视自己行动的有效性,一边同时检视自己对环境的理解是否恰当。

阿吉里斯和舍恩指出,既然人们不可能在每种情况下都重新设计他们的行动,那么,个人必须掌握一种能在任何情况都有效的行动理论。他们二人认为,人们的行动理论存在两种:第一种是名义理论(Espoused Theory),即人们宣称自己的行为所遵循的支撑理论,这种理论通常是以一种固定的信仰和价值观的形式表现出来,甚至自己也信以为然的理论;第二种是应用理论(Theory-in-Use),即人们实际运用的行动理论,这种行动理论只有通过观察人们的实际行动才能够推断出来。

通过进一步的研究,阿吉里斯和舍恩发现,个体按照自己的行为方式做,是因为他们从孩提时代就一直接受着这样的训练,经过长久的社会化过程,已经将这样做视为理所当然。人们从事某些行动其实并不是有意识的。他们做许多事情是因为在孩提时代就被训练这样做,因为其他人也以同样的方式做,而且在他们的环境中这么做是常规性的。人们学习而形成习惯,进而逐渐发展为自动反应。但是应该注意,在通常情况下,一个行动自发完成这个事实并不意味着它不是出于有意识的动机,人们的任何行动都是经过设计的。

阿吉里斯提出的应用理论模式主要包括这样几个方面:主导价值观,是行动者必须满足的价值观,我们可将它们视为具有弹性的而且人们可以接受的一个范围;行动者为了满足主导价值观,会采取一系列的动作,即行动策略,他们相信自己所采用的行动策略将会导致所期望的结果;但如果事实上结果偏离了原先人们所能接受的范围,行动者就必然会针对这些并非其所期望的结果给予主导价值观及行动策略的反馈,重新设计并采取修正后的行动策略,直到将结果拉到令人满意的范围内为止。

在这个过程中,行动的结果不论是不是行动者所预期的,都是由行动者设计而来的,因为行动策略不只依赖行动者本身的应用理论,同时也仰仗行动者对行动接受者的应用理论所做的预设而来。阿吉里斯与舍恩之所以重视建构应用理论模式的必要性,主要是因为这样的模式可以帮助组织中的成员清楚地认识到自己是以何种推理为基础来行动的,使员工之间的互动与沟通更有效率,从而提高组织的成效。

20世纪70年代,阿吉里斯概括出应用理论的模式Ⅰ(Theory-in-Use ModelⅠ)。这个模式有四个主导的价值观:一是实现预期的目标;二是收益最大化,损失最小化;三是抑制消极的感受;四是按照自己认为理性的方式行动。依据这套主导价值观,可以得出一套最普遍的行动策略,它包括三个方面:一是在不鼓励质疑的情况下提出自己的观点;二是评估他人的想法和行动以及自己的想法和行动,单方面保留自己的面子和他人的面子;三是为自己正在试图理解的任何事物寻找原因。应用理论模式Ⅰ的行动策略主要在于提倡、评价和归因三个方面。不鼓励质疑,是为了保证自己的地位和权威;评估他人和自己的想法和行动,是为了行动的可行性;寻找原因,是为了满足理性化的要求。这种应用理论模式表现出的效果,是抑制、排斥人们对行动的质疑和检验。

在应用理论模式Ⅰ下,人们的行动要求当事人进行防卫性推理,即使用隐含状态的、不对他人公开的前提和推论进行因果推理,并且由这些前提和推论不断检验他们的自利和自我封闭的论断。当人们处于一个具有潜在威胁或困窘的环境时,很容易产生应用理论模式Ⅰ所表示的特征,即倾向于采取控制他人、保护自己的行动策略,并且将错误的责任都归因到他人或环境的缘故,而非自己的缘故。采取这种行动策略可能会表现出下列的防卫性,如隐藏自己对他人的真实评价,做出各种保留双方面子的行为,尽可能避免造成使人困窘的情形,蓄意隐瞒事实,故意顾左右而言他,以及用一种不鼓励别人探究的口气等。这种行动策略的结果就是增加了组织中的误解和不信任产生的可能性。另外,防卫性推理的应用还会抑制对防卫性推理本身的质疑,而此时恰恰是个体与组织都需要有效沟通、公开检验和不断改进的时候,不断采用应用理论模式Ⅰ的行动策略,很可能会造成防卫性的人际关系与团体关系,造成彼此之间不信任,甚至发展为恶性竞争的工作环境。

为了帮助人们认识到应用理论模式Ⅰ中存在的缺陷和导致的严重问题,阿吉里斯针对"介入研究者"组织内部的干预型研究者而非组织外部的中立型研究者,提出了另一种模式,即应用理论模式Ⅱ(Theory-in-Use Model Ⅱ)。这一模式以人们的名义理论为开端,通过介入研究者的作用,使组织中的员工学习一系列新的技能和一系列新的主导价值观,帮助员工把他们的名义理论转换成实际的应用理论。

应用理论模式Ⅱ的主导价值观主要有三个方面:一是保证信息的有效性;二是具有抉择的自主权和自由度;三是对自己的抉择具有内在承诺,即为了检错与纠错而对选择的贯彻执行过程时刻保持监控。从这套主导价值观中可以得出对应的行动策略。这种行动策略的核心是对名义理论和应用理论的吻合程度不断进行验证和纠偏,这就要求所有参与者可以共同分享设计与执行的权力,鼓励彼此暴露出与对方相冲突的观点,并在公开的场合中提出可被直接观察到的数据来支持自己的说法,彼此互相验证。

在应用理论模式Ⅱ中,要求人们进行创造性推理,这意味着推理的前提假定是明确的而不是隐含的,由这些前提得出的推论也是明确的而不是模糊的,最后得出的结论也是以独立于行动者本身所使用的逻辑方式来进行检验的。这与防卫性推理截然不同,这里用的逻辑不是自己设定并自我遵守的,而是公之于众的;传递的信息不是混合的,而是清晰的。这样的行动策略能够公开解释行动者如何做出评价或归因,并表现出他们如何鼓励其他人进行质疑和检验。因此,这样做所产生的结果将有助于降低组织内防卫性的人际关系和团队关系,并且赋予组织成员高度自由的选择权,培育他们的创新性与独立解决问题的能力。采用应用理论模式Ⅱ会形成组织的渐进式改善,组织的改变是具有成效并与时俱增的。

阿吉里斯和舍恩还发明了一种行为科学的新型介入研究方法,即"左右栏案例法"。在这个方法中,要求每个进行介入研究的员工设计一个案例,即用一段话描述一个主要的组织问题,并假定自己可以和组织中的任何人进行谈话以解决这一问题,员工根据自己以往在组织中的工作经验和人际交往经验,想象出相应的话语来描述这次谈话的内容以及自己所准备使用的行动策略,进而对防卫性加以检验。具体做法是:将一张纸分成左右两部分,在右栏写上自己准备怎样开始谈话,准备实际说些什么,接着写上自己认为别人会有怎样的反应,会说些什么;另外,在左栏写上自己的真实感受和观点,以及由于各种原因而没有说出的观点和感受。两相对照,立即就可以看出哪些是被隐藏起来的想法,而这种隐藏会产生什么样的防卫效应,会与名义理论产生多么大的背离。这种方法使用的最大的好处是可以产生直观的资料,反映人们的真实想法和实际行动。它实际上是将人们的隐性推理方式公开出来,可以帮助人们更清楚地看到自己在日常工作中是如何推理和行动的。由此,可以为后续的改变和学习提供一个良好的开端。

五、组织学习理论

阿吉里斯的"组织学习"理论与他的"行动科学"理论是密切相关的。"组织学习"理论的提出,是阿吉里斯对于组织变革问题的一种继续思考和研究的结果。阿吉里斯认为,组织学习是所有组织都应该培养的一种技能。在《组织学习》中,他强调:"优秀的组织总是在学习如何能更好地检测并纠正组织中存在的错误。组织学习越有效,组织就越能够不断创新并发现创新的障碍。这里所指的错误就是指计划与实际执行之间的差距,错误可能出现在技术、管理、人员等各个方面。"

阿吉里斯认为,人的个性是从不成熟向成熟发展的,因此组织也有一个适应人的个性发展而发展的问题。组织要发展就必须学习。问题是先要弄清楚组织学习的涵义。首先,组织学习有一个类型问题。比如,政府是一个组织,但不能让政府去学习如何欺骗或如何操纵社会。有的组织学习是走向罪恶,这是坏的学习类型。好的学习是为了适应变革,是为了将事情办得更好。

其次,组织学习又是与个人学习不同的事。组织并非纯粹是个人的集合。比如,当组织的某个成员行动时,我们能否肯定整个组织也就行动了?能否说凡是人的集合就是组织?事实上,有些集合是组织,而有些集合却不是组织。而且,当某些人的集合显然是一个组织时,组织中的成员所做的某些事,如呼吸、睡眠、同朋友聊天却又不是组织的事。但是,没有人的这种集合,没有人的行动,就没有组织和组织行动。与此相适应,组织学习并非纯粹是个人学习的总和,但是,没有个人的学习,也就不可能有组织的学习,组织的学习只能通过个人的经验和行动来完成。组织所了解的事情要比其成员少,组织不可能学会每一个成员所知道的事。

第三,组织学习绝不是组织领导个人的事。因为,在大型的组织中,头头脑脑们总是不断更替的,但是,无论领导如何更替,组织还是要存在下去。只要组织存在,就必然有组织学习问题。[1]

阿吉里斯认为,阻碍组织学习和不断创新发展的最重要因素是"组织防

---

[1] 江岷钦、林钟沂:《公共组织理论》,台湾空中大学教学用书,1995年版,第94页。

卫"。组织防卫可以表现在组织的政策、实践或行动的任何一个方面，可以出现在组织的任何一个层次上，包括个体、团队、团队之间、部门、部门之间。所谓组织防卫，是面对障碍或威胁时的一种自保性反应。而组织防卫一旦出现，就会阻断对相应障碍或威胁的深层探究，使参与者无法发现那些障碍或威胁产生的真正原因。比如最常见的诿过于他人、转移话题等。组织防卫产生于阿吉里斯在"行动科学"中所提出的"防卫性推理"。这种推理拒绝公开和坦诚相见，以信息的含混为基本特征，而这又源自于人们从孩提时代就接受的社会化训练。人们在日常生活和工作中使用防卫性推理进行思考和行动，是因为他们在这样的环境中长久养成了这样的习惯。随着个人进入组织，这种防卫性推理也被带入了组织，于是就形成了组织防卫。因为已经成为习惯，所以人们并没有意识到自己所提倡的"名义理论"和自己所实际使用的"应用理论"之间存在着那么大的差距。

阿吉里斯更多地从心理学、社会学和行为科学角度出发，探寻人们行为背后隐藏的心理推理过程，认为防卫性推理是组织学习问题的"罪魁祸首"；而圣吉主要是从人们认识世界和解决问题的方式上来找寻原因，认为缺乏系统思考能力是所有问题产生的根源。其实，这是由于两人的理论基础差异而在具体研究中所产生的区别。阿吉里斯对于组织的习惯性防卫的研究是从各个角度和各个层次进行的，包括组织结构及各项管理职能、管理设计、预算、组织战略、管理信息系统等。另外，他还分析了在人力资源管理活动以及实证研究者的工作中是如何出现防卫性推理的，以及这种现象会给组织带来什么样的严重影响。

阿吉里斯认为，社会科学的研究不仅要尽可能准确、全面、系统地解释现实状况，而且应该创造出实际可以应用的知识以供人们在改造现实中借鉴和应用。所以，他不是停留在发现问题和找出原因的阶段，而是更深入地进行研究，提出相应解决方案——介入研究，帮助人们将自己的"名义理论"转化成实际中的"应用理论"，也就是把与应用理论模式Ⅰ相一致的"单环学习"系统，转化成与应用理论模式Ⅱ相一致的"双环学习"系统，形成创造性的推理和相应的行动策略，并使这样的理念和方法成为人们自身的一种技能，即提高人们作为组织成员的学习能力，进而提高整个组织的学习能力。

为了进一步搞清组织学习概念的涵义，阿吉里斯又深入地探讨了"我们如何认识组织学习？可以进行学习的组织是一种什么样的组织？"等问题。他首先对何种人的集合是组织的问题进行了讨论。他认为当一群人具备了以下三个条件时，它才能称得上组织：一是以集体的名义作出决策；二是授予个人以集体行动的权力；三是确定了集合体与周围世界的界限。凡是组织，其成员总是依据决策授权和成员资格为集体作出决策和采取行动的。当集合体的成员们制定出这种规则时,他们已经组织起来了。只要规则在支配个人行为方面具有连续性,即使其成员在不断更换,组织仍将是持续存在的。这些规则实际上就是组织的一种正在运用着的"行动理论",或称"在用理论"(Theories-in-Use)。

任何一个组织都有自己的行动理论。这种行动理论可以是用于对外宣传的,这是"信奉理论",也可以是组织在运行中实际存在的"在用理论"。这两者常常是不一致的。组织的每一个成员都会形成自己的对组织的整个"在用理论"的映像和图像。这种映像或图像在每一个组织成员那里,只是一个部分,一个局部,总是不完全的。组织成员在组织中总是不断地使这种映像或图像完善起来,不断地争取认识作为组织成员的自己。当组织存在的条件发生变化时,他们就努力验证和修正头脑中的映像和图像。

组织也如同一个生物体,其全身的每一个细胞中都包含着自身对整个关系的映像。组织从某种意义上可以说是个人对集合体进行认识的一种产物。因此,要研究组织就不能只研究其静态的实体,而应研究其活动过程。对于组织成员来说,这又是一种认知过程,即去认识组织,并从与组织的联系中认识自身。这种认识即形成的映像和图像就构成了组织图。组织图是很重要的,它是组织成员通过各个人的映像共同形成的,凭借组织图,组织成员可以用来指导自己的行为。正像音乐家演奏的是乐谱,组织成员执行的是组织图。组织图是组织学习的重要手段。

组织成员总是按照自己头脑中形成的关于组织的映像和共同的组织图去行动的。这些图像包含着对具体结果的期望,这种期望总是可以验证的。当结果和期望不一致时,他们作出的反应是改变头脑中的图像和映像以及活动,从而使期望与结果相协调一致。如质量检查员发现产品有缺陷,问题出在生产流程上,他就将这一信息反馈给工程师,然后改变生产流程,纠正生产中的问题。

上述的例子说明,组织成员对于组织内部和外部环境变化作出的反应是发现错误、纠正错误,以维持组织在用理论的主要特征。这种学习的职能是保持某种恒常性。可以将这类学习称为"单环"学习。因为它只有单一的"反馈环",它将有缺陷的结果与组织的策略联系起来,对两者加以修正,从而使组织规范不变。为了产生这类组织学习,学习行为者的发现、创造和评价必须牢牢地印在组织的记忆中,即以编码的形式包含在组织的在用理论的个人映像和共同的组织图中。经过编码处理后的个人映像和共同图像就成为以后组织成员行动的依据。在这里,个人学习是组织学习的必要条件而不是充分条件。

但是，光有"单环"学习是不够的。因为这种学习关心的仅仅是效果问题，就是说，它只是关心在现有规范范围内如何最好地实现现有目标以及如何最好地保持组织绩效。然而，在有些情况下，组织的规范也要改变。比如，一家公司必须从其熟悉的半成品生产转入它所不熟悉的消费品的制造和销售。这样做的结果是要求公司成员采用新的推销、管理和广告方法；要求他们逐渐适应较短的产品寿命周期和较迅速变化的活动方式周期。这样一来，实际上要求企业改变原有形象。①

对于这种组织学习，就必须采用与"单环"学习不相同的方法。上述的公司在对付这种新的变化时，第一步的做法是成立了一个新部门，但是这个部门虽是新的，而规范仍是旧的，新部门工作越是起劲，与其他部门的冲突就越大。最后公司经理决定重建组织规范，并将新的规范通过编码纳入到组织的在用理论的映像之中。

这种组织学习就是"双环"学习。在组织的"双环"学习中，组织的在用理论方面的不一致是通过组织内部的成员之间以及群体之间的冲突表现出来的。这种冲突可以看成是一种在相互竞争中作出选择并在强权基础上确定重点和优先次序的斗争。斗争可能有两种结果：或者是一派压倒另一派，或者是两派不分上下。在这两种结果下，冲突得到了解决，或者确定了新的规范次序和重点，或者在调整有关的策略的同时调整了规范本身。通过这种方式解决不一致的组织规范问题的组织探索形式就叫做"双环"学习。

在"双环"学习中，组织内冲突双方探索解决矛盾的形式主要有以下几种：一是双方创造出有可能防止出现不一致性的新的绩效策略。比如，双方可能将研究和开发仅仅限制在现有业务方式的范围内，从而有可能维持现有的组织规范。这样，实际上是将一个初看起来是双环的问题运用单环的办法去解决。二是进行权衡利弊的分析。通过共同分析，实行某一规范的许多单位的意见被实行另一规范的许多单位的意见所抵消。通过这种分析，可能大家都确信研究开发前景甚微，从而放弃开发；或者将确立新的开发项目可能产生的破坏限制在某一局部的范围内。三是对组织的规范作出重大调整。当上面所讲的利弊分析已无助于冲突的解决时，参与冲突者尽力去说明和维护自己的立场。主张改革者则说明改革的必然性，并提出具体的手段和方法来实现某种激动人心的结果。这样，双方只能最终同意对旧规范进行必要的调整。

组织学习中的单环式与双环式是既有区别又有联系的。首先，在现实的组织运行中，组织中的权力运用过程与探索过程总是联系在一起的，权力可以

---

① 江岷钦、林钟沂：《公共组织理论》，台湾空中大学教学用书，1995年版，第360页。

引起冲突,探索也可以产生冲突。正因为这样,就有必要将属于学习的,即因规范的调整产生的探索中的人际冲突和群体冲突,同那些仅仅因为权力因素,即不属于学习的人际冲突和群体冲突区分开来。"单环"学习一般不产生组织内部的冲突,而"双环"学习是会有组织内部的冲突相伴随的。

其次,"单环"学习与"双环"学习都表现为因组织的内部和外部环境条件发生变化,组织成员去发现错误、纠正错误。但是"单环"学习在探索中并不改变组织规范,而"双环"学习则以改变组织原有规范为其主要标志。因此,"单环"学习的成功标准是组织提高了效果;"双环"学习的成功标准是组织制定出有效的新规范。

第三,组织的在用理论是由许多关联的部分构成的系统结构。在这一系统中,有些是特殊的、局部的东西,有些则是普遍的东西。相应地,在系统中,有些因素是基本的,有些因素则是边缘的。如果组织在面对新的环境作出行为调整时,改变的是边缘的因素或局部的东西,那么,这种学习就是单环的;如果在探索中,改变的是普遍性的部分或基本的因素,这种学习就是双环的。

组织学习与个人学习一样,也不是一次学习后就不再需要学习了。组织要不断地再学习。当组织进行再学习时,其成员就会考虑并深入探索以前不会处理的关系,就会考虑并深入探索组织学习本身的过程。因此,组织的再学习是对组织学习的学习。从再学习中他们就能发现所做的事情中哪些是促进学习的,哪些是妨碍学习的。通过这种考虑和探索,组织成员就有可能创造新的学习策略。所有这些,也都会以编码的形式纳入到个人的和共有的映像和图像之中,并在以后的组织学习中反映出来,因而组织再学习是提高组织学习能力的形式。

一般地说,再学习多半是以"单环"学习为主要的方式。学习的重点是提高组织绩效而不是去调整组织规范。但是这也不是绝对的,因为组织本身是开放的,是面对挑战的。因此,组织的再学习又与"双环"学习联系在一起。

第三编 科学决策时期组织理论的研究与发展

在科学决策时期,出现了一大批卓有成效的组织理论学家。组织理论经过科学管理阶段与行为科学阶段的发展以后,组织中的结构制度的与人际关系这两个方面都得到了充分的阐述和说明。但是,结构制度和人际关系在上述两个时期都似乎是各自独立的存在和运行着。现在的问题是,用什么新理论将它们统一起来。

而且更为重要的是,在上述的两个阶段上,组织理论学家们更多地是以管理学家的面目出现的。尽管他们也强调管理中的组织问题,并且在厄威克和古利克提出"组织理论"这一专门术语以后,都将各自的研究工作置于组织理论的名称之下,然而,他们都没有表示过或没有明确表示过组织理论是整个管理科学的基础。

这表明组织理论已经到了需要变革而且能够变革的时候了。这种大胆的变革首先是由巴纳德发起的。巴纳德之所以被誉为是"现代组织理论之父",其贡献主要就在于他把组织问题变成管理的核心问题。巴纳德最早写的著作是《经理人员的职能》,从书名我们就可以知道,他最初的兴趣,最早的研究对象是经营者的职能。但是,当巴纳德对管理问题进行反复思考并引进社会学和系统论的研究方法以后,他突然发现经营者的职能及其管理过程都不过是组织的一些专门职能,在一个组织中担任着谋求组织的形成和维系着这种专门职能的人就是经营者。因此,研究和发展管理学,其核心与基础就是要阐明组织的本质特性。

巴纳德认为,虽然在传统的管理理论中,组织问题也得到过专门的关注和研究,但是这些研究都属于技术方面的,局限于组织的结构设计。他把这种研究比喻为地形学和制图学。真正的组织研究不是仅仅掌握组织的技术问题,它应当超越组织的地形学和组织制图学,从理论上阐明组织的本质与特征。

巴纳德有关组织理论的创新性研究启发了许多人,其中一个重要人物就是赫伯特·西蒙。西蒙生活的年代,信息已经成为人人熟知的名词,而且计算机技术已经取得了长足的进步,许多管理部门开始将计算机作为辅助决策的手段。如果说巴纳德的创新在于把组织置于整个管理的中心位置,并在自己的著述中涉及组织的决策活动的话,那么,西蒙则是大大发展了巴纳德的决策概念,并且将决策作为整个组织理论的核心,提出了管理就是决策的经典命题。

从某种意义上来说,西蒙仍然是沿着行为主义科学的道路向前推进组织理论研究的,他仍然把注意力集中在组织中人的行为的考察上。但是,在西蒙之前,行为主义重视的是行为的角色和行为的动作。而无论是角色,还是动作都不可能作为分析的单位,只有将它们置于一个可行的分析单位之下,组织成员的行为才能得到说明。西蒙找到了这个可行的分析单位即决策。但又如何选择决策模型? 在西蒙之前,人们对决策中的理性的分析出现过两种对立的"精神分裂"。科学主义绝对肯定理性的作用,行为主义则重视非理性的作用。西蒙并不否定理性对组织决策的重要性,但他认为人类决策中的理性只是有限的理性,任何现实的决策只能是有限理性的决策。至此行为主义科学已达到了它的极点,并转向了科学决策主义。

西蒙向前推进了人际关系和行为主义理论,并突破了它们的局限性,沿着巴纳德开辟的道路,巩固了科学决策主义。西蒙从逻辑实证主义出发,第一个对科学管理时期的管理与组织学说,特别是组织设计论进行了系统的批判。西蒙认为,组织理论学家不是医治组织疾病的医生,因此,他的工作不在于诊断出组织的毛病,为医治这种毛病开出处方;它是一个研究组织病理的专家,其重要任务是提出有关组织的生理学和解剖学知识,去训练一般的组织管理方面的技术专家。在西蒙看来,组织运行过程的实质是通过其成员提供决定前提来影响成员的决策,使成员都把实现组织目标作为自己的奋斗目标。因此,对西蒙来说,组织影响是基础,组织决策是核心,组织目标是归宿。

西蒙对组织理论研究的最大贡献是在组织决策方面。首先,他提出了与传统的决策理论相对立的组织决策基本理论。传统微观经济学的决策理论最主要内容是完全理性和利益最大化原则,西蒙的决策理论正好提出了与此相反的两个命题:一是"有限度的理性",二是"令人满意的准则"。

西蒙在组织理论研究方面的第二个贡献是提出了系统的决策过程理论。传统的组织理论和经济学只研究决策结果的合理性,很少注意对决策过程加以探讨。西蒙将组织内部的决策活动分为经常性与非经常性两大类,他把前者称为程序化决策,将后者称为非程序化决策。一个组织不管其日常决策多么复杂,都可以将其分为简单的行动步骤,并加以程序化,这种程序化决策可以借助计算机来完成。

对组织的程序化决策做出贡献的另一位学者是弗洛姆,他除了在期望激励理论方面有独特的见解外,最先对组织决策的方式进行分类,并根据主客观条件和一定的法则建立了树状结构判断选择模型的学者。在这一时期,弗洛姆的一个重要作用在于他在探索组织的领导者依据不同情境进行决策时，意识到组织决策和管理中权变的重要性。而这一思想为菲德勒等人所接受并发扬光大。

第十三章 巴纳德的组织平衡理论

【摘要】

切斯特·巴纳德是现代管理理论之父。在现代管理学领域,巴纳德可以说是首屈一指的大师级人物,他是西方现代管理理论中社会系统学派的开创者,他对现代管理学的贡献,犹如法约尔和泰罗对古典管理学的贡献。巴纳德是个罕见的天才——他是一个管理理论家,同时又是一个成功的商业人士。美国《财富》杂志称赞他"可能是美国适合任何企业管理者职位的具有最大智慧的人"。

巴纳德同时是组织理论研究的奠基人之一,他是第一个提出关于组织理论是现代管理理论的核心这一重要命题的学者,也是系统组织理论的创始人。在20世纪30年代末,他就摒弃了在组织理论中长期占据统治地位的理性方法,他认为,权力并不是上司强加的,而是由普通成员的监督产生的。他对组织的结构及其发展作了富有创造性的阐述。同时,他系统地论述了组织的管理权限理论、组织的特殊化理论、组织的决策理论。另外,最值得一提的是,他对组织的平衡问题作了深入的研究,管理学界几乎一致认为,巴纳德关于组织理论的探讨,至今几乎没有人能超越。德鲁克、孔茨、明茨伯格、西蒙、马奇、利克特等人都曾大大受益于巴纳德。同时,巴纳德也是第一位将决策提升为管理核心的人,这一观点此后得到西蒙、马奇等人的发展,衍生出组织理论的决策学派。

一、巴纳德的组织理论研究活动与主要著述

切斯特·巴纳德(Chester I. Barnard,1886—1961)1886年11月出生于美国马萨诸塞州莫尔登的一个贫穷的家庭。父亲是机械工,母亲的娘家经营铁匠铺子,尽管家境贫寒,但全家很和睦。1891年,巴纳德五岁,母亲因病去世。巴纳德是在外祖父家长大的。1904年,进入蒙特赫蒙学校学习。巴纳德自幼聪慧,酷爱音乐,勤于读书。

巴纳德的大学生涯并不是很美满。1906年,他考入了哈佛大学,专攻经济学,1909年毕业。在哈佛大学期间,他勤工俭学,靠帮人修钢琴的收入来缴

纳学费。因为缺少实验学科课程的学分,他没能获得硕士学位,但这并没有使他灰心。1909年巴纳德进入美国电话电报公司,开始了他的职业生涯,1915年晋升为AT&T商业工程师。

  作为一个行政管理者,巴纳德走过了相当复杂的历程。1922年,他担任了AT&T所属宾夕法尼亚贝尔电话公司副总裁助理。1926年,成为宾夕法尼亚贝尔电话公司的总裁。1927年,巴纳德担任新泽西贝尔电话公司总裁,那年他41岁。巴纳德担任这个职位长达20年之久,直到退休。1942年,他创立了联合服务组织(USO),并出任总裁。1952—1954年,巴纳德担任美国的国家科学基金会主席;1948—1952年,担任洛克菲勒基金会董事长。1961年,巴纳德去世。

  在丰富多彩的人生中,巴纳德担任过美国原子能委员会的委员,帮助制定美国原子能委员会的政策;还担任过新泽西紧急救济局、新泽西感化院和联合劳务组织、新泽西巴赫会社的领导职务;在20世纪30年代大萧条时期,他做过新泽西州减灾委员会的总监;二战期间,他领导过非盈利性组织美军慰问协会。巴纳德不仅是一位优秀的企业管理者和组织理论的研究者,还是一位出色的钢琴演奏家和社会活动家,他曾经担任过巴赫音乐学会的主席。

  在长期的管理和组织实践中,巴纳德积累了丰富的企业组织和管理的经验,他不仅是一位管理实践的探索者,更是一位勤于理论研究的人。在美国行政管理学史和组织理论研究史上,巴纳德是努力将组织思想上升为完整理论,并取得伟大成就的少数几个人之一。特别在有关企业的组织理论研究上,他终于做出了杰出的贡献。巴纳德属于在从传统的组织理论到现代组织理论过渡中起着桥梁作用的人。巴纳德接受过韦伯的组织理论,同时也吸取了同时代的管理学者玛丽·帕克·福莱特(Mary Parker Follett,1868—1933)关于人的团体观念和完形心理学理论,并推进了关于正式组织的分析,同时讨论了非正式组织的问题。巴纳德始终认为管理权力并不是来自上级,一切组织权力都是自下而上的,它总是与其责任相一致的,必然要受到雇员的监督。

  1938年,巴纳德出版了著名的《经理人员的职能》一书,此书被誉为美国现代管理科学的经典之作。1948年,巴纳德又出版了另一重要的管理学著作《组织与管理》,使其声望进一步提升。巴纳德的这些著作为建立和发展现代管理学作出了重要贡献,也使巴纳德成为社会系统学派的创始人。由于巴纳德在组织理论方面的杰出贡献,他被授予了七个荣誉博士学位。

  巴纳德一生著作丰盛,在组织理论研究领域,最有名的著作是《经理人员的职能》(*The Functions of Executive*,Cambridge,Mass,Harvard University Press,1938)、《组织与管理》(*Organization and Management*,Cambridge,

Mass, Harvard University Press, 1948)。

对于一个希望将传统组织改造为现代组织的经理人来说,巴纳德的这些著作不可不读。巴纳德在上述著作中创立了协作系统理论,又称为巴纳德的社会组织理论,或自觉协作活动系统理论。《经理人员的职能》一书集中体现了这一理论的思想。这是巴纳德毕生从事企业管理工作的经验总结,他将社会学概念应用于分析经理人员的职能和工作过程,并把研究重点放在组织结构的逻辑分析上,提出了一套组织的理论,建立了现代组织理论的基本框架。巴纳德认为,社会的各级组织包括军事的、宗教的、学术的、企业的等多种类型的组织都是一个协作的系统;所有的组织都包含三个要素:合作的意愿、共同的目标和信息沟通。他的贡献就在于,从最简单的人类协作入手,揭示了组织的本质及其最普遍的规律。肯尼思·布丁称该书是他读过的有关组织方面的最有影响的著作之一;赫伯特·A.西蒙在他的《行政行为》一书中,明确地提到,他的研究成就是因受过巴纳德的教诲。巴纳德的名言是:组成一个组织的核心是人,而不是组织图表上的职位。

上述两本著作堪称传世之作。除了这两本经典著作外,巴纳德还写过许多论文和报告,如《经理人员能力的培养》、《人事关系中的某些原则和基本考察》、《工业关系中高层经理人员的责任》、《集体协作》、《领导和法律》等。

二、现代组织理论的地位

巴纳德对组织理论研究的一个重要贡献在于他首先提出组织理论是现代管理理论的核心这一命题。在巴纳德看来,经营者的职能及其管理过程,只是组织的一个专门职能。在组织中担负起谋求组织的形成和维持这种专门职能的人就是经营者。因此,为了阐明经营者的职能,就必须阐明组织的性质和本质。关于组织问题,虽然在传统管理理论中已有人对组织设计的问题进行了研究,但这种研究只是偏重于技术方面,其内容大多是对组织表面的特征和结构加以分析,而没有能在理论上对组织的特征和本质进行探索。巴纳德指出:"为了理解经营者的职能,需要有一种超越组织地形学和制图学的东西。对于组织,究竟是什么种类和性质的各种力量在起作用呢?其作用的方式又如何呢?有关这方面的知识是需要的。"①

正是在有关组织理论地位的问题上,传统的管理学与现代管理学显示出

---

① Chester Barnard: *The Function of the Executive*, Cambridge, Mass, Harvard Univ. Press, 1968, p. 8.

明显的区别。首先,传统管理学是分析经营者职能的,它将经营者的职能及管理过程区分出计划、组织、调节、控制、动机等方面。而在现代管理理论中,组织理论则被视为管理理论的核心,居于中心位置。巴纳德认为:"组织的性质和过程决定经营者职能的内容以及如何实行这些职能。"①

作为一个经理,为了使组织能够生存下去,就需要在不断变化的环境中,保持组织的内外平衡。经理正是担任为适应环境变化而保持组织平衡这种专门职能的人。经理应当具有什么样的职能,他应当如何来行使这些职能,完全是由组织的本质、性质和过程来决定的。从这一意义上来说,现代管理理论也就是现代组织理论。

其次,传统的管理学是一种单纯的技术论,它着重研究和阐述那些最有效地实现管理目的、具有实际效用的各项原理和各种技术。现代管理理论则要消除这种技术论的特征。现代管理理论应包括三个方面:技术的、描述的和规范的。描述的管理理论是回答"IS"的,即"A 行动和 B 行动之间有一定的关系",而规范的管理理论则是回答"MUST"的,即"为了达到 B 这个目的,必须采取 A 这个行动"。因此,现代管理理论是对组织的本质进行分析的理论。现代管理理论不满足于传统管理理论的技术论倾向,它主要是注意对组织的本质是什么、人在组织中是如何行动的等方面加以剖析,进行描述分析。

第三,传统管理理论将组织的表面结构作为研究分析的对象,因而过多地考虑组织的设计等问题。现代管理理论则将"组织中人的行为"作为研究对象,在这一点上,巴纳德继承了人际关系学派的观点。但是,与梅奥等人不同的是,巴纳德重视的是正式组织,认为"正式组织是社会行为的具体过程",非正式组织只不过是正式组织的一部分。

第四,传统管理理论把组织的作业作为主要的研究对象,从泰罗开始的传统管理理论着重阐述能够最大限度地提高作业效率的原理和技术。现代管理理论则主要研究组织的决策。在巴纳德看来,人在行动以前必须做出决策,因此,研究组织中的人是如何决策的,什么因素影响决策,就成为现代管理理论的中心课题。巴纳德认为要对组织进行科学的研究就必须采取科学的方法,这就是行为主义的分析方法。这种方法是以组织中的人的行为为对象,采用描述的方法,同时借用社会学、心理学、人类学等"行为科学"来研究组织行为。这种从综合的角度来考察组织中人的行为的学说则称为"组织行为科学"。"行为科学"与"组织行为科学"不是一个东西。后者是研究"组织中的人"的行

---

① Chester Barnard: *The Function of the Executive*, Cambridge, Mass, Harvard Univ. Press, 1968, Preface, p. 7.

为,而前者则是撇开组织来研究人的一般行为。但是这两者又是相互联系的。

巴纳德在讨论"组织的行为科学方法"时,一是强调了这一方法同诸如社会学、心理学等行为科学的关系。他认为人际关系学派将心理学方法引入组织研究是一种进步,但是,人际关系学派主要以非正式组织为分析对象,这是不科学的,应当以正式组织作为研究对象,因为在现代工业社会中,只有正式组织(如企业)才是人类社会发生相互作用的社会过程和社会系统。二是指出了这一方法同经济学的关系。他认为,对组织中人的行为的研究离不开经济分析,但经济分析应放在次要的位置上。三是突出了这一方法主要是描述性的。

巴纳德的组织行为研究方法是以一种"决策人"的假设作为前提的。在巴纳德看来,构成组织的个人并不像传统管理理论所说的那样是一种"机器的附属物",也不是单纯接受命令的"被动的生产工具"。个人既然具有自由意志,就有个人的人格,也就有决策能力,即具有自由选择,并通过自由选择以适应环境的能力。因此,组织成员,无论是经营者还是职工,都是决策者。

三、组织结构及其发展理论

巴纳德对组织的本质进行了研究。在传统的组织理论中,人们感兴趣的是关于组织中的职务分化和由此产生的部门结构。巴纳德并不满足于传统组织理论的这种做法,试图通过首先使组织概念抽象化,然后对其加以逻辑分析,从而揭示组织的本质特征。

巴纳德在对组织概念进行抽象时,第一步先将物质手段系统从组织概念中排除出去。"物质组织"这一范畴最先是由法约尔提出来的,他认为,任何组织都包含物质组织与人员组织两大部分。后来"物质组织"就成为传统组织理论中的一个重要术语,从而造成一种错觉,凡谈起经营组织,人们首先想到的就是工厂的厂房、机械设备、工艺流程。在人际关系学派那里,这种看法并没有被消除,只不过"物质组织"这一术语被"技术组织"所取代,组织被分成技术组织与人的组织两大部分。巴纳德指出,在现代组织理论中,组织只是与人有关。所谓的物质组织或技术组织,其实都是组织赖以存在的环境。他提出了一个用来概括组织中物质的与技术的因素的新概念——物理环境,从而将物质与技术系统从组织概念中排除出去。

第二步,巴纳德摒弃了将组织仅仅看成是人的集团的看法。他认为这种观点会造成组织概念的混乱与矛盾。这是因为只把企业视为是内部人的集团,那么,股东和消费者就不是组织的参加者了;而事实上,股东通过提供资本这种行为为企业的发展做出了贡献,消费者则通过购买商品对企业经营做出了贡献,这些都是经营组织行为的一部分。当然股东和消费者又是在不断变化的,也不能将包括不断变化着的股东和消费者在内的人的集团看成是组织。

另外,具体的个人不仅参加一个特定的组织,而且也参加其他的组织;而在参加经营组织的同时,还可能参加宗教团体、俱乐部。因此,个人是站在多数组织的联结点上的,不能简单地将组织视为是人的集团。

在此基础上,巴纳德认为:"组织不是集团,而是相互协作的关系,是人相互作用的系统。""所谓组织,是有意识调整了的两个人或更多人的行为或各种力量的系统。"管理学家吉尔布雷思认为这一定义是以往见到的组织理论定义中最好的一个。[①]

这一定义指出了组织的本质特征。首先,组织不是一个由人组成的集团,而是由人的行为构成的系统。传统的组织理论研究的是组织的形式部分,它可以通过组织图或部门分工表现出来。其缺陷在于忽视了人在组织中的行为,不是一个一个原子式的人构成了组织,相反,是人们通过行为构成了组织,组织是人的行为的系统。

其次,组织不是单个人形成的集合,而是一个有机的系统。巴纳德指出:"组织,无论是单纯的还是复杂的,常常是得到调整的人的行为的客观系统。"[②]正因为组织是系统,所以系统的特性也就是组织的特性。按照系统科学,系统是各个部分依据一定的方式联结起来的一个整体,各个部分之间的关系是在一定的目标下依据一定的方式规定的;当其中一个部分与其他部分的关系发生变化时,作为整体的系统也会发生变化。因此,组织是动态的。

第三,组织不是一个一般的系统,而是协作系统的核心部分。协作系统相当于一个企业,它是由组织系统、物质系统、人的系统及社会系统构成的一个更大的整体。由于组织是合乎目的的人的行为的系统,所以它是在整个协作系统中起着核心作用的子系统。协作系统中的其他部分,如由机械设备、材料等构成的物质系统,虽然已经从组织中被排除出来,但通过组织活动,物质系统被组织起来,从而具有了价值。如果没有物质系统的支持,企业组织就不可能创造出任何经济效益。在协作系统中,还有由经营者和职工组成的人的集团,虽然它也被排除出组织的概念,但通过组织活动,人的集团同样被组织起来,从而具有了意义。在协作系统中还有社会系统,即一个组织与其他组织交

[①] 杨锡山:《西方组织行为学》,中国展望出版社 1986 年版,第 375 页。
[②] Chester Barnard: *The Function of the Executive*, Cambridge, Mass, Harvard Univ. Press, 1968, p. 94.

换效用的系统,也由于组织的活动而具有了存在的价值。

组织系统同协作系统以及协作系统中其他的各个系统之间并不存在明确的界限。物质系统、人的系统和社会系统都是要通过组织的活动才能被组织起来并得到管理的。组织系统在活动中渗透到其他系统之中。

在对组织的本质特征进行分析的基础上,巴纳德论述了组织的构成要素。他认为一个组织系统必须具备三个要素:一是共同的目的;二是协作的愿望;三是信息。这三个要素对组织来说不仅是必需的而且是充分的。首先是共同的目的,它又被称为组织目的。传统组织理论将职务看作是组织的要素,人们习惯于通过职务的划分和分配来进行组织设计。巴纳德则把共同目的作为组织的基本要素。在他看来,重要的是组织目的的确定、分割和变更。没有目的,就没有协作;没有目的,就无法了解和预测要求个人采取什么样的行动和应当做出什么样的决定。组织中的个人采取什么行动,做出什么决策,都是由组织目的决定的。

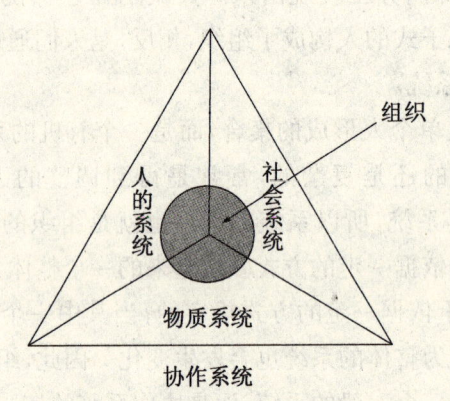

图 13-1 组织在协作系统中的位置

组织目的并不是单一的,而是多样的。它包括利益目的、发展目的和稳定目的等方面。这些目的之间并不完全是协调的,有时甚至是矛盾的。作为整个组织来说,它有一个总的目的,这个总目的又被分割为各个部门的目的,各个部门之下也还有更小的部门,它们也有各自的目的。这样,组织目的其实就形成了一个阶梯形结构。

对于组织目的,巴纳德提出了以下有意义的见解。一是他认为组织目的不仅要得到成员的理解,而且还要为他们所接受。如果目的不能被组织成员所理解、所接受,那么,各个成员的行动和决策就无法统一,也就不可能产生协作。

二是他认为组织成员对组织目的有两种理解,即主观性理解与协作性理解。前者是指组织成员从个人立场出发,主观地认识组织目的;后者是指组织成员脱离个人立场,从组织的整体出发,客观地认识组织目的。当组织的目的比较明确、单一时,两者不会产生多大的矛盾;而当组织的目的比较复杂、抽象时,两者就会产生较大的矛盾。对一个组织来说,"让组织的参加者把作为协作系统的基础而起作用的客观目的认定为组织目的","让职工相信一个共同目的确实存在,是经营者不可缺少的职能"。[①]

三是他认为必须区分组织内的个人目的与组织的共同目的。组织的参加者具有双重人格:组织人格和个人人格。组织的共同目的是外部的、非个人格的、客观的目的;个人目的则是个人人格的、满足个人利益的目的。组织人格与个人人格、组织目的与个人目的本来是不一致的,有时两者是背道而驰的。如何克服组织目的与个人目的的矛盾和对立是现代组织理论的基本问题。

四是他将组织目的看作是一个不断变化的过程。组织为了适应环境的变化,往往会重新确定自身的目的。巴纳德认为,组织是把组织目的作为一个要素而形成起来的,组织一方面要不断地依据环境的变化改变目的;另一方面,组织又要不断地将抽象的目的具体化。

组织的第二个要素是协作愿望。现代组织理论既反对将组织视为人的集团的"集团论",也反对将组织视为机构的"机构论"。组织的素材是人的行为,因此组织成员的协作愿望是不可缺少的。组织的协作愿望是指个人要为组织目的贡献力量的愿望。巴纳德认为这种"愿望是依赖他人对个人行为的支配,是个人行为的非个人化"[②]。

组织中的协作愿望的强度在不同的人身上表现出较大的差别性。有的非常强烈,有的非常微弱;有的是积极的,有的则是消极的,甚至是令人憎恶的。在现代社会中,个人对正式组织的协作愿望大都是低沉的;而且正式组织的规模越大,越是带有综合性的,其成员的协作愿望就越小。在巴纳德看来,组织成员的协作愿望的强弱是同其组织规模成反比的。

在组织中,成员个人协作愿望的强弱不是固定的,而是经常变化的;组织成员的协作愿望是间歇的、变动的;协作愿望强的人数和协作愿望弱的人数也在发生变化。这样,组织成员协作愿望的整体状况也必然是不确定的。这种协作愿望的间歇性、变动性在组织外部人员的身上表现得特别强烈。

构成组织的另外一个基本要素是信息。所谓信息,就是向个人传递的情

---

① 杨锡山:《西方组织行为学》,中国展望出版社 1986 年版,第 376 页。
② Chester Barnard: *The Function of the Executive*, Cambridge, Mass, Harvard Univ. Press, 1968, p. 84.

报或想法。在组织的两端是组织目的实现的可能性和个人对组织拥有的协作愿望,把这两者连接起来就是信息的传递过程。对于组织来说,即使有了目的,但如果目的不为成员所知,目的就不能为人们所理解和接受。为了让组织成员了解共同的目的,就必须有信息传递。同时,只有及时地传递信息,才能确保组织成员行为的合理性、合目的性和协作性。

巴纳德认为,在组织中,领导要把自己的想法直接告诉为数众多的成员是很困难的,因为领导无法向所有成员有效地传递信息。为了统一信息,不至于使领导的想法因情报的传递陷入混乱,在组织中就得设一名管理人员,这一管理职位的设置就是设置信息系统。设置和维持信息系统是正式组织建设的首要问题。[1] 对于一个组织来说,其结构、规模和范围几乎都是由信息技术来决定的。

从组织的本质、组织的要素出发,巴纳德论述了组织结构的发展规律。他认为,在组织的发展中,信息是起支配作用的。对于任何一个组织来说,为了实现组织目的,就需要将这种目的化为具体的行动,并通过信息传递到每个组织成员,使他们知道何时何地应做何事。要防止成员随心所欲地行动,就必须统一信息,从而也就得要有一个领导,使之成为信息系统的中心通道。

但是,一个领导是不可能向数十万个人同时而有效地传达自己的想法的。在通常情况下,一个领导其领导能力的有效界限是一定的,每个组织领导人的信息界限也就是他领导能力的有效界限。一旦组织规模超过领导者的领导能力的有效界限就会出现问题。这时,要避免混乱,就需要增设新的组织。

如果建立了两个以上的单位组织,就有必要把这些组织统一成一个复杂的组织,并在各个单位组织领导之上再设立一个共同的领导。任何一个上层组织都是由下层组织累积而形成的。问题是何种力量能将这么多组织细胞统一成一个有机的整体的。巴纳德认为,将各单位组织成统一整体的力量实际上就是管理者行为的"同时贡献性"。a 既是 I 作业单位组织的领导,同时也是Ⅲ管理组织的成员。因此,a 的行为和决策对 I 和Ⅲ这两个单位组织来说都具有同时贡献性。在复杂的组织结构中,管理人员的行为和决策对两个单位组织都具有同时贡献性。因此,管理职位就成为将各单位组织的信息有机统一起来的联结点。从这个意义上来说,组织中管理人员的职位是信息中心,管理职位是作为信息中心有效地发挥其机能的。

---

[1] Harold F. Gortner, Julianne Mahler, Jeanne Sell Nicholson: *Organization Theory*: *A Public Perspective*, Wadsworth, Inc., 1989, p. 148.

四、组织管理权限理论

传统的组织理论把权限解释为管理人员对部下发布命令和下达指示的权利。法约尔就讲过,所谓权限即是发布命令和引导职工服从命令的能力。但巴纳德认为,组织中的权限取决于管理人员支配部下的命令是否为部下所接受。他指出,经理作为组织的领导核心,必须具有权威性。所谓权威就是存在于正式组织中的一种秩序。如果经理发出的命令得到执行,那么在执行人员身上就体现出领导者已建立起权威。因此,命令是否具有权威性,其检验的标准不是发布命令的人,而是接受命令的人。一些经理之所以失败,是因为他们没能在组织内部建立起体现权威的"秩序"。当多数人感到领导的命令不利于或者有悖于他们的个人利益,从而不再对领导表示支持时,领导的权威也就不存在了。

管理离不开权威。除了在权威研究上最有名的韦伯以外,巴纳德之前还有不少人都对权威进行过不懈探讨。例如,玛丽·帕克·福莱特(Marry Parker Fullett)在20世纪初就提出了权威的情景规律。她试图把对组织的服从和对人的服从分开,把权威非人称化。在福莱特那里,不应该由一个人给另一个人下命令,而应该是双方都从情景接受命令。比如,饭馆里的厨师通常地位高于跑堂的,然而炒菜的指令又要从跑堂的那里下达给厨师,这样,就会发生指令接受上的困难。一般解决这一问题的办法是,由跑堂的把菜单放在一个夹子上,厨师是由"夹子"而不是由跑堂的那里直接接受指令。由此就形成一个通用规律——权威产生于情景而不是来自于个人,从而创造出"共享权力"的氛围。福莱特的名言是:你只有对奴隶才有统治的权力,而你对仆人则只有共事的权力。巴纳德接受了福莱特的影响,并且比福莱特又前进了一大步,提出了权威接受论,即权威来自于下属的接受和认可。

巴纳德分析了领导具有权威性的条件。首先,领导的命令必须能让人们理解。凡是无法被人理解的命令不可能具有权威性。如命令的语言晦涩,令人费解,或者只罗列一些空洞的原则,连发布命令的人自身都难做到,在这种情况下,执行者对命令或者是不予理睬,或者是敷衍塞责,应付了事。

其次,命令必须与组织的目的一致。如果领导的命令与组织的目的不相符,命令就无法得到执行。最常见的例子是许多命令自相矛盾,使人无所适从,难以执行。对于这类命令,聪明人就会采取阳奉阴违的态度。一旦发出了同组织的目的不相符合的命令时,管理者就应在贯彻的过程中作出补充和修正。

第三,命令必须照顾组织成员的利益。如果命令被认为会损害组织某些成员的个人利益时,下面就会缺乏执行的积极性。当命令损害了组织成员的利益时,很可能出现下属不服从的现象。在实际生活中,比较多的人可能采取回避态度,假装生病或敷衍应付,也有人因此而自动辞职,离开组织。

第四,命令应当让人乐意去执行。如果勉强让一个人去执行无法实现的命令,那么组织成员只能拒绝执行或敷衍了事。比如要求一个人从事他力所不能及的事情,即使这种要求与其能力只相差"一点点",但这"一点点"却是决定性的,它会影响命令的执行。

总之,在巴纳德看来,"权威是正式组织传达命令以支配组织成员行动的。它具有被组织成员接受的性格"[①]。命令被部下接受时,管理人员的权威就得到了肯定,或者说管理人员有了权威;反之,当组织成员不服从命令时,管理人员的权威就不存在。命令是否具有权威性并不取决于下达命令的管理人员,而是取决于被命令的部下,取决于命令能否为部下接受。这是一种权威接受理论。

权威接受理论认为,权威的决定因素存在于被领导者之中,只有当被领导者愿意服从命令时,领导才具有了权威。因此,组织权威的决定权不在领导和管理者那里,而在普通的成员之中。这能实现一个组织的协调一致与团结合作吗?巴纳德的回答是肯定的。他指出,组织中的领导者下达的命令有三种情况:一是所下达的命令符合前面讲的四种要求,因而能为成员接受;二是每个人都存在一个"中性区域"或"无差别圈",在这个区域或圈内,人们是乐于接受命令的;三是大多数关心组织命运的人对命令的支持态度会影响和改变少数人的态度,这反过来又有助于维护"中性区域"或"无差别圈"的稳定。

可见,对于巴纳德的权威接受理论来说,"中性区域"或"无差别圈"概念具有特别重要的意义。"中性区域"或"无差别圈"指的是管理人员的命令不受部下个人立场的影响而被接受的范围。如果将所有的命令按接受人可能接受的程度排队,可能出现三种情况:有一部分是明显不能接受的,也就是无人服从的命令;另一部分处于中间状态,即可能被接受,也可能不被接受;第三部分则是毫无疑问地会被接受的。这最后一类就属于"中性区域"或"无差别圈",对这一类命令,组织成员采取一种无所谓的态度,不过问命令的权威性。

"中性区域"可大可小,其大小"取决于给个人的诱因超过个人的负担或牺牲程度。个人对组织的一体感决定于这种程度"。这里的"负担或牺牲"是指

[①] Chester Barnard: *The Function of the Executive*, Cambridge, Mass, Harvard Univ. Press, 1968, p. 163.

组织成员对组织所作的贡献。这里的诱因是指组织对组织成员所作贡献支付的代价,如付给的工资、给予的奖赏、实施的晋级等。对组织成员来说,当诱因和贡献相等或超过贡献时,他就会产生与组织协作的愿望,产生与组织一体化的感觉。当诱因大于贡献时,部下得到的诱因越多,"中性区域"就越大,管理人员的命令就会毫无疑问地被部下所接受,并付诸实践,组织的效率也就越高;反之,当诱因小于贡献时,"中性区域"就缩小,组织效率就下降。

"中性区域"的大小,除取决于诱因与贡献的平衡外,集团的态度也是一个决定因素。巴纳德说:"组织的效率受个人对命令的赞同程度的影响。所以,组织命令被拒绝,对通过参加组织以获得更多好处的个人来说是个威胁。"[①]因此,组织中的大多数人员对于维护属于"中性区域"的一切命令的权威性表示强烈的关心。这种多数人的意志是无形的,这就是人们通常所说的"舆论"、"组织意愿"、"集体态度"等。这种多数意志有助于产生一种幻觉,似乎权威来自于上面,这种幻觉又有助于鼓励个人接受领导的命令,而不使他们感到这样做是出于卑躬屈膝,或害怕脱离群众。实际上,管理人员所下达的命令大多在"中性区域"内,并且在多数情况下,集团的态度又对个人产生影响,这时,管理人员就是在维护自己的权威了。

巴纳德认为权威是否被接受取决于两个方面:一是主观的方面,即权威能否为部下从个人的、主观的方面所接受;二是客观的方面,即建立一定的管理组织,以确保权威被接受。后一方面,巴纳德称为主观权威客观化。主观权威客观化有三种情况:一是职位权威。这种权威与处于权力中心的个人的能力关系不大。一个人可能本身能力有限,但由于处在"上级"的位置上,其意志自然得到重视和尊重,这就是"职位权威"。如管理职位是组织情报的源泉,是信息的中心,所以,从管理职位发出的命令容易被部下接受。如果根据组织情报下达命令,权威归于来自管理职位的命令。这同占据管理职位的管理人员个人的能力无关,只是因为他们占据了这个职位,其设想才具有了权威性。二是领导权威。这种权威与某人占据的职位无关。一个人虽然在组织内部并不占据高位,但他很有才能,他的学识和对事物的理解使他深受人们尊敬,因而大家乐于听从他的意见。这种权威就是"领导权威"。"职位权威"和"领导权威"都是"推断的权威"。当一个人同时具有两者时,就会在组织内部产生巨大的信任感,其命令的权威就会超出通常的"中性区域"而能被组织成员所接受,这样建立起来的就是真正的权威。三是组织权威,或称组织人格。处于管理职

---

① Chester Barnard: *The Function of the Executive*, Cambridge, Mass, Harvard Univ. Press, 1968, p. 169.

位的人对组织的行为和决策如果不以组织的名义采取行动,他的设想再好也没有客观的权威。如果管理人员以个人人格行动,为达到个人的目的而牺牲组织的利益,那么,组织的客观权威就不能归属于那个管理人员。管理人员的决策是受组织人格支配的。只有在为实现组织的目的而合理地进行决策的条件下,客观的权威才归属于那个管理人员。"没有责任就没有权威"指的就是这种组织原则。

要建立和维护一种既能树立上级权威,又能争取广大"中性区域"群众的客观权威,关键在于能在组织内部建立起上情下达、下情上达的有效的信息交流沟通系统。无论是"职位权威"还是"领导权威",只有随时掌握准确的信息,作出准确的判断,才能一直维护自己的权威。否则,无视客观条件滥发命令,或无视群众愿望乱下指示,权威就会丧失。而一个人,无论其能力有多强,知识有多广,如果得不到必要的情报,其能力和知识就不能发挥作用。向各管理职位提供适当的情报、提供传递命令的渠道,是信息系统的任务。按照权限接受理论,权威决定于接受命令的部下,发布命令的上级本来并没有权威。通过将职位权威与领导权威结合起来,经过组织人格承担责任,进而建立和维持有效的信息系统,就可以使客观权威归属于管理人员。这种归属于管理人员的客观权威还具有使"中性区域"从一种可能性变为现实性的作用。

巴纳德还进一步将组织权限分为制度权限和实体权限。所谓制度权限,也称形式权限或客观权限,指的是将组织的决策职能分配到哪些职位,如何使各个职位的决策专门化并实现相互间的调整。它要解决的是何种事情应由何人来决定的问题。所谓实体权限,指的是管理人员应从何处获得实际的权限。按照权限接受理论,管理人员只有通过确保部下执行命令才能得到权威。管理组织的效率,一方面取决于管理人员决策的合理性,另一方面取决于部下是否有效地执行政策。前者同制度权限有关,后者同实体权限有关。

五、组织特殊化理论

巴纳德还研究了组织的特殊化问题。他认为"就某个侧面而言,组织和特殊化是同义语,没有特殊化,就不能实现通过组织进行协作的目的"[①]。

一般的管理学使用组织"分工"、组织"专门化"等概念来描述组织特殊化问题,并且通常都认为组织的特殊化是以个人或集团的技术熟练程度和经验

---

① Chester Barnard: *The Function of the Executive*, Cambridge, Mass, Harvard Univ. Press, 1968, p. 136.

的丰富程度为标准形成的"人的特殊化"。巴纳德则认为,组织特殊化重要而具体的基础不是专门化的个人,而是单位组织。在他看来,组织特殊化是组织结构理论特有的概念。

组织的特殊化包含以下五个方面:

一是地理特殊化。对于同类工作来说,如果地区不同,工作性质也会不同。地理特殊化是形成复杂组织的基本而普遍的因素。实行地区调整是组织管理的重要课题。

二是时间特殊化。时间造成的组织特殊化是复杂组织的一大特性。如果采用两班制,夜班和白班就是由时间特殊化造成的单位组织。实行时间调整也是组织的重要课题。

三是人的集团特殊化。不同国家的人具有不同的工作习惯,从而形成不同的集团。非正式集团造成的特殊化是非正式组织的一个重要部分。一个较为稳定的、持续时间很长的单位组织都具有人的集团特殊化的性质。这种组织的特殊化具有使复杂的信息容易传递的机能。

四是目的特殊化。这种特殊化是指通过应该实现的目的而使单位组织特殊化。这种特殊化是为了使组织更有效率,以便适应环境的变化而发展。巴纳德认为,一般讲的职能特殊化也是目的特殊化的一种表现。因为组织的重要职能是决策,而目的则是指导决策的路标,因此,目的特殊化是现代组织理论的重要内容。

五是方法和工程的特殊化。这种特殊化是指由于工作方法和技术的不同,产生不同的组织效率。方法和工程特殊化的程度取决于技术的发展和专业知识的提高。在巴纳德看来,组织的效率完全取决于特殊化技术的革新及应用;特殊化的主要方面是通过对环境的分析来分析目的,并把总的目的特殊化视为直接的具体目的。

在正式组织中,始终有非正式组织相伴随。现代管理理论是以正式组织为认识对象,但巴纳德认为,"无论在什么地方都存在着与正式组织有关的非正式组织"。在管理正式组织时,常常伴随着非正式组织的产生,而且这种非正式组织对于正式组织来说是很重要的,非正式组织可以独立于正式组织而产生。在非正式组织中,人们是无意识的,进行的是无规律的行动,也不存在任何结构。由于非正式组织没有共同的目的,也没有合理的行动,而且常常会造成人们感情和行动上的矛盾,因此,非正式组织一般是暂时的、短命的,有的发展下去,会成为正式组织。

正式组织中的非正式组织有着自己的功能。首先具有促进信息传递的功能,它特别有利于一种特殊的信息,即在正式组织内部不便沟通的意见或资料的交流；其次，它具有扩大"无差别圈"，从而确保管理人员权限效率的功能；第三，它能够影响和激发成员为整体服务的愿望，维持实施组织目的的职权稳定性，从而使组织的各个组成部分通过协调而变得紧密结合；第四，它具有通过互动、避免支配控制，保证成员自重、选择的独立性和人人以诚相待的功能。

巴纳德还讨论了非正式的管理组织。他认为，维持非正式的管理组织的方法是，"选择干部，提拔他们，以保持'人品适合性'的基本条件"。经营干部的"人品适合性"是根据其出身、学历以及其他条件决定的。另外，也可以通过共同参加会议和特殊的社交活动来培养干部的"人品适合性"。非正式组织的管理功能是能在不损害上级人员客观权限的情况下，传递不能通过正式渠道传递的微妙事实、意见和怀疑等信息。但是，人品适合性一旦过度将是有害的，当非正式管理组织过剩，从而造成组织僵化和对个人责任麻木不仁时，组织就会走向衰退。

六、组织平衡理论

组织平衡问题是巴纳德理论中的一个特别引人关注的课题，甚至有些学者干脆将巴纳德的组织理论说成是平衡理论。巴纳德觉得，组织一旦建立，其最终目的就是组织的存续。只有保持平衡了，组织才能发展，反之组织就会衰弱。所谓组织的平衡就是贡献与诱因的平衡。诱因具有使组织的参加者经济的和非经济的动机得到满足的效用。如果诱因和贡献平衡，组织的参加者就会对工作产生积极性。因此，组织的平衡可以用下列公式来表示：

$$贡献 \leqq 诱因 \rightarrow 组织存续与发展$$

诱因和贡献的种类与内容非常多，并且因组织成员的不同而相异。对于经营者来说，其贡献是向组织提供经营服务，作为报酬，将获得工资、高级职员的奖励和对事业欲望的满足感等诱因。对于职工来说，其贡献是提供一定时间的劳动，作为报酬，将获得工资、福利设施、晋升机会等诱因。消费者的贡献是购买企业生产的产品或服务并支付报酬，消费者得到的诱因是产品或服务的价格和质量。销售者的贡献是协助企业组织加强产品的销售，得到的诱因除流通过程中的赚头外，还有资金方面的照顾、经营方面的指导和回扣。

当组织成员的贡献与诱因大体相当时，他们就能与组织协作，从而贡献会继续创造出来；如果诱因小于贡献时，组织成员就不满，对组织就不进行为达到一定目的的协作，组织就不能存续。当然，当诱因大大超过贡献时，虽能调动积极性，但由于入不敷出，组织最终会衰弱下去。

巴纳德认为，组织是在两个过程中进行运作的：一是整体适应环境变化的过程;二是创造诱因并将其分配给成员个人的过程。前者与生产有关,后者与分配有关。组织的效率不仅与组织内部的效率有关,而且还与组织对外部环境的适应性有关。因此,组织的平衡过程就可以分为两部分:一是组织的对内平衡;二是组织的的对外平衡。

组织的对内平衡。组织的对内平衡是成员个人或集团谋求满足个人动机的个人目的同组织目的之间的平衡,其管理的目标是组织的劳动生产率;组织的对外平衡是同组织成员以外的经济、技术和社会的外部环境之间的平衡,其管理的目标是组织效率。

巴纳德认为,组织首先是作为一个整体继续适应环境变化的过程。在这一过程中实现组织效力。组织效力是指组织实现其目标的能力或实现其目标的程度。一个组织协作得很有效,它的组织目标就能实现,这个组织就是有效力的;若一个组织无法实现其目标,这个组织就是无效力的,组织本身也必然瓦解。因此,组织具有较高的效力是组织存在的必要前提。组织是否有效力是随组织的技术和经济环境及其适应环境能力而定的。

其次,组织是创造诱因并把它分配给组织成员个人的过程。这一过程实现组织效率。组织效率是指组织在实现其目标的过程中满足其成员个人目的的能力和程度。一个组织若不能满足其成员的个人目的,就不可能使其成员具有协作意愿和做出实现组织目标所必须的贡献,他们就会不支持或退出该组织,从而使组织的目标无法实现,使组织瓦解。所以,组织效率就是组织的生存能力。一个组织要实现其目标,必须提供充分诱因满足组织成员的个人目标。

组织的对内平衡是指有效地分配诱因,确保给各个成员的诱因和贡献的平衡,从而保持成员协作积极性这种激励过程。诱因应包括经济的与非经济的两类。经济诱因是指作为对贡献的报酬而提供给成员个人的货币、物品和物质条件。非经济诱因是指超越物质而确保个人为协作努力的诱因。巴纳德更重视非经济诱因的作用,他认为即使是货币报酬,如果得不到其他非经济诱因的帮助,也只不过是软弱的诱因。非经济诱因包括:① 晋升、荣誉、威信、权势等。② 理想的满足,即工作的自豪感、胜任感、为他人服务、对组织的忠诚等。这是一种为理想而献身所获得的满足感,巴纳德称之为"理想的恩惠"。③ 社会结合上的魅力,即人与人之间的协调。④ 习惯的工作条件和习惯做法。因为与习惯的做法相异的东西容易受到抵制。⑤ 满足参与要求的机会。⑥ 心理交流的状态,例如,给予机会以满足伙伴之间的社交意识,人与人之间相互支持的机会等。⑦ 说服,即改变人们的内心状态。

物质诱因和前6种非物质诱因是客观性诱因,说服是主观性诱因。组织通过客观性诱因,使组织成员的活动与组织目的相协调,这是刺激的方法。但当组织的外部环境恶化时,组织有时也不能提供充分的客观诱因。在这种情况下,如果组织不能通过改变个人的动机和态度,使不充分的客观诱因也具有能够激发个人贡献的效果,组织就将消亡。为了确保组织存续所必须的个人贡献,经营者必须通过改变成员个人的主观态度和动机标准,努力使诱因和贡献保持平衡,这种方法称为"说服的方法"。处于激烈竞争环境之下的企业组织,组织平衡所必需的诱因来源总是处于不足的状态,经常面临经营危机。为了克服经营危机,为了使诱因和贡献保持平衡,以谋求组织的存续,使用说服的方法是经营者的重要职能。

关于说服的方法,巴纳德列举了以下三个方面:

一是强制的方法。这种方法就是通过解雇、降职或开除那些协作情绪低、贡献小的成员,以影响其他成员,促使他们降低个人需要标准。但是,健全而持久的组织不只靠强制手段长期维持。

二是诱因的合理化。为说服一个人参加一个组织或接受一项任务,指出这样做对他本人有好处。

三是动机的灌输。即通过向个人灌输新的动机或改变个人原来的动机以提高客观诱因的作用。企业内部的教育具有使职工关心企业、关心经营的效果。

通过诱因和贡献的平衡而保持的组织平衡,是不稳定平衡。诱因的来源常常由于外部环境的恶化而不足,成员的需要标准总是缓慢地提高的,这样,作为经营者采用 说服的方法是很重要的。但是,如果由于诱因和贡献的不平衡使成员产生了不满,他们的协作情绪就低落,劳动生产率就下降,结果就会陷入诱因更加不足这样一种恶性循环的局面。所以,为了有效地维护组织的平衡,必须促进组织的发展,促使一切种类的诱因增多以保证组织成员的协作精神。

正是由于促进组织成员作贡献的诱因是不充分的,并且组织平衡是不稳定的,因此,为了保持组织收入与支出平衡,就必须采用差别诱因原则,即公正地评价各个成员的贡献,按照贡献大小分配经济或非经济的诱因。工资等经济诱因显然就是成本,来源是有限的,如果不按照各人贡献的大小进行分配,分配就没有经济性,难以保持诱因和贡献的平衡,组织也就不能存续。非经济诱因也是这样,如果不按每个人贡献价值的大小进行,就挽留不住对组织最有价值的人才。一定规模的组织能够提供的晋升机会是有限的。巴纳德认为,有差别地分配诱因的原则对保持组织声誉和群体意识是不可缺少的。

组织的对外平衡。组织的对外平衡是指组织通过外部环境保持平衡,以提高组织效力的过程。它包括以下两个方面的平衡：

一是组织分系统与相关的各个分系统之间的平衡。如果把组织系统视为协作系统的一个分系统，它就必须同包括生产分系统、人的分系统、社会分系统等其他分系统合理结合，保持平衡与协调，从而使以组织为中心的协调系统内部各个分系统形成一个统一的整体。在这里，协作系统内部的其他分系统都是组织分系统的外部环境。

二是协作系统与外部环境的平衡。这是指把协作系统或企业看成是组织，让企业适应经济、技术、社会等企业外部环境变化的过程。

巴纳德认为，为了适应环境的变化，必须改变组织的目的，企业组织如果失去对外平衡，企业组织的效力，即组织的利润率和发展速度就要下降。这样一来，诱因就会不足，企业组织也就难以存续。为了保持组织的对外平衡，必须使组织适应外部环境的变化，重视经营目的和经营战略的决策。

组织效力实现的是组织与环境之间的平衡，即对外平衡，组织效率实现的是贡献和诱因的平衡，即对内平衡。组织效率和组织效力互相影响，相辅相成。一方面，组织效力高，组织的经营就好，生产的诱因就多，提供给组织成员的诱因也就多，从而提高组织成员的协作意愿，增进组织效率；另一方面，组织效率高，组织成员对实现组织目的进行协作的积极性就高，有助于实现组织目标，提高组织效力。

组织的动态平衡。组织内外所有相关因素都处在变化中，组织平衡不是一次性的，不是可以一蹴而就的。当组织内外环境条件发生变化时，原有平衡即被打破，需要根据变化了的情况建立新的平衡。另一方面，组织本身存在打破平衡的力量。组织中客观上存在差异、矛盾、冲突本身，就是平衡的一种破坏性力量。同时，组织的发展也会打破原有的平衡。应该说，组织的生存和发展，就是不断打破原有平衡，建立新的平衡的过程。由此看来，除组织的内外平衡外，组织的动态平衡也是组织发展的必要条件。实现组织动态平衡，最关键的是处理好稳定和变革的矛盾。另外，动态平衡的实现需要有系统和权变的观念。要用全面的、发展的、变化的观点看待和处理企业组织发展中的问题。

当然，巴纳德的组织理论也有其局限性。主要表现在两个方面：一是他的权威接受理论的局限性；二是他的组织平衡理论的局限性。

第十四章 西蒙的组织决策理论

【摘要】

赫伯特·A.西蒙是现代组织决策理论之父。他对传统的格言式的组织管理理论进行了科学的批判。西蒙认为,组织设计论的原则过于表面、单纯,缺乏现实性。那些组织设计原则只不过是一些格言和谚语而已,无论哪一个都无助于组织中现实问题的解决。西蒙继承了巴纳德组织理论中有关决策的思想,他通过研究组织影响问题,将组织决策置于整个管理的中心位置。他认为,对组织机能和结构的洞察,就是要分析组织是通过什么样的方法在其内部对组织成员的决策和行动施加影响的,并指出,组织的存在必须有权威的作用,这种权威就是正确的决策,他由此得出结论:管理就是决策。西蒙还研究了组织目标问题,认为,在一个有多层结构的组织中,目标乃是角色约束的总和与准则。在他的著名的决策过程理论中,提出了有限理性决策的命题。另外,西蒙还对组织设计、组织平衡等问题作了论述。

一、西蒙的组织理论研究活动与主要著述

赫伯特·A.西蒙(Herbert A. Simon,1916—   )是美国著名的行政学家。他在管理学、经济学、组织行为学、政治学、心理学和计算机科学等多个学科领域都留下了辉煌的成果。

作为一名公共行政学家和经济学家,西蒙领导了一场对在20世纪30年代就风行一时的由古利克和厄威克总结出来的那些格言式的组织管理原理的批判运动。西蒙并不反对理性在组织决策中的作用。他认为,在人类历史中没有什么东西提示过,只要阻止对人类行为的理性方面进行描述性研究就能挽救人类。但是,他永远是一位有限理性论者。他认为无限的自由并不是人类创造力的最佳条件。哥特式教堂并非从无限自由中创造出来的,而是从教会宗教仪式引起的严肃的社会压力因素中创造出来的。正是由于他对经济组织内的决策过程进行了开拓性研究,瑞典科学院授予他1978年度的诺贝尔经济学奖。

西蒙1916年6月15日出生于美国威斯康星州密尔沃基市。西蒙的父亲

是在 1903 年获得工程专业毕业文凭后由德国移居美国的,老西蒙是一位电气工程师、专利法律师、当地学术界和社会事务界的活跃的领导人。西蒙的母亲则是典型的第三代美国人,是一位极有才华的钢琴家。在父母的熏陶下,西蒙从童年时代起就与书籍和其他智力活动结下了很深的缘分,青年时代的西蒙就显示出极强的独立学习能力。

西蒙在密尔沃基公立学校接受了良好的基础教育,他读了许多书,尤其是经济学和心理学方面的书。高中毕业后,西蒙就读于当时在美国学术界颇有地位、特别是在行为主义方面久负盛名的芝加哥大学,师从行为主义大师梅里安(Charles Merriam)。大学毕业后的 1937 年 12 月,他与芝加哥大学政治系秘书多诺西娅结了婚。这对夫妻在他们的研究领域里相互合作,发表了大量的研究论著。

1938 年西蒙以衡量政府方案结果为课题进行了一项富有开拓性的研究,这项研究的最终成果就是他与克拉伦斯·里德利合著的《市政活动衡量》一书。这次富有成效的面向实际的研究也为西蒙进入公共行政研究领域提供了机会。从 1939 年到 1942 年,西蒙担任了加利福尼亚大学的一个研究小组的主任,继续从事地方政府的研究工作,正是这段时间的研究工作帮助他完成了有关管理决策制定的博士学位论文,该论文则为后来西蒙撰写他的经典著作《管理行为》(1947)打下了坚实的基础。1942 年西蒙担任了伊利诺斯理工学院政治系教师,1943 年他获得了芝加哥大学的哲学博士学位。从 1946 年到 1950 年期间,西蒙一边教学,一边还在多个政府部门或协会担任管理和决策的顾问工作。

但是,对西蒙来说,他最经常的、也是最感兴趣的工作还是在大学教书。1949 年以前,西蒙先后在芝加哥大学、伯克利大学和伊利诺伊工艺学院任教。在教学中,他将在公共行政部门工作所积累的实践经验与公共行政理论结合起来,努力开拓公共行政学的新视野。1946 年西蒙批评了十多年前就由行政学的权威古利克和厄威克提出的格言式的行政管理的若干原理,虽然这些原理当时被推崇为公共行政的经典,但西蒙认为那些行政格言是含糊不清和相互矛盾的。第二年,他以对传统的行政管理格言的批判为内容出版了《行政行为》一书,在公共行政领域中发动了一场革命。

1949 年西蒙应邀来到卡内基-梅隆大学任教,先是担任行政学与心理学教授(1949—1955),后来又被聘为心理学和计算机科学的理查德·金·梅隆讲座教授。作为该大学工业管理研究生院的创办人之一,他指导并帮助该研究生院成为美国最好的商学院之一。在这一时期,西蒙在组织行为和管理科学两大学术领域中都进行了富有开创性的研究工作。1961—1965 年,西蒙被推举为美国社会科学院研究委员会主席。

　　西蒙的博学足以让世人折服,他获得过9个博士头衔:1943年获加利福尼亚大学哲学博士学位;1963年获凯斯工学院科学博士学位;1963年获耶鲁大学科学博士学位、法学博士学位;1968年获瑞典伦德大学哲学博士学位;1970年获麦吉尔大学法学博士学位;1973年获鹿特丹伊拉斯莫斯大学经济学博士学位;1978年获米之根大学法学博士学位;1979年获匹茨堡大学法学博士学位。瑞典皇家科学院总结性地指出:"就经济学最广泛的意义上来说,西蒙首先是一名经济学家,他的名字主要是与经济组织中的结构和决策这一相当新的经济研究领域联系在一起的。"

　　在20世纪60年代,西蒙与在30年代就风行一时、到60年代仍旧很有市场的结构学派进行了论战,批判了他们的纯理性主义观点。结构组织论者认为可以用纯理性的方法来安排和管理组织。西蒙却认为,智力决策是会受到多方面的限制的,人只能在"有限理性"范围内思考问题。20世纪70年代,西蒙与人际关系学派进行了论战。人际关系学派指责西蒙想坚持理性人的理论。西蒙认为反对一切行政组织结构的观点是错误的,在计算机与新的决策技术作用下,白领阶层和行政官员的工作发生了很大的变化,计算机具有巨大的能力,从而能使信息组织起来并程序化,赋予管理者作出完全理性决策的能力。他说:"组织中的人的行为,即使不是完全理智的,至少也有一大部分是倾向于这样的;这对于任何一个考察组织的人或组织理论研究者来说,看来都是非常明显的。"[①]

　　在管理学方面,西蒙最主要的兴趣是研究经营者的行为,特别是当代大的公司中决策的组织基础和心理依据,在有关"公司的行为理论"方面作出过显著贡献。他认为,公司(组织)内部有复杂的结构,其总的目标与子目标具有多重性,因此其决策追求的是"令人满意的"而不是"最优的"的模型。另外,西蒙还研究了大型组织中的信息处理问题,认为人们处理信息的能力是有限的,并进一步研究了利用计算机模型来模拟人们解决问题的思维过程。由于从组织理论、经济学和行为科学等不同视角研究了人们的决策活动,建立了满意决策模型,因而西蒙被学界公认为是组织决策理论学派的创始人。

　　在组织理论上,西蒙是巴纳德的直接继承人。他从逻辑实证主义出发,对传统的组织管理理论,特别是组织设计理论中的一些原则进行了批判,对组织决策的前提、合理性、制约性、组织中的集权分权、成员对组织的忠诚等问题提出了自己的见解。

---

　　① 赫伯特·A.西蒙:《管理行为》,北京经济学院出版社1991年版,第19页。

西蒙一生中著述丰富,在关于组织理论的研究中,最有影响力的著作当数《行政行为》(Administrative Behavior: Study of Decision-Making Processes in Administrative Organization, New York, Macmillan, 1947)。

二、对传统组织理论的批评

在西蒙的组织理论中,有两个基本概念:组织决策与组织影响。他是通过对传统管理学中的组织原则进行批判来肯定其组织决策和组织影响这两个重要概念的。西蒙继承了巴纳德的组织学说,以逻辑实证主义为其哲学出发点,对传统的组织理论、特别是组织设计论进行了详尽的批评。

传统组织理论中的组织设计论包括了一系列格言式的原则。这些原则是:强调组织劳动生产率随工作的特殊性而提高的特殊化原则;强调组织劳动生产率可以通过把每个成员配备在一元化的命令系统下而得到提高的命令统一原则;强调组织劳动生产率可以通过将管理阶层的管理幅度限定为少数几个人而获得提高的管理幅度原则;强调组织劳动生产率可以通过把作业人员按目的、过程、顾客、地点分成集团而提高的集团化原则。

1946年,西蒙在《公共行政评论》上发表了一篇题为《行政格言》的文章,对古利克提出的"管理七职能论"及其组成要素进行了批评。在1947年出版的《管理行为》一书中,西蒙进一步对20世纪30年代的结构主义组织论进行了批判,并在逻辑实证主义的基础上建立起新的组织理论。西蒙组织理论的哲学基础是科学主义中的逻辑实证主义。他比较崇尚莫里斯和鲁道夫·卡尔纳普的哲学思想。[1]

西蒙认为,那些在20世纪30年代流行很广、几乎到了不能更改地步的行政原则,尽管简单、明了,但在实际管理中加以运用就会出现问题。因为这些原则除本身含糊不清外,相互间还存在矛盾。"对于每个原理来说,人们几乎都能找到似乎同样有理的和可以接受的但却相互矛盾的原理。"[2]

比如,特殊化原则对提高组织的劳动生产率并不存在多大的作用。组织的特殊化,一是职能的特殊化,二是产品的特殊化,这两类特殊化与劳动生产率的关系并不大。同时,对一个具体组织来说,组织的目的、程序、对象和地点都可以作为特殊化的标准,但它们作为组织方式却是彼此对立的。选择其中

---

[1] Jay M. Shafritz, J. Steven Ott: Classics of Organization Theory, 3rd, Wadsworth, Inc. 1992, p. 101.
[2] J.C.帕拉洛、R.C.昌德勒:《行政管理学词典》,四川人民出版社1988年版,第170页。

之一作为建立组织的基础,可能会与另一个产生冲突。如公共卫生行政部门可能以服务对象为基础组织起来,但也可以以地点为基础组织起来,究竟哪一种组织方式最有效呢？传统的"管理职能原理"没有作出解释。西蒙说,在可供选择的、似乎同样可能的行政原理之间进行选择,常常遇到的是进退两难局面,没有一个传统的行政原理能作出答复。因为,实际上任何原理都可以被采用,或没有一个原理可以被采用。西蒙由此问道：这能算是科学吗？他认为在这些格言中甚至连艺术都找不到。另外,特殊化原则与命令统一原则是对立的。

命令统一原则的含义是,每个人都在一元化的命令系统中占据一定的位置,以免一个人接受两个或两个以上领导人的命令。但对于决策特殊化来说,决定权只能属于具有专门知识的专家。各专门化部门的管理者在其负责的专门领域内,可以对所有作业人员下达命令,这样就会发生一个作业人员从两个或两个以上的管理人员那里接受命令的情况,这时,统一命令原则就与特殊化原则相对立了。

事实上,作为决策的前提,决策人员除了要接受上司的命令以外,还要接受与其决策有关的各个领域的专家的劝告,从而广泛地搜集情报,接受各种咨询。这当然与命令统一原则是矛盾的。要解决这种对立,就要判断两个原则中哪一个优先,其关键在于要弄清楚决策的过程。

再比如管理幅度原则,传统的组织理论认为,如果一个管理人员,其直接部下的人数超过管理幅度,组织设计的效率必然很低。那么,究竟一个管理人员能有效地指挥多少直接部下呢,即"最佳选择"是什么呢？有人建议以3人、5人为适度,有人则认为11人为适度,但这些并没有得到过证明或验证。另外,一方面要求管理幅度缩小,另一方面又要求提高管理效率,减少管理层次,这两者实际上是矛盾的。如果管理层次增加,来自下面的报告经过的管理层次就会增多,要阅读这些报告,就需要花费时间和成本；同时,层次多,上级的指示到达基层所花费的时间和成本也多。但是,如果要压缩管理层次,而职工的人数是一定的,则管理的幅度就必然会扩大。①

由此,西蒙认为组织设计论的那些原则太表面化,太单纯,缺乏现实性。那些组织设计原则,只不过是一些格言和谚语而已。他甚至认为,这种组织原则,无论哪一个都无助于组织中现实问题的解决。西蒙认为,对组织的科学描述就是要尽可能说明每个组织成员制定哪些决策,以及制定每项决策时受到哪些影响。而传统的组织理论还远未达到这个标准。因为,传统的组织理论

---

① J.C.帕拉洛、R.C.昌德勒:《行政管理学词典》,四川人民出版社1988年版,第103—105页。

大多还局限在职能的安排和正规的权威结构方面,还很少注意到组织的影响、信息沟通的系统等方面。比如,在描述一个"局"时,人们往往会介绍:该局由三个处组成。第一个处具有某某职能,第二个处具有某某职能,第三个处具有某某职能。西蒙问道,这种描述有什么意义呢?从中人们能了解什么呢?因为人们从这种描述中不知道处级或局级的决策集中程度如何,也不知道局对处行使的控制权范围有多大,更不知道在局和处里是靠何种机制来保证管理权限的。

但是,西蒙并没有完全否定传统的组织理论。他指出,统一命令、专业化、特殊化等原则对于组织设计与管理都是应当加以考虑的,问题是要对这些原则加以"补救"。西蒙认为,传统的管理原则或管理上的格言、谚语只是管理中各种原则的一个零碎的、不系统的部分,而且这些已经总结出来的部分还是相互矛盾、彼此冲突。同时,这些原则的重要性是不一样的,没有为它们设立必要的权衡标准。

西蒙认为,对组织管理真正有指导作用的规范,只有在抓住了组织的本质,并从理论上加以阐述后才能产生来。西蒙提出,应当像在万有引力定律形成之前先确定重力和加速度概念那样在组织理论中确立某种统一的概念。

三、组织影响理论

为了分析和界定"组织决策"这一重要概念,西蒙研究了实际的组织活动。他认为,任何一个组织,其实质是"一个人类群体当中的信息沟通与相互关系的复杂模式"。组织活动包括两部分:决策和作业。而决策又要比作业更为基本,因为在作业之先必须决策。传统的管理理论之所以无效,恰恰就在于他们忽视了决策是组织的统一概念。

传统的管理理论并不是不讲决策,而是只将决策看作是组织中最高领导层的行为。其实,在组织中,不仅最高管理阶层要进行决策,组织的所有阶层,包括作业人员都要进行决策。最高管理人员决定经营目的和总方针。中层管理人员贯彻执行最高管理人员决定的总目标和总方针,决定部门的目标和计划,再传达给下级。下层的监督人员就日常的生产计划和作业分配作出决策。最后,在作业阶段,还要对什么样的劳动对象运用什么样的方法留有一定的余地。

正是从这一点出发,西蒙认为组织绝不只是纸上的组织图,或是写在叙述工作职责的精细手册中的东西。在那里,组织与其说是为了供人居住而设计的宅子,还不如说是以抽象的建筑逻辑设想出来的一排排井然有序的小卧室。

组织是一种人们进行信息沟通的复杂模式,"它向每个成员提供其决策所需的大量信息,许多决策前提、目标和态度;它还向每个成员提供一些稳定的、可以理解的预见,使他们能够预料到其他成员将会做哪些事,其他人对自己的言行将会做出什么反应"[①]。每一位行政人员,在进行决策和采取行动时,都是用一只眼睛盯住目前的决策事务,用另一只眼睛展望这个决策对未来模式的影响。当他注意这些间接后果时,他也就在关心组织。

组织还是一种集体的认同对象,并且同权威相联系。总之,组织是认同与忠诚心、权威、信息沟通等机制的系统。而在这个系统中,决策处在中心的位置上。也正是在这一意义上,西蒙指出"管理就是决策"。将决策的概念作为管理的统一概念来深入阐述组织的本质、机能和结构,这既是西蒙组织理论的特色,又是他的组织理论的重要方法论。

西蒙进一步研究了决策与组织影响的关系。传统的组织理论最重视的是管理人员的指挥命令权。但事实上,指挥命令权只是组织施加影响作用的一种手段,除此以外,还有信息的传递、教育训练等其他的手段。然而,所有这些组织的影响都不能决定作业人员自己的决策,作业人员毕竟还是自己行动的决策者。组织影响的作用是,尽量引导作业人员将其注意力集中到为实现组织的整体目标而展开的有效的协作行动上来。西蒙认为,对组织机能和结构的洞察就是要分析组织是通过什么样的方法在其内部对组织成员的决策和行动施加影响的。

传统的组织理论是以上层如何向下层、向个人分配职务和权限为主题的,而西蒙的组织理论则是以分析组织如何对下层的作业人员的决策施加影响为主题的,因此组织影响成为西蒙组织理论中一个十分重要的基础概念。西蒙在研究组织时,不是直接去探索如何设计和管理组织的实际规范,也不是对组织的毛病进行诊断并搜寻各种有效的处方。他以组织影响为基础性概念对组织进行生理解剖,即对组织的有机活动过程进行描述性分析,剖析组织是如何向其成员提供决策前提来影响成员的决策的,并努力使组织成员把实现组织的整体目标作为自己的奋斗目标。因为在西蒙看来,真正治病的方法只有在对人体解剖学和生理学的知识有所了解的情况下才有可能找到,同样,只有在掌握了有关管理的解剖学和生理学知识的基础上才能有效地解决组织管理中的实际问题。

组织影响的方式可以分为外部与内部两大类。"外部"影响包括命令、建议、信息和培训;"内部"影响包括效率准则和组织认同。第一种组织影响方式

---

① 赫伯特·A. 西蒙:《管理行为》,北京经济学院出版社1991年版,第9页。

是权威。西蒙采用的是巴纳德的权威概念,"只要一个下级人员将自己的行为置于上级决策的指导之下,不对该项决策的是非曲直进行自主审查,我们就说,那个下级人员接受了权威"[①]。这种权威既可以向上行使,也可以向下或向周围行使。组织图上所表示的"权威链"是当人们在某一具体问题上无法取得一致时才求助的正式权威关系。这种受理上诉式的权威行使的生效,一般是要依靠保障手段的,所以组织中的正式权威结构通常与人事任命、惩罚、免职相联系。在组织的日常运行中,正式权威往往是以非正式权威关系为补充的。

第二种影响方式是对组织的忠诚心。一个团体的成员,总是倾向于把自己同那个团体等同起来,以那个团体的代表自居。西蒙认为这是人类行为的一个普遍特征。忠诚于组织或对组织的认同,在组织管理与发展中起着重要作用。管理者要想让自己的决策发挥效用,必须运用组织的认同感或成员对组织的忠诚心将人们的注意力集中到有限的价值要素上来。当然,对组织的忠诚心也会给组织管理带来困难。认同的不良结果是当必须对成员已经认同的有限价值与其他价值进行权衡时,被习惯所束缚的组织成员往往无法作出正确的决策。对组织的忠诚还会造成另一个困难,即有些部门和单位的管理者无力去正确处理本部门与其他部门之间的平衡问题。

第三种组织影响方式是效率准则。在任何组织中,决策受到组织影响的一句名言便是"要有效率"。就广义而言,有效率无非是指用最短的路径、最省钱的办法,去达到预期目的。至于达到的是什么目的,效率准则是不关心的,也就是说,它在价值问题上是完全中性的。

第四种组织影响方式是通告和信息。通告和信息不像其他的组织影响那么正式,或者说其正式的色彩要弱一些,它可以看成是组织内部的一种公共关系。通告和信息在组织中是向所有方向流动的,从上向下只是其中的一个方向。在组织中,通告、情报具有稍纵即逝的特点,而且往往只能为下级人员所掌握。

第五种组织影响方式是培训。培训同忠诚心、效率准则一样是作为一种"从内向外"的影响方式而发挥作用的。培训可以向受训者提供处理决策时所需要的事实要素,可以给受训者建立一个思考的框架,可以向受训者灌输决策所依据的价值。培训的结果是可以使组织成员靠自己作出满意的决策,而不需要组织一次又一次地运用通告、信息来加以引导。从这一意义上可以讲,培训是一种上级控制下级决策的途径,是上级行使权威和发布通告的替代方式。

---

① 赫伯特·A. 西蒙:《管理行为》,北京经济学院出版社1991年版,第13页。

四、组织目标理论

西蒙认为,要研究组织理论,就必须引入"组织目标"这一概念。在研究组织的目标时,通常有两种看法:一种看法是将组织目标与个人目标等同起来,另一种看法是将组织目标与"有权指导组织的那些人的目标"等同起来。持有这两种看法的人都认为在具体的个人目标之外再去讲组织目标,那必然是抽象的,也是不存在的。西蒙认为,要弄清组织目标问题,就需要首先弄清楚动机与目标、个人目标与组织角色目标之间的关系。

目标,无论是个人的还是组织的,它所指的是作为决策而输入的价值前提或准则。如果存在一个可行集合 A,其内部的功能、效果都要优于集合 B,则 A 可称作是帕累托最优集合。那么,"在由约束限定的集合内,完全可以把挑选帕累托集合内某一特定元素的准则,叫做目标"[①]。动机则不同,它指的是指使人们选择某些目标作为决策前提而舍弃其他目标的原因。可见目标与动机既有区别又相互联系。

人的行为可以区分为个人行为与角色行为,因而具体人的目标也应当相应地分为个人目标与角色目标。比如问同一个人两个问题:"你为什么干这个工作?你为什么进行这种特殊的投资?"前一个问题只能根据个人动机和角色扮演者的目标来回答;后者则要根据适合角色本身行为的目标来回答。西蒙认为,这种将目标划分为个人目标与角色目标的做法,相应地产生组织理论中的工作动机理论即激励理论与组织内部决策制定过程理论。

个人参加组织的动机可以用"诱因—贡献"的函数关系来解释。一个人作出了参加组织的决定,也就将个人动机与组织角色行为结合起来了。在现实生活中,有些角色行为并不影响其个人行为。比如,秘书人员的诱因-贡献差额与他所打印的公文究竟交给谁是无关的。但是,有些个人行为却是角色行为。个人不论最初是出于何种动机而进入某个组织扮演某一角色的,一旦进入组织以后,在其内部就会自动形成一定程度的组织目标观念,换一句话说就是,只要是适合于自己角色的目标和约束,就会变为存储在记忆中的决策程序的一部分,正是这种角色的目标与约束,才界定了他的角色行为。当然,角色行为并不能完全消除个人行为上的差异性。

[①] 赫伯特·A.西蒙:《管理行为》,北京经济学院出版社 1991 年版,第 3 版导言,第 18 页。

组织角色的目标即组织目标的确是同个人的目标、个人的动机相联系的，但它又不是个人目标的简单叠加。一种情况是个人目标与组织目标具有紧密的、直接的关系；一种情况是个人目标与组织的生存息息相关；还有一种情况是个人目标与组织没有直接关联。从这一意义来说，"组织目标是所有参加者的间接的个人目标。它是组织参加者们一起进行组织活动，以满足各自不同动机的手段。"[①]

人们在研究组织时，首先要考虑其决策，而在任何一种实际决策中，可以接受的行动方案一定要满足一系列的要求，这些要求就是约束。决策就是寻找具有约束性的行动方案。这种约束可能有两类：一类是限制决策者对行动范围考虑的约束；另一类是激励和指导决策者寻找行动方案的约束。前一类约束的作用是充当检验器；后一类约束的作用是充当生成器。后一类约束则更像是"近似的目标"。由于这类约束也不止一个，因此，目标就是一组约束条件的总和。

西蒙认为，虽然处在组织的不同部门的决策者所考虑的具体约束是不一样的，而且哪些约束充当生成器，哪些约束充当检验器，在不同决策者那里也是不一样的。但对于同一组织来说，多数部门的决策者所考虑的全部约束大体上是相同的。由此可见，组织确确实实拥有共同的约束集合，即具有共同的"组织目标"。

在深入考察组织决策的约束时，西蒙提出，有些确定满意方案的约束条件是与组织角色联系在一起的，即与人们扮演某一角色的个人动机间接有关。在这种情况下，组织目标又可以看成是由组织角色所施加的约束或约束集合。对于大多数的组织来说，它们大多是层级结构，因此，组织目标也可以看成是那些能确定高层角色的约束集合的总和。

五、决策过程理论

西蒙非常重视决策，他将组织理论研究的重点放在研究组织的决策过程上。西蒙在研究决策时，并不是首先阐述如何决策，而是先论述研究决策的方法论。为此，他对社会学中流行的角色论与动作论进行了分析。西蒙认为，在组织决策的研究中，如果能将社会组织的角色作为一个人在进行决策时所依据的前提或先前的规定来看待，角色理论原先的问题就可以解决了。因此，应当将前提作为分析单位。这样，任何一个角色，都可以看成是处在一定的价值

[①] 赫伯特·A. 西蒙：《管理行为》，北京经济学院出版社1991年版，第18页。

前提和事实前提的规定之中,角色的行为模式就可以理解为角色的扮演者不得不为实现那些价值而产生的行动。用前提来定义角色,这就给人的行为包括决策行为留下了理性的一席之地。

西蒙关心的另一个问题是决策行为究竟是理性的还是非理性的。在组织理论的研究中,一直存在理性主义与非理性主义的争论。西蒙将这种状况称为"精神分裂"。以泰罗为首的科学学派,将"经济人"的假设作为基点,在作业理论的研究中,强调了组织决策理性的一面。西蒙说:"经济学家们给经济人赋以一种全智全能的荒谬理性。"①

而人际关系学派则较多地注意组织中人的情绪、态度等非理性的一面,从而认为组织决策具有非理性的一面。西蒙认为:"这一倾向可以追溯到弗洛伊德。我们看到这样一些观点:同富翁眼里的钱币相比,穷孩子眼里的钱币要大一圈;社会集团的压力能让一个人声称他看到了根本不存在的东西……上一代的行为科学家步弗洛伊德之后尘,忙于证明人类并不像自己所想象的那样理智。"②

西蒙认为,要弄清楚决策行为是不是理性的,首先要对理性进行界定。理性最粗浅的解释是"用评价行为后果的某个价值体系,去选择令人满意的备选行为方案"。这一定义中包括"自觉的"、"正确的"等方面的含义。但是,理性能与自觉等同吗?数学创造活动中的理性可以说是无与伦比的,但现已表明,即使在这种非常高级的创造活动中,许多环节仍旧是受潜意识支配的。对于比较简单的方程求解来说,潜意识在其中也发挥着作用。这说明理性活动中也有非自觉的一面。同时,有些活动是不自觉的,但却是理智的。打字员训练自己在一特定字母的刺激下,敲击某个特定的键盘;一旦学好,其动作虽是不自觉,然而却是有意的。再比如,任何人都会在被烫时本能地将手抽回。这一举动是理智的,然而肯定是不自觉的,也不是有意的。

同样也不能认为,凡是有准确信息的就是有理性的。比如一个人求医取药,从主观方面来检验,若他相信该药能治其疾病,那么,他服用此药就是理智的;从客观方面来检验,若该药确有疗效,原有的病症给治好了,那么其服药的行为是理智的。

另外,判断某种行为是不是理性的,应当选用何种目标?以何种价值观判断?一个组织的成员的行为,是服从于个人的目标合理,还是服从于组织的目标合理?在同一战壕中面对敌方火力的两个战士,其中一个将自己隐蔽起来

---

① 赫伯特·A. 西蒙:《管理行为》,北京经济学院出版社1991年版,第3版导言,第18页。
② 同上。

了,另一个战士则冒着危险,投手榴弹破坏敌方堡垒,他们之中,谁是理智的?

西蒙认为,要求得这一复杂问题的答案,唯一的办法是在"理性"前面加上副词。比如,一项政策若真能在指定情况下使一定的价值最大化,则可称为"客观"理性;一项政策所达到的价值最大化只是相对于决策者主观而言的,则是"主观"理性;如果手段对目的的适应是一个自觉过程,则可称为"自觉"理性;如果过程是有意的,则为"有意"理性;如果一项决策是指向组织目标的,则为"组织"理性;若目标只是指向个人的,则是"个人"理性。

西蒙指出,生活在真实世界中的人不是一个完全理智的"经济人",他只是一个具有有限理性的"管理人"。对于"经济人"来说,他总是试图从一切备选方案中择其最优者。而"经济人"的堂弟即"管理人"则是致力于寻找一个令人满意的或"足够好的"行动程序。"经济人"要同一切复杂事物打交道,而"管理人"的头脑中则是一个经过重大简化处理以后得到的模型。

西蒙以"管理人"作为其组织决策的假设前提。"管理人"具有两大基本特性:一是他寻求的是满意而不是最优,因此,他用不着去考虑一切可能的备选行动方案;二是他将世界看成是近乎空旷的,因而不去考虑事物之间的一切相互联系。

西蒙提出的"管理人",其实质就是一种有限理性人。有限理性论是西蒙全部决策过程理论的基石。在《现代决策理论的基石》一书中,西蒙对有限理性机制作了进一步的阐释。他指出,有限理性即"缺乏全智全能的理性,就是备受限制的理性"[①]。所谓缺乏全智全能,主要是指不能知道全部备选方案,有关意外发生事件具有不确定性,人也无力去计算后果。

人类的理性之所以在决策和管理中受到限制,其原因是多方面的。首先,从个人的角度来说,他受到自己的习惯、无意识技能和反射行为方面的限制,受到价值观和目标观念方面的限制,受到个人信息、知识等方面的限制。因此,个人只有在对组织的行动目标有正确理解并掌握其行动条件的情况下,决策才能是理性的。正因为个人在面对一个具体决策时,备选方案是有限的,价值观会发生变化,而且所能掌握的知识也很有限,所以个人的决策中的理性必然是有限的。

其次,从群体的角度来说,任何决策必须建立在两大基本要素的基础上:一是从最高层到决策操作层,必须有信息沟通和传达;二是群体决策必然要面对一定的有限的环境,并且它也是许多个人决策的整合。对于第一点来说,人们的决策受到信息传达和沟通方面的限制;从第二点来看,环境总是一种客观

---

① 赫伯特·A. 西蒙:《现代决策理论的基石》,北京经济学院出版社 1991 年版,第 82 页。

的限制，而且每个人的理性总是有限的。

正是从这一点出发，西蒙认为一切决策都是某种折衷。最终选定的行动方案，并不能尽善尽美地实现组织目标，它只可能是在当时条件下可以利用的较好的办法。决策中的这种折衷性，在行为具有多个目标，而寻求的衡量尺度又是共同的情况下，就会更为明显地表现出来。一个组织当它追求一个目标时，它完全有可能正在妨碍和牺牲另一个目标。

有限理性论包括两个重要的分理论：一是搜索理论；二是寻求满意理论。所谓搜索，指的是决策者在开始进行决策时并不一定具有确定的备选方案，因此，他必须去搜索。寻求满意指的是假设当决策者对于应当寻求什么程度的方案，已经形成某一欲望水平，当他一旦发现了符合其欲望水平的备选方案时，便结束搜寻过程，选定该方案。

从长期的均势来看，如将搜索的费用考虑在内，动态调整欲望水平而作出的选择，也可以看成是最优选择。但是，对于搜索和寻求满意理论来说，它要求人们不要去寻求过分的计算和完全的信息，而应当从实际出发作出选择。一味地去追求最优的程序，往往是不会成功的。

有限理性论承认，"在任何时候，都存在大量可能的备选方案，一个人可能选取其中任何一个方案；通过某种过程，这些大量的备选方案，被缩减为实际采用的一个方案了"[①]。在这一过程中，选择其实是某种折衷，决策所选定的行动方案只能是在当时的情况下可利用的一种较好的办法而已。

正因为如此，西蒙与其他的组织理论学家不同，他将重点放在分析决策的前提要素上。他指出，"每一项决策都包含着两类要素，分别被称为'事实'要素和'价值'要素"，"决策既有事实成分，又有伦理成分"。正因为如此，决策的前提总是带有混合的特征。

事实要素在逻辑上表现为事实命题，即关于可以观察到的事物及其运动方式的陈述。从原则上来说，事实命题是可以通过检验来确定其真伪的。价值要素在逻辑上表现为价值命题，即关于事物的伦理判断。价值的或伦理的命题是不能完全转化为事实命题的。价值的或伦理的命题讲的是"应当如何"而不是事实。

正因为在决策中必然包含价值的成分，西蒙认为，从严格意义上讲，组织的决策是不能用科学方法来评价的。但这并不意味着永远不能对决策作出评价。决策中是包含了伦理要素，但不完全是伦理的要素。要让伦理命题有助于人们合理地决策，就必须遵循两条原则：价值要素的明确性；特定行动方案

---

① 赫伯特·A. 西蒙：《管理行为》，北京经济学院出版社1991年版，第5页。

实现目标的可能性。西蒙认为"价值因素和事实因素的区分相当于目的和手段的区分",行动的目的是一个价值问题,为了实现目的而采取什么行动最为恰当的问题是事实前提。当然目的与前提并不是截然分开的,决策是为了实现一定的目的,但具体的目的又是作为实现最终目的的一种手段。西蒙对价值前提作了较为详细的考察。他列举了价值前提所包含的内容:组织目的、效率标准、公正标准、个人价值等方面。事实前提包括的面就比较广,主要是两方面:一是有助于处理各种情况的熟练技术和知识;二是关于在特定场合应用熟练技术的情报。西蒙从价值前提和事实前提出发,进一步指出,在决策中,应当将价值前提比重大的判断问题交给协商机构决定,把事实前提比重大的决策问题交给管理机关决定。

西蒙还讨论了决策的类型。他指出,决策可区分为性质相反的两大类:程序化决策与非程序化决策。所谓程序化决策,就是那些带有常规性、反复性的例行决策,可以制定出一套例行程序来处理的决策。比如,为普通顾客的订货单标价,办公用品的订购,有病职工的工资安排,等等。所谓非程序化决策,则是指对那些过去尚未发生过,或其确切的性质和结构尚捉摸不定或很复杂,或其作用十分重要而需要用现裁现做的方式加以处理的决策。比如,某公司决定在以前没有经营过的国家里建立营利组织的决策,新产品的研制与发展决策等等。但是,这两类决策很难绝对分清楚,它们之间没有明显的分界线,只是像光谱一样的连续统一体。前一种是结构良好的决策,后一种是结构不良的决策。两者的区别见表 14-1[①]。

表 14-1 两种决策技术

决策类型 \ 决策制定技术	传统式技术	现代式技术
程序化决策 　常规性、反复性决策,组织为处理上述决策而研制的特定过程	1. 习惯 2. 事务性常规工作,标准操作规程 3. 组织结构:普遍可能性;次目标系统;明确规定的信息通道	1. 运筹学 　数学分析模型 　计算机模拟 2. 电子数据处理
非程序化决策 　单射式、结构不良,新的政策性决策	1. 判断、直觉和创造 2. 概测法 3. 经历的遴选和培训	探索式问题解决技术 适用于: 1. 培训决策制定者 2. 编制探索式计算机程序

---

① 参见皮尤《组织理论精粹》,中国人民大学出版社 1990 版,第 203 页。

两种不同的决策区分的主要方面是所采用的技术不同。从表14-1可以看出,程序化决策所使用的传统的方法,一旦运用了运筹学和管理科学,就会导致方法上的革命。任何工商行政组织或政府机构,无论其规模大小,其决策方式很少不为这些从20世纪50年代开始兴起的新的应用技术所影响。这些新方法只有在电子计算机出现并投入使用以后才充分发挥作用。同样,非程序化决策的方法也发生了革命。那种仅仅依靠人工判断和直觉观察的方法让位给了人类思维的模拟。这种模拟,今天已经大量地在计算机上进行。

但是,程序化决策与非程序化决策又不是两种截然对立或无关的决策方法,它们实际的关系如同一个光谱一样的连续体:其一端是高度程序化的决策,如订货定价、核定工资;而另一端则为高度非程序化的决策,如新产品的设计、新厂址的确定。若将这两端分别用白色和黑色来表示,那么,在这两个极端之间的是一大片灰色,即介于常规与非常规之间的各种决策。

西蒙还对组织决策的主要阶段作了划分。决策一般可分为四大阶段:一是找出制定决策的理由阶段。在这一阶段上,主要任务是探查环境,寻找条件,这是一种"情报活动"。二是寻找可能的行动方案的阶段。在这一阶段上,主要任务是创造、制定和分析可能采取的行动方案,这是一种"设计活动"。三是在各种方案中进行抉择的阶段。在这一阶段上,主要任务是从可以利用的方案中选择一个具体方案,这是一种"抉择活动"。四是对已经选择的方案进行评价的阶段。在这一阶段上,主要的任务是对已选择出来的方案加以审核,这是一种"审查活动"。一般地说,"情报活动"先于"设计活动",而"设计活动"又先于"抉择活动"。但是,决策过程中阶段的循环要比这种逻辑分析复杂得多,上述的每个阶段本身又包含着更为细小的环节,而且,各个阶段也不可能是机械地按照固定的顺序推移的,各个阶段总是相互包含、交错的。任何一个阶段都会引发出一些次要的问题,这些次要的问题中又会有各自的情报、设计、抉择阶段。因此,整个决策过程就是一个大圈套小圈,小圈之中还有小小圈的复杂过程。

以西蒙为代表的决策理论学派的理论与传统的决策理论及其他学派相比,有以下基本特征:

一是决策是管理的中心,决策贯穿管理的全过程。西蒙认为,任何作业开始之前都要先做决策,制定计划就是决策,组织、领导和控制也都离不开决策。

二是在决策准则上,用满意性准则代替最优化准则。西蒙认为,完全的合理性是难以做到的,管理中不可能按照最优化准则来进行决策。首先,未来含有很多的不确定性,信息不完全,人们不可能对未来无所不知;其次,人们不可能拟定出全部方案,这既不现实,有时也是不必要的;第三,即使用了最先进的计算机分析手段,也不可能对各种可能结果形成一个完全而一贯的优先顺序。

三是强调集体决策与组织对决策的影响。西蒙指出,经理的职责不仅包括本人制定决策,也包括负责使他所领导的组织或组织的某个部门能有效地制定决策。他所负责的大量决策制定活动并非仅仅是他个人的活动,同时也是他下属人员的活动。

四是发展人工智能,逐步实现决策自动化。西蒙在他所著的《管理决策新科学》一书中,用了大量篇幅来总结计算机在企业管理中的应用,特别是计算机在高层管理及组织结构中的应用。

西蒙等人认为,一个企业组织机构的建立及企业的分权与集权不能脱离决策过程而孤立地存在,必须要与决策过程有机地联系起来。西蒙等人非常强调信息联系在决策中的作用。他们把信息沟通定义为"决策前提,实际上是通过一个组织成员将信息传递到另一个成员的任何过程"。西蒙认为,现在关键性的任务不是去产生、储存或分配信息,而是对信息进行过滤,加工处理成各个有效的组成部分。今天的稀有资源已不是信息,而是处理信息的能力。

西蒙认为,企业在制订计划和对策时,不能只考虑"攫取利润"这一目标,必须统筹兼顾,瞻前顾后,争取若干个相互矛盾的目标一同实现。其决策理论以"有限度的合理性"而不是"最大限度的利润"为前提,强调应采用"符合要求"的原则。这一理论的典型例子有"分享市场"、"适当利润"、"公平价格"。在决策方式上,他主张群体决策。群体参加决策的优点是,群体成员不会同时犯同样的错误,可以避免决策的失误。群体参加决策可将问题分成若干部分、分别交给专家处理,从而加速问题的解决和提高解决的质量。

瑞典皇家科学院认为,西蒙有关组织决策的理论和意见,应用到现代企业和公共管理所采用的规划设计、预算编制和控制等系统中及其技术方面,效果良好。这种理论已成功地解释或预示如公司内部信息和决策的分配、有限竞争情况下的调整、各类有价证券投资选择和对外投资国家选择等多种活动。现代企业经济学和管理研究大部分建立在西蒙的思想之上。因此,1978年,由于"对经济组织内的决策程序所进行的开创性研究",西蒙获得诺贝尔经济学奖。

六、组织设计理论

西蒙认为可以将组织看成是一块三层的蛋糕:最下层是基本工作过程,在生产组织里指取原材料、生产物质产品、存储和运输的过程;中间一层是程序化决策过程,指控制日常生产操作和分配的系统;最上一层是非程序化决策制定过程,这一过程要对整个系统进行设计和再设计,为系统提供基本目标,并监控其过程。

大型系统不仅分有层次,而且其结构普遍都是等级式的。组织先被分成许多小单元,这些小单元再被分成更小的单元,一直细分下去,最终形成金字塔式的结构系统。西蒙认为,等级分层不是人类组织独有的特点。所有复杂的系统,无论是生物有机体,还是化学的和物理的复杂系统,都存在这种结构。即使使用了计算机新技术,也不可能消除组织的基本分层结构。其原因是:首先,在一个体积和复杂程度已定的系统中,自然选择的机制产生分层等级系统的速度,要比产生同样体积的非分层系统的速度快得多,因为分层等级结构的各部分是最稳定的;其次,在体积和复杂性已定的系统中,分层等级系统各部分所需要的信息传输量要比其他类型系统少得多;第三,对分层等级结构来说,一个组织的复杂性,从组织的任一特定位置来观察,几乎都与其总规模无关。

西蒙在讨论组织分层结构的同时,也讨论了组织按其构成所产生的类型:一种分类是将组织分成单位组织与复杂组织;另一种分类法是将单位组织再加以划分,分成单元组织与联邦制组织。单元组织有两个特征:其一,其本身具有具体的、有社会意义的目的;其二,在其内部拥有相当一部分对实现组织目的非常有用的专家。行政机构中的一个厅、局,一个工厂、营业所都是单元组织。联邦制组织是单元组织的集合体。对于单元组织来说,其内部活动可以对照组织的具体目的进行逻辑调整,而联邦制组织由于没有具体的目标,因而难以进行逻辑调整。

在对两类组织进行论述的基础上,西蒙讨论了组织内部的集权与分权的关系问题。他指出,对于组织决策中的集权与分权应当从以下两个方面来理解:首先,应弄清集权具有两种大为不同的方面。一方面,可以通过利用一般规定限制下属权限,使决策制定权集中化;另一方面,可以通过剥夺下属手中的实际决策制定权,使这种权限集中化。这两种过程都可称之为集权。西蒙实际上将集权化分为两类:一类是广义的集权化,另一类是狭义的集权化。

其次,应将广义的集权化与专业化视为同一概念,它指的是组织中特定活动的专门化。狭义的集权化则是指组织的下级单位的决策权被剥夺,并向中央的组织单位集中,单元组织的独立性相对缩小,自发的统一和与实现目的有关的各种活动能力也就相应地削弱了。在对决策进行评审时,会造成集权化倾向。当评审是用来修正个人决策时,它就会造成集权,造成决策制定职能的转移;当评审是用来发现下级需要进一步指导时,上级就会通过颁布越来越多的整套规章来限制下级权限,从而也导致集权。

狭义的集权有其优越之处：它可以对组织的各个方面进行协调，可以充分利用专业知识，可以实施职责安排。因此，有人认为集权是工作专业化的必然伴生物。专业分工之所以能提高工作效率，是因为能保证相互的协调，如果做不到这一点，就只能放弃专业分工。比如，穿针引线，若两个人各执针和线，那就不容易穿好。这里重要的是要能把针鼻与线头对在同一点上，即是说两人的动作要协调。一旦实行了专业分工，就必须引进一定的程序，以保证组织成员之间的协调。这种强有力的程序之一就是决策的集中化。

但是，集权也有其弊端。其一，当一个上级总是觉得自己比下级人员更加训练有素，或技艺更高一筹时，会认为由自己作决策要比委托下级作决策"安全"些。这样做的结果是，一方面，造成自己身上工作量的倍增；另一方面，导致下级人员成为多余的人。

其二，一个上级管理人员的薪金一般要比下级人员高，上级人员应当将时间、精力花在组织的重大决策上。如果上级人员不愿分权，就只能去制定具体的决策，从而就不得不牺牲本应花费在重大决策上的时间，而且，这样做也就使具体决策的成本大大提高了。

其三，人们通常有一种误解，认为只要有足够的时间，上级就能制定出比下级更精确的决策。但事实并不完全如此。上述的假定，只有在一种情况下才是正确的，即上下级都同样能获得决策所需要的所有信息。而当某个决策必须在一定的期限内完成，且组织在地理位置上又比较分散，精确的事实往往先被下级直接获得时，上级的决策就未必比下级精确了。

其四，如果决策集中于上级，从下级将有关信息传递到上级，就需要花费较多的成本，而且，很多决策在制定过程中还会反复，这就进一步增加了信息传递的成本。

最后，上级在决策时考虑的是各部门间的平衡，他们注意的只是人际关系的协调，而不去运用下级管理人员的智慧，从而将人类神经系统的巨大协调功能闲置不用。

西蒙还对未来的组织作了预测。他认为将来的组织在很多方面将与现今人们所熟悉的组织类似：一是将来的组织仍然由三个层次组成。一个是基本层，这是物质生产与分配过程的系统；一个是支配该系统的日常作业的程序化决策过程，只是这一过程在未来很可能是大规模自动化的；第三个层次是控制第一层过程并对其进行重新设计和改变其价值参数的非程序化决策过程，在未来，这一过程很可能是在人—机系统内实现的。①

---

① 参见孙耀君《西方管理学名著提要》，江西人民出版社1992年版，第355页。

二是将来的组织形式仍将是阶层等级式的。组织将分成若干个主要的次部门,各个次部门又将分成更小的单位,依次类推。这方面也与现今的组织相类似。但在将来,划分组织界线的基础可能会有所变化,产品部门将变得更为重要,而采购、制造、工程和销售之间的界限将逐渐消失。

在研究组织设计时,西蒙对自动化和信息系统条件下的管理人员的职责、权限进行了分析。他认为,在自动化系统内,日常决策所需要的人工干预将越来越少。管理人员的主要职责是对决策系统进行维护和改进,同时对下属人员进行激励和培训。基层的管理工作将变成管理工作的一小部分。管理人员将像任务小组的成员一样,把大部分时间和精力用于分析和设计政策,并对执行政策的系统进行改造和完善。中层管理人员并不会如某些人所预料的那样大幅度地减少,因为,尽管在自动化系统内对基层的管理工作会减轻,但是,对自动化决策和规划系统进行设计和维修的参谋性作业会大大增加中层管理人员的工作量。

七、组织平衡理论

西蒙认为,组织影响是使个人的行为得以同组织其他成员的行为结合成整体的机制。但是,组织理论还需要进一步探讨的问题是:一个人为什么愿意参加到一个组织群体中去?他为什么要让自己的个人目的服从于既定的组织目标?这个问题只有将组织看成是一个平衡系统才能得到解答。

西蒙继承了巴纳德关于诱因的学说,在论述组织的平衡时,采用了组织对个人的诱因与个人对组织贡献的平衡。西蒙认为,个人之所以参加组织有三种原因:一是由于组织目标的实现可以直接获取个人报偿的诱因;二是与组织的规模及其增长有关的组织提供给个人的诱因;三是与组织规模及其增长无关的、由组织提供的诱因。组织一般就是由上述三种诱因吸引过来的人组成的。组织成员也会对组织作出一定的贡献,这些贡献有些是直接的。如果组织对个人来说具有直接的价值,那么,个人对组织的贡献就是直接对等的;如果组织给个人以奖赏,个人反过来又给组织以贡献,这种贡献则是间接回报的。

西蒙详细论述了组织对个人提供的诱因。对于某些非志愿者来说,组织对个人最明显的刺激因素就是工资。作为对这种诱因的交换,他不是向组织提供专门服务,而是贡献无差异的时间和精力。职工将自己的时间和精力交给组织领导,听任他们按他们自己认为合适的方式去安排。这种关系来源于合同,并由此构成了一种连续生效的权威关系。这种合同很重要。对于组织领导来说，若不以此来建立某种权威关系，职工就不可能将自己的行为纳入组织系统内，那么，组织在向职工提供了诱因之后，可能什么也得不到；从职工的方面来说，在合同期内进行何种活动对他来说是无所谓的，如果组织下达给他的指令并未超出他在合同上所认可的限度，他就愿意以自己的行为来服从命令。

对于另一些人来说，他所重视的不仅仅是工资，还有职位、声望，以及他所在的工作团体的人际关系。对于一个只想获得白领工作岗位的人来说，你给他其他的岗位，哪怕这种工作再轻松，他也不愿接受。晋升的机会不会对组织中所有的成员都有刺激作用，它只会对组织中抱有强烈的"升迁"愿望的人才会有很强的刺激。在组织中，有些刺激并不与组织目标直接相关，也不与组织的规模和发展直接相关，这类诱因所换取的是成员对组织决策的接受，将组织的决策视为自己行为的依据。

西蒙认为，诱导个人参加组织的第三类刺激因素来自于组织的规模和组织的发展。可以将组织的规模和组织的发展看作是组织的"生存价值"。重视这种组织"生存价值"的是大企业的职业管理人员。生存价值也可能给组织中的其他成员提供重要刺激。因为，对于一个希望升迁的人来说，他并不愿意呆在一个停滞的、衰退的组织中，一个成长着的、生气蓬勃的组织可以为组织中的成员提供更多的个人发展和获得荣誉的机会。

组织的成员为组织作贡献，以换取组织提供给他们的诱因。组织中某一类群体的贡献，是组织提供给其他群体的诱因的来源。如果贡献的总和在数量和种类上都很充分，足以提供必要数量和种类的诱因，那么组织就能生存和成长；反之，除非能达到某种均衡，否则组织就会衰退乃至消亡。因此，组织领导的重要任务是维持贡献对诱因的正差额，或者至少能维持两者的平衡。

西蒙对三类组织的平衡问题作了具体分析。一类是工商组织的平衡问题。在这类组织中，组织一般以盈利和生存价值为主要目标。组织的领导人往往以两种方式来维持其所获得的贡献与所支出的诱因达到满意的平衡。第一种方式是根据顾客的要求修改组织目标；第二种方式是合理使用金钱和组织成员的时间及精力等资源，以达到给成员提供最大限度的诱因，利用这些资源以最佳的途径实现组织目标。在经济学中，以此为依据，产生了"厂商理论"。在工商组织中，尽管目标是随机调整的，但由于以下三个方面的原因使得企业又倾向于较为稳定的目标。一个原因是这些组织存在一些不利于迅速调整的"沉入成本"；第二个原因是企业在经营中已取得某些经验和风格，这些是无形的"沉入成本"，也可称为"沉入财产"，这也是不太容易迅速改变的；第三个原因是企业已经获得某种信誉、某种固定的形象，这也可以算作是"沉入财产",不太容易转移到别的活动上去。

　　西蒙分析的第二类组织是政府机构。对政府机构来说,"顾客"就是立法机关,它是最终的控制集团。(对政府机关而言,组织目标是最终控制着政府组织的立法机关的目标和公民们的个人目标。如果以工商组织来比拟,可以将立法机关看成是用钱资助政府的"顾客"。)立法机关向政府机关提供资金(通过立法预算),而这类资金无论多少,都是实现组织目标所必需的。因此,从因果关系上来考察,就不太容易看出这类组织是平衡系统。但深入分析后就可以看出,立法机关对政府机关也不是非常严格的。首先,立法机关和选民,其本身也是具有变化着的偏好和目标的;其次,立法机关对行政机关的控制通常也是比较被动的。总之,在行政机构中,效率乃是决策的基本准则,因为控制集团总是试图以它所能支配的资源,去最佳地实现组织目标。

　　非盈利性私人组织是西蒙考察的第三类组织。非盈利性组织如民办学校或职业协会,与商业组织具有很大的区别。首先,在这类组织中不存在盈利目标与其他目标之间的冲突;其次,这类组织的控制集团对组织目标是认同的。因此,这类组织容易达到平衡。①

---

①　占部都美:《现代管理论》,新华出版社1984年版,第268—273页。

第十五章 弗洛姆的决策规范理论

【摘要】
　　维克托·H. 弗洛姆是西方著名的心理学家和行为科学家,也是享誉国际的著名管理大师。另外,弗洛姆还是组织决策规范理论的提出者。弗洛姆认为,某一活动对某人的激励力量取决于他所能得到结果的全部预期价值乘以他认为达成该结果的期望概率。弗洛姆还认为,组织的决策与组织成员的期望(Expectancy)、组织的价值(Valence)、决策的结果(Outcome)、决策的工具(Instrumentality)和决策方案选择(Choice)等因素有关。弗洛姆指出,组织中各种类型决策的最终有效性取决于决策者对决策质量、决策的可接受性以及决策耗时等因素的重视程度,同时也取决于采用不同的决策方法所获得最终结果的差别程度。不存在对任何环境都适用的决策方式。组织管理者在进行决策时,应当将精力集中在对环境特征性质的认识上,以便能更好地针对环境要求选择合适的领导方式和做出有效的决策。

一、弗洛姆的组织理论研究活动与主要著述

　　维克托·H. 弗洛姆(Victor H. Vroom,1932—　)1932年8月出生于加拿大的蒙特利尔。早年在加拿大麦吉尔大学先后获得学士及硕士学位,后于美国密执安大学获博士学位。他曾在美国宾州大学和卡内基-梅隆大学执教,并长期担任耶鲁大学管理学院"约翰塞尔"讲座教授兼心理学教授。曾任美国管理学会(AOM)主席、美国工业与组织心理学会(STOP)会长。
　　弗洛姆于1998年获美国工业与组织心理学会卓越科学贡献奖,2004年获美国管理学会卓越科学贡献奖,是国际管理学界最具影响力的科学家之一。弗洛姆曾为全球500强公司中的大多数提供管理咨询,其中包括GE集团、联邦快递、贝尔实验室、微软等跨国巨头企业。在为这些众多的大公司进行管理咨询的过程中,弗洛姆积累了丰富的有关组织管理的实际经验。
　　弗洛姆对组织管理思想发展的贡献主要体现在两个方面:一是深入研究了组织中个人的激励和动机,率先提出了形态比较完备的期望理论模式。弗洛姆认为人之所以能够从事某项工作并达成组织目标,是因为这些工作和组

织目标会帮助他们达成自己的目标,满足自己某些方面的需要。弗洛姆认为,某一活动对某人的激励力量取决于他所能得到结果的全部预期价值乘以他认为达成该结果的期望概率。在他提出的组织期望理论中,期望(Expectancy)、价值(Valence)、结果(Outcome)、工具(Instrumentality)和选择(Choice)是其中重要的影响因素。

弗洛姆对组织管理思想发展的另一个重要贡献是从分析组织领导者与下属分享决策权的角度出发,将决策方式或领导风格划分为三类五种,设计出了根据主客观条件、特别是不同的环境因素,按照一系列基本法则,经过7个层次来确定应当采用何种决策方式的树状结构判断选择模型,即组织领导规范模型。弗洛姆认为,领导可以通过改变下属参与决策的程度来体现自己的领导风格。根据员工参与决策程度的不同,领导风格可分为不同的种类,这样就可以根据不同的环境来选择最为合适的组织领导风格。

弗洛姆认为,各种类型的决策最终的有效性取决于决策者对诸如决策质量、决策的可接受性以及决策的耗时等因素的重视程度,同时也取决于采用不同的决策方法所获得最终结果的差别程度。不存在对任何环境都适用的组织领导方式。管理者在进行决策时,应当将精力集中在对环境特征和性质的认识上,以便更好地针对环境要求选择领导方式和制定决策。

许多研究弗洛姆的学者往往忽略他把行为主义学派重视的个体行为激励与组织理论中科学决策流派的联结,更忽略了他在论述决策规范理论时,将一个引发组织理论研究中新的流派产生的重要观念提了出来,这就是权变思想。由此,我们有充分的理由可以说,弗洛姆是在组织理论研究领域将行为主义、科学决策主义和系统权变主义联结起来的学者。在论述组织理论的科学决策流派时,决不能丢掉弗洛姆,而要完整理解弗洛姆,就不能漏掉他的期望激励理论。

弗洛姆一生在学术领域辛勤劳作,出版和发表了上百部(篇)专著和论文,其中最为人们称道的是《工作与动机》(1964),该书提出了激励的期望理论,被认为是管理理论领域的里程碑。其另一著作《领导与决策》(1975)创立了著名的组织领导规范模型。

二、组织期望激励理论

弗洛姆对管理思想发展的贡献首先是研究了组织的期望激励理论。

期望理论的基本内容包括期望公式和期望模式。学界对激励过程的研究有两条途径,一条途径是研究人们需要的缺乏,如运用马斯洛的需要层次理论，找出人们所感觉到的某种缺乏的需要，并以满足这些需求为动力，来激发他们符合组织所要求的动机和行为。另一条途径是从个人追求目标的观点来研究个人对目标的期望，这就是弗洛姆的期望理论。依照这一条途径，所谓激励，乃是推动个人向其期望目标前进的一种动力。期望理论侧重于"外在目标"，需要理论着眼于"内在缺乏"。这两条途径在本质上是互相关联和一致的，都认为激励的过程就在于实现外在目标的同时又满足内在需要。

不过，期望理论的核心是研究组织成员需要和组织目标之间关系的规律。期望理论认为，一个人最佳动机的条件是：他认为他的努力极可能导致很好的表现；很好的表现极可能导致一定的成果；这个成果对他有积极的吸引力。这就是说，一个人已受他心目中的期望所激励。由此可以推断出，这个人内心已经建立了有关现在的行为与将来的成绩和报酬之间的某种联系。因此，组织要获得所希望的行为，就必须在个人表现出这种行为时，及时地给予肯定、奖励和表扬，使之再度出现。同样，想消除某一行为，就必须在展开这种行为时给予负强化，如批评、惩处，等等。这和斯金纳得出的条件反射理论有一定的关系。

弗洛姆认为，人总是渴求满足一定的需要并设法达到一定的目标。这个目标在尚未实现时，表现为一种期望，这时目标反过来对个人的动机又是一种激发的力量，而这个激发力量的大小，取决于目标价值（效价）和期望概率（期望值）的乘积。用公式表示就是：

$$M = \sum V \times E$$

M 表示激发力量，是指调动一个人的积极性，激发人内部潜力的强度。

V 表示目标价值（效价），这是一个心理学概念，是指达到目标对于满足个人需要的价值。同一目标，由于各人所处的环境不同，需求不同，其需要的目标价值也就不同。同一个目标对每一个人可能有三种效价：正、零、负。效价越高，激励力量就越大。

E 是期望值，是人们根据过去经验判断自己达到某种目标的可能性是大还是小，即能够达到目标的概率。目标价值大小直接反映人的需要动机强弱，期望概率反映人实现需要和动机的信心强弱。

上述公式说明：假如一个人把某种目标的价值看得很大，估计能实现的概率也很高，那么这个目标激发动机的力量就强烈。怎样使激发力量达到最好值，弗洛姆提出了人的期望模式：

个人努力→个人成绩（绩效）→组织奖励（报酬）→个人需要

这个期望模式中的四个因素中，需要兼顾到或统率着其他三个方面的关系：一是努力和绩效的关系。这两者的关系取决于个体对目标的期望值。期望值又取决于目标是否适合个人的认识、态度、信仰等个性倾向,以及个人的社会地位、别人对他的期望等社会因素,即由目标本身和个人的主客观条件决定。二是绩效与奖励的关系。人们总是期望在达到预期成绩后,能够得到合理奖励,如奖金、晋升、提级、表扬等。如果没有相应的有效的物质和精神奖励来强化,时间一长,积极性就会消失。三是奖励和个人需要的关系。奖励什么要适合各种人的不同需要,要考虑效价。要通过多种形式的奖励,满足各种需要,最大限度地挖掘人的潜力,有效提高工作效率。

在20世纪60年代,弗洛姆关注的是组织中的个体行为激励的问题,他分析了个体行为期望与个体目标之间的关联,实际上是组织成员个体的"途径-目标激励决策模型"。这表明,这时弗洛姆仍旧在行走在组织理论研究中行为主义流派开辟的路径上。但是,如果只将弗洛姆对组织理论研究的贡献停留在这一步上,就有可能造成下列错觉:一方面,将他归于科学决策理论流派之下似乎是不妥当的;另一方面,似乎搅乱了组织理论演变的逻辑,把前面已经阐述过的激励理论又在后面重复讨论了。实际上,弗洛姆的真正的创造性的研究恰恰就在于他将60年代的探索与组织的科学决策联系起来,创造出了组织决策方式树状结构判断选择模型,并且还通过这一方面的研究提出了后来的组织理论研究者大加关注的权变思想。

三、决策规范理论

西蒙的组织决策理论强调理性的有限性,而与他同期的弗洛姆除了在"途径-目标激励理论"方面提出了独特的见解外,还对组织决策中的规范模式进行了探讨。弗洛姆提出的"决策方式树状结构判断选择模型",推动了"环境作用"组织领导理论向"权变"组织领导理论的方向发展。

弗洛姆认为组织中所有的管理者都是决策者。而且,他们作为管理者的有效性也主要是通过正确决策的记录表现出来的。但是,管理者究竟是运用什么样的决策过程有效地解决工作中出现的问题呢?这实际上涉及作为社会过程的决策的规范模式问题。组织理论的发展,已使人们对争论所谓的X理论和Y理论的相对价值,争论决策取决于领导处于何种情境之类的问题感到厌倦。弗洛姆指出,现在是超越行为主义科学的那一套原则的时候了,组织理论发展的任务是要制定出一组使管理者的领导行为适合复杂的情境要求的程序规则;在这些规则的基础上确立可以实际运用的模式,从而使每个管理者在任何决策情境下都能决定如何行动。

弗洛姆认为,设计一种模式的目的在于合理地调整在决策过程中做出的选择。决策模式一般与下列因素有关：决策过程中的决策风格类型、决策中的问题属性、影响决策效能的参量。

弗洛姆将决策过程用一组代号来表示，如 AI、AⅡ；CI、CⅡ；GⅡ。其中，A 表示专断（Autocratic）；C 表示商量（Consultative）；G 表示群体（Group）。①

表 15－1　决策风格类型

决策过程	决　策　风　格
AI	管理者利用当时可得到的信息自己解决问题或作出决策
AⅡ	管理者从其下属那里得到必要的信息，自己决定解决问题的方案。管理者可以告诉下属从他们那里得到信息的问题是什么，也可以不告诉。下属在决策过程中扮演的角色明显地仅是一种向管理者提供必要信息的角色，而不参与制定或评价解决问题的备选方案。
CI	管理者和有关的下属个别地讨论问题，在征求他们的意见和建议时把他们集合为一个群体。管理者的决策可以反映下属的影响，也可以不反映。
CⅡ	管理者和作为一个群体的下属讨论问题，集体征求他们的意见和建议。管理者做出决策可以反映下属的影响，也可以不反映。
GⅡ	管理者和作为一个群体的下属讨论问题，共同制定和评价解决问题的备选方案，并力求就解决方案达成协议。管理者的角色很像是一种主席的角色。管理者并不尽量对群体施加影响以求采用"他的"解决方案，管理者愿意接受并实行任何得到群体支持的解决方案。

接着，弗洛姆对决策的情境或问题属性作了说明。决策的问题属性有两类：一是用以详细说明质量和认可某特定问题的重要性；二是以现有根据为基础，具有调节由参与所导致的各种结果并产生影响的高度可能性。这些属性用"是－否"的形式来表述。决策者可以通过回答七个问题，准确而迅速地对情境作出判断。②

表 15－2　规范模式中的问题属性

决策问题属性	供诊断的具体问题
A. 决策质量的重要性	是否有某种质量上的要求，使得某种解决方案可能比另一种方案更合理？
B. 领导人本身具有作出高质量决策的充足信息和专业程度	是否有作出高质量决策的足够信息？

---

① 参见皮尤《组织理论精粹》，中国人民大学出版社 1990 年版，第 253 页。
② 同上，第 254 页。

（续表）

决策问题属性	供诊断的具体问题
C. 问题的结构性程度	问题是否属于结构性问题？
D. 下属的认可或者承诺对有效执行决策的重要程度	下属对决策的认可是否对有效执行决策具有重要作用？
E. 领导人的专断决策受到下属认可的事前概率	如果想由个人作出决策，是否有适当把握能得到下属的接受？
F. 当明确说明问题的目标时，可激励下属实现组织目标的程度	下属是否会分担解决这一问题所要实现的组织目标？
G. 下属对偏好方案可能产生冲突的程度	下属之间是否可能在偏好方案方面产生冲突？

在规范模型中，弗洛姆还提出了七项基本法则来保证决策质量和决策的可接受性：

一是信息法则。如果决策的质量很重要，而你又没有足够的信息或单独解决问题的专门知识，就不要采用 AI 方式。

二是目标合适法则。如果决策的质量很重要，而下属又不将组织目标当作大家的共同目标，就不要采用 GⅡ 方式。

三是非结构性工作问题法则。如果决策的质量是重要的，但你却缺乏足够的信息和专门知识独立地解决问题，而工作问题又是非结构性的，就排除采用 AI、AⅡ、CI 这三种方式。

四是接受性法则。如果下属对决策的接受是有效执行决策的关键，而由领导者单独作出的决策不一定能得到下属接受的话，就不要采取 AI、AⅡ方式。

五是冲突法则。如果决策的可接受性很重要，而领导者的个人决策不一定被下属接受，下属对于何种方案更适合可能抱有互相的看法，这时不要采取 AI、AⅡ、CI 方式。

六是公平合理法则。决策的质量并不重要，而决策的可接受性却是关键，这种情况下最好采用 GⅡ 方式。

七是可接受性优先法则。如果决策的可接受性是关键，专断性决策又保证不了可接受性，而下属是值得信赖的，应采用 GⅡ 方式。

弗洛姆将五种决策风格与七种问题属性相结合，运用决策树的方法，推断出 14 种适用环境。AI 适用于 1、2、4、5 这四种环境；AⅡ 适用于 9、10 这两种环境；CI 适用于 8 这一种环境；CⅡ 适用于 7、11、13、14 这四种环境；GⅡ 适用于 3、6、12 这三种环境。①

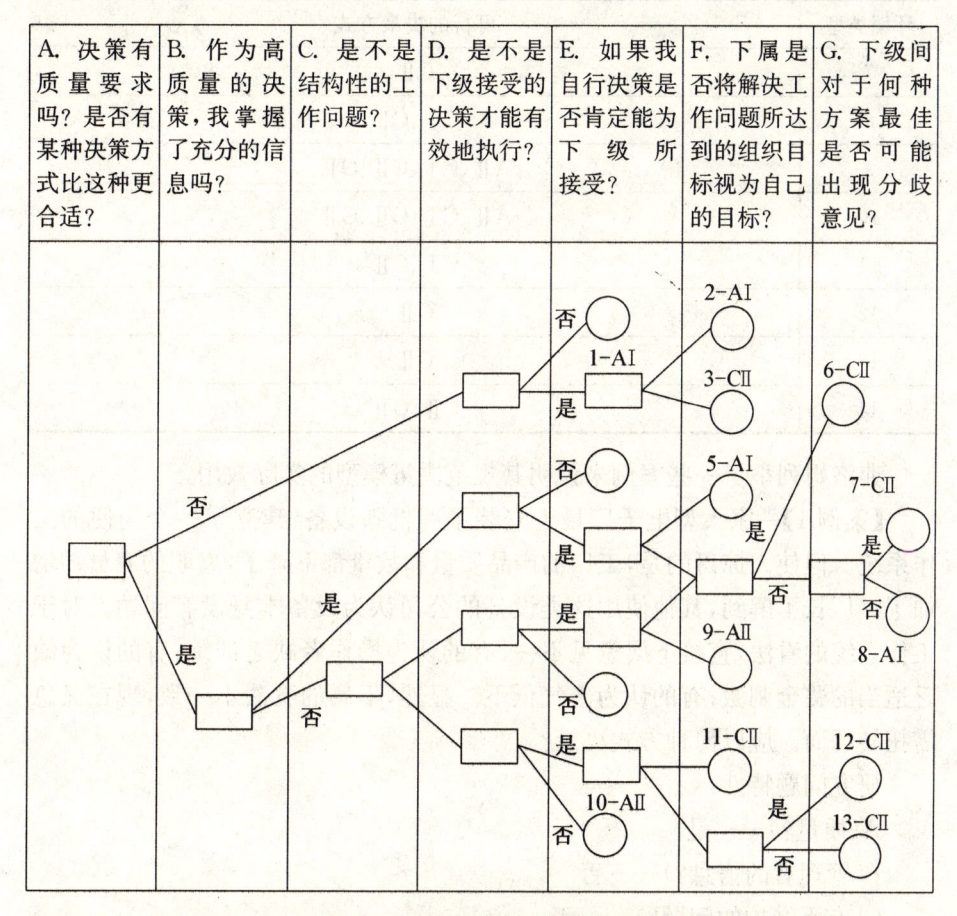

A. 决策有质量要求吗？是否有某种决策方式比这种更合适？	B. 作为高质量的决策，我掌握了充分的信息吗？	C. 是不是结构性的工作问题？	D. 是不是下级接受的决策才能有效地执行？	E. 如果我自行决策是否肯定能为下级所接受？	F. 下属是否将解决工作问题所达到的组织目标视为自己的目标？	G. 下级间对于何种方案最佳是否可能出现分歧意见？

图 15-1　选择决策方式的规范模型

表 15-3　环境类型和可行性的决策方式

环境类型	可行的决策方式
1	AⅠ、AⅡ、CⅠ、CⅡ、GⅡ
2	AⅠ、AⅡ、CⅠ、CⅡ、GⅡ
3	GⅡ
4	AⅠ、AⅡ、CⅠ、CⅡ、GⅡ
5	AⅠ、AⅡ、CⅠ、CⅡ、GⅡ
6	GⅡ

---

① 参见皮尤《组织理论精粹》，中国人民大学出版社 1990 年版，第 239、242 页。

(续表)

环境类型	可行的决策方式
7	CⅡ
8	CⅠ、CⅡ
9	AⅡ、CⅠ、CⅡ、GⅡ
10	AⅡ、CⅠ、CⅡ、GⅡ
11	CⅠ、CⅡ
12	GⅡ
13	CⅡ
14	CⅡ、GⅡ

弗洛姆列举了一些案例来说明其规范决策模型的实际效用。

【案例1】一家大型电子厂最近安装了一批新设备，建立了一个简便的工作系统。但使人惊讶的是，工厂的产品质量和数量都下降了，离职的雇员却增加了。厂长了解到，其他使用这类设备的公司认为设备本身没有问题。对于工作系统的看法，直接下属意见不一，有的认为操作者缺乏训练；有的认为缺乏适当的奖金刺激；有的认为士气低下。显然，下属的看法不一致，现在又急需扭转局面。应以何种方式决策？

研究问题特性：

A(质量?)——是

B(管理者的信息?)——否

C(有无结构的问题?)——否

D(认可?)——是

E(专断能认可?)——否

F(目标一致?)——否

G(冲突?)——是

问题类型：12

可行方式：GⅡ

最少人时数的解决方式：GⅡ

违反的规则：

AⅠ违反规则1、3、4、5、7

AⅡ违反规则3、4、5、7

CⅠ违反规则3、5、7

GⅡ违反规则7

【案例 2】作为一个指挥安装输油管道工程的总负责人，为了按照计划将工程所需要的材料运送到下一个工地，必须对工程进度进行预测。这位负责人熟悉施工经过的地域的环境和地质条件，而且掌握了在施工地域内计算工程进度的均值及方差所需要的历史数据。在得到均值和方差以后，能比较容易地计算出下一个施工场所需要的材料、设备以及开工的最早时间和最迟时间。但是，这一预测必须准确，因为保守的预测会造成窝工，而乐观的预测又会造成设备、材料闲置。如果工程预测准确，提前完工，总负责人与 5 名经理和全体工人将获得奖金。

研究问题特性：

A(质量?)——是

B(管理者的信息?)——是

D(认可?)——否

问题类型：4

可行方式：AⅠ、AⅡ、CⅠ、CⅡ、GⅡ

最少人时数的解决方案：AⅠ

违反的规则：无

【案例 3】你正在监督 12 名工程师的工作。他们都受过同样的训练，工作经验也很类似，你可以在工程项目上交换他们的岗位。总经理通知你，国外的机构要求 4 名工程师出国工作 6~8 个月。但是，出国的任务一般不受欢迎。总经理提出用群体方式决定这一问题。

研究问题特性：

　　A(质量?)——否

　　D(认可?)——是

　　E(专断决策有被接受的可能?)——否

　　G(冲突?)——是

问题类型：3

可行方式：GⅡ

最少人时数的解决方案：GⅡ

违反的规则：

　　AⅠ和AⅡ违反规则 4、5、6

　　CⅡ违反规则 5、6

　　CⅡ违反规则 6

【案例 4】你是一个由分部经理所管的工作人员，工作涉及管理、技术等方面。现在分配给你的任务是制定出一种分部所辖的 5 个工厂的通用标准方法,用于人工查看设备计数器、记录读数、把评分传递到集中的信息系统。实际运行的结果是查看和传递数据的错误率很高。某些厂的错误率明显地比其他厂高,各个工厂之间记录和传递数据的方法出入很大。因此一部分的差错可能是由各厂的条件造成的。这给建立通用标准带来很大的困难。但是你手中缺乏各个工厂产生差错的实际情况的信息,也缺乏造成差错的各厂条件的信息,而你的工作又必须得到各厂检查员的支持。

研究问题特性:

  A(质量?)——是

  B(管理者的信息?)——否

  C(有无结构问题?)——否

  D(认可?)——是

  E(专断决策能否接受?)——否

  F(目标一致?)——是

问题类型:12

可行方式:GⅡ

最少人时数的解决方案:GⅡ

违反的规则:

  AⅠ违反规则1、3、4、7

  AⅡ违反规则3、4、7

  CⅠ违反规则3、7

  CⅡ违反规则7[①]

四、符合情境的决策

弗洛姆在研究组织决策时,非常重要的一个思想是组织的领导者在决策时必须依据情境的变化来作出应对,这就是一种权变观念。弗洛姆提出了一个重要问题:组织管理者在实际工作中是如何行动的?什么样的考虑影响到他们在多大程度上让下属分享决策权的决策?他们的行为在哪些方面与模式中的行为不同或相似?我们的研究计划旨在深入了解影响管理者选择适合情境要求的决策过程的因素。

弗洛姆向人们描述了他们在这方面所做的研究。在他们的大多数研究中,运用30个人一组的案例,有几千名管理者参加实验。他们在美国和国外

---

① 参见皮尤《组织理论精粹》,中国人民大学出版社1990年版,第260—262页。

参与了管理开发规划,对案例进行系统的选择。他们不仅希望人们能够按照规范模式明确地理解案例,而且希望人们能够评价模式中的每一种问题属性对他们行为的影响。因此注意选择符合实验设计的案例,使实验结果随着模式中的七种问题属性而有所不同,并且,每一种属性方面的不同不受其他属性的影响。他们整理出若干套这样的标准化案例,用这种方法对上千名经理进行研究。

弗洛姆指出,或许最引人注目的发现是冲淡了下述广泛的看法,即参与性是管理者不同程度地表现出来的普遍特性。当然,在把参与方法作为与专断方法相对立而加以运用的一般趋势方面,管理者之间存在着差别。在标准化问题法中,这些差别占观察到的决策过程中的总方差的10%左右。但是,与管理者间的差别相比,管理者间的行为差别是较小的。在标准化问题法中,没有一个管理者表明,他在所有问题或所有决策方面将运用同样一种决策过程,在某种情况下,大多数管理者五种方法都运用。

管理者之间行为方面存在某些方差的原因可能在于,广泛分权的趋势是对分权的情境作出的反应。它使得谈论参与的或专断的情境比谈论参与的或专断的管理者更有意义。实际上,在标准化问题法中,涉及问题或案例的行为方面的方差差不多是涉及管理者的行为方面的方差的三倍!

弗洛姆认为有必要研究与参与情境相反的专断情境的特性。对这一问题的回答将构成决策过程这一方面的部分描述性模式,这是进行诸多研究的目标。根据人们用回忆问题法和标准化问题法所作的行为观察,管理者运用的决策过程显然受到许多因素的影响,其中许多要素已在规范模式中出现过。下面是根据回忆问题法和标准化问题法的结果证明的结论:当管理者掌握所有必不可少的信息而不缺乏某种所需要的信息时,当他们遇到的问题是有结构的而不是无结构时,当其下属对决策的认可不是有效执行决策的关键时,或者当对专断决策认可的事前概率很高时,当下属的个人目标与有关问题上显示的组织目标不一致时,管理者运用的决策过程会较少提供参与的机会。

弗洛姆指出,其研究结果强有力地表明,在"裁定"符合情境的方法方面,不同的管理者是不同的。从理论上说,可以认为,管理者中间的这些差别表现为他们鼓励参与时所运用的决策规则的不同。统计结果表明,这些差别表现在情境变量和个人特性之间的相互作用方面。

第四编　系统科学时期组织理论的研究与发展

　　组织理论既是组织与管理实践的产物,又是组织与管理实践中不可缺少的重要因素。作为理论形态,组织理论既是人们对具体的组织结构、活动及其规律的概括,又是进行具体的组织结构、战略设计和具体运行管理的知识资源。组织与管理的实践都是在一定的环境下进行的,因此,不仅任何组织结构及其运行都与它赖以存在的环境密切相关,而且任何组织理论的发展也与环境的变化息息相关。社会生产中工艺技术的演变、社会科学对人的各种行为和属性研究的进展以及社会政治的动态变化,甚至生态环境的演变等,所有这些都使组织与管理的环境发生着变化。这种变化从一定程度上促进了组织理论的演变与发展。

　　组织作为人类社会的一种存在形式与赖以活动的方式,与社会生活的各个方面都有着不可分割的联系,社会生活的许多因素都会渗透到组织结构与活动之中。因而组织理论本身也就必然要包含许多社会因素与内容。但是,由于人们的认识与实践的相对性与有限性,每一种组织理论体系的变化不可能同时涉及组织结构与运行中的所有的因素与内容。在通常情况下,具体的组织理论体系只能从当时的组织环境出发,着重研究和讨论组织与管理中的某几个因素或某些问题。这样,不同时期出现的组织理论流派就会具有不同的因素与内容。

　　组织理论有的侧重人的方面,重视组织成员的需要与激励;有的侧重组织制度、法规的方面,重视组织的结构与功能;有的则侧重于组织的运行过程,重视组织的决策与变革。所有这些组织理论体系与流派都从不同的角度和侧面对组织理论的发展与完善起到了积极的推动作用。

　　组织理论研究,特别是试图构造体系与发展学术的理论流派,允许人们将组织结构和运行中的某些因素与内容分离出来,进行相对独立的专门研究。但是,具体的组织与管理的实践以及理论进一步发展的趋势,必然要求人们将各个理论体系或流派中包含的不同因素与内容有机地结合起来,即不仅要考虑组织中人的行为与关系,而且还要考虑制度、法令等因素,甚至还要考虑其中的决策与变革。因此,组织实践与组织理论的进一步发展,就在于将传统的科学管理时期与后来行为科学时期所强调的不同的人的因素结合起来。在

20世纪60年代以后,一种新的组织理论学派即系统分析观念和权变理论(System Analysis Approach)渐渐流行起来。

如果说传统科学管理时期的组织理论是"正"题,行为科学时期的组织理论是"反"题,科学决策时期的组织理论是"合"题,那么,系统科学分析的理论则是这种"合"题的进一步发展,是下一个组织理论"正"题、"反"题、"合"题循环的开端。显然这一阶段的组织理论明显地带有综合性、有机性和总体性的特征。在系统分析和权变理论阶段,出现了诸多的代表人物和代表性著作,其中比较重要的有沃伦·本尼斯的组织发展理论、弗雷德·菲德勒的权变控制理论、弗里蒙特·卡斯特和詹姆斯·罗森茨韦克的组织权变理论。

本尼斯在组织理论研究中最重要的贡献是指出了组织的根本矛盾不是一对而是两对,即个人需要与组织目标的矛盾、组织运行与其环境的矛盾。在此之前的各种组织理论大多只关注了第一对矛盾,强调组织的内部协调,而很少关注组织与其环境的矛盾。他从现实环境的变化出发,对官僚制组织模式的弊端作了客观的论述,概括出现代组织在对外的适应方面面临的主要任务,并且带有前瞻性地指出,至20世纪末,将会出现一些新的决定人类组织存活与运行的主要条件。因此,必须培养出适应新组织管理要求的人才。实际上,本尼斯已经将权变的观念融进了组织理论研究之中,特别是弗洛姆在论述组织决策时,已经提及组织领导需要有权变观念,只是这时权变的特征还没有充分凸显而已。

弗雷德·菲德勒对组织理论研究的贡献在于他扭转了组织领导研究的方向,并在组织领导的研究中自觉地加入了权变的要素。20世纪初,组织领导行为和组织绩效研究已经成为社会科学家们认真关注的课题,但那时多数人研究的兴趣更多地投入在领导形态学上。菲德勒认识到,研究某种行为或某种行为方式将产生有效的领导绩效,这种简单的见解并不比以前关于领导特性的见解有更多的可行性。领导存在于组织环境的相互联系中,这种联系在很大程度上决定了情境所要求的具体的领导行为类型。他大胆地引入了领导者的权变控制这一关键概念,将以往盛行的组织领导形态学理论研究转向了组织领导动态学研究的新轨道。在权变领导理论中,权变的观念逐渐变得清晰和明确起来,一个完整的组织权变理论就这样脱颖而出了。

弗里蒙特·卡斯特和詹姆斯·罗森茨韦克在组织理论研究中作出的不朽贡献就是,概括出组织理论研究的现代系统与权变理论范式,向人们完整地阐述了基于权变思想的组织系统理论。如果说本尼斯和菲德勒仍旧在管理科学与行为科学的范式中论述他们对组织理论的新见解的话,那么卡斯特和罗森茨韦克则明确宣布组织思想的演变与发展分为三大阶段,即传统阶段、行为科学与管理科学阶段、现代系统与权变理论阶段。他们正是第三阶段的组织理论的集大成者。权变观点承认，每个组织的环境和内部各分系统都有自身的特色，从而为设计和管理具体组织提供了依据。权变观点致力于在组织与其环境之间以及在各个分系统之间寻求最大的一致性，只有追求并通过设计达到这种一致性，才能保证组织具有高效能、高效率，并使组织成员和参与者具有满足感。

虽然卡斯特和罗森茨韦克也谈到组织中有社会心理分系统，它是由相互作用的个人与群体组成，包括个人的行为与动机、人们的地位和作用的相互关系、群体动力学等方面，组织中的社会心理系统不仅受外部环境的影响，也受组织内部的任务、技术和结构的影响，但是，对组织文化因素显然只是一笔带过。对此，有人觉得可惜。其实，任何组织理论流派都有其使命，他们只能集中注意力于自身的论题范围之内，至于其他内容则有待别的流派去阐述。在组织权变理论的浪潮冲过之后，从这一组织理论流派中似乎是薄弱环节的文化因素中，成长出新的组织理论研究范式。

第十六章 本尼斯的组织发展理论

【摘要】

沃伦·本尼斯比较早地对机械、刻板的组织结构与管理理论进行了批判，提出了组织与环境变化的关系，可以说正是他开了组织理论研究中权变理论学派的先河。本尼斯对官僚组织及其理论的建立与发展过程作了概括，并指出，这一适应于产业革命需要的理论在现代工业时代受到了挑战。这一挑战既来自内部的协调方面，也来自外部的适应问题。本尼斯对组织理论发展史上的众多流派逐一进行了评述，在此基础上，对未来的组织发展的特点作了预测。

本尼斯提出，领导者在给组织进行定位的时候应该采取四大战略：随机应变、改变内部环境、改变外部环境和在内外部环境间建立新的联系。本尼斯是领导艺术的指导者，组织发展理论创始人。这位致力于组织发展研究的学者认为，组织是一种追寻自己目标的社会单元。组织的生存和发展完全依赖于"内适应"与"外适应"，人类在 20 世纪创造出来的、经过德国伟大的社会学家韦伯总结上升为理论的"官制体系"是迄今为止最有效、最成功和最流行的组织形式，因为它既适应于这一时期的内部环境，又适应于这一时期的外部环境。

但是，韦伯通过史诗般的努力创造出来的组织理论今天已失去了它往日的光辉，这种曾经是"理想"而又实用的组织方式已经完全同当代社会的内部与外部环境不相适应了。在今后的 25 到 50 年里，人们将目睹并参与埋葬官僚制体系的进程。

一、本尼斯的组织理论研究活动及主要著述

沃伦·G.本尼斯(Warren G. Bennis,1925—　)是美国著名的组织理论学家,组织发展理论和权变理论研究的倡导者和发起者。本尼斯 1925 年出生于纽约,在二战期间曾任美军军官,并因作战英勇而获得勋章。战争结束后,他先后在安蒂奥克学院和麻省理工学院学习经济学、心理学和商学。获麻省理工学院博士学位后,留在母校执教多年。后受聘到布法罗纽约州立大学工

作,任教务长和主管学术发展的副校长;1967—1970年任常务副校长。自1971年起任辛辛那提大学校长,前后达6年之久。1977年,赴伊利诺伊大学当访问教授,同时兼任日内瓦工业研究中心"公司与社会"专题教授,美国管理学会会长顾问、加利福尼亚州佩珀代因大学住校执委等职务。

本尼斯注重对领导者应变能力的研究。他告诉组织领导者,自身必须具备一些基本的战略和策略能力,比如能够随机应变。采用这种方法的组织是在事情发生以后再根据情况作出改变。有些领导者说是随机应变,其实是在为自己的玩忽职守找借口;但也有一些领导者确实是刻意如此,以便保持灵活性,随机而动,因而往往取得更好的成绩。有一家公共事业单位采用了这样的随机应变的策略,他们所建的电厂能够使用多种不同的燃料进行发电,而不是完全依赖石油。随机应变战略的成本最低,但往往也是最短视的。这种方法有时候效果不错,但只适合变革速度缓慢、有充裕的反应时间的环境。可是能容得你如此优哉游哉的行业少之又少,已然近乎全军覆没的美国录音机产业就是前车之鉴。我们的领导者一般情况下谁也不愿意采用这种策略。

本尼斯认为,领导者必须注重改变内部环境。领导者绝不应坐等改变影响到了自己而后再想办法,而应预测变革的走势,抢先一步采取行动。从短期来看,他们可以对将要受到变革影响的部门进行资金、人力或设施的调配,从而改变组织的定位。玩具行业一向是把1—3月间的接单量作为圣诞节销量的风向标,进货、生产的时候都是以此为准,而此时消费者的反应尚是未知之数。长远看来,内部环境也是可以实现长期改变的,比如可以调整内部组织结构,对人员展开培训和教育,进行员工的筛选和淘汰,以及刻意营造一种特别突出某些价值观、压制另一些价值观的企业文化。美国证券行业的历史性大重组正进行得如火如荼。由于新的竞争对手(如共同基金超市、在线交易)、新的操作方式(如支票兼现金管理账户)以及跨国业务(如国家基金、全球保险)不断涌现,证券业未来的竞争将会更加激烈,很多公司都在努力构建新的企业文化。

本尼斯还认为,领导者应当努力改变外部环境。组织也可以闻风而动,对环境本身下手,令变革适应自己的需要,这就像交响乐中的第一个乐章构成了其后各个乐章的环境基调。方法有很多,比如广告宣传和游说活动,以企业家精神和创新精神开辟新的营销定位,等等。工会可以通过发动成员罢工来改变其所处的环境,房地产开发商可以通过改变行政区划来让一个项目身价倍增,戈维茨也曾极力游说政府通过一项有利于小企业的税务改革。

本尼斯强调,领导者要在内外部环境间建立新的联系。采用这种方式的组织会尝试在其内部环境和预期的外部环境之间建立一种新型的关系。短期可以通过谈判和讨价还价从而让内外部环境都发生一些改变,从而能够更好地彼此相容。长期则可以通过纵向整合、合并、收购或者体制设计的创新来实现新型的关系。比如联邦政府建立环保局,在企业和公众之间建立起新的桥梁。石油公司也经常会和外国政府组建合资企业。这也是一种新的组织形式,因为这样的合资石油公司既有公共服务的属性(如税率优惠或者得到采油许可),也有民营企业的属性(如民间资本),所以它可以在别国左右逢源。

本尼斯曾是四任美国总统的顾问团成员,并担任过《财富》500强中多家企业的顾问。1993年及1996年两度被《华尔街日报》誉为"管理学十大发言人",被《福布斯》杂志称为"领导学大师们的院长",《金融时报》当时则赞誉他是"使领导学成为一门学科,为领导学建立学术规则的大师"。

本尼斯以其关于领导艺术的著作而闻名,但他的写作题材并非仅仅局限于此,他的研究还涉及群体及改革管理与行政系统等问题。他是一位多产作家,40年间,共撰写和编辑了26本专著、1500多篇文章。本尼斯曾因其论述管理问题的优秀书籍两度获得麦肯锡奖。他的新书《极客和怪杰》同样也得到了管理学界与企业界的高度评价,被"管理学之父"彼得·德鲁克誉为其著作中"最具影响力,也最引人入胜的一本"。

在本尼斯众多的组织理论与管理的著作中,有关组织理论的最重要的著述是《超官僚制》(*Beyond Bureaucracy Transaction*,1965)和《未来的组织》(*Organizations of the Future*,Personnel Administration,1967)。在这些著述中,本尼斯对组织理论进行了深入的研究。他对传统的官制行政组织体系进行了批判。认为,任何组织都有内部协调和外部适应问题。他对这两方面的问题作了详细的探讨,同时还研究了未来组织的发展趋势。

二、组织内部协调理论

人类在生活、生产的过程中,逐步组织起来。任何组织都有基本的构成要素,都有履行不同功能的机构,也都有不同类型的权力权威,通过对这些构成要素、功能机构和权力权威的组合,就会产生不同的组织模式。人们在发展中不断地研究和选择适合自己活动的组织结构模式。先后出现过重视甚至崇拜个人魅力的神秘化组织模式、重视甚至崇拜先例和惯例的传统型组织模式,但是,存续时间最长、人们最为熟知、也是最受质疑的组织模式则是官僚制组织模式。

在工业化社会中,在当时的社会背景下,官僚制组织模式已经成为将人的需要同组织目标联系起来的唯一工具。这个理论中的很多内容,现在还被人们所遵循和认同。但是只要想起"官僚"这个在社会领域中已具有贬义的词语，就能认识到它具有不民主、少人性和无效率的一面。尽管官僚制体系有效地解决了组织的内部协调和外部适应问题，它的弊端却相当明显，为此它受到的批评从来就没有停息过。

本尼斯总结出了官僚制组织模式和制度的几项缺陷，指出，这种制度妨碍了个人的成长和个性的成熟，忽视了非正式组织的存在，不考虑突发事件，员工在这样的组织中创新的思想被压制，慢慢地演变为多数组织成员的盲从和随大流。这样，组织中的人力资源就不能得到很好的发挥，员工的个性和整体素质也得不到提高。总的来说，这种制度现在已经不适应时代的发展了，在这样的组织中，是无法吸纳先进的科学技术成果或优秀人才的。

本尼斯认为，组织必须完成两项互相关联的任务才能存活下去。一是外部的适应性，二是内部的适应性。尽管最近几十年来，许多研究组织问题的学者，包括巴纳德、西蒙、梅奥、利克特、德鲁克等都认识到这一两难的问题，并从理论和实践两方面提出过各种解决办法，大幅度地修订甚至重塑了官僚制模式和制度的基本特性，但仍改变不了最根本的问题。对待个人需求与组织目标之间的内部协调问题，本尼斯觉得既不能否认矛盾，也不能让某一方彻底服从或投降于另一方，关键是要正视这种矛盾，仔细地分析矛盾，并尽量想方设法解决矛盾。

本尼斯首先对组织进行了界定，认为，组织是一种复杂的、寻求着自己目标的社会单元。[①] 从这一界定中可以看出，本尼斯是将组织与社会结合起来加以考察的。组织不是别的，只是社会这个大的组织系统中的一个构成部分。组织既与社会结合为一体，同时，它又是独立的单元。正是从社会的大系统中来观察具有一定独立性的组织，本尼斯必然要涉及组织的环境问题：内部的环境与外部的环境。

本尼斯指出，组织要生存下去，必须要完成两项互相关联的任务：一是要协调成员之间的活动，维持内部系统的正常运转；二是要协调组织与外部环境的关系。前者是通过复杂的社会过程，在组织内部协调成员之间的关系，这是一种"内协调"或"内适应"；后者则是将组织作为一个整体，在组织外部协调与环境的关系，这是一种"外协调"或"外适应"。

如果从上述的两项任务来考察当今社会中通行的组织结构和原则的话，韦伯最早加以研究和说明的"官僚体制"就没有理由再维持下去了。本尼斯并不同意将"官僚体制"与官僚主义混为一谈。他正确地指出："官僚体制"实质

---

① 参见孙耀君《西方管理学名著提要》，江西人民出版社1992年版，第279页。

上是一种"官制体系",它是人类在17、18世纪产业革命的过程中发明与创造出来的,主要是用来指导政府和企业活动的组织模式或形式。它根本不同于奥地利作家卡夫卡在其政治讽刺小说《城堡》中所形容并加以批判的那种充满腐败的官员与政客,以及到处都是毫无思想的民众的官场状态。

官制体系这一重要的社会发明和创造,在产业革命时期产生过巨大的作用。它之所以那么被人们熟悉和知晓,还应感谢德国社会学家和组织理论家韦伯,正是他从理论上对这种组织形式进行了总结。但是,具有讽刺意味的是,后来的很多著作都将这种官僚制与人们通常所痛恨的"官僚"一起作为批判的东西。事实上,尽管人们对这种组织形式有许多的抱怨,但是,官制体系仍然是迄今为止最有效、最流行和最成功的组织工具。[①] 就像邱吉尔所说过的那样,官制体系是一种最坏的组织理论,但它又是至今仍没有过时,并且是唯一可采用的理论。也正因为如此,韦伯曾经创立的对组织进行分析的工具即官僚制组织理论则成为人们似乎无法逾越的东西。

但是,本尼斯并不认为官制体系要一直存在下去。他指出,无论从理论上,还是从实践上来看,现在都是向官制体系提出挑战的时候了,官制体系不可能再继续成为人类组织的主要形式了。其原因就是,这种组织形式既无力对付内部环境矛盾,又无力对付外部环境矛盾。他甚至预言,从20世纪60年代开始算起的25到50年内,人们将亲眼看到这种组织形式被埋葬掉。[②]

本尼斯首先从组织的"内适应"方面论述了官制体系灭亡的原因,即阐明官制体系实现内部协调的机制及其弊端。本尼斯认为,在组织的内部协调问题上,一直存在着就其渊源来说可以追溯到160多年以前的历史悖论,这就是现代民主主义与现代工业文明的矛盾。

现代工业社会的发展造成了以下状况:一方面是人们强烈要求宪法保护个人权利并重视个人的情感与个人发展;另一方面是要求组织活动理性化和制度化。从历史的过程来说,技术的进步和企业的发展压制和蚕食着人们获得的自由,理性与技术的普遍运用正好将人的热情和解放加以压制和贬低,随着组织效率的提高,人的工作变得愈来愈无意义和非人性化。马克思在19世纪对这种矛盾进行了深刻的分析,这种矛盾最终又表现为人的需要、动机、目标与组织的目标、利益的对抗。

官制体系正是在这样的背景下产生来的。韦伯所主张的官制体系组织具

---

① Jay M. Shafritz, Albert C. Hyde: *Classics of Public Administration*, 2nd, The Dorsey Press, Chicago, 1987, p. 325.

② ibid.

有如下的特点：在职能基础上进行劳动分工；严格规定等级层次结构；运用规章制度明确划分责权；人际关系非个性化；工作程序系统化；以业务能力作为选拔提升的唯一依据。

因此，官制体系这一组织形式举起的是理性与逻辑的大旗，否定的是个人专制、主观武断、感情用事。官制体系主张的是有逻辑与预见性，而不是非理性的情感；主张的是公事公办，而不是个人关系；主张的是技术专长，而不是一时聪明。这种官制体系的特点是：在职能专门化的基础上实行劳动分工；形成严格规定的等级层次结构；制定责权划分清晰明确的制度；人际关系非个性化；遵照严格的系统的作业程序；提拔和提升的唯一依据是业务能力。

虽然官制体系在一定程度上解决了组织的内适应与外适应的问题，但它一直遭到人们的批评，其原因是它本身具有缺陷。本尼斯列举了官制体系的十大缺点：妨碍个人的成长和个性成熟；鼓励盲目服从和随大流；忽视非正式组织的存在，不考虑突发事件；陈旧的权力和控制系统；缺乏充分的裁决程序；无法有效地解决上下级之间、部门之间的矛盾；内部交流、沟通受到压制、阻隔，创新思想被埋没；由于相互不信任和害怕报复而不能充分利用人力资源；无法吸收科技成果与吸引人才；人的个性被扭曲，个人变成忧郁、灰暗、屈从于规章制度的"组织人"。①

即使是韦伯本人也对这种组织形式表示过不满。他曾指出，虽然官制体系不可避免，但它确实扼杀企业家精神。他甚至说过，早晚总有一天，世界上会充满了齿轮和螺丝式的芸芸众生，他们会紧紧抓住职位，处心积虑、不顾一切地沿着官制化的等级层次阶梯向上爬。

要解决这一问题，可以有两种思路：第一种思路是根本否认客观存在的矛盾。对于现实中存在的问题或是尽力加以缩小，或是根本不予承认。第二种思路是承认有矛盾存在并且有利益冲突，但解决问题的方法是站在一方立场上，要求另一方彻底服从。第二种思路是采取非此即彼的思维方法，将解决问题的方法归于两个极端：或者是将组织看成绝对的非个性系统，或者是将组织看成许多个不同的独立个性的集合。前一种极端是把组织成员在自己岗位上的一举一动都视为其内在个性的反映和折射，或者是其潜意识动机和幻觉的副产品；后一种极端则将人看成有无限可塑性的存在物，可以根据岗位的需要去任意地塑造出个人的个性特征。

本尼斯对上述两种态度都是否定的。他认为，在组织理论的发展中，存在着反映矛盾的一系列的二元命题：个人与组织，个性与金字塔结构，民主与法

---

① David H. Rosen bloom: *Public Administration*, 2nd, Random House Inc., 1989, p. 133.

制,参与式与等级层次,理性与自然,正式与非正式,机械论与有机论,人际关系与科学管理,外向与内向,硬件与软件,关心人与关心生产,X 理论与 Y 理论,等等。他认为,应当采取第三种思路,即正视矛盾,分析矛盾,解决矛盾。

本尼斯指出,在 20 世纪 60 年代前后的几十年中,出现过 10 种不同的组织理论,这些理论都明确承认个人需要与组织目标之间存在着矛盾,它们都试图大幅度地修改甚至重塑官制体系的基本特征。本尼斯对 10 种理论逐一地进行了评述。

本尼斯评述的第一种理论是巴纳德和西蒙的"诱因-贡献交换理论"。巴纳德与西蒙都强调组织通过提供各种诱因来换取成员的贡献。这种诱因可以是工资收入、福利设施、晋升机会,等等。组织成员对组织的贡献则是自己的工作。诱因与贡献两者都有一定的使用价值。如果诱因大大高于贡献,则组织成员感到满意,但组织会受到损害;如果诱因远远低于贡献,则组织成员感到非常不公平,其中部分人员就会离开组织。只有时刻使两者保持在一个均衡点上,组织成员才会觉得去留都无所谓。这实际上类似于经济交易中的均衡理论。本尼斯认为巴纳德和西蒙的理论其实相当保守,是一种新韦伯主义。

本尼斯对梅奥的"管理精英"理论进行了分析。他指出梅奥的贡献在于第一次批判了一种"群氓假设"。这种假设认为,社会是由一群无组织的个人组成的,每个人都根据自己的私利而行动。在盘算个人的切身利益时,人类的天性是理性的和合乎逻辑的。这种假设形成于 18 世纪资本主义自由竞争时代,后来逐渐成为社会组织的基础。

梅奥通过大量的试验批驳了这种错误的假设。他认为许多管理人员由于忽视了人的社会与交往的需要,从而放弃了一种非常重要的激励手段。事实上,工业组织不仅是一种经济-技术系统,而且是一种社会系统。因此,要缓解组织与个人的冲突,最可能的方法是"合作"。要使这种人与组织的合作得以进行,就需要培养出一批精英。他们能摆脱错误假设的偏见,能深刻理解组织中人性的方面与社会的方面,能全面地掌握业务和技术知识,从而产生持久的组织内部的合作,使组织效能不断提高。①

本尼斯还对利克特的"工作集体"理论进行了评价。利克特认为,组织管理的关键是要形成具有较强内聚力的工作集体,在这种集体中,成员之间存在一种支持关系。工作集体本身能够满足组织成员的社会需要,对个人起一定的激励作用;各个集体之间依靠所谓"连接针"即双重身份的成员加以联系,从而汇成紧密交织的整体。本尼斯认为,利克特与梅奥相区别的地方在于,他并

---

① 参见孙耀君《西方管理学名著提要》,江西人民出版社 1992 年版,第 282 页。

不赞同过分强调管理精英的作用,他主张组织成员参与决策和管理,要求给工作集体以较多的自主权。在利克特那里,组织与个人的矛盾是通过各个层次的工作集体来缓解和协调的。

本尼斯也对阿吉里斯的"人际能力"理论作了分析。阿吉里斯指出,人性发展与组织需求之间的矛盾是最基本的,也是最持久存在的问题,这是组织领导者面临的永久性的挑战。怎样建立一个组织,既最大限度地满足个性发展的需要,同时又满足组织的需求呢?这是一块可使组织理论研究取得进展的沃土。

阿吉里斯对官制体系提出了质疑。他认为官僚制体系的出发点是人的非人性化和非人格化。在这种组织中,人际关系表现出肤浅、空洞、不真实的缺陷。在这种呆板、僵化的环境中,个人的成长受到妨碍,管理人员也无力去处理人际关系方面的问题。阿吉里斯主张进行学习,在管理人员中大力培养处理人际关系的能力,在组织中形成新的价值标准,努力造成相互信任、相互关心的气氛。

本尼斯对麦格雷戈的"目标管理"理论也作了评述。麦格雷戈着重探讨了组织中人的方面的问题。他认为在组织理论中存在两种理论、两种原则。两种理论是 X 理论和 Y 理论,从这两种理论中派生出两种原则。从 X 理论中派生出来的是通过行使权力进行指挥和控制的原则,即"等级原则";从 Y 理论中派生出来的是一体化原则,这种原则要求组织必须创造一切条件,使其成员通过努力在实现组织目标的过程中实现自己的目标,用麦格雷戈的话来说就是"最好地实现个人目标"。

麦格雷戈认为,组织与个人之间的矛盾的解决应当从组织与个人双方来努力。个人对自己应当自我控制,要认识到个人实现其目标的最好办法是个人通过努力争取组织的成功;组织的管理者则应更多地运用其他各种影响力,而不是靠权力,从而使个人认可组织的目标。

本尼斯通过对各种组织理论的分析得出了三点结论:一是无论哪一种组织理论都强调了组织内部存在个人需要与组织目标的分歧与对立。各种理论都是对如何解决这一分歧与对立所作的探索。这些探索对韦伯的"官制体系"提出了严峻的挑战。二是各种组织理论在价值观上都表现出一种倾向性。各种理论虽然观点不一,但都认为在判断一个组织的效能时,决不能仅仅以经济指标作为唯一的尺度,还应当考虑人的因素,应当补充人的标准。三是所有这些理论都仅仅着眼于组织的内部系统来讨论组织目标与个人需要之间的矛盾问题。所以,这些理论大多是"内向"型的。本尼斯指出,从表面上看,似乎官制体系的致命伤出在伦理方面。但是,导致这种组织形式迅速崩溃的真正原因却是环境,因为它无法适应环境的变化,从而失去了存在的价值。

三、组织外部适应理论

本尼斯认为,官制体系之所以在以往的现实生活中还能维持下去,其原因就在于这种体系在对外的适应方面具有一定的能力。在以往的社会生活中,不管竞争多么激烈,只要外部环境相对稳定,这种组织形式就能将人类活动纳入常规的轨道,从而使组织的运作相当规范化。在金字塔式的官制体系中,处于高层的"精英"们总是能借助于集权机制适应环境,使组织有效地维持与发展。

但是,到了20世纪60年代,情况就发生变化了:一是科学技术获得了飞速发展;二是产生了大批智能技术;三是研究开发活动有了空前的增长;四是管理者的行为发生了变化。正是这些变化从许多方面重塑了组织的外部环境。

首先,在外部环境中出现迅速和不可预料的变化。本尼斯引用了一串数字来说明这种变化:现在每小时生产的东西每隔20年就要翻一番,而在二战前,则要隔40年;美国联邦政府单是花费在研究与发展方面的经费就从1965年的16亿美元上升到1980年的35亿美元;一项发明获得承认并具有商业用途,一次大战前周期为30年,二次大战时为16年,二战以后则为9年;1946年世界上有100万人口的城市只有30个,而现在则增加到80多个;1930年时,地球陆地表面每平方公里只有40人,而今天已有了63人。[①]

由于环境的复杂程度急剧增长,一向较为稳定的大型组织也发生了动摇,这些组织再也不能随心所欲地取得发展了,这就迫使这些组织去系统研究外部环境所能提供的各种机会,否则就无法实现自身的目标。

其次,各种组织的规模变大。越来越多的组织不仅变得越来越大,而且也变得日益复杂和国际化。如新泽西的石油公司,在海外就有57家分公司,其收入的一半以上来自海外;还有一些公司,其30%~50%的产品在国外销售;通用汽车公司其产值比荷兰的国民生产总值还要多。如果人们曾看到过大英帝国的衰落,那么,人们也会看到汽车总公司帝国的衰落。

组织规模变大,也就意味着各类企业经营的"边界条件"变化了。一个组织的领导现在必须同政府、分销商和顾客、股东、竞争对手、原材料和能源供应

---

① Jay M. Shafritz, Albert C. Hyde: *Classics of Public Administration*, 2nd, The Dorsey Press, Chicago, 1987, p. 326.

商、人力和人才市场、工会组织、企业内的各种社会群体等八个方面的因素建立复杂而积极的联系,联系的模式多样化了。各种环境力量之间的因果关系也变得越来越不稳定了。上述八个方面的因素都处在动态之中,相互作用,相互影响,相互依存;而且,其他方面的因素如经济、法律、公共关系的因素也会同组织的存在与发展产生千丝万缕的联系。加上科学技术的发展日益迅速,组织之间的合作与竞争加剧,外部环境日趋不稳定。

第三,对人的要求提高了。各种组织越来越分工多样化,人的能力要求专业化。以美国为例,20世纪五六十年代在教育领域中增加的就业人员大于同期在钢铁、铜业、铝业等部门就业人数的总和;在卫生保健部门,这一期间增加的人数大于汽车行业任何一年所使用的总人数;在金融领域,这一期间工作人员的增长大于1960年矿业人员的总数。

第四,管理者的行为变化了。本尼斯认为,与上面所讲的三个因素相比,这一因素无论就其作用的大小,还是当前的发展,都显得捉摸不定和模糊不清,因此,无法用具体的数字来表示。这方面的变化主要表现为:人们基于复杂多变的需要而产生新的观念,从而代替了过去那种过于简单的天真无知的观念;基于一种共同合作与合乎情理而产生新的权力模式,从而代替了专制的与威胁的权力模式;基于人性的民主理想而产生人格化的有机的价值系统,从而代替了非人格化的机械的价值系统。①

虽然官制体系是在竞争与不稳定的条件下产生与发展起来的,但是,那时的外部环境却是基本确定和可以预测的。现在情况不同了,外部的环境经常处在变动之中,许多因素妨碍组织作出正确的预测,各种力量之间的因果联系变化无常。外部环境给官制体系及其理论带来的问题是这一组织形式所不可逾越的;曾经在人类的历史上起过作用的官制体系现正面临严峻的挑战。管制体系面临的挑战说明了两个问题:一是这种组织形式本来就无法解决个人目标与组织目标的矛盾冲突;二是在外部环境发生剧烈变化的条件下,官僚组织缺乏足够的应变能力。这两个方面都证明,官制体系必然要崩溃。

在新的变化和新的问题面前,组织的发展面临着五个方面的新任务②:

一是组织的整合性任务。组织应当研究个人的动机,调节个人的需要,并对个人加以适当的激励、奖励。只有个人需求与组织需求达到使双方都满意的比率时,组织才能发展。要求得组织的整合,就需要有"协调一致"的社会,

---

① Jay M. Shafritz, Albert C. Hyde: *Classics of Public Administration*, 2nd, The Dorsey Press, Chicago, 1987, p. 327.

② ibid, pp. 327-330.

在这样的社会中,单个的人将作为一个有德性的、完整意义的个性而受到肯定和关心。

二是组织合理配置权力的任务。组织中的权力问题必须重新进行考虑:在一个剧变的形势下,完全将领导权委于一个"伟人",不仅是"不好的",而且是不切实际的。一些组织理论学家早就指出过,企业中总经理工作中90%的麻烦是缘于人们对一个领导人的迷信。在今天生产基础日益扩大、新技术影响不断增长和国际间的活动不断增多的形势下,把组织委于一个人控制之下的想法是非常古怪的。

三是组织解决内部冲突的任务。组织内部的冲突容易形成,但是却难以控制和解决。本尼斯引用了罗伯特·布莱克实验中的例子和杰昔·拉比在Utrecht实验中的例子。前一个实验是让以前从未在一起工作过的两组人对分给他们的产品做鉴定,这些产品事先已请非常公正的专家评审过,质量是一样的。但是这两组人拿到产品后,不到一个小时,他们就形成了高度统一的队伍:将"自己的"产品说成是"杰作",将对方的产品说成是"俗品";并且形成分明的界线:"我们的"——好,"他们的"——坏。后一个实验是将绿色问卷和绿色钢笔分给一组人,为"绿队";将红色问卷和红色钢笔分给另一组人,为"红队"。两组人只要相互看上几眼,就出现防御心理。

组织中的冲突一旦出现以后,就很难加以控制和解决。迄今为止,人们想到的方法都是无济于事或残缺不全的:有的用强集团消灭弱集团解决冲突;有的实行无结果的妥协;有的则建立部族式的集团。所有这些办法都只能使组织处于黑暗和恐惧之中。

在现代社会中,组织内部充满着非正式组织、专家队伍,他们通过独特的方式进行认同,同时又以猜疑心和不信任看待其他非正式组织。显然,冲突变多了。因此,人们必须找出更多的办法来解决组织内部的冲突。

四是组织适应外部环境的任务。对于权力高度集中的金字塔式的官僚组织来说,可以把一条铁路管理得很好,这种组织方式也对管理19世纪和20世纪初的社会产生过作用。但是,当今这个社会已变得捉摸不定,组织对外部环境的适应就成为大问题。

五是组织自身革新的任务。一个社会只有不畏惧变革才是自由的,一个组织只有不断变革,才能产生活力。能产生活力的组织必须通过变革具备这些能力:吸取经验的能力、学会学习的能力、自我分析的能力和掌握自己命运的能力。

四、未来组织发展预测

本尼斯提出了未来20到30年内对组织的生存产生决定性影响的一些条件。首先是外部环境。迅速发展的技术、专业分工将使政府与企业相互渗透；将产生真正的混合经济；在浩大的工程和巨额投资面前具有相同买主和卖主的企业将越来越少。对于企业来说，它们的关系是相互依赖而不是相互竞争，是动荡不定而不是静止不变，是向大规模发展而不是维持小规模，是跨国经营而不是单个国家的。

其次是人口特征。未来的城市居民中有2/3的人上过大学。由于职业淘汰率过高，成人教育将会迅速发展。一个工程师毕业后，每隔10年就会要求再教育；医生、行政人员每隔2~3年就要回学校接受先进知识的训练将成为一种常规。高等学校应当开设为经济界上层的成功人士进修的管理课程。同时，在未来的社会中，由于产业的经常变动，加上交通上的方便，人口的流动将变得非常频繁和迅速。①

第三是工作价值观。在未来社会中，由于教育水平的提高和人员的经常流动，人们将更注重以专业知识投身于职业，在工作中，他们追求的是更多的参与、参政与自主权。人们将更为重视人际关系而不是亲戚关系。

第四是任务与目标。未来的组织任务将变得更加技术化、复杂化和无计划。依靠一个人去控制组织已不太可能了，组织将成为由专家参与合作的团体形式，组织目标也变得十分复杂。人们可能更多地忠诚于自己的职业价值和专业目的，从而使组织目标更为多元化。

第五是组织结构。本尼斯认为未来的组织在结构上会有一些特点：一是将出现适应性很强的临时性系统；二是将围绕问题设置机构；三是更多地依靠专业人员的集体作用；四是组织内部的协调会更多地依赖身兼数职的交叉人员；五是工作集体的构成将不是机械的，而是有机的。

第六是激励。在未来的发展中，组织中的激励机制将显得尤其重要。对于受过教育的人来说，他们追求的是有意义的、满意的和创新的工作，他们要求一种与这种需要相适应的、和谐的、灵活的组织结构。人们对工作团体的责任感会减弱，因为工作关系经常变换，团体只是一个短暂而易变的结构，人们将学会不断地发现新的组织交往形式。本尼斯认为，对于这一点来说，也许美国人是最为擅长的。因为美国人对人的友谊就是那样：热烈、自然、全心投入，

---

① 参见孙耀君《西方管理学名著提要》，江西人民出版社1992年版，第287页。

但持久性难测,无法控制。他们的相遇,总是开始维持片刻,接着"离开",于是又有了新的视点和新的相遇。

在本尼斯看来,未来的不同于官制体系的组织主要是一种有机的、适应性强的结构形式。人们忠诚于他们的专业,人际关系不断调整,组织结构具有更多的自由度,能及时地适应环境的变化。要对这种组织加以管理,就必须认真培养未来的管理者。这种培训必须体现以下的要求:

一是训练管理者善于对付各种变化。通过培训使管理人员形成一种勇于接受挑战,不断投身于革新的态度,把管理者培养成一批"会学习的人"。

二是训练管理者成为一个具有系统观念的人。传统的组织理论认为组织诊断出现的问题是由于个人的失误造成的,其实这种见解是不正确的。组织群体的凝聚力是一种强大的激励力量,现代组织面临的主要问题是组织内部的冲突。因此对未来的组织培训来说,其主要的任务在于从整个组织系统入手,去适应组织中角色的不断变换,协调各个子系统之间的关系,解决系统内部出现的冲突。

三是通过训练产生新的激励。这些新的激励主要指两类:一类是"塑造形象",即在职业上受到同行的尊敬。这种工作上的上进心会提高组织成员对组织的忠诚程度,因为在一个好的组织中工作不仅可以满足个人的参与组织的要求,而且更能满足其对职业的需求。另一类是自我实现的需要。这种高层次的需求与工作任务并无多大关系。要满足个人对自我实现的追求,就不能将培训仅仅看成是"一个修补工厂",是为了解决"落后"的问题。认为教育有终点和成人已经完成教育的观念已经不合时宜了,一个人只有通过终身教育才能满足其自我实现的需要。

四是通过培训实现成人社会化。传统的组织理论只研究儿童的社会化问题,并错误地认为到了成人阶段就结束了社会化的任务,如果要讲成人社会化,只是暗指那种要根治儿时遗留下来的恶习的做法。但在现代社会中,人们的价值观、态度、伦理与道德等方面都在发生变化。一个成功的人往往是很好地被社会化了的人,即对新的观念、伦理、价值能迅速适应的人。由于成人都在一定的组织中,因此,未来的组织应当成为成人社会化的最好的途径。组织应当在成人社会化的过程中承担起主要责任。

五是通过培训建立和发展合作解决问题的团体。努力创造协作的气氛,培养人们进行有效的协作是未来组织的一项重要任务。协作是人们"协调一致"的行动,它是以人们之间的相互合作、相互支持为基础的。传统的观点认为,只要每一个个体是好的,放手让他们自行配合就行了。事实上,这样形成的组织,其内部的成员是孤立的,是一种假和谐与假民主,是一种"零的协作"。

要广泛而持久地实现协作,就必须通过训练建立协作团体。①

六是通过培训形成总的组织目标。本尼斯举了一个例子说明在现有组织中存在着对总体目标不加注重的弊端。他举了ABC公司总裁的一段怨言:"ABC公司的问题是除了我之外,没有人在意公司的总目标,他们全是戴着部门偏见的眼镜来看这个世界的。我们需要人们戴的是ABC的帽子,而不是工程的帽子、销售的帽子或是生产的帽子。"这个公司的一群成员在听到总裁的上述抱怨以后,自动戴上ABC帽子并组成了称为ABC帽队的团体。由于他们来自不同的层次和部门,从而对整个公司成员自觉履行总公司的责任起了极大的作用。未来的组织应当通过培训形成更多的ABC帽队,使组织成员克服专业偏见,走出狭窄的行业胡同,以组织的总体目标来规范行为。

五、组织领导能力理论

组织领导是组织管理的一大课题,也是众多高手显示智慧的领域。本尼斯以领导大师著称,他在MIT和波士顿大学任教期间,在组织动力学框架下论述了组织的领导与领导者。本尼斯认为,领导者在实际工作中的处境是非常复杂的,好的组织领导者要建立信任、开放性和对参与者的鼓励。他还认为,要理解领导,就必须充分认识权力关系的重要性。

在组织领导方面,本尼斯久负盛名的著作是《领导者:掌管的五大战略》,该书研究了90位美国的领导者的行为和特征,入选的人物中包括首位登上月球的阿姆斯勒朗,美国洛杉矶的一支著名球队的教练Lalamas,乐队指挥家和成功商人等。本尼斯说:这些作为组织的领导者,他们或是左脑发达,或是右脑发达;他们的个儿高矮不等,胖瘦不一;他们的衣着不同,形象各异,但是他们都显示了对当时复杂环境状况的把握能力。由此本尼斯得出结论:组织领导是全方位的,领导的位置对所有的人都是敞开的。

这些领导者都擅长于在组织中从事四方面的管理:注意力管理、意义管理、信任管理和自我管理。注意力管理的要点是有效的远景,这一远景是别人愿意共同享有的,并且能提供通向未来的桥梁。意义管理则要求有能力成功地传达远景。而信任对所有组织都是根本性的,其核心是可靠性(或者说是坚定性)。自我管理意味着知道自己的技能并能有效地运用。

首先是注意力管理。好的组织领导者要能够抓住下属员工的注意力并使

---

① Jay M. Shafritz, Albert C. Hyde: *Classics of Public Administration*, 2nd, The Dorsey Press, Chicago, 1987, p. 332.

这些人投入，使他们心甘情愿为领导者工作并与领导者一起努力完成任务。这种能力用本尼斯的话说就是"具备设想一个令人注目的前景并付诸行动的逐步实现的能力"。成功的领导人能够使自己的设想为他人所信服，并把它当作自己的奋斗目标。

其次是意义管理。这种管理能力能够让组织领导者把自己的设想转变为行动。领导者必须具备娴熟的语言交流能力，他们能够用简单的图像和语言表达出复杂的意思，让下属觉得简单明了，易于理解，让他们觉得这样的目标值得去努力。他们是提炼语言的专家，能够通过语言表达说服员工。

第三是信任管理。组织领导者要有赢得下属信任的能力。信任是"把下属与领导粘合在一起的情感胶水"，信任是所有组织的根本。对于领导者来说，信任表现在目的的一致和他们对同事及其他人的关系的处理上。下属即使有时候不同意领导的意见，领导者在他们心目中的形象也会始终如一。

第四是自我管理。组织领导者们都很看重对自我的管理。他们看重自身的学识、坚韧不拔和勇于冒险的精神，以及承担责任和战胜挑战的能力。本尼斯说："善于学习的人期盼失败与错误，最糟糕的莫过于成功过早，因为它失去了在困境和失败中学习的机会。"一般来说，管理者对自己及他人的评价都是积极的，他们不在乎别人有怎样的缺点，能很现实地看待事物，能对任何人都彬彬有礼，能相信人，甚至有时冒着危险，在意见暂时不统一、暂时得不到承认的情况下坚持不懈。

本尼斯还观察到，几乎没有一个人是因为缺乏经营知识而从组织高层领导岗位跌落的，跌落的真正原因始终是判断失误和性格问题。这就引出另一个问题，人才培养机构往往忽视判断力和性格。本尼斯相信，领导是可以学习的，学习当领导者的过程其实就是成为一个完整和健全的人的过程。但他指出，人们只能实验性地学习领导。学习领导有两个主要源泉：个人背景和组织背景。就个人而言，他们必须有成为领导者的抱负和驱动力。但必须谨防那些没有目的地追求权力的人。假如学习者具有健康的领袖抱负，他们必须发展从经验中学习的能力，这意味着反思能力。在另一本畅销著作《论成为领导者》中，他以各行各业的成功领导者为例，鼓励所有进取的领导者敢于冒险，勇于变化，把他们的远景变为现实。本尼斯认为，领导者是一种能力，它可以被那些愿意取得实际工作效果的管理者所用，但是领导者和管理者确实是有着本质的差别的。

第十七章 菲德勒的组织权变控制理论

【摘要】

弗雷德·E.菲德勒是组织理论中组织权变管理的创始人。作为美国当代著名心理学家和管理专家,菲德勒所提出的"权变领导理论"开创了西方组织领导学理论的一个新阶段,使以往盛行的组织领导形态学理论研究转向了组织领导动态学研究的新轨道。他本人被西方管理学界称为"组织权变管理的创始人"。

当人们的研究还停留在组织领导发生学和领导形态学的范畴,人们的注意力还集中在企业领导采取哪种领导风格更为有效时,菲德勒已经把自己的研究方向转移到更为重要的问题上:民主和专制这两种领导风格分别适用于什么样的环境?菲德勒认为,一个组织的成功与失败在很大程度上取决于它的管理人员的素质,即取决于领导。如何寻求最佳的管理人员即领导者是一个十分重要的问题,但更现实、更重要的是如何更好地发挥现有管理人员的才能。

在前人对组织领导研究的基础上,菲德勒对领导方式的形态进行了科学概括,区分出控制型与宽容型两大类。他进一步将领导方式类型与领导情境结合起来,并发明了L.P.C表,对领导方式与领导情境的关系作了具有独创性的论述。由于将原有的领导方式类型理论与领导情境结合起来,菲德勒创造出领导权变的理论。同时,菲德勒运用领导权变思想对领导的动态过程作了深入的探讨。

一、菲德勒的组织理论研究活动与主要著述

弗雷德·E. 菲德勒(Fred E. Fiedler,1922—)早年就读于芝加哥大学,获博士学位,毕业后,留在芝加哥大学任教。1951年,移居伊利诺斯州,担任伊利诺伊大学心理学教授和群体效能实验室主任。1969年,菲德勒前往西雅图华盛顿大学,担任心理学和管理学教授,同时兼任荷兰阿姆斯特丹大学和比利时卢万大学客座教授。

菲德勒是当代美国著名的心理学家和管理学家,他从1951年起进行了长

达15年的调查，提出了"有效领导的权变模式"。他认为任何领导形态都可能是有效的，关键在于领导者必须与环境情景相适应。菲德勒从管理心理学和实证环境分析两个方面研究了组织领导问题，提出了"权变领导理论"，他的研究开创了西方组织领导学理论的一个新阶段，使以往盛行的组织领导形态学理论研究转向了组织领导动态学研究的新轨道。

菲德勒详细地回顾了这一研究转向发生的过程。他说，虽然在大约50年前，对领导行为和绩效的经验研究已经成为社会科学家们认真关注的事情，但是我们至今才刚刚开始了解领导者和情境的相互作用的结构及领导过程的动态性。我们所说的动态性在这里是指领导者和组织如何相互影响和相互作用，领导者的个性或经验的变化如何影响群体绩效，或者组织在一定时间内几乎不断发生的各种变化如何影响群体绩效。如果我们想要较充分地了解和提高组织绩效，就必须深入把握这些相互作用。这种研究实际上是对某些主要概念的一种综合分析，它可以使我们通过把不断变化的领导者与组织的相互作用进行分析，进而探讨发展了领导的动态学理论。

传统地说，领导研究的主要问题是领导者的个性特征与他管辖下的群体或组织的绩效之间的关系。这种研究的焦点首先集中在发现可预测领导绩效的具有魅力的个性特征方面。

研究重点后来转移到识别决定群体有效性的领导者行为的具体类型方面。在这种努力没有取得成功的时候，卡罗尔·沙特尔(Carroll Shartle)及其同事领导下的俄亥俄州研究组提出了不朽的因素分析法，他们把体谅和结构组织确定为两种重要的领导行为，这是两种受到下属注意的行为。其他人，如卡特尔、利克特和贝尔斯都确认了领导者在同其群体相互作用方面存在差别的类似领导行为类型。尽管仍有一些研究者在探讨这类问题，但是，认为这些行为或类似行为会和领导绩效有直接关系的结论并没有被证实。

显然，对领导的严峻考验必然是其提高组织绩效的能力，因此，变革能力、控制能力、特别是训练领导人的能力，是我们认识组织过程和组织理论的非常重要的检验标准。我们以前在这方面存在的困扰是由我们不能充分认识到领导内在包含的复杂的相互作用及训练本身对组织过程动态性的影响所造成的。某种行为或某种行为方式将产生有效的领导绩效这种简单的见解并不比以前关于领导特性的见解有更多的可行性。领导存在于组织环境的相互联系中，这种联系在很大程度上决定了情境所要求的具体的领导行为类型。

自从权变模型发表以来，领导理论日益转向这样的系统论述，即不仅考虑领导者的个性或行为，而且也考虑重要的情境因素。像豪斯、弗洛姆和耶顿等理论家也都在公开发表的刊物或专著中阐述过这种情境的作用或权变性。由此,可以公正地说,正式开始并且比较准确地预测在特定时间内某种领导特征和组织绩效之间的影响的权威性当属本尼斯。

领导者的权变控制是一个关键概念,可以建议把它作为开发一种领导动态学理论的基础。这个概念基本上表明了权变模型的"情境适宜性"角度。本尼斯认为,这个概念可使我们制订出一个有效的领导训练计划,它可符合斯托格第尔提出的影响组织绩效的要求。

菲德勒在管理学、领导学方面的研究成果非常丰富,在组织理论的研究领域,最负盛名的著作是《让工作适合管理者》(*Engineer the Job to Fit the Manage*, 1965) 与《领导方式与有效的管理》(*Leadership and Effective Management*, 1974)。

在上述著作中,菲德勒总结了从 1951 年起由管理心理学和实证环境分析两方面研究的组织领导学,提出了组织"权变领导理论"。

虽然这位伊利诺伊大学的教授与其同事最初只是致力于分析领导作风,但是,后来却提出了一种随机制宜的领导理论。菲德勒认为,人们之所以成为领导,不仅在于他们的个性,而且也在于各种不同的情境因素和领导同群体成员之间的交互作用。组织领导工作的业绩取决于组织,在同样程度上也取决于领导者所处的情境。在一般情况下,讲什么有效的领导者或无效的领导者是完全没有意义的,我们只能说某个领导者在某种情境中会是有效的,而在另外的情境中也许是无效的,如果我们真正是希望提高组织效能和群体效能的话,那么,不仅要学会怎样培训领导者,使其工作更加有效,而且必须学会怎样建设一个使领导者能够在其中顺利履行其职能的组织环境。

二、领导方式形态理论

菲德勒首先对领导个性进行了研究。他认为,所谓组织领导,实际上是指一种人际关系。它表现为一个人去指挥、协调和监督其他人去完成某项共同的任务。对于一个组织来说,领导的任务就是动员其成员相互配合,合作共事,去顺利地实现组织目标。

领导者在指挥下属时,可以有两种方式:一是明确指示下属做什么和怎样去做,二是吸收他们一起来参与决策,从而与组织成员共同分担领导工作,共同承担责任。这两种方式从表面上看是相反的,一个使用的是权力的大棒,一个使用的却是胡萝卜,但其实质是一样的,都是为了激励组织成员去努力工作,为实现组织的预定目标而奋斗。①

这两种方式各有优劣,不能说哪一个就一定比另一个好。它们对领导者来说都是有用的,问题是应当在不同的场合或情境下使用不同的领导方式。可以有两种方法来达到领导方式与情境相一致:第一种方法是先对要实施领导的工作环境进行考察,看究竟是哪种方式更适合领导开展工作,然后再去选择具有这类领导方式的人或是培养出这种领导方式的人来担任领导。第二种方法是先选出或培养出具有某种领导方式的人,然后再去改变工作环境或领导情境,使环境或情境与领导方式相一致。过去,人们都习惯于第一种方法,其实,第二种方法比第一种方法更好。

如果领导工作主要是与领导方式(或称领导风格、领导个性)以及领导环境(或称领导情境)有关的话,那么,领导方式或领导风格究竟有哪些类型呢?菲德勒花费了很多时间,对1 200个团体进行了调查分析,最后概括出两种领导方式或领导风格。一种是"以任务为动因"的指令型领导方式,组织领导的主要注意力集中在得到别人的支持和尊重方面;另一种是"以人为动因"的宽容型的领导方式,领导的注意力主要集中在完成任务的方面。②

对于这两种类型的领导方式或领导风格,人们又如何来具体地对它们做出衡量呢?过去,人们的确很少去作这方面的研究。菲德勒是第一个对此有贡献的人,他创造了L.P.C.问卷表,让每个群体的领导对他"最不能合作共事"的同事按照双极式的差别标准进行评分。③

菲德勒运用L.P.C评分表来测定领导者的两种动因系统。L.P.C表上刻有双极的语义差别标准,可以请领导者回想所有曾经与他共同工作过的人,并对其中最难相处的人加以描述,从而进行评分。一般地说,以任务为动因的领导对其难以相处的下属进行描述时,往往使用非常消极、否定的字眼。因为在他看来,工作做得不好的人,其个性是讨厌的。而以关系为动因的领导,仍能把一个工作不好的人看作是令人愉快的、友好的或有帮助的人。一般地说,凡是关心人际关系的、宽容的、民主式的领导,其L.P.C.表上的分值就高;凡是专制型的、以工作任务为中心的领导,其在L.P.C.表上的得分就低。④

---

① 参见孙耀君《西方管理学名著提要》,江西人民出版社1992年版,第452页。
② 参见杨锡山等《西方组织行为学》,中国展望出版社1986年版,第277页。
③ D. S. Pugh: *Organization Theory*, Penguin Books Ltd., 1971, p. 373.
④ Harold F. Gortner, Julianne Mahler, Jeanne Bell Nicholson: *Organization Theory*, Wadsworth Inc., 1989, p. 324.

表 17-1　领导个性评分测定表

快 乐	—	8	7	6	5	4	3	2	1	—	不快乐
友 善	—	8	7	6	5	4	3	2	1	—	不友善
拒 绝	—	1	2	3	4	5	6	7	8	—	接 纳
有 益	—	8	7	6	5	4	3	2	1	—	无 益
不热情	—	1	2	3	4	5	6	7	8	—	热 情
紧 张	—	1	2	3	4	5	6	7	8	—	轻 松
疏 远	—	1	2	3	4	5	6	7	8	—	亲 密
冷 漠	—	1	2	3	4	5	6	7	8	—	热 心
合 作	—	8	7	6	5	4	3	2	1	—	不合作
助 人	—	8	7	6	5	4	3	2	1	—	敌 意
无 聊	—	1	2	3	4	5	6	7	8	—	有 趣
好 争	—	1	2	3	4	5	6	7	8	—	融 洽
自 信	—	8	7	6	5	4	3	2	1	—	犹 豫
高 效	—	8	7	6	5	4	3	2	1	—	低 效
郁 闷	—	1	2	3	4	5	6	7	8	—	开 朗
开 放	—	8	7	6	5	4	3	2	1	—	防 备

菲德勒在论述了组织领导的方式类型之后,又进一步研究了与领导方式有着紧密关联的领导环境或领导情境问题。他认为,尽管可以根据一定的领导方式创造领导工作环境,但是,领导方式要发挥作用,不考虑具体的领导环境是不行的,某种领导方式只有在一定的、与之相一致的环境中才能运用自如。

组织领导情境也是一个系统,在这一系统中起作用的关键因素有三个。首先是领导者与成员的关系。领导与下属的关系是十分重要的情境因素,它反映出领导对下属的吸引力的大小和下属对领导信任、忠诚和追随程度的高低。人际关系比较好的领导,在领导工作中并不需要炫耀自己的职位,下属都会自愿跟从,忠实地执行领导的命令。

其次是任务结构。这一情境因素主要是指下属承担任务的明确化、规范化和程序化程度。如果工作的目标、方法、步骤都很清楚,那么领导者就可以下达具体的指令,下属的任务只是执行;反之,则无论是领导还是下属都不清楚该做什么和怎样做。任务结构明确,领导的控制力就强,这对专制式的领导者是有利的,因为这有利于他下达命令,并定期地加以检查。任务结构不明确,领导的控制力就弱,群体的气氛就较为轻松,这利于重视人际关系的领导工作。

第三是职位权力。职位权力指的是领导者所处的职位本身赋予他的固定权力。它是与领导者职位成正相关关系的权力,这种职位权力又表示着组织领导人从他的上一级领导和组织那里获取支持的程度。虽然职位权力不是来自领导者个人,但具有一定的职位权力将对其领导工作产生较大影响。菲德勒认为也可以运用 L.P.C 表对领导情境加以评分。[①]

表 17-2 领导对情境控制程度表

领导者与成员关系	好	好	好	好	坏	坏	坏	坏
任务的结构性	清楚		含糊		清楚		含糊	
职位权力	强	弱	强	弱	强	弱	强	弱

三、权变控制模型理论

权变控制模型理论研究的是在动态领导过程中领导者个性与领导情境之间的相互关系。构成权变模型的第一个重要变量是领导者个性。领导者的个性即领导者的动机构成是通过其在领导情境中设定的主要目标来确定的。一种类型的领导是"以关系为动因"的,其在领导的情境中是凭借良好的人际关系完成任务并以此来获得自我尊重的。在一些不太确定的情境中,重关系的人目标尤为明显。在一定的时期内,他可能对下属体贴,下属们愿意为他出力。一旦取得了良好的效果,这种个性的领导者马上就会通过关系取得上级的认可,为了极力给上级留下好的印象,他会对下属的福利不太关心。

领导者的另一种个性是"以任务为动因"的,他们试图通过证明自己的才干来得到尊重和满足。在一些不确定的领导情境中,他们的注意力主要集中在完成任务上面。当然,一旦"以任务为动因"的领导者在确信任务可以完成时,也会变得比较有人情味,花费时间同下属结成良好的人际关系。

权变模型的另一个重要变量是领导情境。如前所述,它包括三个指标:一是领导者与成员的关系,指的是领导者得到或感到群体成员认可和支持的程度;二是任务的结构性,指的是任务的明确性程度、上下级之间的关联性程度,以及对工作目标、程序、进度所作规定的详尽程度;三是职位权力,指的是领导者实施奖惩的能力以及通过组织制裁的权威性。如果领导者得到群体支持,任务的结构性明确,职位权力强,则他对情境有高度的控制力;反之,如果领导者得不到群体支持,任务模糊不清且无结构性,职位权力弱,则他对情境的控

---

① 参见孙耀君《西方管理学名著提要》,江西人民出版社 1992 年版,第 457 页。

制力就小。大量的经验研究表明,领导者与成员关系的权数为 4,任务结构权数为 2,职位权力的权数为 1。①

可见,在领导情境系统中,最重要的是领导者与成员的关系,最不重要的是职位权力。菲德勒的这一发现十分重要。在以往的研究组织领导的理论中,特别是韦伯的理论中,职位权力占有最为重要的地位。

菲德勒进一步将领导情境按其三个构成因素纳入到三维坐标系中,这样就形成了一个组织领导环境分类模型。依据构成因素的高低、强弱和好坏等指标,一共构成八种类型的情境。第一种是最利于领导的,第八种是最不利于领导的。② 领导权变控制模型理论的重要内容是将领导个性与领导情境结合起来加以考虑,以发现不同环境下与之相适合的领导个性。

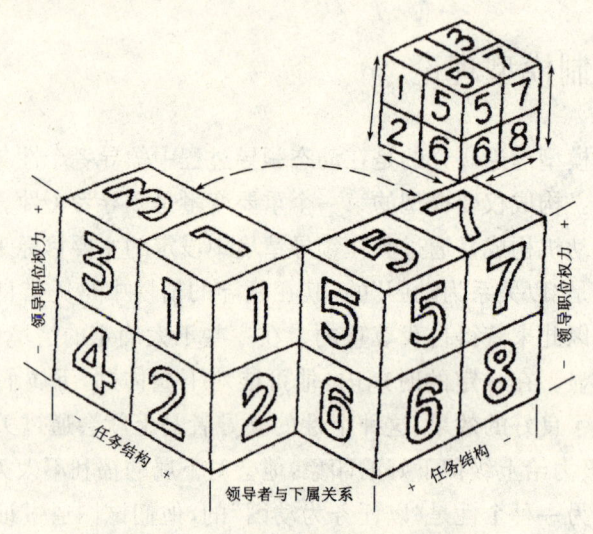

图 17 - 1　组织领导情境分类模型

菲德勒以横坐标代表八种不同的组织领导情境类,以纵坐标表示领导者个性的 L.P.C 分值。图 17 - 2 中的实线表示每一种情境下领导者的 L.P.C 分值与工作成绩相关系数平均值的连线,虚线表示零相关线。可以看出,在最有利于领导和最不利于领导的两种极端情境下,领导的 L.P.C 值与工作成绩之间呈现出负相关(曲线在零相关线以下),这时应采取以工作任务为动因的专制领导方式。

而当曲线在零相关线以上时,则表示领导者的 L.P.C 分值与工作成绩之间呈正相关,这说明这时以人际关系为动因的民主型领导方式效果较好。这

---

① D. S. Pugh: *Organization Theory*, Penguin Books Ltd., 1971, p. 375.
② 参见孙耀君《西方管理学名著提要》,江西人民出版社 1992 年版,第 455 页。

一结论是与实际情况相符合的。在一个组织中,当人们对领导已非常尊重和信任时,他们需要的不是领导对他们进行民主式的征求意见,而是要求领导以任务为中心,给予实质性的指导和帮助。相反,当一个组织对某一领导本来就不欢迎,而这位领导还要去征求每个人的工作意见时,大家就会告诉他:什么也不要干,都回家。这说明此种情境下的领导只能采取以任务为动因的专制领导方式。

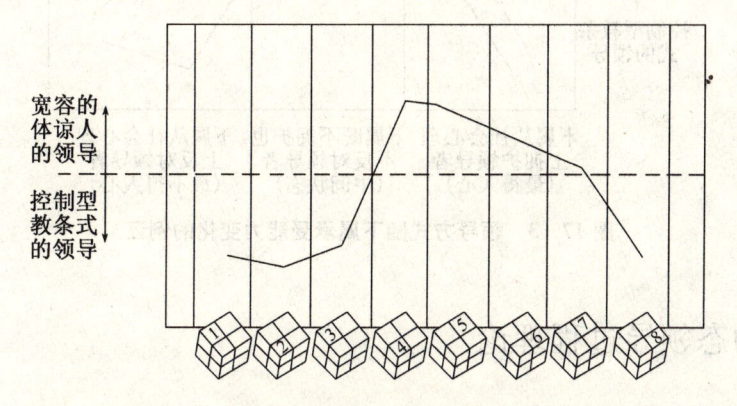

图 17-2 有效的领导方式随情境的变化而变化

环境或情境并不是一成不变的,当情境发生变化时,组织领导的领导方式或个性就应当随之改变。因此,即使一个组织的领导目前的领导方式与其情境是一致的,但这种一致性也绝不是固定不变的。一旦情境改变,原先行之有效的领导方式也必须变更。比如一个企业,原先工作程序很明确、严格,职工也信任领导,企业负责人只需下达指令就行了。但是,在市场竞争中,企业突然遇到危机,企业负责人只能将顾问请来商量对策,并请职工参与管理,出谋划策,共渡难关。这时的领导方式实际上已从原先的以任务为中心的专制式领导方式转变为以人际关系为动因的民主式领导方式。

为了进一步检验权变控制模型理论,菲德勒以领导者与成员关系为例,分析了若干个 B-29 轰炸机组、30 个防空分队以及 32 个小型农场用品供应公司中领导工作的实例。其结果非常清楚:当领导者受下属信赖或领导与下属关系恶化时,领导者要获得组织绩效,只能采用专制型的工作方式;而在环境不那么极端时,一般说来,民主式的领导方式更能让组织做出成绩。[①]

---

① 参见孙耀君《西方管理学名著提要》,江西人民出版社 1992 年版,第 457 页。

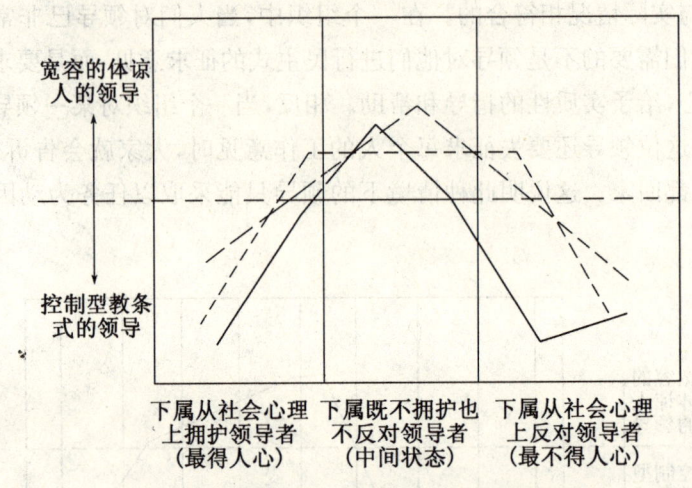

图 17-3　领导方式随下属承受能力变化的例证

四、动态领导过程理论

菲德勒指出，在组织理论中，领导行为与组织绩效之间的关系问题一直是社会科学家们关心的事。在 20 世纪 40 年代末 50 年代初，人们研究的重点是组织领导者的个性特征与他所管辖的组织或群体的绩效之间的关联。这一研究强调了领导的个人魅力的作用。

在整个 20 世纪 50 年代，人们开始把研究的兴趣转向领导行为类型方面。一些人认为领导的一个重要因素是体谅，这对领导与群体的相互作用将产生影响。但另一些人则重视群体的方面，因为同一种领导行为对一个训练有素的群体来说有绩效，而对另一个没有得到训练的群体来说则绩效不大，甚至没有绩效。但是，在对训练进行一定程度的研究以后，不少人发现，实施训练既可以增强领导作用，也可以损害领导作用，就是说训练与领导之间并不存在正相关关系。这又促使相当多的人去关心领导的能力问题，如领导的控制能力、变革能力等。

20 世纪 60 年代中期至 70 年代，一些组织理论家们开始认识到领导存在于与组织环境的相互作用之中，即领导实质上是领导者与组织的相互作用，领导实际上是一个动态的过程。菲德勒进一步将权变控制模型扩大到领导的动态过程之中，从而创立了组织领导过程动态学。[①]

---

① Fied E. Fiedler: *A Contingency Model of Leadership and Effective*, *Advances in Experimental Social Psychology*, Vol. 1(New York: Academic Press, 1964), pp. 149-190.

领导过程动态学理论认为,权变控制的变化主要是由两方面因素导致的:一方面是组织环境的变化;另一方面是领导对组织环境变化的适应。在组织管理过程中,领导者可能会分配到不同的任务,权力会有大有小,下属可能顺从或不顺从,上级的支持程度有高有低。在这种情况下,领导的有效性取决于领导方式与领导对情境控制的关系。这种关系可以用一个坐标系来表示,以横轴表示情境有利于领导人实行控制的程度,以纵轴表示领导绩效;实线表示以关系为动因的(高 L.P.C.)领导人的绩效,虚线表示以任务为动因的(低 L.P.C.)领导人的绩效。

在动态领导过程中,有三个因素对领导绩效会产生影响:

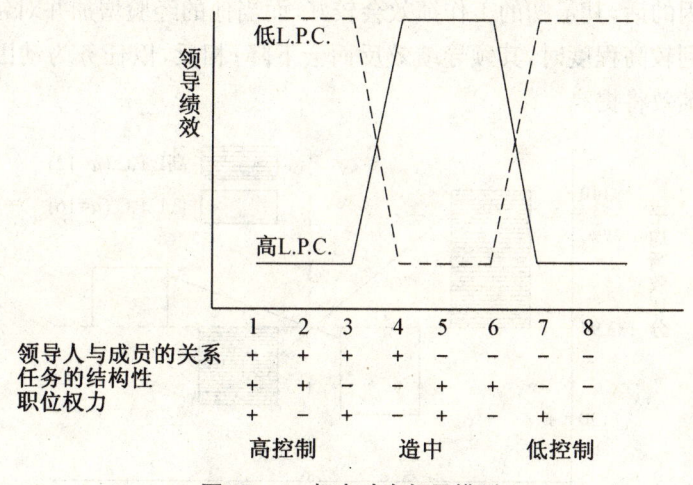

	1	2	3	4	5	6	7	8
领导人与成员的关系	+	+	+	+	−	−	−	−
任务的结构性	+	+	−	−	+	+	−	−
职位权力	+	−	+	−	+	−	+	−
	高控制			适中			低控制	

图 17-4 权变动态领导模型

一是经验。对一个组织的领导者来说,影响其控制能力变化的一个重要因素是随着时间的推移而形成的经验。在从事一项新的工作的最初几天和最初的几个月中,每个领导几乎都会感到对出现的许多问题不知所措或无从下手。只有经过一段时期以后,这种失控的状态和需要帮助的感觉才会慢慢消失。这时,他会逐渐增强自信心,并对发生的问题调查了解,掌握详细情况和第一手的资料。对于简单的工作来说,控制方面发生的情感变化最多不会超过几天,但对于复杂的工作来说,这种控制方面的情感变化可能会持续数年。当然,对有些领导者来说,他可能对所从事的领导工作永远也不会有能够控制的感觉。经验对组织领导的作用主要表现在:首先,它可以使领导者了解工作常规,懂得什么地方有事要办,如何去办,办事有什么标准,也就是说,经验可以改变领导工作的结构性。其次,经验还可以改善领导与成员的关系,领导对下属更熟悉,与成员相处更为亲密真诚,从而对处理群体问题更有把握。第三,经验也会使组织领导者对上级有更为清楚的了解,懂得上级对自己的期望和要求,懂得更多的正式的与非正式的规则,懂得自己的职位有多大的权力以及如何来运用这些权力。[①]

组织领导自身不断增加的经验会使他加强对领导情境的控制。因此,对无经验从而对情境处于低控制状态的领导者来说,其工作必然是以任务为动因的,此时他的工作将会有较好的绩效。一旦经验增加使领导者对情境的控制增强到中等程度,其领导绩效会逐渐降低;而在同样条件下,以关系为动因的领导,其领导绩效开始时可能较差,但当他的经验增加时,领导绩效将会变得越来越好。

如果一个领导者开始时对情境的控制就达到中等程度,那么,如果他是以关系为动因的话,其最初的工作绩效会较好,而当他的经验增加并对领导情境的控制达到较高程度时,其领导绩效反而会下降;相反,以任务为动因的领导者其领导绩效将提高。

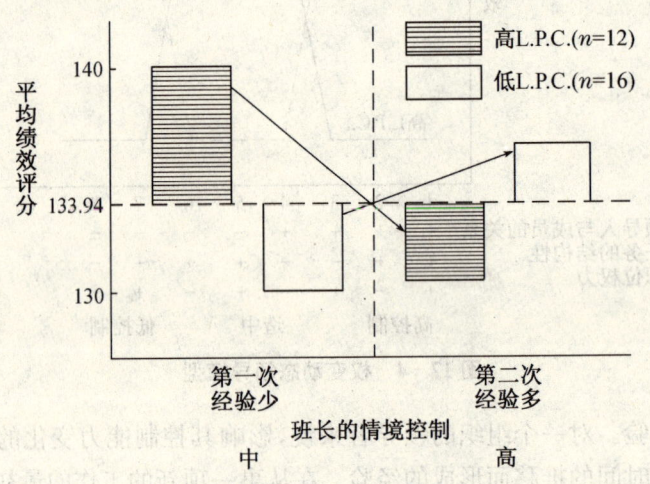

**图 17-5　高 L.P.C. 领导者和低 L.P.C. 领导者五个月后经验
增加时领导绩效方面的变化**

二是训练。训练对领导者控制情境的能力也会产生一定的影响,但是这种影响具有不确定性。有许多组织领导将训练方法用于非指令性计划和组织成员对决策的参与等方面。但总的说来,由于在这种情况下领导者必须和下属共同掌握信息并作出决策,因此领导者对情境的控制不是加强了,而是相对削弱了。但在有些场合,工作训练肯定会增强领导者对任务结构性的认识,从而也就会在一定程度上增强他们对情境的控制。没有受过训练的领导者接受的任务是无结构的,对情境的控制程度低;而受过训练的领导者对情境的控制

---

① D. S. Pugh: *Organization Theory*, Penguin Books Ltd., 1971, p. 377.

程度则是中等的。因此,一个未受训练的低 L.P.C. 领导者,其领导绩效比同样未受训练的高 L.P.C. 领导者的绩效好;受过训练的高 L.P.C. 领导者,其领导绩效要比受过训练的低 L.P.C. 领导者的绩效好。许多研究表明,受过训练的低 L.P.C. 领导者领导绩效不仅低于高 L.P.C. 领导者,而且也低于未受过训练的低 L.P.C. 领导者。

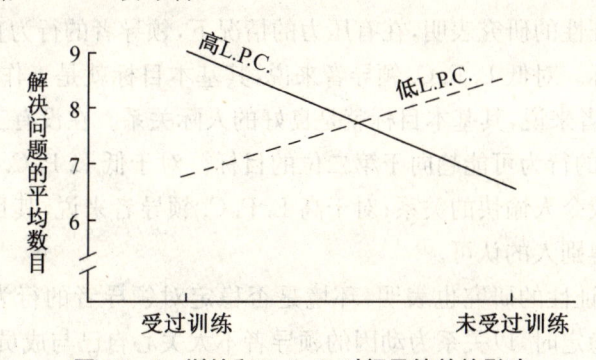

图 17-6 训练和 L.P.C. 对领导绩效的影响

三是压力。组织动态领导过程理论强调组织领导的能力和知识水平的变化会影响他们对情境的控制,从而也会影响他们的领导方式与权变控制之间的配合。因此,在对组织领导进行选拔和安排时绝不能按照一成不变的模式来进行。当领导者从事一项新的工作时,若能在一开始就有较好的工作绩效,说明其领导方式与他对情境的控制两者之间可能比较适合。但是,当领导者依靠经验和训练提高了对情境的控制程度时,领导绩效可能会发生变化。因此,当情境给新的领导者提供的只是低程度的控制时,以任务为动因的领导者绩效可能会比较好,而以关系为动因的领导者绩效则可能比较差。而当领导者的经验和训练使其对情境的控制达到中等程度时,以任务为动因的领导者绩效将会下降,以关系为动因的领导者绩效则会上升。如果要使我们对组织领导的选拔更为切合实际,就必须考虑上述的一些基本原则。当然,如果一项领导工作可以在数周和数月内学会,那么,还是应当选择有一定经验的人担任领导,即使其绩效在最初阶段比较差,只要经过一段时间,绩效还是会好起来的。

一般地说,一个讲究效率的组织,它是不能让某个人长时间地从事同一种领导工作的,因为这样必然会使领导绩效降低。对于一个富有经验、受过相当训练的领导者来说,经过调动,经常面对更具有挑战性的工作,其领导绩效会大大提高。

一个领导者对情境的控制从低程度到中等程度,或者从中等程度再到高等程度的跃迁,其所需的间隔时间取决于任务的结构性、复杂性和领导者的智能状况。这种控制程度方面的跃迁所需的时间间隔,对于一位步兵班长来说,可能需要四五个月,对于一个中学或小学校长来说,可能需要两三年,对于一个地方学院的院长来说,则可能需要五六年,对于更高层次的领导来说,其需要的时间可能会更长一些。

事实上,领导动态过程理论较为重视对权变控制与领导者行为关系的研究。大量实证性的研究表明,在有压力的情况下,领导者的行为直接趋向于较为基本的目标。对低L.P.C.领导者来说,其基本目标就是工作成就;对于高L.P.C.领导者来说,其基本目标就是良好的人际关系。在没有工作压力的情况下,领导者的行为可能趋向于第二位的目标。对于低L.P.C.领导者来说,其目标是形成令人愉快的关系;对于高L.P.C.领导者来说,其目标是通过完成任务来获得别人的认可。[①]

同时,实证性的研究也表明,环境是否稳定对领导者的行为也会产生影响。当环境稳定时,以关系为动因的领导者不太关心自己与成员之间的关系,而以任务为动因的领导者则反而关心人际关系;在环境不稳定时,以关系为动因的领导者会更多地寻求成员的支持,以任务为动因的领导者则为了完成任务而变得更加强势。

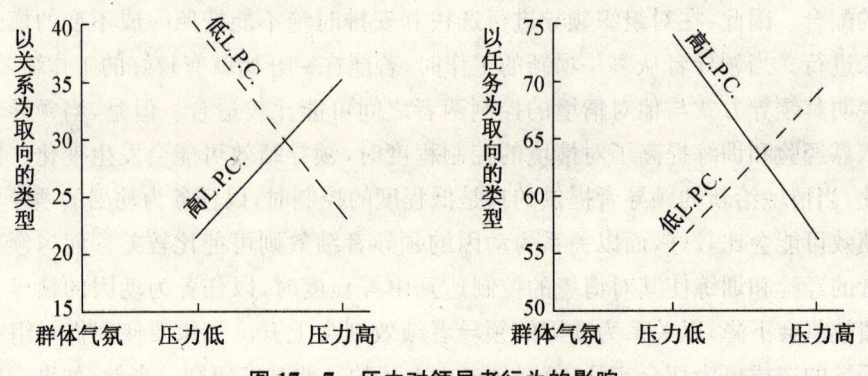

图 17-7 压力对领导者行为的影响

---

① D. S. Pugh: *Organization Theory*, Penguin Books Ltd., 1971, p. 385.

第十八章 卡斯特和罗森茨韦克的系统与权变组织理论

【摘要】

弗里蒙特·卡斯特和詹姆斯·罗森茨韦克是组织权变理论的集大成者。他们以权变的观点论述了组织与管理的背景,并分析了管理价值观对组织与管理理论和实践的影响。他们将组织与管理理论的发展划分为三个时期,并对每个时期的有代表性的思想进行了分析,在此基础上阐述了他们的系统观念与权变观念;他们还运用权变观念分别对组织环境、组织目标、组织中的工艺技术因素、组织的结构与设计、组织中个人与群体的行为、组织计划、组织决策、组织控制、组织变革等问题逐一作了新的论述。

这两位华盛顿大学的教授认为,近百年来我们这个社会已经发生了急剧的变化,这种变化的一个重大特征是那种以家庭、非正式群体和小村庄为主的社会正式让位给以大规模正式组织为主的复杂的工业社会。人类之所以取得如此巨大的成就,其主要的原因就是人们已掌握了管理庞大社会组织的能力。

设计与管理复杂的组织是一门社会工艺学,它可与显现在电讯系统或宇航规划中的技术物质表象相比拟。对人类事业的有效管理的确是我们所能取得的最伟大的成就之一。

一、卡斯特与罗森茨韦克的组织理论研究活动与主要著述

弗里蒙特·卡斯特(F. E. Kast,1926—)是美国西雅图华盛顿大学的教授,也是管理理论中系统管理学派的主要代表人物,著名的管理学家。詹姆斯·罗森茨韦克(J. E. Rosenzeig,1928—)是美国管理学家,华盛顿大学教授。他们创立了一种新的组织理论范式,即新系统范式,或称权变理论范式。权变理论学派主要是以系统的观点来看待组织与管理,认为在组织管理中应当根据内外条件的变化而随机应变。他们将传统的、行为科学的各种组织理论加以综合,对组织的目标与价值、技术在组织中的地位、组织的结构、组织的社会心理系统、组织决策过程等作了全面的论述。

在对组织理论进行创新性研究中,他们希望对"关于一般系统论和社会组织的讨论"能有一个现实的评价。用他们的话来说,虽然并不想宣扬系统方法在信仰和观念上的价值,然而系统理论对组织研究的确至关重要,的确能为这一研究领域提供一个重要的新范式。在现阶段,系统方法还显然很粗糙并缺乏精确性,且在某些方面并不比老的范式好多少,但它确实为我们提供了认识组织实质的一个根本不同的观念,这无疑是该研究领域的重大进步。在组织和管理学领域内,新系统范式的许多案例得到广泛应用。

据统计,系统理论范式已经广泛应用于如下领域:组织内各亚系统间的关系研究和系统与环境间界面的研究等。但该范式的发展水平还不足以满足需要,主要问题之一是处理复杂关系体系的实际需要已超出了我们充分认识和预测这些关系的能力。我们十分需要系统范式,但还不能充分合理利用这一范式,充分应用该范式的暂时失败,是意味着应该放弃它,还是意味着应改进和充分发展它呢?学者们一致认为后者的可能性更大。

他们十分清楚,系统概念与观点并非是解决组织问题的灵丹妙药,同样也不能为管理实践提供一试就灵的管理方案。然而系统概念和可能观点的确有利于我们充分理解组织复杂性,从而提高合理行动的可能性。有些管理人员虽然自身没有多少组织理论知识,但常常无意识地运用了系统方法和可能观点,因而系统观念和可能观点对于管理者来说,并非一种新东西。然而,这种方法若被有意识地应用起来,无疑会优化组织管理和提高组织效率。

研究发现,管理人员一般地是以过一天算一天的工作作风进行工作的,因此这类管理人员必然会应用一切可能得到的理论,而不会等待那种事实上不会存在的什么最终理论。所以从业人员的工作实践实际上已为新知识的探讨提供了现实导向意义,因为他们掌握着关于组织的基础资料,是他们把理论付诸实施。由此可见,从业人员和理论工作者之间的相互了解有利于促进相关知识的发展。

在提炼新知识体系的同时,卡斯特与罗森茨韦克始终认为,我们还应努力把这些新知识应用于实践,我们需要某种方法来把系统观和可能观变得更可用。在不过分简化的条件下,我们需要为从业人员提供一些相关的管理指南。可能观处于过分简单的特定原则与复杂模糊的观念之间,它是一个中等程度的观念。管理艺术的成败取决于在复杂环境条件下行动的成功率。我们希望系统概念和可能观点一方面能被科学研究者不断提炼,另一方面对管理者来说也会变得越来越实用。①

卡斯特与罗森茨韦克各自都有大量研究组织和管理的论著,两人合作的主要著作则是《组织与管理》(Organization and Management: A Systems and Contingency Approach, 1979)。

二、组织理论的演变与组织的系统权变观

卡斯特和罗森茨韦克认为,"将组织理论知识抽出来作为一门单独的可识别的学科,这还是近期的事。只有到了20世纪才有人下功夫将这方面的知识总结为一般性的理论。"在组织理论的演变与发展中,起巨大作用的不仅有学术研究工作者和专家,而且有实业家。许多早期的组织思想大部分来自从事实践活动的经理和行政管理者。正是这些人,将他们的观察和经验记录下来,又作为对他人实践的指导发表出来,人们才有了关于组织的大量知识。

他们指出,组织理论的演变与发展可以分为三个大的阶段:传统阶段、行为科学与管理科学阶段、现代系统与权变理论阶段。组织理论发展的传统阶段是与工业革命以及大型企业的兴起紧密相关的。它包括了科学管理理论、行政管理理论、官僚模型、微观经济学和行政管理理论。人们批评传统组织理论将不符合现实情况的封闭系统的设想应用于企业组织,它未能考虑来自环境与组织内部的影响。尽管有这些批评,传统的组织理论仍然是整个组织理论中很重要的一部分,其中有很多观点对今天的组织发展仍然具有很大的作用。它是现代组织理论发展的基础。

在发展的第二个阶段上,组织理论主要得益于行为科学与管理科学。管理科学基本上是科学管理的发展,但它修正了科学管理的一些观点。它所关心的是作为一个经济—技术系统的组织;它致力于建立管理行为与组织行为的标准模型,强调管理者就是决策者。行为科学则侧重于研究社会心理系统,注重人的因素。行为科学家感兴趣的是设计实际组织和研究人在具体组织中的行为方式,而不是建立标准模型。在这一阶段上,出现了众多的理论流派,并且每个组织理论学派都将其所研究的组织的某一方面视为最为重要的方面。而且,组织理论还同管理理论相互分离。但是,组织理论与管理理论的分离、组织理论流派的多样性并不是一件不好的事,它为关于组织的完全统一知

---

① Fremont E. Kast, James E. Rosenzweig: Organization and Management: A System and Contingency Approach (3rd edition). Mcgraw-Hill Book Company, 1979, p. 51.

识的出现奠定了基础。①

卡斯特和罗森茨韦克认为组织理论是管理实践的基础,组织理论和管理实践都在不断地演变和发展。科学研究和实际管理观念的变化以及来自各种基础学科的信息投入使得传统的组织理论得到了修正与充实。在组织理论发展的某些阶段上,曾经出现过众多的流派,以及组织研究与管理研究的分离。但是,20 世纪 60 年代以后发展起来的系统方法为组织理论与管理知识的汇合,为各种组织理论流派的统一创造了机会,从而使组织理论研究进入了第三个阶段,即系统权变理论阶段。系统方法给人们提供了一种从整个组织及其环境的相互作用中看待组织的途径,也为研究组织内部各个部分即各个分系统之间的关系提供了指导。同时,系统观念又为组织及其管理的权变观念的发展提供了基本的参照系。②

系统方法在组织研究中被广泛运用,反映了这一领域中理论的巨大发展。系统理论最初产生于自然科学,在社会科学中,最早带头使用一般系统观点的是社会学家塔尔科特·帕森斯。他不仅提出了一种广泛的社会系统的观点,而且将系统观念与组织结合起来。

卡斯特与罗森茨韦克将一般系统的方法与理论概括为以下一些方面:

首先,无论是机械系统、生物系统还是社会系统,都是由相互联系的各部分或成分组成的。系统由次一级的分系统所组成,而同时又是超系统的一部分。系统的特性是整体性、协作性、机体性和形态性。其中尤其是整体性,它不能仅仅解释为总和,它与元素性是对立的。

其次,他们在区分了开放系统与封闭系统以后,强调了开放与封闭的相对性,并指出从根本上来说生物系统与社会系统是开放系统。任何一个开放系统都和它赖以存在的环境之间进行着信息、能量和材料的交换。同时,他们认为可以将一个开放系统看作是一种投入—转换—产出模型。在系统与环境的动态关系中,系统接受各种投入,运用某种方法将投入加以转换,从而输出产品。

第三,卡斯特与罗森茨韦克对系统内部的复杂运动进行了说明。他们提出了系统的界线、负熵、稳定态、反馈等概念。任何一个开放系统与其环境超系统之间都存在一条具有可渗透性的界线,这一界线在社会组织的系统中是很难确定的。熵表示紊乱,在一个封闭系统中,熵的转换总是正数。在一个开

---

① Fremont E. Kast, James E. Rosenzweig: Organization and Management: A System and Contingency Approach (3rd edition). McGraw-Hill Book Company, 1979, p. 51.

② ibid, p. 95.

放系统中,熵可以抑制,甚至可以转变成负熵。与熵相联系的概念是稳定状态。开放系统可以通过材料、能源和信息的不断流动而保持动态平衡。与动态平衡相联系的是反馈。反馈有正有负,负反馈是一种表明系统偏离预期方向并应重新调整到新的平衡状态的信息输入。

最后,他们特别强调开放系统的同等结果。他们指出同等结果是社会系统的重要特征。在社会系统中,某些结果可以用不同的初始条件和不同的方法来取得,即社会组织可以用不同的投入和不同的内部活动达到组织目标。正因为如此,在组织中,人们就不一定要寻求某种固定的最优解,而是寻求各种可能的令人满意的选择方案。[①]

在卡斯特与罗森茨韦克看来,上述的系统理论与系统方法同组织理论研究是联系在一起的。在传统的组织理论研究中,学者们运用的是有高度结构的、封闭系统的方法。现代组织理论则是转向开放系统的方法。在组织理论研究中,人们运用系统思想的历史可以追溯到玛丽·帕克·福莱特,她在研究管理的心理和社会方面的问题时,主张将管理看作是一个社会过程,将组织看作是一个社会系统。在福莱特之后,第一批运用系统方法研究组织与管理理论的是切斯特·巴纳德和赫伯特·西蒙,后者将组织看成是实现决策过程的系统。另外,菲利普·塞尔兹尼克在其组织研究中也运用了职能分析和系统方法,他明确指出:具体的结构是组织的正式与非正式方面相互影响的结果,而且,这种结构本身是个整体,是个对外部环境作出相应反应的"机体"。塞尔兹尼克将上述的系统观念运用于对政府机构进行的经验研究中。

在其他国家里,系统方法也被很多学者运用到组织研究中。比如,在俄国,亚历山大·波格丹诺夫于 1912 年就提出了"组织动态学"理论;在英国,塔维斯托克人际关系研究所的组织研究者们认为,组织是社会技术系统,伯恩斯和斯托克在他们提出机械的和有机的组织管理观念时,大量地使用了系统方法;在法国,米切尔·克罗泽及其合作者使用了综合系统的方法研究复杂的政府关系。

在前人运用系统方法研究组织所获取的成果的基础上,卡斯特与罗森茨韦克表述了他们关于组织的系统权变观念。他们首先提出组织是一个开放系统。一个企业组织或一个政府机关,都处在一个开放系统与环境的持续相互作用之中,并时刻努力达到动态的平衡。任何一个组织都必须接收足够的资源投入,以维持其正常运转,也同时产出足量的经过转换的资源供给外部环

[①] Jay M. Shafritz, J. Steven Ott: *Classic of Organization Theory* (3rd, edition). Wadsworth, Inc., 1992, pp. 294-295.

境,以便继续这种循环。但是,任何一个开放系统,相对于外界的力量来说,在某种程度上都是"封闭"的,因为系统的边界要防止外部力量对系统的影响。

其次,卡斯特与罗森茨韦克强调了组织的整体系统观。他们将组织不仅看成是一个开放系统,而且看成是一个开放的社会技术系统。它由许多的分支系统组成。从一个方面来看,技术系统的性质影响着外界环境对组织投入的种类、转换的过程以及产出;从另一方面来看,社会系统的属性又决定着组织对技术利用的效率。

在组织内部存在若干分系统。组织的目标和价值系统是这些分系统中较为重要的部分。组织的很多价值观来源于社会文化环境。组织说到底是要为社会行使某种职能,它要成功地接收资源投入,就必须符合社会的要求。组织技术系统是指完成工作任务所需要的知识。技术是随着组织任务的变化而改变的。技术分系统的形式是专业化的知识和技能、使用的机械设备类型、各种设施的布局。技术不仅影响组织的社会心理分系统,而且影响组织的结构。

组织中也有社会心理分系统,它是由相互作用的个人与群体组成,包括个人的行为与动机、人们的地位与其作用的相互关系、群体动力学等方面。组织中的社会心理分系统不仅受外部环境的影响,也受组织内部的任务、技术和结构的影响。组织中还包含结构关系分系统,组织结构是通过组织图、职位与工作说明、规划和程序等方面表现出来的。组织结构与权威、信息沟通和工作流程的形态模式有关。一定的组织结构决定着技术分系统与社会心理分系统之间的关系。当然,这种决定也只是一定程度上的,因为在技术分系统与社会心理分系统之间发生的好多关系是绕过正式结构的,组织中还有管理分系统,它使组织与外部环境发生联系。组织通过管理分系统来制定目标,拟定全面的战略和经营计划,设计组织结构并建立控制程序。

组织的系统观念为人们理解组织提供了广泛的基础,也为研究组织提供了宏观范例。但是,这种系统的宏观模式却带有太多的或较高的抽象性与概括性。为了进一步将宏观研究与微观研究结合起来,卡斯特和罗森茨韦克又提出了组织的权变观念,并对权变理论作了如下说明:"组织是个系统,它由各分系统组成,由可识别的界线与其环境超系统区别开来。权变观点所要研究的是组织与其环境之间的相互关系和各分系统之间的相互关系,以及确定关系模式即各变量的形态。权变观点强调的是组织的多变量性,并力图了解组织在变化着的特殊环境中运营的情况。权变观点最终目的在于提出最适宜于具体情况的组织设计和管理行动。"①

权变观点承认每个组织的环境和内部各分系统都有自己的特色,从而为设计和管理具体组织提供了依据。权变观点致力于在组织与其环境之间以及在各个分系统之间寻求最大的一致性。只有追求并通过设计达到这种一致性,才能保证组织具有高效能、高效率,并使组织成员和参与者具有满足感。

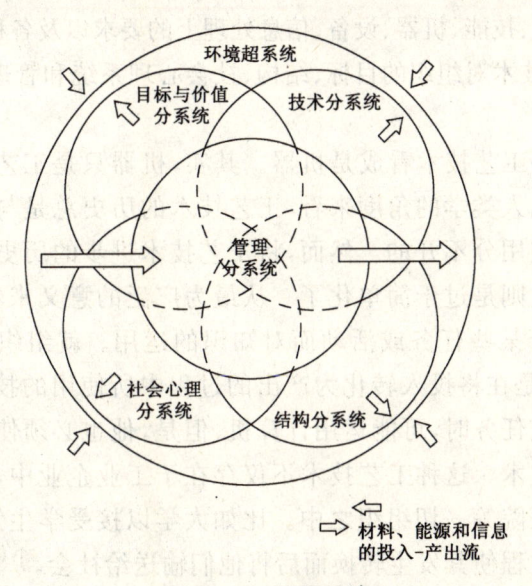

图 18-1 组织系统

权变理论认为,不同类型的组织都有其适当的关系模式。这种模式可以大体上概括为两类:一类是采取稳定-机械式组织的模式。其条件是:① 环境相对稳定和确定;② 目标明确而持久;③ 技术相对统一而稳定;④ 按常规活动且生产率是主要目标;⑤ 决策可以程序化,从而协调和控制过程倾向于采用严密等级系统。另一类是采用适用-有机组织的模式。其条件是:① 环境相对不稳定和不确定;② 目标多样化并不断变化;③ 技术复杂和多变;④ 有许多非常规活动,在这些活动中创造性和革新性很重要;⑤ 使用探索式决策过程,而协调与控制常常相互作用,系统等级层次较少,具有较大的灵活性。②

---

① Fremont E. Kast, James E. Rosenzweig: Organization and Management: *A System and Contingency Approach* (3rd edition). Mcgraw-Hill Book Company, 1979, p. 116.

② Fremont E. Kast, James E. Rosenzweig: Organization and Management: *A System and Contingency Approach* (3rd edition). Mcgraw-Hill Book Company, 1979, pp. 119-120.

三、组织与工艺技术关系理论

组织不仅是一个社会系统,而且还是一个将工艺技术与人的活动结合在一起的系统。组织中的技术系统是由组织任务方面的要求确定的,其形式则是由特殊的知识、技能、机器、设备、信息处理上的要求以及各种设施的布局等来决定的,工艺技术对组织的目标、结构、社会心理系统和管理系统都会产生影响。

人们往往将工艺技术看成是机器。其实,机器只是工艺技术最为明显的物质表象。从人类学的角度来看,工艺技术的历史总是与最初的原始武器以及工具的使用分不开的。然而,将工艺技术进步的历史仅仅看成是工具与机器的历史则是过于简单化了。从最为广泛的意义来看,工艺就是为了更有效地执行某些任务或活动而对知识的运用。就组织的工艺技术而言,它所指的则是在将投入转化为产出的过程中所使用的技术与知识。一个会计在完成其任务时,可能运用计算机,但是,他也必须使用以会计程序知识为基础的技术。这种工艺技术不仅存在于工业企业中,它也存在于诸如政府、大学、医院等一切组织之中。比如大学以接受学生为其投入,通过某些教育技术过程使其发生转换而后将他们输送给社会。①

科学技术在二战以后表现出独特的性质,它放射出比任何时候都要多的光彩,大大地改变了现代人生活的基本内容。技术变化的速度是加速度。一项技术从承认它的商业性到实际应用的周期,在 20 世纪初约为 30 年,到 20 世纪 60 年代就缩短到只有 10 年。在赞赏现代技术发展的同时,应当充分估计过去的技术发展。语言的产生,动物的家畜化,农业的发展,灌溉系统的建造等都是过去技术发展的产物。

工艺技术对人类的进步具有双重效应。一些人过分地强调工艺技术的消极方面,他们认为技术将会支配和控制人类,人类将会成为机器的牺牲品。这种见解不一定正确。虽然科学技术的价值和目标在不同时代会发生变化,但是,科学技术仍然是社会变革的主要动力。技术是能被控制的。以往人们只是强调技术在经济上有利的方面,将来人们将更多地把技术运用于环境、社会和心理的方面。

科学技术和社会组织是相互作用的。一方面,技术的发展为新的社会组织的出现创造了必不可少的条件;另一方面,工业革命由于需要更多的资源和

---

① ibid, p. 177.

更大的生产规模，因而必须培植出更多、更大的社会组织。大规模的组织可以达到某些个人的非正式群体无法达到的目标。大规模的组织已成为利用技术的手段。从广义上讲，大型组织的发展体现了社会的进步。那种将材料、人力和情报资料结合起来去完成复杂任务的组织行为本身就是一个伟大的成就。其实，关于如何组织和管理复杂系统的知识，与工程学、工厂和设备设计等社会技术一样，本身也是一种物质技术。

根据工艺技术来对组织加以分类是对组织进行分析比较的开端。在对组织技术加以分类时，应考虑两个重要因素：一是技术的复杂程度，即组织转换过程所要求的技术复杂性；二是这种技术是静态的还是动态的，即组织面临的事件、任务或技术的复杂性。凭借这两个因素，可以找到从静止简单到动态复杂的技术连续统一体。

技术系统直接与环境超系统相关联，同时也与组织的目标和价值观相关联。组织作为社会的一个分系统在其转换过程中使用它所具有的技术知识，同时，它也创造新技术，在运行过程中追求"技术合理性"。组织试图达到的目标是以其可以采用的技术来确定的。

技术与组织结构之间具有一种直接的关系。这种直接关系主要表现为指令线的长短、总经理的控制跨度、总周转金中用于工资的薪水的百分比、直接劳动与间接劳动的比率、生产部门中有学位的监督人员与无学位的监督人员的比率。技术对组织中的心理系统会产生影响。技术是确定任务和专业化程度的关键性因素，工作群体的大小和构成以及与监督人员的相互作用的范围等都是由技术来决定的。技术还规定了身体的活动范围，它的变革还会引起工作的不安全感和忧虑感。在未来的社会中，通过技术的进步来提高生产率同通过技术的进步来使参与者得到更大的满足之间不是对立的。在新的时代中，人们不再去适应技术，而是让技术来适应人。

技术对组织中的管理系统也会产生影响。在多数组织中，管理系统包括很多具有专门技术和受过训练的个人。在参谋职位中有很多受过高水平训练的专家：运筹学家、人事干部、研究与开发工程师、通讯工程专家、工业心理学家和社会学家。技术对中层和基层管理人员也有影响。总之，现代管理系统绝不是由蔑视知识和权力的人们组成的，而是由一个受过训练的、能用他们的知识为组织的活动成效作出贡献的专家小组构成的。

工作设计是为了满足技术上和组织上以及个人的要求而具体规定工作内容、方法及工作与工作之间关系的组织活动，组织是为了适应技术的发展而进行工作设计的。工作设计的目的不是使工作更加专业化，而是要扩大工作范围，使工作扩大化，或通过给组织成员以更大的工作计划权与控制权来使工作丰富化。

四、组织结构与设计理论

　　组织结构可以分为正式结构与非正式结构两部分。正式的组织结构是在深思熟虑的基础上，经过精心筹划，为有效地实现组织目标而构造出来的各组成部分的关系形态。正式结构一般是通过明确的决策产生的，而且配有具有法规性质的、指示各种组织活动相互联系的"蓝图"，即印制的组织图、组织手册、职位说明书。

　　非正式组织指的是组织未经明确筹划，从成员的相互活动中自发产生的关系。非正式结构的作用是两方面的：有时，当正式结构对内部和外部的重要信息反应迟缓时，非正式结构就会起积极的补充作用；有时，非正式的结构也会破坏工作，阻止群体从事正常的活动，从而危害组织。

　　正式的组织结构是一个组织内部各构成部分或各个部分之间所确立的关系的形式，它包括以下的内容：正式关系与职责的形式；向组织的各个部门或个人分派任务和各种活动的方式；协调各个分离活动和任务的方式；组织权力、地位和等级关系；指导组织中人们的活动和关系的、计划过的政策、程序和控制方法。

　　在组织中职责、职权与组织结构的关系是重要的。组织必须对其成员分派职责，其中委派是一个重要原则。组织的控制是以委派为基础的。多数组织都会为测定所委派的职能活动的效益和效率而建立一套评价手段，并建立控制机制。

　　向组织的各个组成部分委派职责并建立控制机制的基础是确立职权结构。职权不是个人的属性，它指的是组织成员间的正式关系。职权概念是与合法地行使一定的权力相联系的，它是以下属自愿服从上级的命令为前提的。规定一定的职权序列有利于组织中权力的正确行使。

　　描述组织结构的最为典型的办法是印制标明正式职权及其联系网络的组织图。在组织图中，各职位之间的线条表示彼此间的法定的正式作用关系。大多数组织图是等级式的，强调上级与其下属的关系。组织图通常还附有更为详细的标明职务任务、职位间关系的说明书和组织手册。组织图只是真实的组织结构简化了的抽象模型，它无法准确地说明组织的实际情况，而且对非正式组织则无法体现出来。尽管有这些局限性，组织图仍然为人们认识组织提供了轮廓。

　　组织活动中极其重要的环节是进行组织结构的设计。在传统的组织理论家那里,组织设计强调的是客观性、非人格化的结构形式。组织结构设计是按照能够最有效地分配和协调各种活动的要求来进行的。传统的组织理论家在组织结构设计中坚持的是:将工作划分为各种专业化任务,再根据专业化任务组成不同部门的劳动分工原则;将职权、职位、职责从组织最高层向底层的直线垂直分布的等级原则;职权来自职位,职权与职责直接相联的职权、职责关系原则;上级能很好地统一下级活动的狭小管理跨度原则;有利于统一指挥的直线原则与参谋制度。

这种传统的组织结构设计是以稳定的组织的管理经验为依据的,注重的是明确的关系、清楚的职权和刻板的结构。传统的组织结构设计忽视了这样一个基本事实,即组织是一个开放的系统,它从环境获得投入,组织的各个部分处理着来自环境的投入并给环境以产出。正因为这样,传统的组织结构设计带有两方面的局限性:一方面,没有认识到组织与环境的相互作用;另一方面,没有充分考虑组织结构与组织其他的分系统的关系。

权变学派提出了自己的组织结构设计理论。他们认为,组织结构是环境与组织其他分系统之间的纽带。任何一个组织都有其环境,面对不同的环境,组织总是要有不同的结构来适应它。一般地说,环境的差异性、动态性和不稳定性愈大,组织内部结构的差异性和复杂性就愈大。另外,组织内部的各个分系统对组织结构也有影响。组织所使用的技术能直接影响那些与转换过程密切相关的结构特性;社会心理系统既对组织结构有影响,同时又受到组织结构的强烈影响。①

尽管环境、技术上的要求、社会心理要素对组织结构具有决定性的影响,但是,在进行组织结构设计时,决策者所依据的并不是客观的环境、技术、社会心理,而是决策者们对这些因素的认识、感觉,并由此形成"组织活动范围"的战略选择。

在组织结构设计中,首先要注意组织活动的差异性,主要表现在两个方面:一是以组织的等级结构为代表的垂直方向的专业活动的差异,这种差异从总经理到副总经理、工厂经理、监督员,直到作业层,形成管理结构;二是水平差异,它确定基本的部门结构,管理结构与部门结构一起构成了正式结构。

组织中的垂直差异形成等级结构。在较为正式的组织中,垂直方向的专业化是在对不同职位的作用进行具体而明确的规定的基础上建立起来的。不同层次上的地位具有明显的差异性。比如,在军队中,军官与士兵有着明显的区别。在军官中,从少尉到元帅,不同等级在职务、地位及作用方面都有基本

---

① 罗斯·韦伯:《组织理论与管理》,台湾桂冠图书股份有限公司1974年版,第446页。

的区别。在大学里,在专业职称范围内,从助教、讲师到副教授、教授,是一个严格的等级序列。

在正式组织中,上述的等级结构确定了基本的交往结构和职权结构,这就是"指挥链"。在等级结构中,晋升具有实质性的奖励性质,在垂直线上的职位决定着担任该职位的人员所享有的职权、影响、特权、地位以及报酬。这是一个组织上的金字塔。

组织中的水平差异形成了部门结构。在较复杂的组织中,水平方向的专业化是必不可少的。部门结构的基本依据是职能、产品、位置,组织活动可以按职能来安排,将相同的专业与活动集中于一个部门。在一些现代化的组织中,按产出的物品来设立部门。另外,也有一些组织按地理区域将活动集合到一起组成一个单位,如联营商店、多国性企业公司。

在设计组织结构时,传统组织设计中所重视的参谋作用已经被参谋专家取代了。这些参谋专家是某一专业领域内的、具有专门的知识和技能的参谋人员,他们常常是组织内职权和影响的源泉。

在组织结构设计中其次要注意的是组织活动的一体化。所谓一体化是指在完成组织任务中使各分系统的努力达到统一的过程。一般说来,组织活动的差异性越大,工作专业性越强,组织活动的一体化也就越难。组织通常按三种类型来对活动加以协调:指示型、自愿型、促进型。

指示型是一种等级式协调。这种协调是将多种多样的活动置于一个权力中心之下,从而使它们统一起来。这种等级式协调对于简单组织是有效的,但对于层次多、专业化程度高的复杂组织来说就比较困难。

自愿式协调是通过自愿的方式实行的。在这类协调中,组织中的个人与群体自愿地寻找办法来使自己的活动与其他人的活动结合起来进行。自愿式协调要求个人对组织目标有充分的了解,并且占有足够的有关协调的情报。

在复杂的组织中,各种不同活动的一体化问题促进了多种协调手段的发展。这些新的协调手段是促进型的。其中较为重要的一种是"联结销"结构形式。以往多数组织在协调时,只重视垂直的等级关系,很少注意水平关系,即相同层次的部门、单位和个人之间活动的一体化。"联结销"的方法能够解决这一问题,这种方法在水平方向上,以两个分离小组的成员的身份而在两个小组之间起协调员的作用。在垂直方向上,这些个人所在层与上下各层产生连接,从而形成一种多层重叠的小组结构。

在形成组织一体化的过程中,建立交往网络特别重要。当组织结构变得日益复杂、专业化程度提高、交往的数量关系增多时,水平方向的情报交流就会增多。比如,定时传送的备忘录、重要的会议记录的交换,等等。计算机的情报系统为更精确的交往联系网络的建立提供了各种手段,通过发展更有效的交往联系网络,组织则可能对各种不同的活动进行更令人满意、有效的协调。

权变学派还考察了组织结构设计的演进过程。他们认为,组织结构的变化主要表现为管理结构的形成、规划管理的出现、矩阵结构的创立。许多研究表明,规模愈大的组织,其结构也愈精细、愈复杂。当组织的规模变大时,其管理协调的任务也更为复杂,管理人员的数目与组织的复杂程度之间存在一定的比例关系。当组织规模变大、组织专业化程度提高时,组织的管理人员必须合乎逻辑地增多,并形成一定的管理结构。

现代组织往往与工程有关,比如军事工程、航天工程、民用工程、科研工程等。面对更新、更复杂的科研、开发和施工项目,组织必须建立某些正规化的管理机构来进行统一与协调。对于一个公司来说,必须设立规划经理。规划经理有两种极端的职责:一种是他只是总经理的规划助理,没有个人权力;另一种是规划经理对项目所需的一切具有权力。这两种极端形式的折衷,就是实行矩阵结构。

规划管理的主要特性是它的跨职能性。规划经理完全依靠其职位的正式权力,是无法进行有效管理的。规划经理的成功更多地依赖于其影响其他组织成员的能力。规划经理的权力和影响的流向与等级权力不同,它们主要是横向穿过职能组织中存在的上下级关系。在整个规划的实施中,各个层次、不同职能的人都必须贡献出力量。规划经理与其属员的作用在于在跨界限时架起桥梁。有时,为了加强规划管理,还可以增设某些附属组织部门和管理职位。

在规划管理中,可以运用矩阵结构形式。矩阵有两条权力线:一条是来自各个职能经理的垂直权力线;一条是来自工程权力部门的水平权力线。因此,矩阵结构形式产生双重的权力和职责:一是职能经理管理技术领域的权力;二是规划经理管理计划、工程、任务、产品的权力。比如一所医院,其各个部门,如护理、社会工作、食物限制、物理治疗、医务专家等是职能性专业化;而具体在为一个病人医治的过程中,必须将其归类落实在某一科室进行时,就需将横向的有关组织单位进行综合安排,如病人护理则需将上述活动一体化落实。又如一所大学,既有学校的各个职能部门,也有专门的跨学科的研究所、教学研究中心。同样,在组织攻关研究某项科研课题时,也需进行综合落实。

最后,权变组织理论学派强调了组织结构的动态性。社会上可以同时存在两种组织结构形式:一种是稳定的机械式结构,一种是动态的有机式结构。稳定的机械式结构是通过等级式来进行协调的,而具有适应性的有机式结构不可能建立永久的固定职位，其职位经常变动。有机式结构协调时采用的是水平的和斜向的一体化机制。对于一些组织来说，在机械式结构下就可以有效地工作，无需将其变成动态式的有机结构；而有些组织则必须采用有机式结构。甚至在同一个组织中，有些部门采用机械式结构，而另外一些部门则采用有机式结构。

五、组织行为理论

权变理论研究了组织中个人的行为与激励，以及组织中的群体动力。组织是由个人组成的，个人行为是组织理论的基本分析单位。行为是人的行动的一种方式，它是指一个人的所作所为。行为模式是个人在进行活动时所采用的样式。个人的行为与其所处环境和性格有关，可以用方程式表示出来。其中个人所处的环境是复杂的，其性格也是一个整体的、复杂的系统：

$$行为 = F(性格，环境)$$

组织中个人的行为有相似的方面。首先，任何人的行为都是有起因的、受激励的、有目标的。其次，任何人的行为都有共同的基本的模型。这一模型的起点是刺激，它通过多种形式的需求指向活动目标。如果目标达到了，目前的行为即终结，而个人的欲望就转向其他的活动；如果目标没有达到，行为就继续进行，直到特定的需求满足为止。

组织中的个人行为也有差异。个人的行为处于特定的工作环境之中。这些环境包括：由经济或其他奖励构成的报酬系统；由对世界的认知构成的经验系统；由任务和技术构成的工作条件系统；由准则、习惯构成的文化系统；由计划、控制、决策、领导构成的管理系统，等等。

在特定的工作环境中，个人行为的差异性是由知觉、认识和激励导致的。知觉是个人对外部实在与外在刺激的理解。过去的经验对外在刺激形成解释性知觉；大量信息对外在刺激形成选择性知觉。认识是个人为了获得知识的自觉的和有意识的过程，它包括知觉、想象、思维、推理和决策。激励是行为背后的推力或拉力，它表明个人与环境的相互关系中存在某些不平衡或不满意的情况。激励涉及需要、紧张、不安、期待。

在组织理论中，重要的问题是研究个人的行为与工作成绩的关联。一般的管理者承认两个方程式：

$$成\ 绩 = F(能力，激励)$$
$$生产率 = F(技术，能力，激励)$$

从上述两个方程式中可以看出，能力与激励是很重要的因素。从能力来看,如果一个人缺乏必要的技能或知识,要去完成一项任务,即使格外地努力也不会带来较好的成绩。但同时,如果一个人努力的方向不对,即目标不明确,即使做出了成绩也与组织无关,从而不可能获得报酬。

在组织中,个人取得成绩就是想获得组织给予的报酬。这种报酬可以分成两类:一类是内在报酬,主要包括具有挑战性的或令人愉快的工作、责任、自尊;另一类是外在报酬,主要包括工资、赞扬和别人的尊敬。在成绩与报酬系统中,有两个因素是重要的:一是报酬的绝对数;二是可知觉的公平。个人总是通过知觉,与特定的个人或一群从事类似工作的人进行比较。如果发现明显的不公平,就会产生紧张和纠纷。个人为了减低紧张程度,或者是要求更多的报酬,或者降低产量,以便恢复到一种可知觉的公平状态。对报酬不公平的一种反应是要求同工同酬。

从激励方面来看,人的需求、满意与成就是相互关联的。首先是人的需求。人的需求是分层次的,在实际行为中,各个层次的需求都是活跃的。最低级的需求在得到满足之前,是非常有效的推动力。尊敬与自我实现的需要在生理、安全与社交方面的需要在得到合理的满足以前,一般并不是重要的。一个人在早期阶段占支配地位的是生理与安全需要;当一个人成熟后,其占支配地位的需求是社交、尊重和自我实现。对于一个普通人来说,不同层次需要满足的百分比是不一样的:生理需要方面满足85%,安全需要方面满足70%,社交需要方面满足50%,自尊需要方面满足40%,自我实现需要方面满足10%。[①]

在行为理论的研究中,人们还发现,在组织中,个人的需求可以分成两大类:一类是作为动物的需求,主要是避免身体上的痛苦与清贫的生活,这类因素称为保健因素,它主要是受公司政策、行政管理、监督、工资、个人之间关系、工作条件的影响;另一类是人们作为人的需求,指心理方面的成长,这类因素称为激励因素,它主要受提升、责任、工作本身、表扬、成就的影响。

需要层次与保健、激励因素可以联系起来,两个系统有所交叉。使人不满的因素包括社交需要、安全需要、生理需要;使人激励的因素则包括自我实现的需要、尊敬的需要、社交的需要。

个人的行为与成就有一定的关系。有人把成就看得高些,有人将成就看得低些。在组织中,凡是将成就看得较高的人具有某些共同的特点:一是喜欢他们个人能负起责任来想方设法解决问题的工作环境;二是具有那种制定中

---

① Fremont E. Kast, James E. Rosenzweig: Organization and Management: *A System and Contingency Approach* (3rd edition). Mcgraw-Hill Book Company, 1979, p. 249.

等成就目标并接受"可预测风险"的倾向；三是需要有关他们工作进展情况的详细反馈。具有高度成就感的人往往接受中等风险，而不愿在具有高额潜在盈利和高额潜在损失的环境中赌博。他们希望持续成功，而不想用一次彻底的失败来破坏过去成功的纪录。

组织中的行为还包括群体行为。群体是一些以一定的方式、共同的利益为纽带联系起来的人的集合、聚集或聚合。聚合在群体中起着重要的作用。聚合是指一群人在一段持续的时间内处在面对面的关系下，他们与周围的人有差别，他们相互了解各自在群体中的资格。组织中的群体是通过沟通进行相互作用的。这种沟通是多种多样的，既包括利用讲与听、写与读的直接沟通，也包括姿势、目光、点头、摇头、拍拍肩、皱皱眉等其他的方式。

有组织的群体是社会群体的一个特殊种类，其特点是具有持续性。它能够在相同的成员范围内分散和重新聚合，并重复在各职位之间建立起来的关系。组织与群体具有密切的关系。组织是与两个概念联系在一起的：一是作为一组人的群体；二是作为一组职位的结构。有时，一个组织与一个小群体的范围相同；在多数情况下，一个组织的人被分成若干小群体。将个体与组织联系起来的是小群体。每个人都是组织范围内各种正式的或非正式小群体的成员。小群体在调解个人与组织的关系上起着重要的作用。

小群体是由活动、相互作用、情感结合起来的。人们愈是共同活动，他们彼此之间就愈可能产生相互作用。反过来，人们愈是在相关领域中相互作用，就愈会导致他们在相关领域中的共同活动。共同活动就会产生共同的情感。共同从事的活动增多，相互作用就会增强，共同情感也会随之增加。

组织中的小群体的关系有一定的规律。一个小群体总有一个领导者A，其他人不同程度上围绕着A。K与L是完全的"局外人"。G、H、I和J具有一定的边缘性，正处在进入基本的群体的过程之中。"边缘者"只能分享小群体极为有限的利益。如果一个人非常想加入小群体，他就会强烈地意识到，在群体之外，其品格和行为会受到重大影响，结果若干这样的人联合起来，就成为基本群体。

群体的发展要经过四个阶段：第一阶段是形成阶段，对个人来说是忧惧与依赖，对群体来说是选择目标与达到目标的方法；第二阶段是组织阶段，对个人来说是混乱与冲突，对群体来说是解决领导及职权、职责关系；第三阶段是集中阶段，对个人来说是结合与团结，对群体来说是分享信息，共同出主意；第四阶段是成熟阶段，对个人来说是相亲和相互依存，对群体来说是共同解决问题，完成任务。

对组织内的群体来说，团结与对组织目标的承诺之间有一定的关联。不同的群体团结性是不一样的，有些群体很团结，有些群体则不团结。有些群体成员间的吸引力与组织目标一致，有的则不一致。这样就出现四种情况：无作用方向的协调行为；无作用方向的不协调行为；有作用方向的不协调行为；有作用方向的协调行为。最后一种是最好的。

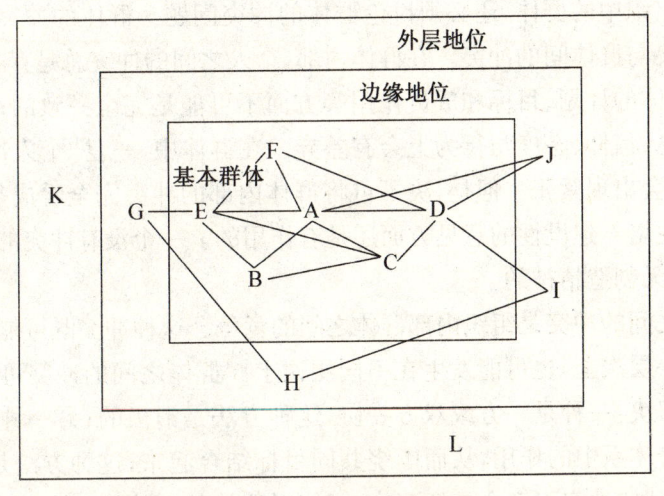

图 18-2 小群体关系的轨道

各种委员会是组织中的典型小群体。委员会之所以到处存在，是因为人类乐于寻找合作，特别是乐于面对面地交流意见。反对委员会的人提出了一系列的理由：不安宁，增加不满，分摊责任，避开行动。他们嘲讽委员会"会把马设计成骆驼"。但是，集体的智慧要比"一人出场"优越得多，一个人是不可能具有决策时所必需的多种知识和技能的。即使某些医生已是医学界的专家，他们对某些特殊病例进行诊治时，也需要委员会进行长时间的会诊。在计划实施组织结构的变革中，委员会是有用的，在决策阶段许多人讨论表面上看起来是缺乏效率的，但是如果委员会讨论的问题是执行阶段的关键问题，那么这样花费的时间可能是一种投资，它终究会得到几倍的报酬的。

当然，应当找出方法使委员会的会议能更加有效。其方法是：首先，一次会议只研究一方面的问题，并确保只让有关的专业人员参与与之相关的特定问题的讨论；其次，在制订会议议程时就将部分委员吸收进来，从而增加委员们对会议讨论的满意程度；第三，采用事先分发材料的方法，避免在会上读材料。

组织中的群体动力的核心是成员间的相互作用。有人设计了5人的沟通基本模式：园式、链式、"Y"式、轮式。群体中的沟通还可分为单向沟通与双向沟通。所谓单向沟通是指一人作出决策，去通知其他人，并期望产生特定行动。在沟通过程中,较为重要的因素是沟通的技术、语义的理解、足量的信息和反馈。但是,在这一过程中,听者所听与说者所说完全吻合的可能性很小。与单向沟通相比,双向沟通和"核对意思"是十分耗时的,但是采用双向沟通的方式可使信息传达的准确性提高。

研究组织中的群体,还必须讨论群体的冲突问题。群体的冲突可分为群体内部冲突与群体间的冲突。在群体内部,个人之间的冲突总是存在的,其原因是,在群体的计划、目标和成员作用等方面不可能是完全一致的;群体成员在价值观念、信仰、态度与行为上会有差异。在群体中,一旦"个人冲突"插进来,群体就会出现紧张。但是,决不可将群体内部的冲突完全看成是消极的,这种冲突在培养建设性的意见方面还是有作用的。一个没有冲突的群体可能是静止的,无创造精神的。

群体之间的冲突是组织内部群体之间的竞争。这种冲突既可能发生在组织内的同一层次上,也可能发生在不同层次上。群体之间的冲突可以通过两种方法来解决:一种是一方或双方妥协,这种方法是消极的;另一种是各自弄清其在整个体系中的作用,从而围绕共同目标结合起来,这种方法是积极的。同样,群体间的冲突不完全是坏事,它可能对群体的创造性、革新和进步具有积极的影响。

通过群体动力可以改进组织。组织改进的第一种重要途径是敏感训练,它包括自我训练和群体关系训练。自我训练的主要内容是:了解自己的情感与动机,正确觉察自己行为对别人行为的影响,正确理解别人行为对自己的影响,听取别人的意见并接受正确的批评,适当地与别人相互作用。群体关系训练的主要内容是:建立有意义的人际关系,在群体中寻找一个满意的位置,了解群体行为中动态的复杂性,发展诊断技能以了解群体的问题,获得帮助群体的技能。

组织改进的第二种重要途径是防止和改变群体间的冲突。办法是:在群体中尽量避免胜与负的局面,人们轮流在各群体工作以便促进相互了解,强调整个组织的有效性,增加群体间的沟通与相互作用。

组织改进应与组织发展结合起来。组织发展分为组织内部的发展与整个组织的发展。组织内部的发展主要是发展班组。组织中的班组既体现了管理中对人的关心,也体现了对生产的关心。班组应经常评价自己的行为和解决问题的能力,并提供有关管理作风的反馈。在此基础上,谋求组织发展。先要调整水平的与垂直的群体间的关系;接下来确立组织改进目标;然后依据目标实行有计划的变革;最后是将变革稳定化。

六、组织影响与领导理论

影响与影响系统是组织中的重要的概念。所谓影响是指期待别人因反应而产生的个人或群体行为上的变化。影响有时与权力、职权结合起来,但是,在很多情况下,影响与权力、职权并不是一致的。任何一个影响系统必须包括扮演影响者与被影响者两种角色的人,在影响系统中,人们的关系可以是直接的,也可以是间接的。

在组织中,产生或实现影响的途径是多种多样的,可以分为四种类型:模仿、建议、劝说、强制。模仿的特点是不需要个人间的直接接触,但是其作用是巨大的。在组织内,参与者都知道同伴和各种管理人员的行为模式。某些人的行为模式成为"榜样",其他想获得成功的人就去仿效。组织中的许多行为模式主要是依靠这种模仿才得以成为正式的规范并保留下来。

建议的特点是个人和群体之间进行直接的和有意识的相互作用。这种影响具有明显的意图,影响者向人们提出或推荐一种可供选择的合适的行为模式,它可以是某种看法,也可以是某种行动的方法。如果影响者很希望自己提出的或推荐的行为模式为其他人或群体所采纳,他就必须采取诱导甚至强制的手段。

劝说实质上就是一种诱导。它是在建议没有能取得效果之后使用的影响方法。劝说要比建议具有压力,但它还不是强制。劝说不仅有口头的诱导,也包括通过对某种希望的行为模式给予表彰或对反对的行为模式采取不支持的方法来进行潜在的诱导。

强制是一种显露的极端形式的影响。强制性影响也包括多种形式。一种是肉体上的压力方式,利用某些工具强迫某些个人或某个群体做他们不愿做的事情。另外,还可能通过克扣工资、不予提升甚至解雇来迫使个人或群体就范。

研究影响系统就必须研究影响力。权变学派将组织中的权力定义为影响行为的能力。一个人在特定情况下权力愈大,对别人的影响的效力就愈大。职权则是影响行为的权力,它是制度赋予的权力。

组织中确定职权序列是必要的。职权有三种类型:传统的、合理的与合法的。传统的职权来自于个人的特质,而不是职位。这种非正式的地位与作用经过长时间稳定下来以后,就会成为一种人人习惯的制度。政策、程序由那些传统的"发号施令者"制定,下属们也不加怀疑地接受,当传统管理者认为有必要调整时,制度就会改变。一旦制度通过正式的程序合法化了,组织中的职位就具有了合法性。

在组织的等级结构中,高职位的人比低职位的人具有更多的影响。但是也存在例外的情况,比如,在飞机试飞典礼上,几百位显要的公司高级人员的影响也比不上试飞驾驶员的影响大,他只要认为准备尚未就绪,试飞就只能暂时推迟。一位身居要职的人可能特别需要依靠其同级和下级人员的影响。

对影响与权力、职权的关系应当具体分析。当一个下级具备上级所缺少的专门知识,这时下级就能影响上级。这是一种"知识权威"。一般的参谋人员在组织中的正式权限很少,但他们能起有效的影响,因为组织中的其他人员要依赖他们获得程序或技术方面的信息。有时,位置也会对影响力产生作用。在组织中当某个人的"助理",其地位和级别都不高,但是,由于他能经常接近高级领导人员,从而就具有相当大的权力。因为处在这一位置上,正式职权虽小,但组织中的其他人则需要依靠他们获得有关上司对各种建议所作出的反应,而且他们也可以筛选组织中上级与下级两个方面的信息。

因此,组织中的权力影响究竟有效还是无效,相当重要的一点是被影响者能不能认可和接受,在一般情况下,下属对上级的影响具有一定程度的容忍性。在这一限度内,高职权的人会对低职权的人产生有效的影响。这种限度或范围称为"接受区"。一旦超出"接受区",高职位的影响就会无效或失效。

在组织内,权力即影响行为的能力可以分为三类:肉体的权力,主要是依仗暴力威胁作为支架;物质的权力,主要采取货币刺激制度,包括提升、解雇等形式;象征性权力,主要通过威信、尊敬、爱戴和容纳产生影响效力。

在一个稳定-机械式的组织里,相互影响的模式容易变为等级制性质的模式,影响主要是从上级到下级。权力只由一部分人掌管着,主要依靠物质的鼓励或惩罚。在适应-有机式的组织中,相互影响的模式比较多样化,包括由上而下、由下而上、水平的和斜线的种种形式,权力由较多的人执掌,较为分散化。

在现代社会中,人们越来越倾向于权力均等化。从 X 理论与 Y 理论来分析,一般地说,主张管理中遵循 X 理论的人倾向于使用强制性的、功利主义的权力,而遵循 Y 理论的人则要求权力的均等化,即同意实行参与式决策,分权管理。在组织的沟通方式上,双向沟通与多渠道联系也有助于组织内的权力均等化。

在组织的影响系统中,领导具有重要的作用。所谓领导,首先指的是一种职能;其次是指一个地位集团,比如,董事、理事、行政官员、经理、主任都包括在领导范围内。鉴别一个人是不是领导的一种方法是观察他在个人之间影响的双边过程中究竟是具有影响的顺差还是逆差。凡是在影响的双边过程中有净流出者即顺差者则是领导,而具有逆差者则是下属。

领导是组织管理的一部分,而不是全部。领导是一种说服别人热诚地追求已确定的目标的能力,是把群体团结起来,将其推向组织目标的一种人的因素。在现代组织中,领导职能可以由若干参与者来执行,但是对事业成败的褒贬则往往集中在正式领导人身上。

关于领导的特性因素,不同的组织理论有不同的内容。但通常被承认的因素有:智力、社会成熟性、气度、对成就的追求、对人的真正尊重。当然,具有了这些品性的人,并不能保证其领导成功。但是,一个拥有这些基本成分的人可能比不具备这些品性的人更能胜任领导职务。

权变学派认为一般的领导者有三种领导作风:专制的、放任的和民主的。专制的领导作风的特征是:一切决策皆由一人作出,对下属的工作任务加以指定,习惯于以私人身份表扬或批评组织成员的工作。放任的领导作风的特征是:决策完全自由,领导很少参与,对工作完全不干预,对下属的工作不作评论,不参与具体工作讨论。这两种作风都不会有成效。[①]

有效的领导作风是民主-参与型的,其特征是:决策由群体讨论决定,领导鼓励协助;提出两种以上的选择程序供下属挑选;工作任务由群体自行决定;对下属进行客观的、实事求是的表扬或批评。

要实现有效的领导,领导者必须做好下列四件事:一是支持,即增强个人对自己价值重要性的认识;二是促进相互作用,鼓励成员间发展亲密的关系;三是强调目标,激励群体为完成组织目标而热诚工作;四是促进工作,提供工具、材料、技术、知识,以便群体通过调度、协凋、计划而实现组织目标。

有效的领导者应当在工作中经常考虑三个方面的问题:领导者方面的问题,包括自己的价值系统、对下属的信任、自己的领导倾向、在不确定环境中的安全感;被领导者方面的问题,包括独立的需要、对决策承担责任的意愿、对命令的容忍力、对参与感兴趣的程度、对组织目标的认同程度、对参与管理的期待;境况方面的问题,主要包括组织中的价值与传统、群体的有效性、时间的压力、需要实现的目标的性质。

七、组织控制理论

一般意义上的控制指的是抑制或限制、指导或命令、核对或验证。其中,

[①] Fremont E. Kast, James E. Rosenzweig: Organization and Management: *A System and Contingency Approach* (3rd edition). Mcgraw-Hill Book Company, 1979, p. 325.

最重要的是核对与验证,它包含度量手段与参照构架。组织控制指的是通过一定的度量手段,将组织活动维持在可能容许的限度内。组织控制是组织管理的一个阶段,在这一阶段上监控器进行活动,并提供能用来调整目标与手段的反馈信息。在既定的目标和达到目标的计划下,度量实际情况,将它们与标准对比,再传送出能够协调组织活动,使之集中于正确方向并有利于达到动态平衡的信息。

所有的控制系统都有四个共同的因素:一个可以度量的"特征";一个传感器;一个比较器;一个效应器。这里的传感器指的是度量特性的手段;比较器指的是将实际结果与标准进行比较并评价其差异的手段;效应器指的是引起系统中的变化以便调节有关特性的手段。[1]

组织控制系统中有一些基本要素,当它们在一个循环运作中相继地联结起来时就变成了一个控制过程。目标确定了,资金分配了,工作就完成了。当对实绩与计划进行比较时,即产生调整工作负荷和资源分配的反馈。这种比较主要与完成目标所使用的手段有关。另一种比较是在工作实绩与计划之间进行的。在这一阶段上,信息反馈到计划编制阶段,同时也向前传导,与原来的目标进行对照。在闭环组织系统中,控制本身就已包括了自动的反馈与调节,用不着人去干预。在开环系统中有一部分控制需要人的干预。[2]

在组织控制中时间是重要的因素。许多组织预先对控制作出努力,试图将组织运行保持在能容许的范围内。但是,在实际的组织运行中,超出预先设定的范围的事情是不可避免的。因此,对事后的控制应当重视,在事情发生之后对组织进行调整,使它在未来得到控制。越来越多的理论倾向于进行现时或实时控制,即在行为发生时就进行调整。当出现微小偏差时立即加以调整,通常要比事后调整容易得多。

在组织理论的发展中,出现过两种组织控制的观点。一种观点是传统的观点,它认为控制是定量的、单向的、垂直的,主要涉及的是结构和职权;而当代的观点则认为控制是可变量的、通过相互了解的、平行或垂直或斜向的,主要涉及组织成员间的影响。

在进行组织控制时,应当进行效益-成本分析。既然控制从来就不可能是完全的,因此,组织就不会永远停留在原先设定的范围内,它总会产生变异。而组织控制又必然要消耗资源,因此,必须对控制本身进行成本分析。控制的

---

[1] Fremont E. Kast, James E. Rosenzweig: Organization and Management: *A System and Contingency Approach* (3rd edition). Mcgraw-Hill Book Company, 1979, p.446.

[2] ibid.

成本与系统效益的改进之间的差额就是纯经济效益。

八、组织变革理论

权变理论认为,很多组织都具有不确定的生命时限,有些组织则只具有暂时性。不管组织的生命周期是长还是短,它们要能生存,就必须使自身同变化的条件相适应。这种适应就是要在稳定性、持续性、适应性和革新性之间保持动态平衡。任何组织要能完成其职能,就应当具备足够的稳定性,但是,又不能使其变得保守、停顿,因而又必须不断变革。

对于一个有生命力的组织来说,它要保持动态平衡,就必须:有足够的稳定性,以利于达到目前的目标;有足够的持续性,以保证在目标或方法方面进行有秩序的变革;有足够的适应性,以对外部的机会和要求以及内部的变化条件作出反应;有足够的革新性,以使组织在条件适宜时进行主动的改革。

权变理论认为应当从系统的观点来考察组织变革的动力体系。造成组织变革的因素包括:组织环境的变化;组织目标的修正;技术系统的变化;结构分系统的变化;社会心理系统的变化;管理分系统的变化。其中管理分系统往往是组织变革最为重要的动力源。作为组织的管理者总是面临着组织的外部超系统和内部的各种分系统的变化。组织的管理者是组织变革的中心人物。作为决策者,他们是改革的最终决定者。

组织的有计划的变革必须考虑下列三个方面的因素:效益、效率、组织成员的满意感。在有计划的组织变革中,应当从下列三个方面着手:一是问题领域。必须仔细诊断,确定存在的具体问题,比如士气低落、下达渠道不畅、无效能的程序、缺乏技师管理、组织结构不够广泛等。二是寻找焦点。或者是人员的关系问题,或者是班组织与群体内的问题,或者是群体间的关系问题。三是组织改进战略。或者是教育训练,或者是工作丰富化,或者是目标管理,或者是解决群体冲突,或者是修订组织行为规范。

有计划的组织变革过程可以由下列环节组成:一是感知问题,即承认变革的必要性;二是问题的意义,包括目前的条件、期望的条件;三是解决问题,包括制订备选方案、评价备选方案、选择行动计划、确定改革成效的计量尺度;四是实施改革的行动步骤;五是组织更新,包括组织的反省、批评、跟踪监督。[1]

权变组织理论认为,在组织变革中,有时会遇到管理者、某些变革的主持

---

[1] Fremont E. Kast, James E. Rosenzweig: Organization and Management: *A System and Contingency Approach* (3rd edition). McGraw-Hill Book Company, 1979, pp. 571-577.

者和顾问人员沉醉于某些变革的战略和具体的技巧之中的现象。要克服这种倾向,就必须对组织的情况和相应的问题进行彻底的、不畏艰辛的诊断,认真寻找适当的改革重点,制定正确的改革战略。如果组织的无效益、无效率是因为人员与技术问题,不去改进技术问题,而去强调激励,只能是浪费时间;如果是组织成员缺乏技术,那么,组织改进的办法就是培训;如果组织的问题涉及任务、技术、个人能力、组织动力等方面,组织的变革则要进行通盘考虑。

在组织的变革中,肯定会遇到阻力。改革的阻力主要来自两个方面:一是改革需要投入一定的费用,包括对既得利益的调整;二是对改革的目的、机制和后果可能产生错误的理解。当一个组织要实施改革时,不管一个建议有多少优点,它都会将以往的一套改变掉,曾经为那一套付出过心血的人是不会同意的。一个有经验的管理者多半总是会反对来自内部或外部的变革建议。另外,变革后果的不确定性也常常导致混乱与不安。特别是当变革遇到未曾预料到的困难时,人们的信心就会下降。一旦人们对改革的结果有所了解,改革的进展也较为顺利时,人们的信心就会增强,不安就会减少。①

在实施有计划的变革时,应注意以下几个方面:有关以往改革的历史;组织中进行改革的总的气氛;进行改革的目的、后果、机制;有计划变革的很多外在的、内部的因素会随着组织气氛、问题的类型和注意的焦点的变化而改变。

比较分析和权变观是有区别的。所谓比较就是"通过研究来观察或发现相同之处和不同点"。比较分析可以针对一个变量(单一方面的)或数个变量(多方面的)进行。比较具有重要意义,其重要性由于其广泛的应用性而变得更为突出。人们在比较文化、比较宗教、比较政体和比较经济学等方面进行了巨大的努力。从某种意义上讲,比较分析可以表现出某一学科领域的成熟程度。比较分析认识到存在着很多的变量,而且这些变量之间的交互作用可能为管理人员造成复杂的环境。在实现组织的目标中不存在一种最好的办法。同一种目的可以通过很多不同的手段实现。

例如,佩罗将其研究经验专门作了总结,指出:正如很多其他人正在有所了解的那样,我已知道在经营管理任何组织时不存在一种最好的方法,因而在一个组织中起作用的方法在另一个组织中有可能不起作用。因而任何一种理论如果其本身不具备一种能区别组织的类型,并能根据这些类型而不是根据"其他内容相同的规定",或能限定哪种通则适用于哪种组织的条款来判明组织适合使用哪种通则的机制,那么,这种理论则是地地道道的无用的理论……我现在已知道叫实用化。

---

① ibid.

比较研究可以为组织理论的实用化提供坚实的基石。通过对各种不同情况中的各种关系的判断,有可能建立一套包括权变原理或指导原则的完整的知识体系。组织分类有多种方法或视角。一种是以在组织中获取服从的手段来进行的分类。组织中获取服从的结构是由对低层成员所使用的权力的种类(强迫型、奖酬型、标准型)决定的。根据所使用的权力的种类可分出三种类型的组织:第一类是强迫性组织。其特征是使用强力(隐蔽的或明显的)作为对低层成员的控制手段。其低层成员一般都是与组织的目标相背离的。这种类型的组织包括集中营、刑事机构和监护性精神病院。第二类是功利性组织。其特征是将报酬作为其控制的基础,而组织中的低层成员对组织作出的贡献则是以他们能服从组织并从那里获得某种利益为基础的。这样的组织包括工商业组织和大多数工会。第三类是标准组织。其特征是利用道德控制作为其对具有高度激励和道德内在因素的低层成员施加影响的主要源泉。此类组织包括教会、大学、医院以及其他很多政治和社会性组织。

另一种是以社会需求来划分组织的类型。以广泛的社会需求为基础可分出四种组织类型:一是经济性生产类的组织,包括从事商品和劳务的生产与分配的工商业公司。虽然这类组织为了使其本身能存在于其环境系统之中也要达到其他一些目标,但其主要的职能则是经济性的职能。二是具有政治性目标的组织,它需要达到有价值的目标并在社会上产生和分配权力。多数政府性组织属于此类。三是统一协调性组织,它是与调节冲突和指导,激励完成某些社会期望相关联的。法庭体系和法律行业均属于此类。同时,医院由于是具有满足医疗保健这一社会需求功能的机构,因而亦属此类型组织。四是形成宣传维护型组织,其主要职能为文化的、教育的或称表达性的职能。这类组织包括教会和学校。

也可以以基本受益者为标准来划分组织类型。受益者一共有四种:第一种是成员或有职有名的参与者;第二种是组织的所有者或管理人员;第三种是顾客;第四种是广大公众。

以主要受益者为基础进行划分有四大组织类型:一是互利性团体,其成员为主要受益者,工会、行业和职业联合会为其代表;二是工商业团体,所有者为其主要受益者;三是服务性组织,顾客集团为其主要受益者,这类组织包括医院、大学、宗教组织和社会性机构;四是国家性组织,其主要受益者是广大公众,此类组织包括军队、法律实施机构、邮政和刑事机构。

所以,在进行组织内的比较分析时,应注意重视如下几个方面:(1)它们着重强调的特殊目标;(2)它们的时间性;(3)它们在人与人之间关系上的属性;(4)它们的正式结构程度。还要进行跨文化的比较分析。开放系统的方法为跨文化的比较分析提供了一个根本的基础。我们应把广阔的环境超系统作为了解组织及其管理的开端。文化是重要的决定因素之一。实际上,我们的组织是文化的真实反映。

权变观点是以系统的概念为基础的比较分析的自然产物,它也是以对大量不同组织的研究为基础的。系统观念、比较分析和权变观点对组织理论的演进作出了重大的贡献。人们的视野已摆脱了封闭式系统和对极复杂的现代组织——由各种相互依存的心理学的、社会学的、技术的和经济的变量组成的系统——极简单的认识观。一般系统理论为研究社会组织提供了一个总的模式,但是又有些过于抽象化了。权变观点是以系统观念为基础的,但却更趋于具体化,而且趋于强调社会组织的更为特殊的特点和组织中各分系统间的关系模式。如果一种理论是为了促进提高管理水平的实践,那么,这种偏重于更具体地了解组织中各变量间的关系模式的倾向是很重要的。

权变观的最重要的观点是否认存在着普遍的适用于所有环境的原则,认为在进行组织和管理时不存在一个最好的办法。分权并不一定比集权好;官僚机构也并不全是坏的;明确、清楚的目标也不总是好的;民主参与式的领导风格也可能不适合于某些环境,而严格的控制在某些时候也可能是适宜的。总而言之,"这完全取决于"很多相互作用的内部的和外部的变量。命令性的指导原则应以这样的方式来陈述:"如果情况是 A,那么 X 措施可能会取得最好的效果。但是,如果情况是 B,就应采取 Y 措施。"[1]

传统的管理理论着重于建立一种适合并能应用于所有组织和管理任务的原则。这些普遍的原则具有很强的规定性:系统概念强调,组织是由很多具有非常重要的相互作用的分系统所组成的。一旦我们接受了系统观念,很明显,我们就不能强行规定适用于所有组织的原则,因为相关的变量太多,因而一个简单的模式是不可能勾画出现实的情况的。简单的观念只能适合于稳定的、机械式的,而且对外界变量的干预处于封闭状态的系统。

---

[1] Fremont E. Kast, James E. Rosenzweig: Organization and Management: *A System and Contingency Approach* (3rd edition). Mcgraw-Hill Book Company, 1979, pp. 486-489.

第五编　管理文化时期组织理论的研究与发展

当权变的观念已经在组织理论的研究中站稳了脚跟时,人们对组织运行发展的内部控制以及外部适应方面的知识日益增多。在许多人一个接一个地将技术、物质、人力资源等因素突出来作为组织理论研究的要素的时候,作为具有象征性意义的文化符号因素也就该登场了。20 世纪 80 年代中期以后,组织文化或象征性的符号管理问题成为西方组织理论学家们关注较多、同时也是最容易引起争论的研究焦点。一大批学者在这一问题上进行了孜孜不倦地探索,结出了累累硕果,并形成了组织文化理论学派。杰伊·沙弗里茨认为,组织文化学派创立的标志是 1985 年沙因的著作《组织文化与领导》的问世。[①] 组织文化学派并不认为人们长期以来所坚持的以量化、准经验化、逻辑实证为主要特征的研究规划与研究方法对组织的研究是特别有效的,他们向在组织理论研究中占主流地位的结构主义和系统主义学派提出了挑战。

组织文化学派是对在它产生以前组织理论研究中占据统治地位的倾向与方法的一种挑战。20 世纪 80 年代以前,在西方组织理论研究中,坚持结构主义与系统主义理论与方法的学者们都相信任何组织都必然具有确定的、四个方面的基本模式或特征,它们乃是组织赖以存在的基本条件:一是相互依存着的成员的自我矫正系统;二是目标与方法上的一致性;三是通过共同使用信息取得协调;四是能对组织中出现的问题加以预测和解决。[②]

组织文化学派认为,上述的模式或特征不过是现代结构主义与系统主义依据一定的经验所做出的人为的基本假定。他们并不同意主流学派关于组织只有一套行为模式的观点。他们认为这些假定并不是客观必然的东西,只是人为的。人为的东西是经过了一个人为的过程才被认为是客观必然的,本来是可以变动的东西经过了人为的作用被说成是一成不变的。

组织文化学派考察了这一人为过程:人们先是依据这些人为的假定,预先规定出组织的行为和决策,然后再反复地告诫组织成员并引导他们去做出"已

[①] Jay M. Shafritz , J. Steven Ott: *Classics of Organization Theory*, Third Edition, Books/Cole Publishing Company, 1992, p. 22.

[②] ibid, p. 482.

经实施过"的决策和行为,这样,这些决策和行为就能一直存在下去。久而久之,人们就不假思索,习以为常了。一旦这些人为的假定成为合乎情理的、渗透到组织行为和决策的各个方面,完全成为人们不假思索即可接受的"真理"时,即使组织环境改变了,这些人为的经验假定事实上已经变得不合时宜,它们也仍旧被人们不加怀疑地搬用。

在组织文化学派看来,真正能调节和控制组织行为的恰恰是强有力的组织文化。当组织环境正在改变时,组织文化就能调节组织的行为以适应这种变化。在选择行为、做出行动时,组织成员的个人偏爱或选择并不受正式的规则、权威、理性行为标准所约束;相反地,组织成员的偏好与选择受到文化规范、价值、信念和假定的控制。人们如果想要了解和预见一个组织在各种不同的环境下会做出什么样的行为,就必须知道并理解作为其基本假定模式的组织文化。

组织文化学派所讲的组织文化具有两方面的含义。一方面,它是特指存在于组织内的文化。这种文化也是由诸如价值、信念、假设、观念、行为标准、行为取向、行为模式等看不见、摸不着的难以确定的因素构成的。组织文化总是隐藏在组织的公开活动的背后,它是一种社会活力,指引着组织成员,并让他们做出具体的行动。另一方面,组织文化又是一种由关于组织的实在与关系的假设所构成的组织理论。它是另一种观察、思考、研究和试图理解组织的方法与途径。

从这一意义来说,组织文化学派代表了组织理论内的一种"反文化"。因为像上面所讲到的,在组织理论研究中长期占据统治地位的是以现代结构主义与系统主义作为支撑的理论流派。在这种"主流文化"那里,人们讨论的是对组织成员如何加以组织、组织成员如何去行动、组织如何制定决策等问题。组织研究的重点主要是放在组织的绩效上。在主流文化的代表者们看来,组织的绩效是由组织目标决定的,而组织目标是由占据权力职位的人员制定的,因此,组织要有效率,就必须加强管理,使组织成员的行为受正式的规则、权威、理性行为标准约束,从而达到和实现已经确定并公布出来的目标。

组织文化学派的形成经过了一个漫长的过程。组织文化学派提出了与组织理论的主流文化完全不同的假设。他们认为,组织成员的行为并不是受正式的规则、权威、理性标准制约的,相反,是由文化的规范、价值、信念所约束的。因此,要了解组织的行为,仅仅了解组织的结构、信息系统、战略计划是不行的,还要研究它内部的文化。组织文化学派所使用的研究方法与组织理论研究的主流文化学者也不一样。主流文化学者更喜欢采用量化的方法。但是,从20世纪60年代就开始兴起的这种组织的量化研究,在过去的30多年中并没有能做出可观的成绩。事实证明，即使是运用计算机这类先进的手段，采取多变量的分析和建构各种数理模型，对组织研究的进展所起的作用，仍旧是微乎其微的。组织文化学派正是看到了组织理论研究中"主流文化"的这些缺陷，才另行开辟新的研究途径和选择新研究方法的。

虽然组织文化学派和其他一些新的组织理论流派同是在20世纪80年代以后才出现的，但是，其他的一些组织理论新学派其理论基础依旧是老的。比如，组织权力理论只是20世纪80年代以后才发展起来的，但是，它的理论却是来源于"现代结构和系统理论"的基本框架，因而仍属于组织理论的主流文化范围。组织文化学派则不同，其理论基础完全是新的。正因为这样，这一学派的演变及其理论成果也受到发展历史较为短暂的限制。

在组织理论的发展历史上，组织文化这一术语大概在20世纪50年代前后出版的少数有关管理的著作中就出现了。比如，埃利奥特·雅克（Elliott Jaques）在1951年撰写的《工厂的变化》一书中，威廉·怀特（William H. Whyte）在1956年撰写的《组织人》一书中，都使用了组织文化这一词语。但是，一直到20世纪70年代才有少数几个管理与组织方面的研究者注意到组织文化的性质与内容。

在20世纪60年代到70年代这一期间，一批有关组织过程和专业社会化过程的著作得到了人们的广泛关注。如同上述的更早的那些有用的著作一样，这些作者也假定了组织文化或专业文化的存在，并考察了组织中个人与文化之间的配合。这类得到人们广泛阅读的著作有：贝克尔、吉尔、休斯和斯特劳斯（Becker, Geer, Hughes and Strauss）共同撰写、叙述医学院学生进入医学专业过程的《白人男孩》；1960年赫伯特·考夫曼（Herbert, Kaufman）通过研究如何保护美国森林而扩展到论述森林管理中"愿望与能力相一致"的著作《森林管理者》；1977年里蒂、芬克豪泽（Ritt, Funkhouser）撰写的既幽默又严肃的著作《要避开的规则与要知道的规则》；约翰·马兰（John Van Maaen）在1975年、1976年分别撰写的论文《警察社会化》与《训练：工作的社会化》。所有这些都可以看作是组织文化学派发展过程中的早期理论积累。①

在组织文化学派的形成与发展中，埃德加·沙因（Edgar H Schein）在组织及其社会化的过程方面提出了极有影响的科学见解。比如，他在1964年发表的《如何对大学毕业生进行培训》、1968年发表的《组织社会化和管理专业化》、1978年发表的《职业变动：个人与组织需要相符》都为在组织理论研究中

---

① Jay M. Shafritz, J. Steven Ott: *Classics of Organization Theory*, Third Edition, Books/Cole Publishing Company, 1992, p. 484.

凸显组织文化的重要性作出了贡献。

但是,这些有关组织文化研究的早期著作并没有强调如下的一些问题:组织文化是怎样形成或变化的?组织文化如何影响组织领导?组织文化在组织领导与规定组织方向的战略计划之间怎样产生影响?这些著作的作者关注的是雇员怎样通过社会化适应已经存在的组织文化,以及已经存在的组织文化对组织成员的影响。虽然在20世纪70年代早期,许多初步的组织文化研究成果暂时还远离组织文化的核心内容,但它们却是迈向组织文化学派的重要阶梯。

到20世纪70年代后期,组织理论学家开始讨论组织符号问题。这一时期的组织理论文献中出现了关于组织中文化不同倾向的讨论。这些文化倾向是通过符号构架、符号管理、组织符号表现出来的。组织中的符号如同旗帜、标识和信念,它具有比其本来具有的内容更为广泛的意义。比如,美国的国旗是一种符号,它包含了价值、传统和情感等多种意义。组织符号论的兴趣集中在对符号意义的创造与管理上。1984年,博尔曼和迪尔(Bolman Deal)确定了如下的符号管理基本原则:① 组织中发生事情的意义要比实际发生的事情重要得多;② 在大多数组织中存在的不明确性与不确定性,影响着对问题的理性解决和决策过程;③ 当组织成员面临不确定性时,他们会利用符号来减少不明确性并获得方向感。

在组织符号论者看来,熟练地使用符号和发挥符号作用的艺术乃是组织中管理人员工作的基本组成部分。无论人们是否有意识地运用符号,符号总是客观存在着。符号的作用是容易被识别的,因为它具有明显的表现形式。符号是人们日常行为和礼仪中不可缺少的因素。当一个组织的总经理在拥挤的电梯里突然遇到一个职位较低的雇员,顺便问一句:"你近来工作怎样?"这时,这位总经理显然并不是在真的问问题,这种问话只不过是一种简单交流习惯的社会化形式,即一种符号、仪式。如果那位下级不是用一个简单的"很好,谢谢"来应酬,而是真的老老实实地回答,那么,这位总经理不仅会遗憾,而且会吃惊。在这种场合下,语言仅是一种信息交流的工具和变为一种完全不再是原有内容的符号。

彼得·伯杰和托马斯·勒克曼(Peter Berger, Thomas Luckma)进一步研究了符号的意义与真实性的问题。他们认为意义是由社会创造的。在《真实的社会解释》一书中,这两位作者指出,事物不是真的在于或属于它本身,事实上,人们对事物的理解才是真实的。依据组织文化学的观点,意义是通过组织文化在组织成员中间建立起来的。许多试验表明,在对符号的理解和由文化决定的价值之间存在紧密的联系。因此,组织符号就成为组织文化概念中的一个重要组成部分。

符号管理理论在 20 世纪 70 年代只引起了部分人的关注。到 1981—1982 年,事情发生了突然的转折,组织文化和组织符号管理的观念似乎一下子被人们接受了。突然间,组织文化成为各种专著、杂志、学术研究专家和实际管理者言谈中最热门的话题。关于社团文化、企业文化的期刊与著作大量出版上市。特别是威廉·乌奇(William Ouchi)写出了最畅销的《Z 理论》,理查德·帕斯卡尔和安东尼·阿索斯(Richard Pascale, Athoy Athos)出版了《日本管理艺术》,在这两部著作中,他们都对组织文化及其功能发表了精辟的见解。

1983 年,由庞迪、弗罗斯特、摩根、丹德里奇(Pondy, Frost, Morgan, Dandrige)合著的第一本有关符号管理的权威性著作《组织符号》出版。但是,具有更为坚实的理论基础,并且带有综合性的组织文化著作直到 1985 年才问世。这一年,作为组织文化研究先锋的埃德加·沙因出版了他的奠基之作《组织文化与领导》。接着,维杰伊·萨西(Vijay Sathe)出版了《文化及其与社团现实的联系》,拉采夫·基尔曼(Ralph Kilmann)在会议论文的基础上编纂了丛书《增进对社团文化的控制》。

到 20 世纪 90 年代,由于"全面质量管理"(TQM)的推动,研究组织文化的著述成为组织与管理文献中位置排在最前列的书籍。许多管理的专业杂志和行为科学的期刊定期刊登各类不同的反映组织文化和符号管理新见解的文章。许多有真知灼见的有关组织文化的著作不断地涌进出版社。其中主要的有:艾伦·威尔金(Ala Wilkins)1989 年发表的《发展的社团特性》,佩德森与索伦森(Pederse, Sorese)1989 年发表的《组织文化的理论与实践》,施奈德(Scheider)1990 年出版的《组织气候和文化》,丹尼森(Deiso)1990 年问世的《社团文化与组织效力》,萨克曼(Sackma)1991 年发表的《组织内的文化知识》,等等。

特别要提到的是,在这一时期出现了与组织文化研究有着密切关联,并且推进了现代组织理论研究向着纵深发展的三位学者。一位是彼得·圣(Peter M. senge),他于 1990 年出版了带来轰动效应的《第五项修炼》,该书连续三年荣登全美国最畅销书排名榜榜首,并于 1992 年荣获世界企业学会(World Business Academy)最高荣誉——开拓者奖(Pathfinder Award)。在短短几年中,该书被译成二三十种文字风行全世界,它不仅影响和推动了美国经济近十年的高速发展,而且在全世界范围内引发了一场创建学习型组织的管理浪潮。另一位是迪伊·哈克(Dee Hock),他在 1999 年发表了《序时代的来临》,其后又出版了经典性的《混序:维萨与组织的未来形态》。在艰辛的组织理论研究过程中,哈克先后亲自创立并管理了"维萨国际"和"混序联盟",同时他还指导、帮助和参与了许多成功组织的运作,他是彼得·圣吉学习型组织的顾问,亲自帮助圣吉成立了学习型组织协会。迪伊·哈克以他出色的成就于1991年入选"企业名人堂"(Business Hall of Fame);1992年又获得"改变人类过去二十五年生活方式"的人物的尊贵名誉。还有一位是理查德·H.霍尔,《组织:结构、过程及结果》是他最具有代表性的组织理论研究成果。霍尔对组织理论研究中形成的流派,即对各个流派的特点、合理的地方及其不足一一作了评述,可以看作是对组织理论研究的一次巡礼。到2002年,霍尔著作的中译本在中国就先后印刷过8次,一直供不应求,足见其成果被中国学术界认可的程度。由于一大批组织理论学家从不同角度进行持续的创新研究,组织文化终于成为西方组织理论中的一个重要流派。[1]

在本编中,我们将重点介绍埃加·沙因、迈意尔·路易斯、斯默西奇、彼得·圣吉、迪伊·哈克和理查德·H.霍尔等学者的组织文化理论的观点。沙因作为组织文化学派的先锋,提出了一个被人们普遍接受和认同的组织文化的概念;路易斯则从心理和社会关系的角度探索了组织文化问题;斯默西奇研究了组织中的价值系统、组织语言与仪式。圣吉在研究中发现,要使企业茁壮成长,必须建立学习型组织。哈克用"混序"(混沌和有序的组合用语)来描述组织的复杂性,他认为,健全的组织必须是开放的,是居于"混沌"和"有序"之间的混序组织。这样的组织将诱发与激励组织成员的积极性和建设性,以至产生不断进取的活力。所以,哈克主张创设富有创新性而又务实的混序组织,催化大规模的组织变革,使竞争与合作融而为一。霍尔研究组织的目的,主要是为了弄清楚组织如何有效或无效、为什么有效或无效。他在论述组织效能理论及其模型时,对组织理论研究历史发展中涌现的种种流派及其模型一一进行了对比评述,为人们从组织理论的研究的曲折演变中勾画出一条清晰的逻辑轨迹。

---

[1] Jay M. Shafritz, J. Steven Ott: *Classics of Organization Theory*, Third Edition, Books/Cole Publishing Company, 1992, pp. 486-487.

第十九章　沙因的组织文化模型理论

【摘要】

在西方组织理论界,埃德加·沙因是组织文化研究的奠基人,也被公认为是组织文化研究方面的权威。在他看来,一个组织中最为基本的东西是它的文化。当我们要彻底改变一个组织的行为时,我们就必须改变它的文化,而真的要这样做时,我们实际上是在毁掉一个组织,而重新建构一个新的组织。一个组织的文化是由其显露在表层的人造品、其价值和潜藏于无意识中的假定构成的。只要你细心,你就可以从组织成员的日常行为和具有象征意义的物品中,找到潜藏的一套假定模式。

沙因认为,如果我们不能够将组织文化作为应对变革的首要资源的话,所谓的组织学习、组织发展、有规划的变革等将无从谈起。而且,如果管理者对自己的组织文化无意识的话,他们将会被动地为文化所左右。文化最好能够为组织的每一个成员所理解,但对组织领导者来说,理解自己的组织文化则是必须的。沙因从自己的组织与管理工作实践出发,论述了重视组织文化研究的意义。他考察了众多的文化定义,并对组织文化进行了较为科学的界定。沙因将组织文化分成三个层次,并对每一个层次的文化构成作了详尽的分析。

一、沙因的组织理论研究活动与主要著述

埃德加·沙因(Edgar H. Schein,1928——　)是组织文化学派的先锋人物,1928年出生于美国。他是一位美国麻省理工学院斯隆商学院教授,世界百位最具影响力的管理大师。早在20世纪60年代,沙因就致力于组织理论的研究,当时,他注意的中心是组织中的专业化和社会化问题。[1] 在这一时期,他研究过大学毕业生的岗前培训、组织的社会化、职业变化中个体与组织需要的关系等问题。这些研究课题虽然当时没有完全刻上组织文化的标记,但它们却是通向组织文化研究的重要环节。

---

[1] Martin J. Gannon: *Management*, 2nd edition, Little, Brown and Company, 1982, p.185.

使沙因对组织文化特别倾心的是他的一段组织管理实践的经历。沙因有一段时间被聘为一些大公司的管理顾问。在指导公司的变革过程中,沙因发现了一个重要现象,即每个公司的领导都能当面赞成并表示接受他对组织改进的建议或意见,但是,在公司的实际运行中,他们又照旧我行我素,顽固地坚持和保留原有的行为模式。比如,他在给第一家商业公司进行个人沟通关系和决策方面的咨询时,观察到上层领导在讨论问题时,常常相互打断别人的发言,进行激烈的争论,过于感情用事。为此,经过认真考虑,沙因向公司领导提出如下建议:在研究工作时,相互间要更好地倾听对方的意见,不要随便打断别人的讲话,要更多地遵守已经议定的会议程序等。大家都认为这些建议很好,甚至表示要对会议的程序和开会时间长短进行修改。但最后的结果是,这家公司的领导模式根本没有变化。另一家公司曾聘请沙因去为他们公司的信息交流出谋划策。沙因经过几个月的调查,写出了一份包括该公司已经在进行的改革和自己的某些建议的备忘录。他将备忘录交给公司中与他有直接交往的人,并要他们将这份备忘录分发给其他能从中受益并致力于改革的人。尽管每个直接收到他的备忘录的人当面都大加称赞并答应分发给其他人,但从最后的调查得知,没有人去分发过沙因要他们分发的备忘录,就是说,他们根本不想改变以往相互不交流的行为模式。①

正是从这些实际经验中,沙因感觉到组织领导与组织文化的关联。他认为,要理解组织中个人的行为和组织的运行,特别是领导的作为,光靠以往的做法即专门研究组织结构、组织目标、组织调控是不行的,还需要认真研究组织中的文化。1985年,沙因出版了关于组织领导与组织文化的著作,标志组织文化学派的诞生。在组织文化领域,沙因率先提出了关于文化本质的概念,对文化的构成因素进行了分析,对组织文化的层次进行了分类,并对文化的形成和文化的间化过程提出了独创的见解。业界公认"企业文化"一词是由他"发明"的,他还率先提出了企业文化、职业发展、职业锚、过程咨询、强制性说服等重要范畴。

沙因有关组织理论方面的著述十分丰富,最有代表性的著作有:《怎样对大学毕业生进行培训》(*How to Break in the College Graduate*, 1964);《组织社会化和管理专业化》(*Organizational Socialization and the Profession of Management*, 1968);《组织文化和领导力》(*Organizational Culture and Leadship*, 1985)。

---

① Jay M. Shafritz, J. Steven Ott: *Classics of Organization Theory*, 3rd edition, Brooks/Cole Publishing Company, 1992, pp. 490–491.

其中,《组织文化和领导力》一书一直畅销不衰。在这本著作中,沙因对组织文化的概念进行了系统的阐述,他认为,企业文化是在企业成员相互作用的过程中形成的,为大多数成员所认同的,并用来教育新成员的一套价值体系。沙因提出了关于企业文化的发展、功能和变化以及构建企业文化的基本理论,他把组织文化划分成三种水平:表面层,指组织的明显品质和物理特征(如建筑、文件、标语等可见特征);应然层,位于表层下面,主要指价值观;突然层,位于最内部,是组织用以对付环境的实际方式。

二、研究组织文化的意义

沙因是从组织中领导与文化的关系来阐述组织文化的重要性的。他认为,绝大多数人都生活在组织中,因此,人们总得与组织打交道。然而,人们在自己的组织生活中,却一直对观察到的或感觉到的许多东西感到困惑。比如,组织中总是存在太多的官僚主义,有些事情过于政治化,还有些方面明显地是非理性的;那些处在权力位置上的人,尤其是顶头上司,常常挫伤部下的积极性;那些被我们认作是组织"领导"的人们,却不能了解我们的要求,常常令人失望。在组织心理学和组织社会学的领域里,研究者们已经发展出一系列可用来理解组织中的个人行为以及组织建构自身的途径的概念。但是,一直使人们难以理解的是组织的原动力。正是这种原动力使得组织能够成长、变化、瓦解。而这种原动力又总是不被人们知觉的。

沙因认为,要理解组织生活,要了解组织发展的原动力,就必须建立组织文化概念。要对组织中的文化问题有深入的理解,就不仅要弄清楚组织中发生了什么,而且更为重要的是区分出哪些是对领导更要紧的问题。因为,组织文化是组织的领导们创造的,组织领导的最有决定意义的功能就是创造与管理。在必要时,这种创造与管理则可能是对原有文化的破坏。当人们更仔细地研究组织领导与组织文化的关联时,就会发现这种关系就如同钱币的两面,仅从自身出发是无法理解自己的。事实上,只有一件事对组织领导来说是真正重要的,那就是创造和管理文化。组织领导力所能及的就是通过组织文化来工作。如果说将领导概念从管理与行政中区分出来还有价值的话,人们就必须承认文化管理在这一领导概念中的中心地位。

沙因认为,人们平常考虑整个社会、国家、种族的文化比较多,但没有注意到在社会的组织和群体中也有发展文化的可能性。这种群体和组织中的文化是影响组织成员的思维、感觉和行动的主要途径。不学会精确地分析这些组织文化,就不能真正地理解为什么组织做它们要做的事,为什么组织领导有他们才有的困难。组织文化特别有助于人们理解在人类系统中发生的诸多神秘的、看上去似乎是非理性的事情。当一个人来到异邦的土地上,或一个人被新雇用到一个组织中,他要与那里的人友好相处,不理解那里的文化是不行的。

要了解组织文化,首先就必须建构一个关于组织文化的概念。这一概念应当有确切的含义。在建构组织文化概念时,应充分考虑人类学家、社会学家、心理学家在研究组织时已经积累起来的知识。同时,还要弄清楚哪些是不属于组织文化的,因为有一种趋势,即把文化同所有的事情混为一谈。

其次,要建立一个组织文化概念如何运作的模式,即要研究组织文化是怎样形成的;它有什么功能;可用它来解决何种问题;它为什么和怎么样变化;对它能否加以管理;如果能的话,又怎样管理。我们需要一个组织文化动力发展的模型。这一模型应该告诉我们,组织文化能够做什么,而不仅仅在于它是什么,因为也存在一种倾向,许多人将组织文化看成是治疗工业病的万效灵药。

第三,要充分显示组织文化作为概念工具的功能,用它来解释组织中个体的心理行为,解释那些小团体和以共同性为基础的地缘的、职业的组织中发生的事情,解释一些社会的、复杂的问题怎样通过扩大文化视野来获得解决。

最后,要强调组织文化与组织领导的关系,使人们认识到这是一枚钱币的两面,没有了另一面,这一面也就无法得到理解。

三、组织文化的正式定义

沙因指出,"文化"这个词有很多的意义。当我们将"文化"与"组织"这个被共同使用的词联在一起时,就会导致概念和语义学上的混乱。当我们与同事以及组织成员谈起组织文化时,我们常常发现,我们都同意"它"是存在的,并且其作用也是重要的。但是,当被问到"它"即组织文化是什么时,大家的观点就不完全一样了,有时,有些同事说,他们在工作中不使用组织文化这一概念。但是,当问起是什么东西使他们不使用时,他们又区分不清楚了。

沙因列举了在已有的文献中关于文化的种种定义。在 20 世纪 80 年代,随着日本企业竞争力的快速增强,许多学者开始对日本企业的管理进行研究,发现日本企业的文化特征是促使企业发展的重要因素。由此,管理学家开始对企业文化或组织文化给予了相当热情的研究。这些研究综合起来主要有以下的内容:一是人们进行相互作用时所被观察到的行为准则,包括使用的语言,或者为了表达敬意和态度时类似一些仪式的做法等。二是群体规范,如霍桑实验中所揭示的工作群体的规范。三是主导性价值观,包括类似于产品质量、价格认定者等组织中所信奉的核心价值观。四是正式的哲学,包括处理组织和其利益相关者(如股东、员工、顾客)的关系时应该信奉的意识形态,以及给予组织中各种政策指导的一种哲学,如惠普之道。五是游戏规则,即为了在组织中生存而学习的游戏规则,如一个新成员必须学会这种规则才能被接受。六是组织气候,即组织成员在与外部人员进行接触过程中所传达的组织内部的风气和感情。七是牢固树立的技巧,包括组织成员在完成任务时的特殊能力,不凭借文字和其他艺术品就能由一代向另一代传递的处理主要问题的能力等。八是思维习惯、心智模式(Mental Models)、语言模式,包括组织成员共享的思维框架。九是共享,即组织成员在相互作用过程中所创造的自然发生的一种理解。十是一致性符号,包括创意、感觉和想象等组织发展的特性,这些可能不被完全认同,但是它们会体现在组织的建筑物、文件以及组织的其他物质层面上。这个词的意义主要有:通过语言和仪式表示出来的行为规范;不断改变着的作业群体的标准;由组织认可的占统治地位的价值;作为组织指导的处理与认识同顾客关系的哲学;组织中新成员必须学习的、能与其他雇员友好相处的规则;组织成员、顾客和外来人员能感受到的组织气氛。

　　沙因指出,所有这些文化的意义都只是从不同方面对文化的反映,但它们都不是组织文化的基本要素。对组织文化一词应该在更深层次上保留其基本的假设和信条。这些基本的假设和信条是一个组织的成员所共有的,他们在运用它们时,可能是无意识的。这些基本的假设和信条被组织成员记住,以便在遇到外部环境中的生存问题和内部的整合问题时做出反应。假设和信条之所以被看成是理所当然的,是因为它们能很快地和反复地解决问题。应当将更深层次上的假设与"人造的象征物"区分开来,后者只是组织文化的显露与表面层次,而不是文化的基核。

　　沙因又指出,上述对组织文化的区分,也会带来一个问题,即我们所用的"组织"、"群体"是什么意思,它是不是通常所暗示的是组织文化的落足点?组织是开放的系统,它不断地与其他许许多多环境因素产生相互作用。而且,组织内部包含许多次一级的群体、专业性单位、阶层、依据地缘分散的群落。如果我们找出某一给定组织的文化落足点,应当把落足点放在哪里?又应当到何处去寻找组织文化的一般概念?

　　沙因还认为,文化应当被看成是一个独立的、稳定的社会单位的一种财富。如果你能证明,组织规定人们在解决外部和内部问题的过程中应该共同享有大量的重要经验,你也就能假定,这些共同的经验已经指导了他们,并产生关于他们的周围世界和他们生活在这个周围世界中的共同观点,这些共同享有的观点起作用的时间必然是足够的长,以至于被看作是理所当然的,并且变成不知不觉的。在这一意义上,组织文化就是一种群体经验发展性的产物,因而,它只能在有肯定界限的、有辉煌历史的群体中找到。

接着,沙因又讨论了一个大的组织中的文化的层次问题。沙因认为,关于一个公司中是否存在一种单一的文化,以及各种亚文化的问题,是一个经验的问题。要回答这一问题,就必须考虑确定公司中稳定的群体,并要决定这些群体共同享有什么经验,同时还要决定全公司的成员共同享有的经验。沙因指出,通过上述的思考,人们会发现,在一个被称为公司或组织的大的社会单位中,事实上存在多种起作用的组织文化:基于各种专业性功能的经营文化,基于各种地缘性组织的群体文化,基于享有共同经验的作业文化,等等。在一个整体组织中存在一种总体的组织文化。①

与研究大文化演进的人种学相比,组织文化要更多地植根于组织动力学理论和组织成长理论。人种学由于缺乏历史资料,其研究受到限制。而我们研究组织时,却无需去辨认对我们来说是完全陌生的语言或习惯。相反,我们要做的是从多样的广泛的文化中,区分出我们感兴趣的特殊社会单位的特征。这些社会单位常常有历史可以辨认,有文化形式中的主要因素可供研究。因为我们是在一个大的复杂的文化中注视逐渐形成的社会单位,因此,我们也就能利用这种机会学习理论并发展一种组织文化的动力学概念。文化是发展的,它会随着新的经验而进化,如果一个人理解了这一文化发展过程的动力,文化就能得到改变。一个人如果关心文化的管理和改变,他就必须注意那些发展的或未发展的、常常指示着社会行为的复杂的信条和假设。

文化一词可以应用到任何规模的社会单位上,只要它们有机会学习、坚持自己的观点和适应周围的环境,它们就会有一些基本的假设。在最广的范围层次上,我们有文明的东西方文化;在下一个层次上,我们有各个国家,它们拥有称为美国文化或墨西哥文化的种族共同体。但是,我们很快就会看到,在一个国家内也有各种具有不同文化的种族群体。再进一步细分,就是职业的、专业的或专业团体这一层次。如果这些群体能被确认为是具有共同的经验和历史的稳定单位,它们也一定能发展起自己的文化。最后一个层次就是组织,在组织中也有被称为群体的次一级层次。这类群体也会发展出自己的文化。

总之,在沙因看来,任何一个社会的结构层次,都意味着"文化"。这种组织文化是一套用来进行发明、发现、发展的假设的模型。一定的群体在学习应付外部的变化和内部的整合问题的过程中,由于工作得十分满意,从而认为这套假设模型是有效的。因而,群体就将它作为实践、思考和感受与组织的适应

---

① Jay M. Shafritz, J. Steven Ott: *Classics of Organization Theory*, 3rd edition, Brooks/Cole Publishing Company, 1992, p. 493.

和整合有关的问题的正确方法来教给新来的成员。[①]

由于这些假设是被反复运用的,因此,它们就被视为是理所当然的,仿佛是不知不觉的。在这一定义中不包括人们公开的行为模式。沙因认为,人们的公开的行为常常是由模式化的假设、知觉、思想和感觉这一文化倾向与从外部环境中产生的可能性决定的。因此,公开的行为可能同时是对文化与环境的反应。

在做了上述的分析之后,沙因于1992年在他的名著《组织文化与领导》一书中,将组织文化定义为"一种基本假设的模型——由特定群体文化在处理外部适应与内部聚合问题的过程中发明、发现或发展出来的——由于运作效果好而被认可,并传授给组织新成员以作为理解、思考和感受相关问题的正确方式"。

四、组织文化的层次

沙因综合前人对文化比较的研究成果,将深层的、处于组织根底的文化分成以下五个维度:

一是自然和人的关系的维度。它是指组织的中心人物如何看待组织和环境之间的关系,这种关系是可支配的关系、从属关系,或者是协调关系等。组织持有什么样的假定毫无疑问会影响到组织的战略方向,而且组织的健全性要求组织对于当初的组织环境假定的适当与否具有能够随着环境的变化进行检查的能力。

二是现实和真实的本质的维度。主要研究组织中对于什么是真实的,什么是现实的,判断它们的标准是什么,如何论证真实和现实,以及真实是否可以被发现等一系列假定。同时包括行动上的规律、时间和空间上的基本概念。沙因指出,在现实层面上包括客观的现实、社会的现实和个人的现实。在判断真实时可以采用道德主义或现实主义的尺度。

三是人性的本质的维度。主要包含着哪些行为是属于人性的,而哪些行为是非人性的,这一关于人的本质假定和个人与组织之间的关系应该是怎样的等假定。

四是人类活动的本质的维度。它包含着哪些人类行为是正确的,人的行为是主动的还是被动的,人是由自由意志所支配的还是被命运所支配的,什么

[①] Jay M. Shafritz, J. Steven Ott: *Classics of Organization Theory*, 3rd edition, Brooks/Cole Publishing Company, 1992, p. 494.

是工作，什么是娱乐等一系列假定。

五是人际关系的本质的维度。它包含着什么是权威的基础，权力的正确分配方法是什么，人与人之间关系的应有态势（例如是竞争的或互助的）等假定。

沙因认为，组织文化决定了组织价值观以及在此价值观之下的组织行为，而且隐含在组织深层的东西，要了解它是非常困难的。通过对组织构造、信息系统、管理系统、组织发表的目标与典章以及组织中的传说等物质层面的分析，能够推论得到的文化信息是有限的。在论证中，他举出两个组织结构完全相同的企业，认为他们的文化可能是完全不相同的。为了更好地解释一个组织的文化，沙因建议利用群体面谈和群体讨论的方法，而且对于上述五个文化维度分别列举了一些应该讨论的内容。

沙因还进一步将组织文化区分为三个层次。[①] 第一个层次是人造品。组织文化的最高层次是人造品和创造物，它们构成了物质的和社会的环境。在这一层次上，人们可以看到物理空间、群体输出的技术、书面的和口头的语言、艺术作品和组织成员公开的行为。

群体生活的每一个方面都会生产出人工制品，从而产生了分类问题。在文化描述的读物上，人们常常可以注意到不同的观察者总是挑选不同种类的报告，从而导致不可比性。虽然人类学家已经建立起分类系统，但是，由于这一分类过于庞杂和繁琐，人们很难确定组织文化的本质。

沙因认为，真正的困难在于，人们需要弄清楚：人造品有什么意义？它们之间是如何联系的？它们反映了何种更深层的模式？可以用一种被称为"符号学"的方法来对文化加认分析。这种方法在分析这类人造品的意义时，注意收集足够多的有关人们在交往时怎样才能使别人理解的资料，再从内部知情人那里弄清楚附着在可见行为上的意义。如果人类学家在文化环境中生活足够长的时间，人造品的意义就会逐渐搞清楚。如果我们想更快地对这一文化层次进行理解，我们可以尝试去分析提供日常运作准则的核心价值，文化成员正是借助于这些运作准则来指导他们的行为的。[②]

组织文化的第二层次是价值。在某种意义上，所有的文化知识最终都反映了某些人的基本价值，他们关于同"是什么"相区别的"应当是什么"的感觉。当一个群体面对新的任务、争论和问题时，首先要提出来解决的只能是价值的

---

① Jay M. Shafritz, J. Steven Ott: *Classics of Organization Theory*, 3rd edition, Brooks/Cole Publishing Company, 1992, p. 497.

② ibid, pp. 496－497.

重要地位,因为这时还不存在决定什么是事实和真实的共同基础。群体中的某个人——通常是缔造者,他对真实性和如何处理群体面临的问题具有信心,且会依据这种信心提出解决的办法。这时作为个体,他可能会确信已提出的解决办法是一种基于事实的信念和原则,但是,对于群体来说,只有当共同分享到解决问题的成功结果时,才会达到这种确信的程度。

比如,在一个新建的商号里,当它的销售额开始下降时,经理就会说:"我们必须增加广告。"因为他相信"广告总是能促进销售的"。群体在这以前没有经历过这类情况,人们会听到同意作为领导价值的说法:"当销售遇到麻烦时,就应该做更多的广告。"这时,领导的提议不会遇到其他价值的疑问、争论和挑战。如果问题解决了,群体共同看到了成功,就会渐渐地出现价值转变为信念,并且最后成为假设的过程。一旦这一过程发生,并且只要这种解决问题的方法继续起作用,就会出现更大意义上的"正确",从而在人们头脑中形成精确的图像。这时,群体成员就会趋向于忘掉以往对这种价值的怀疑、争论。这样,价值就开始成为理所当然的,并逐渐变成信念和假设,它超出意识之外,成为习惯,完全是无意识的和自动的。

并不是所有的价值都能实现这种转换的。首先,基于某种给定价值的解决方法在运用时可能是不稳定的。只有那些易受自然和社会证明影响,并且一直稳定地被运用来解决群体问题的价值才会转变为假设。其次,对于那些处理环境中很难控制的因素或审美的物质的价值,可能无法完全得到检验。在这种情况下,通过社会证明取得一致性显然是可能的,但不会是自动的。所谓借助于社会证明是说那些关于人们应当如何相互联系、运用权力、区分美丑等的价值,是能够通过减少不确定性的实验来得到证明的。懂得掌握一定的信条和假设作为基础,对于保持群体来说是必要的。[1]

组织文化的第三个层次是基本的潜在假设。当解决问题的方法被反复运用后,就会成为理所当然的。当初仅仅为一种价值所支持的假设,后来就渐渐被当作是真实的。我们也逐渐相信事情本来就是如此办的。在某种意义上,基本的假设与一些人类学家所说的"占统治地位的价值"是不同的。那些占统治地位的价值所反映的是若干基本选择中人们所愿意选择的解决方案,但是,这些选择在文化中仍旧是可见的,组织中的成员能够不时地依据那些占统治地位的价值去行动。但是,沙因指出,在一定意义上他想界定的、并且已经变成理所当然的基本假设,在一个文化单位中是不变动的。事实上,一种基本假

---

[1] Jay M. Shafritz, J. Steven Ott: *Classics of Organization Theory*, 3rd edition, Brooks/Cole Publishing Company, 1992, p. 498.

设如果被一个群体所牢牢地掌握,群体成员就会发现,他们的行为要依据其他的前提是不可思议的。

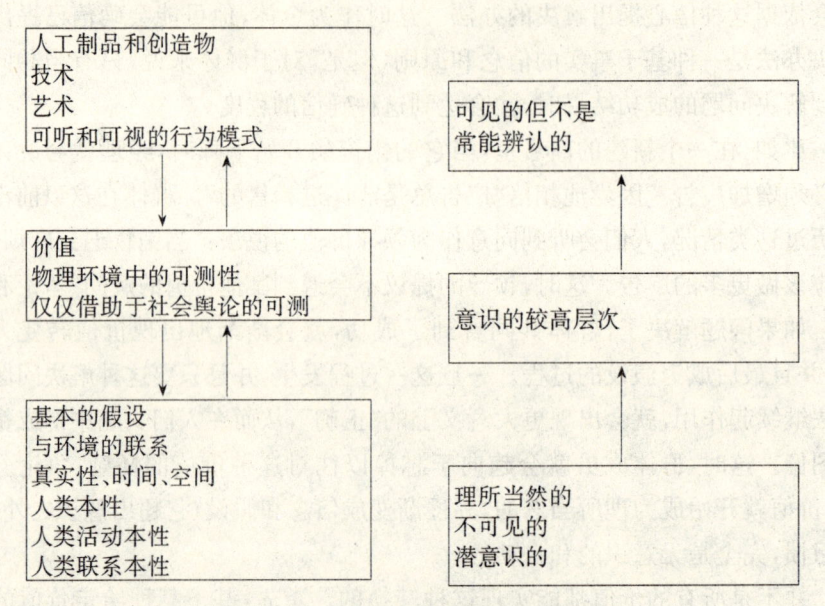

```
┌─────────────────────────┐                ┌──────────────┐
│ 人工制品和创造物         │                │ 可见的但不是 │
│   技术                   │───────────────→│ 常能辨认的   │
│   艺术                   │                │              │
│   可听和可视的行为模式   │                └──────────────┘
└─────────────────────────┘                        ↑
              ↑                                    │
┌─────────────────────────┐                ┌──────────────┐
│ 价值                     │                │              │
│   物理环境中的可测性     │───────────────→│ 意识的较高层次│
│   仅仅借助于社会舆论的可测│               │              │
└─────────────────────────┘                └──────────────┘
              ↑                                    ↑
┌─────────────────────────┐                ┌──────────────┐
│ 基本的假设               │                │ 理所当然的   │
│   与环境的联系           │                │ 不可见的     │
│   真实性、时间、空间     │───────────────→│ 潜意识的     │
│   人类本性               │                │              │
│   人类活动本性           │                │              │
│   人类联系本性           │                │              │
└─────────────────────────┘                └──────────────┘
```

图 19-1　组织文化层次及其相互作用

沙因认为,他所讲的基本假设与阿吉里斯界定的"应用理论"是一致的。这种潜在的、实际上对人的行为起指导作用的假设,告诉群体成员怎样观察、思考和感受事物。基本假设像"应用理论"一样是无对抗、无争论的,但是进一步重新研究"应用理论"就会发现它存在着内在的困难,阿吉里斯和其他人提出的"双环学习"理论中,包含着对基本假设的再检查,并有可能对其加以改变,这显然是与基本假设的不可对抗、不可争论、不可改变相矛盾的。

沙因指出,基本的假设可能会歪曲真实的资料。如果根据过去的经验,我们假设其他人只要有机会就会乘机欺骗——这就是麦格雷戈所讲的 X 理论,我们就希望被欺骗并想看到与所希望的相一致的行为;我们看到的就是有人懒散地坐在桌边,胡思乱想,而不是在思考重要的问题;我们见到有人没来办公室就认为是开小差而不是在家工作。相反,如果我们的基本的假设是每个人都以高度的热情工作,当见到上述现象时,经理不会认为个人有什么不对,而会觉得在工作安排过程中出了问题。[①]

在群体的上下级关系上也存在基本的假设。如果一个经理提出了对存在

---

① Jay M. Shafritz, J. Steven Ott: *Classics of Organization Theory*, 3rd edition, Brooks/Cole Publishing Company, 1992, p. 499.

问题的解决办法,他的下级知道这种办法是行不通的,但是,无意识的假设会要求他保持沉默,因为告诉经理他的决定是错的,那会让上级面子上过不去。这时,下级除了保持沉默并使上级相信他会按上级说的去行动外别无作为。如果照上级的提议去行动了,结果当然是否定的。经理会感到惊讶和迷惘,他问下级做了些什么。当下级回答应当有不同的做法时,经理马上会讲:你为什么不早说?这个问题就把下级推到无法辩解的地步。他如果说原先的解决办法是错的,就会让经理下不了台。于是,他只能说谎,经理的决定是正确的,只是运气不好导致了现在的结果。

在这一事例中,无论是上级还是下级,都会感到不理解。从下级的立场看,经理的行为是不可理解的,下级会认为他没有自知之明;从经理的立场看,下级的行为也是不可理解的,经理会认为下级不尊重上级。之所以发生这种局面,原因在于上下级都有他们各自的基本假设。上级的基本假设是"下级应把工作做得更好";下级的基本假设是"下级不能让上级难堪"。

对上述问题的解决办法是通过一些跨文化的教育或是第三者出面,将上级和下级的潜在想法谈出来,即使底层的基本假设表面化。即使将假设表面化了,它们还会起作用。这时可强迫双方发现一个新的交流的结构,这一结构同样可以使双方的行为与原先的基本假设相符合。比如,在上级作出决定以前,可以向下级询问实际的情况,从而在作出决定前取得一致。

沙因指出,无意识的基本假设常常涉及文化的一些基本的方面。但是,这类基本假设是非常难以确定的。如果我们能非常细心地审查一个组织的人造品和它的价值,我们就能够猜测出基本的假设。有时,通过两个人交谈将两种文化模型联结起来,基本假设通常就会被带到表层来。做这项工作时,应当特别地细心,因为,不是人们不愿将他们的基本假设带到表层来,而是他们把这些假设看成是理所当然的。当人们将基本假设表层化,文化的模型突然变得清楚时,我们就会开始感到我们真的理解了我们一直在做什么和我们为什么那样做。[1]

五、组织文化的塑造与传播

沙因认为,应当从现实的人性出发塑造组织文化。沙因回顾了管理历史上经济人、社会人和自我实现人三种人性假设,在对它们进行分析之后指出,

---

[1] Jay M. Shafritz, J. Steven Ott: *Classics of Organization Theory*, 3rd edition, Brooks/Cole Publishing Company, 1992, p. 500.

每种人性假设都只是部分正确的，都存在缺陷，只能够在某些时候解释某些人的行为。在现实中每个假设都有解释不了的另一些行为。比如，在多数情况下经济人假设是没有问题的，金钱、荣誉这些东西确实有着巨大的作用，很多人就是为金钱、荣誉而工作，但总有例外。有一些人就不会为金钱和荣誉所动，因此他们的行为动机是不能用经济人假设解释的。社会人假设同样存在这样的不足，甚至比经济人假设能够解释的范围更小，人的许多行为是不能用社会人假设的人际关系影响来阐明的。

沙因针对以往各种人性假设的不足，从现实组织管理出发，重新构建人性假设，提出了复杂人性假设。所谓复杂人性，主要是强调尽管人性具有稳定性，但人格不是固化不变的，人格其实是每个人终生不懈努力的表现过程，生命的全部过程，是人的内在冲动与外在束缚及压力的协调，这个过程塑造了人的个性。现实的个体，会经历社会化、寻找自我、职业选择和发展、对工作价值的认知等，由于人的需要在变化，角色在转换，因而人格也在变化。而且不同个人在发展中追求的差异和情境的差异，导致每个人都与他人不一样。沙因承认，复杂人性假设还没有形成完整统一的理论，但是，承认并研究个体人格的深化能够使得更全面地把握认识人性的途径。

沙因认为，复杂人性假设包括以下观点。首先，人类的需要是可以被分为不同类型的，并且会随着人类的发展阶段和总体生活状况的改变而改变。这些需要和动机会因其对每个人的重要性程度的变化而形成某种层次。但这种层次本身也会因人而异，因情境而异，并因时而异。

其次，由于需要与动机之间的相互作用，并组合成复杂的动机模式、价值观以及目标，人必须决定其在什么水平上理解人的动机。例如：金钱能满足人的很多需要，甚至对某些人来说可以满足自我实现的需要；另一方面，社会性的动机或自我实现的需要能通过多种方式来满足，并在不同的发展阶段中，用不同的方式来达到满足。

第三，组织成员能够从他们在组织的经历中获得新的动机。这意味着一个人在某一特定的职业生涯或者生活阶段中（像个人与组织之间的心理契约反映出来的一样）总的动机模式和目标，都是由人的原始需要与组织经历复杂连续的交互作用的结果。

第四，某个人可能在不同的组织中或者在同一组织下不同的下属机构中显示出不同的需要；一个在正式组织中被孤立的人有可能在工会或非正式的工作群体中实现他的社会以及自我实现的需要。如果工作本身包含了多样技能，许多动机可能在不同的时期因不同的任务而起作用。

第五，人们能够在各种不同动机的基础上有效地参与到组织中去。个人最根本的满足感以及组织的最终效益,只是部分取决于这种动机本身的性质。要完成任务的性质、员工的能力和经历以及他的同事们所营造出来的组织氛围都会互相影响,从而产生一种特定的工作模式和情感。例如,一个具有高技能但是缺乏动机的员工的工作效率和满足感,可能与一个具有高动机但缺乏技能的员工一样。

最后,组织成员依靠他们自己的动机、能力以及工作任务的性质,能够对许多不同的管理策略做出反应。换言之,没有一种唯一正确的管理策略在所有时候对所有员工都管用。

沙因强调,人的动机与职业生涯发展的关系是非常复杂的,保持持续的探究精神,在采取行动之前充分解析并理解所处情境,是唯一安全的途径。复杂人性假设给我们带来的最重要的启示,或许是管理者应该成为"诊断专家"。组织领导者与其把部下的不同看作是一种不能划一管理的痛苦,不如放下身段,学会尊重个体的差异,以现实情境为基础,采用可变的、灵活的管理措施,即权变。

组织领导者还要认识到,按照复杂人性假设,员工与组织的心理契约是不断进行再协商的,并形成上下都认可的组织规范,这种协商过程可以称为组织的社会化。在组织规范中,有些基本的规范是关键性的,组织要求它的成员必须遵守。例如,美国的经理,都会相信自由市场体制;大学的教授,必须遵从学术规范;工程师进行产品设计,一定要把产品的安全性放在首位。还有一些规范则是辅助性的,组织希望它的成员遵守但并不要求必须遵守。例如,经理的衣着要像个经理,教授不能过于随便,工程师画出的图纸要干净利落。只要组织成员遵循了关键性规范,即使违背了辅助性规范,也不会失去组织成员身份。根据组织成员对这两种规范的遵循程度,可以把他们分为四种类型。所有规范都遵守,可以定名为"顺从型";所有规范都不遵守,可以定名为"彻底反叛型";只遵守关键性规范而不遵守辅助性规范,可以定名为"创造性个人主义型";只遵守辅助性规范而不遵守关键性规范,可以定名为"破坏反叛型"。员工在自己的职业生涯中,其类型会发生变化。例如,学徒期的员工,最有可能是顺从型;而一旦得到组织中的正式身份并有了相对保障,就可能转变为创造性个人主义型。这种转变是否发生,又同组织的管理措施紧密相关。从组织立场上来讲,要想取得在复杂情境下的发展能力和创新能力,创造性个人主义型的员工是最理想的。然而,沙因也承认,尚不能弄清创造性个人主义是不是最好的,因为无论是个人还是组织都有可能因为顺从型的存在而更快乐。

沙因指出,组织领导者不仅要关于依据复杂人假设塑组织文化,组织领导者还需要研究如何传播组织文化。领导者用来传播他们的假设所使用的方法中,有一些是有意识的、深思熟虑的行为,而另一些则是无意识的、并可能是毫无目的的。同一个人可能会产生内在的冲突,并传送相互矛盾的信息。在前一章描述的领导者中,琼斯正式阐明了授权和分权的管理哲学,但仍保持高度的集中控制,包揽各种非常具体的问题,随意地到处插手别人的事务。墨菲传送了有关简化和复杂性的不一致的信号。他总是提倡那种结构责任明确的简单的组织结构。然而,在这种管理人员通过各类委员实施他们提出的解决问题的方法时,他的决策方式又高度复杂化了。在该公司中成长起来的管理人员都了解,一个人可能同时提倡两种相互对立的事物,但是,企业新来的职工对那种明显的不一致现象却难以理解。一方面,墨菲希望简单、明确和高度的合作;另一方面,他又往往支持相互交叉重迭、模糊性和竞争性。

下级将容忍和适应相互矛盾的信息,因为,在一定意义上,企业的创始人、所有者和"高层"领导总是假定不一致的现象是"正确的",或者他们拥有强大的权力,下级不能与其抗衡。那么,企业形成的文化不仅会反映领导者的假设,而且也反映了由下级"独立于"或"围绕"领导者所创造的使企业运行的复杂的内部适应过程。根据这样一个假设,即领导者具有特殊的"创造奇才",团体就可能形成补充方法(例如管理人员的缓冲层)来防止企业产生领导者行为的机能失调现象。在极端的情况下,下级或董事会可能不得不设法疏远企业的创始人,这正如在很多第一代企业中发生的情况那样。

但是,最初还是依靠企业的创始人,所以我们要从怎样运用创始人的权力来灌输假设的角度来考察这种内在文化的过程。我们从以下几方面描述:(1)它们的效果如何;(2)被传达的信息的隐含或明确程度;(3)它们的有意识程度。

第二十章 路易斯的组织文化渊源理论

【摘要】

迈耶尔·路易斯作为著名的组织文化学者,是继沙因之后对组织文化进行深入研究的组织理论学家。其研究的重点主要在三个方面:一是详细地分析了意义阐释的普遍的、文化的和个人的三个层次;二是论述了组织文化的社会学和心理学渊源;三是提出并论证了组织是文化生成环境的观点。如果说沙因为组织文化制定了科学的定义,那么路易斯则对组织文化的渊源问题做了杰出的分析。在他看来,传统的组织理论的研究,由于过分地追求定量化和实证化,虽然有部分的、零星的片断得到精确的考证,但是,原本是整体的组织和整体文化却被割裂开来。这是科学发展中的一种痛苦。他认为,痛苦即将过去,现在是发展一种对组织理论实行定性的与综合的研究的时候了。只要我们去掉那些组织理论的老套话,用一体化的观点来观察组织,组织文化的特征就会浮现在你的面前。

路易斯在组织理论研究上的主要贡献是他在文化观上提出了有说服力的见解。他认为,文化中"浮现"出来的意义,是一种社会构成的实在,它是在两个因素的影响下形成的:一个因素是组织成员对符号的解释;另一个因素是帮助组织成员理解经验、指导行为的社会理想。如同大多数的组织文化的支持者和符号管理者一样,路易斯从心理学和社会学方面探索了文化,认为通过定性研究的方法将很有希望扩充有用的组织文化知识。

一、路易斯的组织理论研究活动及主要著述

迈耶尔·路易斯(Meryl Reis Louis,1931—)是组织文化学派中的骨干人物。他在20世纪80年代初将研究兴趣转向了组织文化。他认为在组织理论的研究上,人们越来越感到文化的重要性。在霍桑实验的研究中,人们承认有"非正式"组织;在后来风靡一时的"组织政治"的研究中,人们都认为文化现象已渗透到组织生活之中。但是,路易斯认为从总体上来说,组织文化的研究

还只是停留在组织理论主流派的边沿上。①

路易斯指出,20世纪80年代以后,一个新的流派正在形成。反映这种组织理论新流派已经出现的标志是:首先,传统的组织理论已经不能令人满意了。传统的组织理论研究运用的是实证的方法,由于这种方法自身的缺陷,再加上研究人员对组织环境的理解过分简单,分析的力度不够,从而使许多有关组织的实证观点站不住脚。

其次,人们对组织文化研究的兴趣越来越大了。在这方面也产生了一些可喜的成果。许多组织理论学家对属于语言系统的符号、神话、传奇、比喻等进行了研究,对组织文化中的人工制品进行了探索,还对组织中的个人认知过程、组织中人们的交互作用进行了思考。

第三,组织文化的研究也符合实际的需要。在现实的组织运行中产生了一个实际问题,即随着各个层次补充人员的增加,进入组织的新成员日益增多,为了让这些新成员迅速适应组织,学会在组织中生活并发挥作用,就迫切需要进行组织文化教育。正是这种实际需要成为推动组织文化研究的动力。

在路易斯看来,有关文化的见解并不是什么新观点。长期以来,文化被人类学家和其他的研究者运用来研究种族和民族组织,这实际上就是文化人类学的方法。像贝雷思和波特伍德(Beres, Portwood)就研究过种族、民族文化的影响方式。他们认为种族和民族的文化影响着个人有关方面的发展,特别是影响个人工作的倾向性。贝雷思和波特伍德将文化定义为"从先前组织传承下来的有关的认识结构和行为方式"。他们强调的是文化传承过程中的社会作用。虽然文化人类学并没有考虑组织文化问题,但他们的研究对组织文化的探索具有启发作用。②

路易斯则将组织看成一种文化生成的环境,一个具有共同协议的独特的社会单位,它拥有一套为指导这一群体中的成员做什么、怎么做的规范,它具有让组织成员相信这类有组织活动的共同规则和为表达这些共同规则的语言和其他象征性标记。路易斯相信组织文化是一个整体,因而研究者应当将组织文化各个方面的规定性联结起来。

在组织文化研究中,有一些让路易斯特别感兴趣的问题:组织文化观是由什么构成的?什么是组织文化现象的心理的、社会的过程和内容?在何种情况下,组织是一种文化生成的环境?

---

① Jay M. Shafritz, J. Steven Ott: *Classics of Organization Theory*, 3rd edition, Brooks/Cole Publishing Company, 1992, p. 511.

② ibid, pp. 509 - 510.

正是围绕上述的种种问题，路易斯开展了组织文化研究。在该领域中，他一直坚持辛勤耕耘，发表了众多的研究论著。其中最有代表性的是 1983 年出版的两部著作：《作为文化生成环境的组织》(Organization as Culture-Bearing Milieu, 1983)和《组织符号论》(Organizational Symbolism, 1983)。

二、文化的社会心理功能

路易斯指出，社会观念构成了价值体系和相关性。通过它们，个人和机构建立目标、规范行为、判断成就。社会观念体系是由一种意义的结构和前提，一种一致性的意义系统所代表的。这种文化观念包含着社会观念系统和符号机制系统(即神话、仪式、标志、隐喻、特殊的语言)。它们包含着观念并用来传递观念。当这些符号机制系统用于传递地域文化时，它们就成为这种文化的人工产品。

文化为社会系统提供连续性，对其成员进行着控制、认同和结合。这种跨越社会系统成员每一代的共同观念的稳定性保证了连续性并且行使了一种自动平衡功能。在普遍具有的观念中所传递的标准或目标的稳定性(通过空间)行使着监测和减少偏离性的控制功能。

更广泛的是文化包含着社会群体的认同性。作为成员，我们代表着什么和我们如何彼此相处以及如何和外界成员相处，一直传递并且贯穿于我们的文化之中。对于适当的人格的讨论，至少意味着与组织文化的认同有关。

在微观相互作用层次上，文化过程的导向方面产生了个人对于情境的定义。作为路标的特征是按照当前的社会位置和目的被确定和被解释的。在相互作用中，个人对地域性社会观念的描述即个人的意义编码或参照系，指导着感知、解释和行动。例如，通过一系列步骤，它允许个人去评价某一特定行为是否是做好工作的因素。首先，个人由文化派生的意义系统促进了从大量经验中确定某一行为。需要指出的是，在很大程度上来自我们的文化存在。其次，它指导着对所考虑的值得评价的行为的某些特征的注意。第三，它提供了评价该行为有关特征的尺度。第四，评价或解释引导着行动。

三、组织文化的社会心理渊源

路易斯认为，组织文化是从社会系统内部的影响中产生来的，他将这一方面的知识称为组织文化的社会内容或社会学渊源。

对于一个社会系统来说，其固有的意义和关联的规则充当了使得人们的行为得以形成的社会理想。这些社会理想规定了人们应当做什么,不应当做什么。相应地,社会理想构成了价值和关联的系统。个人和组织正是通过这一系统制订目标、确立抱负、激励行为、评判绩效的。社会理想是在一个有等级和层次的、具有连贯性的意义系统中表现出来的。文化观念则包括了社会理想系统和一套由神话、礼仪、信号、比喻、专门语言组成的,用来传递思想的符号手段。当利用这些符号手段来传递局部文化时,它们同时就成为这一文化的人造品。

文化为社会系统提供了连续性、可控性、一致性与成员间的结合。在时间上,几代社会系统成员共同理想的稳定性,为社会系统提供了连续性和起到自动平衡的作用。在空间上,表达共同目标和标准的理想的稳定性,起到控制不正常事件与分解的作用。社会群体中成员之间共同具有的理想,有利于形成个人与制度之间的联系。[1]

路易斯还认为,组织文化与个人的内心变化是相关的,他把这一方面称为组织文化的心理内容或心理学渊源。在个人的行为层次上,人类是基于事物为他们所提供的意义去对待事物的。这些意义是在对事物的原先状态进行解释的过程中产生的。从根本的和最终的意义上来说,意义是社会系统成员商定的。从一种含义上说,组织成员从商定中产生的意义是对经历过的情景的议定,通过这种议定,人们控制自己行动过程和所处的空间位置。从另一种含义说,商定表示的是在由相互作用的各种部分所代表的不同意义之间的一种协商。在微观的相互作用层次上,文化过程的商定方面产生了对个人地位的限定。在对个人地位进行限定时,作为界标的特征是依据当时的社会地位和目标来辨认和说明的。[2]

在相互作用中,人们个人的、以一定的意义符号和参照系表现出来的关于局部的社会理想的看法,会指导他们对自己所属的组织进行认知、解释,并选择行动。这要经过一系列的步骤,个人会在这些步骤上开展评价。比如,实施某项操作能否让工作很好地完成,首先,文化上派生的意义系统会促使人们依据一系列以往的经历来认定某一项操作是否可行;其次,这一意义系统又会引起人们对操作特征的注意,从而认为值得评价;第三,意义系统还可以提供评价这些操作特征的标准;第四,评价对选择的行动的展开有指导作用。

---

[1] Jay M. Shafritz, J. Steven Ott: *Classics of Organization Theory*, 3rd edition, Brooks/Cole Publishing Company, 1992, pp. 512–513.
[2] ibid.

表 20-1　文化解释的各个方面

社会学渊源	心理学渊源
共同理想	说明体系
相关的文化系统 通过文化的功能, 社会系统获得: 连续——超越短暂的稳定 控制——同时期的稳定 个体成员的结合 社会组织的特征	相关的个人系统 在文化内: 意义出现在主观范围内 个体商定的意义 作为商定:协商 商讨 对原有状态的解释过程: 认识—商定—意义—情景特征—行为

四、组织文化的层次结构

路易斯认为,任何文化观都有一个基本前提,即事物的全部意义并不是事先由事物本身给定的,相反,事物的意义产生于解释。获取事物意义的解释包括三个层次:一般的、文化的和个人的。[①] 一般层次的解释展现的是一组广义的、客观的、实在的、可行的意义以及与每一事物本身相关的意义。比如,从一般意义上来说,狗可以杀了吃,可以受到喜欢,可以对人友好,但是,狗绝不会像水一样流动。事物的这些基本的、实在的规定性构成"真理的颗粒"。

文化层次的解释或展现的意义指的是一组潜在的意义和相关性,这种意义和相关性对某一局部的社会组织来说是本来就有的。在一种意义上,这种局部的意义是一组可行的相关意义的子集;在另一种意义上,这种局部意义是一般意义的解释。每一个客观的或实际可行的意义都可以被分解成一连串的意义。比如,狗在社会中就有很多意义——作为陪伴者、为盲人带路、放牧、看门、药物侦探,等等。这一连串的意义很少是来自作为生物的狗的客观特性和一般意义,而是更多地来自人所创造出来的、不同于一般意义的文化上的意义。

最后是个人水平的解释或意义的展现。个人的特质对于文化的适应产生了与个人相关的习俗。反过来,个人的习俗被运用到某一事情之中,个人的习俗也就有了意义。比如,邻居的一条小狗走到你的面前,你是欢迎它,还是远离它,完全取决于你与狗以往相处的经历和你对狗的认识。

---

① Jay M. Shafritz, J. Steven Ott: *Classics of Organization Theory*, 3rd edition, Brooks/Cole Publishing Company, 1992, p.511.

在路易斯看来，从一般的、可行的关于某一事物的意义中，经过适当的时间和空间，一组社会组织文化的意义就会被创造出来；基于文化习俗，社会组织成员也会产生与他们相关的习俗。一般层次的解释可以看作是客观的领域，只有在一般的解释层次上，意义才是事先赋予的。文化层次可以看作是介于客观与主观之间的领域，其意义必须通过分析才能得到。对于很多组织理论的研究者来说，似乎只要研究一般的解释层次就够了，就可以对组织行为加以理解了。但是，这种研究显然缺少了组织文化的构成部分。

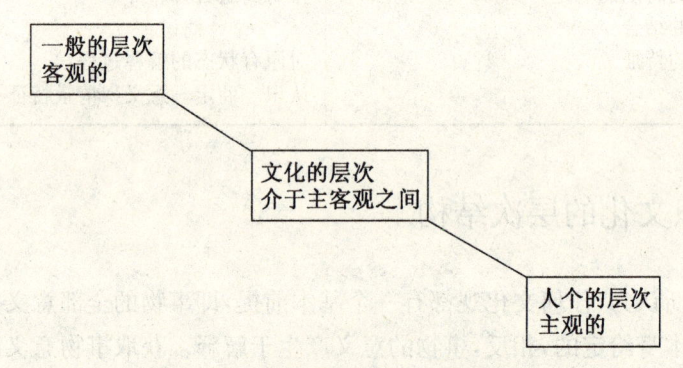

```
┌──────────┐
│ 一般的层次 │
│  客观的   │
└──────────┘
        ┌──────────────┐
        │  文化的层次   │
        │介于主客观之间 │
        └──────────────┘
                ┌──────────┐
                │ 人个的层次 │
                │  主观的   │
                └──────────┘
```

图 20-1　产生意义过程中的解释层次

五、组织环境的变化与文化的重构

在路易斯看来，组织是一个文化生成的环境和产生文化的关键性体系。组织提供了正规聚集的环境。在这一环境中，文化得到了发展。任何一个特殊组织的环境要促进局部文化的发展都需要依靠很多的因素。有时，只有某些因素的作用比较明显，而其他因素的作用就不太显著，或者不发生作用。一些组织的环境可能"产生"（即促进发展出）"精致的文化"，而对另外一些组织来说，却没有产生值得赞赏的文化。对于后一种情况来说，组织环境可能具有成员间结构复杂和个人行为定位的特征，但这并不能否定组织是生成文化的环境。那些不能产生值得赞赏的文化的组织只是一种"低源"文化环境。

如果从更一般的方面看问题，我们则会注意到，在一些由物质的、社会的因素构成的组织中，常常产生复合的文化，那些相互区别的局部文化就以同一个组织文化的分支的形式发展起来。相对于分支文化，整个组织就是环境，也正是在这个环境中，局部文化产生了。因此，从这一意义上说，"组织是……文化生成的环境"①。

无论在组织文化的哪个层次上,或者是泛文化层次上,或者是工作小组的文化层次上,整个组织环境的特征都是有助于局部文化即分支文化的发展的。比如,在组织与管理的实践中,人们希望将下列的一些局部文化现象联系起来,作为一个整体来思考:成员关系的稳定;主要成员始终如一地坚持一系列总的思想和组织框架;组织幼年期和规模较小的时候成员的认知;包括个人特质、个人价值观、个人交往风格等在内的组织中重要人物的品质特征;包括技术不可外传、重要工艺需要保密等在内的组织边界的不可渗透性;包括品质、教育、经历、性别、种族在内的成员资格的限制,等等。

路易斯指出,不仅不同的组织文化的形成过程不一样,就是一个整体的组织文化,在组织发展的不同阶段上,其形成的机制与程序也是不相同的。比如,在组织发展的早期,关键人物的价值观和他们创业的故事对文化的形成具有特别的作用。但是,在一个组织发展的中期和晚期,即成熟的或萧条的组织中,新生文化往往是通过新的形象的树立和伴随与过去决裂的原理、准则不断地得到阐述而逐渐培育起来的。②

组织环境的改变既可能破坏也可能支持局部文化的形成与巩固。例如,增加适用的新技术就可能破坏局部文化。因此,就需要在出现这种变化之前,由工作小组对工作计划、联系与控制、个人间的约束、家庭间的关系进行调整。因为当新的技术强加到一组不同的个人关系之中并使新的计划和新的控制具体化时,原来的工作小组的结构就会解体,从而需要重新组合。就像花园中的蜘蛛网,一边和墙连接着,另一边和花园中的架子连接着,当架子被重新安排时,原来的网就被撕破了。

组织环境的发展能促进新的文化的形成与发展。例如,建立一个与任务相一致的工作小组,就创造了一个具体的新环境,在这个新环境中,或通过这一新环境,局部的文化就得到了发展。工程队的创建,从地理上明确划分新的分支单位,甚至矩阵结构的创立,所有这些都意味着产生了潜在的文化生成环境。

在组织变化的过程中创造出来的新单位,可能只在"名义"上是新的。比如,新建的工程队还是由原来的组织成员组成的,他们现在所做的事情也还是他们以前在办公大楼和办公桌边做过的非常熟悉的事情。但是,重要的就是

---

① Jay M. Shafritz, J. Steven Ott: *Classics of Organization Theory*, 3rd edition, Brooks/Cole Publishing Company, 1992, pp. 513–514.

② ibid, p. 514.

这个"名义"。从根本上说,组织环境就是指社会学上能够辨认的空间,而不单单是指必要的物质环境。正是空间上的可辨性带来了我们认识上的方便,它是通过共同享有的空间的名称或空间的物质界限来辨认的。

在一个特定的组织文化中,依据身份关系,一个人成为某一社会系统及其文化的成员,可能是由于他能正常地出席和参加这一组织的面对面的交往活动。但是,一个人作为某个组织及其文化的成员,也可以不必亲自参加这种组织成员间的面对面的交往。例如,作为管理技术学校的一名成员与这一组织构成了成员关系,这一社会组织每年只举行一次集会,要求其成员必须出席;而另一个人类心理学协会的组织文化则不同,它不一定要求成员都要出席组织集会。因此,组织成员的身份关系可以是正式的,也可以是非正式的。在这两种情况下,组织都是文化生成的环境。①

对于一个组织成员来说,他会程度不等地参加局部文化的活动。在存在交替和重叠文化的情况下,组织成员对文化的确定主要取决于个人的自我知觉。对于民族的和种族的文化来说,个人参与一定的组织文化只是暂时的,并且是自愿选择的。有时,在一个人身上也不可避免地存在组织文化与民族、种族文化的对立与冲突。在文化参与中除了要考虑自我知觉的作用外,参与能力也是一个值得考虑的因素。与社会文化相比,在组织文化中,个人的参与能力显得尤其重要,其原因是个人经常地变换组织,从而有机会和有必要去尽快地掌握新文化。一个人在进入一个新的组织以后,只有迅速掌握了该组织文化中的核心思想和价值观念,并喜欢多数人赞同的信条时,他才能在这个组织中发挥作用。

在组织环境中,个人对情景的解释可能会被几个重叠的文化系统所引导,但是,几种文化引导的力量不可能是均匀的,总有某个组织文化占据主导地位。究竟何种文化的指引力量大,取决于个人在社会系统中占有的职位、不同文化系统之间的和谐程度、对具体情景的解释等。有时,交替文化对个人可能产生不相容的推动力量。这种情况在公司的部门经理身上表现得尤为突出。部门经理既要对所管辖的部门负责,同时,他又要对所在的公司忠诚。当对任务执行情况好坏的评价是以部门所获取的利润为主要标准时,就会发生角色的冲突和义务上的矛盾。这时,组织领导就应充分考虑相关的文化因素的作用。②

---

① Jay M. Shafritz, J. Steven Ott: *Classics of Organization Theory*, 3rd edition, Brooks/Cole Publishing Company, 1992, p. 515.

② ibid.

第二十一章　斯默西奇的组织共有意义理论

【摘要】

琳达·斯默西奇是一位著名的组织文化学者。对于斯默西奇来说，文化是有附着物的，组织是作为不同程度的共有意义的系统而存在的。文化正是借助组织中的附着物，形成了组织成员共同的感受和认同，这对于继续进行有组织的活动是必要的、不可缺少的。一定的组织文化可以使得组织成员的相互作用在没有过多解释的情况下也能照常发生。正是借助于仪式、标记、口号、特殊的词汇这类文化附着物，组织中的共有意义才能得到发展，并且持久化。组织所具有的一套特殊的意义，为其提供了明显的特征和自己的气质。这种气质可以反映组织的历史过程、所遇到的严峻事件以及主要人物独一无二的品性和喜好。

斯默西奇是一位重视从实践中概括提升理论的学者，她正是通过对美国一家保险公司发展过程中组织文化的改变的详尽考察与细致深入的研究，创造性的提出了组织是共有意义系统的经典命题。她正确地阐述了组织气质的含义，并论述了在紧急情况下组织气质变化的过程。另外，斯默西奇还详细地说明了标记、口号和特殊词汇在组织共有意义的维持与发展中的作用。

一、斯默西奇的组织理论研究活动及主要著述

在组织文化学派的发展过程中，琳达·斯默西奇（Linda Smircich，1946——　）的研究主题是特别的，她对诸如仪式、标记、口号、特殊的词汇这类文化附着物在组织中产生的共有意义感兴趣。她的贡献在于研究了共有意义对一个组织存在与发展的功能。与迈耶尔·路易斯提出的"组织是文化生成的环境"相对应，她认为"组织是作为一个共有意义的系统而存在的"[1]。

斯默西奇创立的独特组织文化的理论完全来自于她通过调查研究所获得的经验材料。在20世纪80年代初，斯默西奇受到一家保险公司的高层管理

---

[1] Jay M. Shafritz, J. Steven Ott: *Classics of Organization Theory*, 3rd edition, Brooks/Cole Publishing Company, 1992, p. 520.

集团邀请,以观察员的身份对公司进行为期六周的观察研究,公司领导与斯默西奇的协定是,研究者只是观察员,而不是顾问,因而也没有必要在调查与观察完成后向公司提供研究结果或反馈意见。

斯默西奇担任观察员的这家公司是一个在美国东北 12 个州拥有一万多名雇员的联合公司的分支机构,这家联合公司是在 1966 年由当地经营得很好的三个农场主用他们的资产合并而成的,其目的是要建立和维持一个强有力的、丰富多样的合作商业组织,从而进一步提高各自的经济效益。

在三个农场合并以前,每家农场都制订了各自的保险方案,通过向农场人员收取较低的税款,保障他们的生命和财产安全。到 1968 年,保险服务中扩展了一些项目,服务的对象从原来的上中层组织成员扩大到一般的职工。这样,在联合公司之下,就建立起一个分支机构即保险公司。保险公司有雇员 250 人,办公地点占了东北城市中一座中等规模的现代化大楼的两层,办公室与公司领导是分开的。

斯默西奇运用了人类学家与社会学家所使用的方法,在保险公司的工作时间内调查。她来到公司的办公室,与公司中每一个雇员单独会面,并向他们介绍自己的调查方案。在六周时间中,她利用公司例会、计划会议以及与雇员的交往、喝咖啡的间歇等机会,与公司成员谈话,她把包括公司总裁在内的 10 名公司成员的谈话记录下来。经过 40 多天的观察与调查,斯默西奇获得了大量的原始资料:包括每天的实地记录、公司组织的文件和大量的谈话录音。

从这些宝贵的经验材料中,斯默西奇认识到,那些由象征性符号加工成的组织仪式、组织口号、组织语汇和占统治地位的组织风格,作为组织的一部分,有助于组织中共有意义的形成和发展,正是这种组织的共有意义赋予组织成员的经验以共同形式和一致性。任何组织或群体,其活动的稳定性依赖于共同解释模式的存在和对经验的共同理解。正是这些共同的解释和理解使得日复一日的活动变得习以为常和理所当然。

斯默西奇对组织文化的研究坚持了从沙因开始,后来迈耶尔·路易斯又多次重申的定性的研究方法。沙因首先创立了组织文化测量研究模式,他主张定性研究,认为文化不能通过问卷调查来评测,因为并不知道应该问什么,也不能确定回答的可信性和有效性;面对问卷调查,人们说不出深层的价值观和基本假设;文化可以通过个人和小组面谈的过程来评测,这种方式是高效的;文化评测要针对组织的具体问题,否则就没价值。沙因建议通过下列步骤来评测组织文化:组建一个包括组织成员和专家的小组;提出企业的问题,聚焦于可以改善的具体领域(问题);确保小组成员理解文化的层次模型;确定组织文化的表象;确定组织外显价值观;研究价值观与组织表象的匹配度,从不匹配处探查深层次的潜在假设；如果探查效果不理想，重复以上步骤，直到理想为止。最后，评测最深层的共享假设，发现哪些假设有助于或阻碍目标问题的改善。斯默西奇在一家保险公司所做的经验研究实际上是沙因测量模式的具体运用。

斯默西奇在组织文化的研究中积累了大量宝贵的经验材料，并且发表了许多有开创性的学术论著，其中最为人们称道的著作是《作为共有意义的组织》(*Organizations as Shared Meanings*，1983)以及《组织符号论》(*Organizational Symbolism*，1983)。在这些经典性的著作中，斯默西奇认为，在特定的情势下，一套逐渐形成的共有意义会赋予一个群体自己的气质和显著的特征。这种气质与特征是通过思想信念、活动规范和仪式、语言和其他符号形式表达出来的。通过这些符号形式既形成和维持组织成员的世界观，又创造和维持他们自己在这个世界中的想象。

二、组织的气质

在调查访谈中，斯默西奇常常听到公司管理人员用来说明他们工作方式的一种主导性的解释是：他们相信，在组织中，难以对付的或很费脑筋来处理的不同意见和问题通常是被掩盖起来的。人们普通赞同的是"如果碰到有争议的事，你就不要提它"。

公司的管理人员将行为方式看成公司总裁的风格和偏爱的直接产物。雇员们声称总裁"喜欢保持冷静"，"不喜欢看到分歧和敌意"，"他不喜欢听不好的事"。结果，大家也就慢慢地相信，在公司里"人人都讲别人想听的话"。问题不是被处理而是被"掩盖"，仅仅是因为"掌握这种方法比较容易"。雇员因此也就接受了总裁"不应该散布问题的不一致"的哲学。他们担心一旦流露出意见不一致，就会被看成"制造麻烦"或被指责为"指手画脚"。人们认为组织中的这种气氛"是虚幻，而并非真实"。公司中的秘书们觉得，总裁知道组织成员没有讲他们的真心话，但是他又让这种状况继续维持下去，因为"他想在他的任期中公司内部事事平安，不要有吵闹"。

这样，公司的雇员们都以同样的方法取得了经验，即"我们要保持一种表面上的平和一致"，并且对之所以出现这种状况也有共同的认识："我们之所以这样做是因为总裁"。斯默西奇指出，正是这些构成了能让管理层获得共同的感受和经验上的一致性的共有意义的领域。那些共有意义规定的信念尽管对人们产生某种限制并出现一些消极性，但它有助于在组织成员间形成协调一致。对于一个外面的观察者来说，这种共有的信念发挥了一种类似规则的功能并让组织成员按安排好的角色去行动。

斯默西奇发现,在私下里,几乎所有的组织成员都对他们自己的行为方式和总裁的风格表示不满。一些人想直接按不同的意见办事,但常常受到阻挠。在公开的场合,他们都谨慎地努力在表面上保持意见一致并装得彬彬有礼。他们都遵守这样的戒条:必须根据总裁的好恶去行动,否则将招致灾难。

通过观察,斯默西奇发现,在管理人员的实际运作中,存在两种意义系统:公开的与私下的。这两种意义系统存在高度的重叠。同时,她还发现,即使组织成员意识到所在岗位的工作动力,他们仍感觉到存在第三种意义系统的限制,它来自总裁,人们无力去改变它。在组织中,正是通过总裁的行动、组织成员的参与以及总裁制订出来的具有特别象征性形式的号令,和谐一致的组织气质被确定下来了,它转而支配着组织成员对其处境的理解。[1]

斯默西奇还考察了紧急状态下的组织气质问题。所谓主要的意义系统的紧急情况,可以被理解为公司或组织历史发展的一种产物,是领导在意义系统内的斗争,是现任领导个人思想意识的表现。以具体的保险公司为例,在其创建阶段(1968—1978),几件特殊的事件给它打上了"充满创伤"和"混乱不堪"的标记:公司的一把手被降级,二把手被解雇,特地招聘了一名副总裁和一名保险专家来充实公司。这些事件表明,在公司的发展中,被原来农场主联合公司所聘用的管理成员与那些从保险业中招聘来的成员发生了冲突与斗争。

由于大多数新的人员直接来自与副总裁相同的公司,或者过去已为那家公司努力工作过一段时间,这一事实就导致公司内部原有的人员与从外面新来的成员之间的差别增大,因而公司的讨论中不时地会出现诸如"在别的公司我们是如何如何干的"这类声明。这些又进一步产生外来人员与内部员工的分歧。或许正是意识到这类内部人与外来人划分的潜在的有害的影响,公司要为每一位新来的管理者创造一种仪式。

仪式是组织中被设计出来的或被构造而成的,并在某种形式中被不断重复的行为范式。当组织成员共同将仪式与有宗教色彩的事件联系起来时,在日常的组织生活中举行的仪式就会充满重要性,参与仪式的组织成员就能从中感受各种意义。

斯默西奇观察到,在相当长的一段时间内,保险公司的总裁只负责对外的事务,而从外面招聘的副总裁担任负责内部事务的执行副总裁。这位执行副总裁通过专门性会议,将组织机构变成了一个印地安人的部落。通常在印地

---

[1] Jay M. Shafritz, J. Steven Ott: *Classics of Organization Theory*, 3rd edition, Brooks/Cole Publishing Company, 1992, pp. 521-522.

安人的部落中,每一个新加入的成员都要在头上系上一条插有羽毛的带子,并取一个印地安人的名字。这位执行副总裁也给组织成员取名。比如,他给一个经常迟到的成员取名为"流水首领",并主张对他的迟到罚款50美分。

虽然有这些象征性的仪式,但是,与联合公司相关联的成员与来自竞争对手公司的成员之间的分歧仍旧是难以克服的。一个在执行副总裁被聘用前就在这一保险公司工作的成员告诉斯默西奇,他们对内部与外部人员间的差别在多年以后还是记忆犹新。因为执行副总裁是从外面公司来的,"凡是来自那个公司的成员想要什么,他就能得到;凡不是他那个公司的,就得不到"。那些执行副总裁的宠臣们都在拍马屁,拉帮结派,以便形成对他们有利的政治气候。

这种情况到1977年11月副总裁去世后就发生了变化。总裁开始负责公司内部的事务,其他人都必须直接向总裁报告工作。总裁成为原先的组织气质遇到紧急情况时的核心人物。他必须接受过去的经验教训,协调好内部和外部成员间的关系。要做到这一点,他就必须建立新的组织仪式,形成新的组织气质。①

三、组织的仪式

斯默西奇在调查中还观察到,随着原先从外面聘用来的执行副总裁的去世,每周一早晨的例会改由总裁亲自主持,会议的内容完全被谈论公司的历史和总裁的管理风格所淹没。在现场工作时,组织成员就表达了对这些会议的看法。但是,对他们来说,尽管心里有些看法,但表面上还要表现出总裁所希望的办事风格:平和、镇静、礼貌、没有冲突、不发生矛盾和扰乱。②

星期一早晨的组织成员会议具有强烈的仪式性质。一个管理人员说:"我们处在相同的地位上,就像牛常呆在同一个圈栏中"。会议的调子低沉、宁静、彬彬有礼和压抑,好像是总裁的那种平和、缄默和压抑的个人工作作风的反射。在这样的会议上,成员间很少讨论,而是一个接一个地对总裁的工作风格进行评论。这种一个接一个的方式正好也反映了总裁所喜欢的管理风格。这种会议更像是一种"炫耀和汇报"会。这种早晨的例会,通常是8时15分开始,每次总有个把人迟到,尽管这是一个其他人正好可以借此来表示幽默和发

---

① Jay M. Shafritz, J. Steven Ott: *Classics of Organization Theory*, 3rd edition, Brooks/Cole Publishing Company, 1992, pp. 521-522.

② ibid, pp. 242-243.

泄的机会,迟到者也可能成为潜在的嘲弄对象,但是,当迟到者走进会议室时,总裁和与会者都不说什么,好像被忽略了一样。

总裁在会议上只是起一个新闻发布人的作用,他总是从组织的外部环境说起,一直到向组织内部透露一些信息。总裁的发言通常是10分钟,其后就是每个与会者轮流汇报各自的工作情况。一个人汇报时,其他人精神萎靡不振,只有秘书连续不断地记录着。组织成员间虽然有时也涉及一点棘手的问题,但总体上很少进行有实际内容和意义的意见交换。

组织成员都知道,开这种会议只不过是一种空泛的形式,所谓交流其实是表面的,讨论也是肤浅的。人们只是汇报已经采取了多少措施,从不谈论关于在他们部门发生的问题的真实体会。一位决策者告诉斯默西奇:"在这类成员会议上,你将永远看不到事情的真相。"另一位与会者则告诉她:"我想总裁之所以做这些,是为了把我们拴在一起。"还有一位管理人员告诉她:"这样的会议就如同回到家,妻子问:'你今天在办公室怎么样?'"

大家都知道总裁不会问让管理人员为难的问题,因为"触犯别人或伤害别人感情不是总裁的政策"。也正是这一点决定了"提难题是真正的浪费时间,会议只不过是你说说而已的地方,没有人会反驳你"。人们在讲话时总是犹豫不决:"如果我讲这些,会怎么样?""总裁是喜欢冷静的,他可不希望看到任何摩擦或敌意。"由此,斯默西奇指出,组织成员在这样的会议上必然是察言观色,敷衍了事,说一些"其他人愿意听的话"。虽然组织成员对这类会议不感兴趣,但是,总裁的看法却不一样。他认为:"一直保持至今的这种会议,实际上是一个论坛,在这里,我们可以交换内部的和外部的问题以及作出重要的决定。会议上,会出现一些争论和讨论。"[1]

四、组织的口号

原先的执行副总裁去世以后不久,保险公司上下就为创设新的形象或象征进行周密的准备和努力。最后,总裁采用了"志同道合"的口号和一个安放在平台上的车轮的实物标志。设计出来的车轮模型高4英尺,车轮上的一根根车辐表示公司的不同部门,车轮的中心表示顾客。车轮的实物标志放在公司的公文柜的柜顶上,公文柜的空间是按公司的部门并列划分的,这样车轮的实物标志的安放位置就可以从一个部门转到另一个部门。公司还生产出一种

---

[1] Jay M. Shafritz, J. Steven Ott: *Classics of Organization Theory*, 3rd edition, Brooks/Cole Publishing Company, 1992, p. 524.

镶嵌着车轮图案的特制用纸,甚至还特别制作出有车轮图案的橡皮图章,以便在邮件上印上公司的标志。

这一标志原来是作为在销售竞争中在外的办事机构与在家的办公室人员进行联系的主题而设计出来的,后来被总裁采用了,并将其体现在每年的"开张"演说中。大多数的公司成员都认为,总裁是想将这种标志的象征性含义灌输到每个人的头脑中去,因为他看到在副总裁去世后公司成员之间暴露出来的分歧与冲突。其中有一个成员告诉斯默西奇:"组织周围有太多的非理性的东西,太多的异议、争斗。""志同道合"则成为促进和发展团队精神的主题思想。

斯默西奇指出,车轮的象征意义和"志同道合"的口号,本来是用来进行交流,促进相互合作、相互依存的。但是,在实际的研究中发现,符号的象征性和与之相配套的口号的象征性,对组织成员来说,其积极意义并不是很明显的。但是,这种象征性标志却以消极的方式变成了某些共同的意义。它正好给了组织成员一种共同的方式,去理解和谈论他们在一块儿工作是多么的可怜。"志同道合"成了他们工作经验的对照或对立面,他们用这一口号去嘲讽他们自己的行为。

公司中的很多成员认为,从更为深入的意义上来说,从一方面看,每个工作部门都是车轮上的一辐,如果所有的车辐都在那儿各就各位地发挥着作用,那你就会旅途平坦、一帆风顺;但从另一方面看,如果其中一些部门是"裂片",其结果就不可能有真正的志同道合了。有许多成员甚至说:"我们实际上是四轮驱动,每个轮子都按各自的方向运转。"

以车轮作为标志的本来用意是为了给这一组织中所缺少的东西以一种特别的"闪光点":一个组织中不同的机构应向同一方向使劲。虽然这种象征性的标志和相应的口号在这一公司中并没有取得非常好的效果,但是,它确实也引起了组织成员的注意,并使他们体会到他们是在经历着共同的途程。他们事实上也在谈论关于某个机构是"弱辐",可能导致"整个轮子破裂",也在批评某些不能志同道合的行为。

标志和口号是公司总裁语言的一部分。他认为标志与口号还是有作用的,他常告诫人们:"你真的不会走得很远,除非每个人都向车轮加把力。"但是,他也谈到了一些保留意见:"在一些你所威吓或禁止的、令人生气的争辩问题上,你不能做得过火,你之所以不让他们说出想法,是因为他们可能会干扰团队工作．"总裁认为人们之间的有些争论，不完全是个人的问题。①

总裁向下属强调的是，"你不能仅仅以个人的观点看待这些事情，如果光从个人出发，你就给组织注射了毒药"。他觉得"如果你想作出最佳决策，争论当然是要鼓励的"，但是，"重要的事情是要排除个人的攻击"。②

在一个组织中，要保持某种共有的意义和特殊的精神气质，不仅要有特别的标志和口号，还要有一套特殊的词汇。在斯默西奇调查的保险公司，就使用了"挑战"一词。

事实上，这家公司内部肯定存在矛盾、分歧和困难，但是，现在的总裁采取一切措施防止个人之间的摩擦。车轮的标志与"志同道合"的口号正好符合这一努力。但是，要让组织成员真正理解并时时刻刻记住这些共同的意义，光有这些还不行，还需要有一些反映这一意义的词汇。对于这家保险公司来说，其最为重要的主题是排除前执行副总裁造成的成员之间的冲突与分歧，形成团结一致的组织文化，因而选择的词汇也应当与已经确定的标志、口号相配套。"挑战"正好符合这一要求。

因为"挑战"本身就意味着"困难"，正如有些公司成员私下所说的，"它意味着一个很大的、严重的困难，即公司一团糟"。另外的成员也认为，"挑战"实际上"是一个托词，是处理事情的比较温和的做法，人们不想伤害别人"。实际上，"挑战"一词将所有成员都置于一种同等的危险境地，从而只能团结起来一起奋斗。公司总裁也认为"挑战"一词有时用过头了，"当人们一有困难时，就会认为有挑战。人们实际上将这一词语作为掩盖和减轻困难的手段"。

斯默西奇指出，这家保险公司选择词汇的经验告诉我们，组织常常要运用特殊的词汇适应和支持某种更为广泛的行为模式。这些词汇的共同意义能够为组织成员提供有关经验的共同感情，同时，也能在没有更多协商的情况下取得对事物、对象、行动的共同反应。在运用特有的词汇时，组织成员就能有一种无需讲出来的协调一致。

---

① Jay M. Shafritz, J. Steven Ott, *Classics of Organization Theory*, 3rd edition, Brooks/Cole Publishing Company, 1992, pp. 524－525.
② ibid.

第二十二章 圣吉的学习型组织理论

【摘要】

彼得·圣吉是当代学习型组织理论之父。他在研究中发现,要使企业茁壮成长,必须建立学习型组织。也就是说,要使得企业组织内的人员全心投入学习,实现自我超越,改善心智模式,建立共同愿景,团队协同努力,进行系统思考,从而提升能力,在本职岗位上获得成功。这种学习修炼涉及个人和组织心智模式的转变,是以系统思考代替机械思考和静止思考,并通过了解动态复杂性等问题,找出解决问题的高"杠杆解"。

一、圣吉的组织理论研究活动及主要著述

彼得·圣吉(Peter M. Senge, 1947—)1947年出生于芝加哥,1970年于斯坦福大学获得航空及太空工程学士学位后进入麻省理工学院攻读研究生课程,旋即被佛睿思特(Jay Forrester)教授的系统动力学整体动态搭配的管理新观念所吸引。在1978年获得博士学位后的10多年中,他和戴明(Edwards Deming)、阿吉里斯(Chris Argyris)、雪恩(Edgar Schein)、熊恩(Donald Schon)等大师级的前辈,以及一些有崇高理想的企业家一道,致力于将系统动力学与组织学习、创造原理、认知科学、群体深度对话与模拟演练游戏融合起来,发展出一种学习型组织的蓝图。圣吉在麻省理工学院的史隆管理学院创立了"组织学习中心",对一些国际知名企业,如微软、福特、杜邦等,进行创建学习型组织的辅导、咨询和策划。

1990年,圣吉出版了《第五项修炼》,此后连续三年该书荣登全美国最畅销书榜榜首,并于1992年荣获世界企业学会(World Business Academy)最高荣誉——开拓者奖(Pathfinder Award)。在短短几年中,该书被译成二三十种文字,风行全世界,引发了一场创建学习型组织的管理浪潮。美国《商业周刊》也因此而推崇圣吉为学习型组织理论之父、当代最杰出的新管理大师之一。

圣吉在组织理论的研究中留下了丰厚的成果,其最重要、最有影响力的著作是《第五项修炼》(The Fifth Discipline)。《第五项修炼》阐述的学习型组

织理论,是理论与实践相配套的一套新型的管理技术方法,是继"全面质量管理(TQM)"、"生产流程重组"、"团队战略"之后出现的又一管理新模式,被西方企业界誉为21世纪的企业管理圣经。主要内容有"自我超越"、"改善心智模式"、"建立共同愿景"、"团队学习"、"系统思考"五项管理技术,试图通过这些具体的修炼办法来提升人类组织整体运作的"群体智力"。

二、学习型组织的内涵

"学习型组织"这一概念最早是美国哈佛大学教授睿思特(Forrester)1965年在《企业的新设计》一文中提出来的。在此基础上,1990年圣吉出版的《第五项修炼》一书,提出"应变的根本之道是学习,这乃是竞争求生存的基本法则"。在其后出版的《变革之舞》中,圣吉又强调,"21世纪企业间的竞争,实质上是企业学习能力的竞争,而竞争唯一的优势是来自比竞争对手更快的学习能力",从而将学习型组织从一个概念扩展为一套理论。学习型组织理论问世以后,立即风靡全球,引起了理论界和企业界的极大关注,成为企业组织模式的一大研究方向。

圣吉认为,学习型组织是这么一种组织,"在其中,大家得以不断突破自己的能力上限,创造真心向往的结果,培养全新、前瞻而开阔的思考方式,全力实现共同的抱负,以及不断一起学习如何共同学习"。著名的组织研究者马恰德在他的组织学习系统理论中指出,系统地看,学习型组织是一种能够有力地进行集体学习,不断改善自身收集、管理与运用知识的能力,以获得成功的组织。另一位管理大师鲍尔·沃尔纳对学习型组织所下的定义则是:学习型组织就是把学习者与工作系统地、持续地结合起来,以支持组织个人、工作团队及整个组织系统这三个不同层次上的发展。国内有些学者认为,学习型组织是组织成员能全身心投入学习,并有持续增长的学习力的组织;是能让组织成员体验到工作中生命意义的组织;是能将学习转化为创造能量的组织。

圣吉认为,学习型组织的内涵中包含着"六大文化":学习力文化;快乐文化;创新文化;反思文化;共享文化;速度文化。

一是学习力文化。它充分体现了学习型组织是全体成员能全身心投入且学习力持续增长的组织的特点。所谓学习力,由三大要素组成,第一是学习的动力,第二是学习的毅力,第三是学习的能力。学习型组织理论告诉我们,对于今天企业的竞争,与其说是人才的竞争、资源的竞争,不如说是学习力的竞争。

二是快乐文化。它直接反映了学习型组织是能让全体成员活出生命意义的组织这一特点。一个组织或企业,只有让全体成员活出生命意义,把所有潜力都发挥出来,这样的组织才有活力。所以,学习型组织特别强调"活出生命意义"。快乐文化就是要为员工创造一种想着别人、善于合作的氛围,使组织成员能够充分发挥个人潜能,在实现个人生命意义的同时为公共组织创造出最大的价值。

三是创新文化。它反映了学习型组织是通过学习创造自我,扩展创造未来能量的组织的特点。学习只有一个目的:为了创新,为了创造未来。如果一个公共组织成天学习而不能把学习转化为创造能量,它就不是学习型组织,而是形而上学的组织。

四是反思文化。学习型组织理论强调,反思是最重要的学习,是学习的基础,是品格的体现。一个善于反思的人才是一个品格高尚的人;一个善于反思的公共组织才是值得合作的公共组织。公共组织文化就是在一个公共组织里,不是怕出现问题,而是怕不能正确对待问题。

五是共享文化。学习型组织理论强调,公共组织要实施有效的知识管理,不仅要具备必要的硬件设施和软件系统,还要求公共组织将知识的培育和管理作为获得竞争优势的重要手段,建立有利于公共组织知识共享和增值的新型公共组织文化。这种新型的公共组织文化鼓励员工与他人分享自己拥有的知识,并促使公共组织成员将知识转化为有利于公共组织发展的生产力。

六是速度文化。学习型组织理论认为,当前公共组织之间的竞争越来越表现为学习速度之争,当公共组织内部变革速度小于外部变革速度时,将是公共组织的末日。因此,一个公共组织的成败取决于其适应变化的能力,这就意味着速度决定一切。新经济时代的现代公共组织已没有决策大小的问题,只有速度快慢的问题。美国思科系统公司信奉的企业信条是:在未来的商场中,不再是大吃小,而是快吃慢。因此,培育起一种重视速度的企业文化成为当务之急。

基于上述的学习型组织的内涵,国内学者对学习型组织进行界定,比较典型的是郭咸纲所下的定义。他认为,学习型组织是指通过培养弥漫于整个组织的学习气氛,充分发挥员工的创造性思维能力而建立起来的一种有机的、高度柔性的、扁平的、符合人性的、能持续发展的组织。这种组织具有持续学习的能力,具有高于个人绩效总和的综合绩效。另外曹世潮的定义也比较有特色,他认为,衡量一个组织是否为学习型组织,就看这个组织是否具有学习的欲望、机制、环境和全体一致的自觉。

多数研究者在定义学习型组织时,比较倾向于认为,在这种组织中,个人、团队和组织是学习的三个层次,他们在由组织的共同愿景所统领的一系列不同层次的子愿景或亚愿景的引导和激励下,不断学习新知识和新技能,并在学习的基础上持续创新,以实现组织的可持续发展和个人的全面发展。

三、学习型组织的五项修炼

圣吉认为,所谓学习型组织,是指通过培养弥漫于整个组织的学习氛围,充分发挥员工的创造性思维能力而建立起来的一种有机的、柔性的、扁平化的、符合人性的、能持续发展的组织。其根本特点是通过自我超越、团队学习、改善心智模式、建立共同愿景、系统思考五项修炼全面开发人的才能,并在社会行动过程中不断学习,促进知识的创造、组织的变革、创新和社会可持续性发展。①

学习型组织有五项修炼,即自我超越、改善心智模式、建立共同愿景、团队学习、系统思考。

第一项修炼是自我超越(Personal Mastery)。这项修炼要求发展自身,而不是除掉什么。自我超越是五项修炼中的第一项,与其他各项修炼休戚相关,是其他各项修炼的一个精神动力的起点。自我超越是个人成长的学习修炼,具有高度自我超越志向的人,能不断扩展他们生命创造中真正心之所向的能力。它和自我设定是相对而言的。一头大象,力气大得足以拔起一棵参天大树,而它的主人仅用一段矮小的木桩就使其牢牢地定在原地不敢妄动。因为它在小的时候,主人就用这段小木桩来拴它,那个时候它对这段小木桩无能为力,所以,在它的潜意识里,它是没有能力摆脱这段木桩的,而且永远都不可能。这就是"自我设限"。"自我设限"使大象变成了侏儒,而在我们的身边有一些人,甚至我们自己,很多时候也都在自我设限。被过去的阴影罩住了心灵,导致某些人把今天的行动的欲望和潜能扼杀了,在一个以竞争求胜为导向的社会里,有些人会产生强烈的厌倦感,往往很难做到活出真我境界。而学习型组织告诉我们,正确的态度就是把自我超越的发展目标与社会竞争的生存目标相结合,不断重新聚焦,不断自我激励,实现新的自我价值。

第二项修炼是改善心智模式(Improving Mental Models)。这项修炼要求发掘内心世界的图像(假设、成见等),使这些图像浮上表面,并严加审视,有效地表达自己的想法,并以开放的心灵容纳别人的想法。心智模式其实就是一个人的思维方法、思考方式和思想观念,是一种隐含很深的心理活动和思维活动,就像鱼和水的关系,鱼离不开水,但感觉不到水。俗话说:江山易改,本

---

① 彼得·圣吉:《第五项修炼》,上海三联书店1990年版。

性难移。改善心智模式是五项修炼中十分艰难却又非常重要的一项。安徒生的童话《皇帝的新装》是一个关于心智模式的典型故事,当皇帝赤身裸体地在大街上出巡时,所有人都在怀疑自己而不是怀疑皇帝,只有那不谙世事的孩子能够点破真相,因为他的心智模式未受污染。在一个企业里面,领导及员工的心智模式很大程度上将会把企业导向一种阴云思维或阳光思维。阴云思维的结果就是怀疑一切,抱怨一切;而阳光思维的结果就是坚信成功,热爱生活。一个企业成功的关键就在于主要决策者的心智模式。

第三项修炼是建立共同愿景(Building Shared Vision)。这项修炼要求整合个人愿景,将个人愿景转化为能够鼓舞组织的共同愿景。注意是"整合",是帮助组织培养成员主动而真诚地奉献和投入,而非被动地遵从,否则会产生反效果。建立共同愿景,就是在一个组织中,将个人的愿景转化为能够鼓舞组织所有成员生命力的共同愿景,使组织成员选择更高的目标,在组织成长中成就自我,打造出生命攸关的命运共同体。松下的员工每天唱着社歌"将我们的产品如自来水一样源源不断流向世界",他们全在讴歌他们的共同愿景。从1933年幸之助制订"松下训条"起,无论松下公司的产品服务领导层如何改变,"松下精神"一直没有改变,并且历久弥新。追寻愿景,也就是追寻一个大家希望共同创造的未来景象。个人愿景是一切愿景的基础,组织中的个人如果没有自己的愿景,他们充其量只能做到附和组织的愿景,甚至漠不关心,而绝不会为实现组织目标全身心地投入和奉献。海尔集团总裁张瑞敏当年的个人愿景就是让海尔的旗帜在世界各地高高飘扬,如今它已化为全体海尔人的共同愿景,并通过努力变为美好的现实。因此,建立共同愿景的核心是让每一位员工说出自己最想说的话,同时高层领导能够听到他们的声音,这样的共同愿景一旦形成,整个组织便会产生一种巨大的拉力。

第四项修炼是团队学习(Team Learning)。这项修炼要求开发团队具有集体智慧。组织掌心的过程就是通过团体的互动、协同,发挥团队成员的合作精神和相互配合的能力,将个人才智导向共同愿景的过程。在现代企业中,学习的基本单位应该是团队,团队的智慧高于个人智慧的总和。团队拥有整体搭配的能力,当团队真正学习的时候,不仅整体产生色的效果,而且个别成员的成长速度也比运用其他学习方法要快。

第五项修炼是系统思考(Systems Thinking)。这项修炼要求组织进行系统思考,通过整体的、系统的思考,不断地反思、形容和了解行为系统之间相互关系。系统思考是五项修炼的核心技术,是由片段看见整体的一项修炼。按照系统思考的方法观察、分析、控制、管理、协调某一事物时,不能只见"树木",不见"森林",应该是既见"树木",又见"森林"。简言之,系统思考可以帮助我们理清事物的真相,提高我们的洞察力和完善自我、改造世界的本领。

在这五项修炼中,改善心智模式和团队学习若不进行系统思考就不能打好基础;自我超越和建立共同愿景这两项修炼若不放在一个系统中进行系统思考就不可能产生向上的张力。

五项修炼的学习可以分为三个层次:演练——具体的练习;原理——指引的概念;精髓——修炼纯熟的人所处的境界。初学者因为还不习惯这种演练,因此需要严格的"自我要求",以达到专注与持续。熟习任何一项修炼,需要在了解原理和笃实地演练这两个方面都下功夫,我们很容易只了解一些原理,就自以为已学成该项修炼,误将知识上的了解当作学习。学习必须产生新的了解和新的行为。这正是将原理与演练加以区分的理由,二者缺一不可。

四、建立学习型组织的障碍

圣吉通过研究发现,大部分失败的公共组织都有其失败的征兆,即存在种种影响组织学习的障碍。在一个适者生存的社会里,公共组织只有克服种种障碍建成学习型组织,才不会遭致淘汰。

一是要克服局限性思考的障碍。圣吉认为,组织学习的障碍之一是人们将自身与工作相混淆,或是将自己的责任、思考、学习局限于职务范围之内。当组织中的人只专注于自身职务时,他们便不会对所有职务间的互动产生的结果富有责任感。因此,公共组织的组织设计应消除这种学习障碍。

二是要克服归罪于外的思维障碍。圣吉认为,组织学习的障碍之二是人们仅仅专注于本职,以片断方式看待外在世界,无法认清存在于"内"与"外"互动关系中的许多问题及其解决之道。公共组织的运作难免会出现问题,当问题出现时,管理者应及时查找问题的关键和制约公共组织正常运作的瓶颈,而不是过分地追究、指责责任部门,以免造成人心不稳、工作积极性下降。例如,公共营销部门责怪质量部门:"达不到销售目标的原因在于品质无法跟别人竞争。"而制造部门责怪工程部门,工程部门又责怪营销部门。如此向外推卸责任就无法真正解决企业所面临的困境,组织应适时引导各部门从自身出发寻找原因。

三是要克服缺乏整体思考积极性的障碍。圣吉认为,组织学习的障碍之三是人们缺乏整体思考的积极性。真正具有前瞻性的积极行动,除了正面的想法之外,还必须以整体思考的方法深思熟虑,细密量化,首先考察除了我们最初极佳的立意之外,还会造成(产生)哪些我们不易觉察的后果。全体组织成员要在问题扩大成为危机之前采取积极主动的应对方式,前瞻后顾,全盘考虑。

四是要克服只专注于个别事件的目光短视的障碍。圣吉认为,如果在一个组织中,人们只专注于某些片断或短期事件,就不能以较长远眼光来看事件背后变化的形态,更无法了解其真正原因。很多问题实际上都是因为复杂原因而缓慢形成的,如果人们的思考充斥着短期事件,那么学习型组织便难以持续。

五是要克服对致命威胁习以为常的思维障碍。圣吉认为,许多公共组织失败的原因常常是对于缓缓而来的致命的威胁习而不察。他将其比喻为温水煮青蛙的教训。温水煮青蛙的寓言故事,说的是把一只青蛙放入沸水中,它就会立即跳出来;但如果将它放入温水中,它就若无其事。可悲的是,当温度继续升高时,它就变得越来越虚弱,最后无法动弹,直到被煮熟。因此,公共组织要善于观察工作中的点点滴滴的缺漏,发现任何丝毫问题都要认真对待,采取补救措施。

六是要克服单纯从经验中学习的思维障碍。圣吉认为,各组织间之所以存在巨大鸿沟,最重要的原因是各个组织的学习都是凭据自身直接的经验。但从直接经验产生的学习有其针对性与时空局限,而组织重要的决定却往往无先例可遵循,无直接经验可套用,因此公共组织需要从整个系统的角度出发进行学习,而不能照搬照抄自身往常的直接经验。

七是要克服迷信团体管理成效的思维障碍。圣吉认为,组织学习的障碍之一是管理者争权夺利又害怕承认无知。在团体讨论组织面临的问题时,管理者们不敢互相追根究底地质疑求真,往往做出表面和谐的妥协。绝大多数组织不会奖励深入质疑复杂问题的人,尤其在所有人都无法确定问题的真正性质的时候。这就会陷入在管理团体中人人避免真正学习的危险状态,

五、自我超越及其修炼

圣吉指出,公共组织要求得发展,就必须克服上述的种种思维障碍实现自我超越。建立学习型组织的第一项修炼就是自我超越。所谓"自我超越"是指突破极限的自我实现,或管理技巧的精熟化。高度自我超越的人永不停止学习。但是,要实现自我超越,不能单纯依靠自身所拥有的某些能力,它是一个过程、是一种终身修炼的结果。高度自我超越的人,会敏锐地警觉自己的无知、力量不足和成长局限,但这却绝不动摇他们高度的自信。真正成熟的人能建立和坚持更高的价值观,愿意为比自我更大的目标而努力,有开阔的胸襟,有主见与自由意志,并且不断努力追求事情的真相。

圣吉认为,在公共组织中,组织与个人之间的"盟约(Covenant)"跟传统"契约"(以一天的劳力交换一天的报酬)完全不同。传统的契约只是组织与其成员关系的协作形式部分,而一个完整的关系需要一种盟约。盟约关系建立在对价值、目标、重大议题,以及管理过程的共同的誓愿上面。员工可以在企业中不断寻求自我超越、提升能力和建立自信,并因此对家庭、公司、社会有了更大的抱负。许多组织支持其成员个人的成长,他们相信这样做能够强化组织。因为对个人而言,健全的发展成就个人的幸福。只寻求工作外的满足,而忽视工作在生命中的重要性,将会限制我们成为快乐而完整的人的机会。

圣吉强调公共组织学习中自我超越的修炼。在这种持续的修炼中,首先,要建立起个人的"愿景"。"愿景"是"上层目标"(价值观)的具体体现。愿景不是竞争性的,是内在的。负面的愿景只是不断地去摆脱困扰的事情,并不会促进成长。把焦点放在真心追求的终极目标上,把次要的目的看作手段,这样才能不断地"自我超越"。

其次,要保持创造性张力。愿景与现状的差距是一种力量,这种力量将人们向愿景方向推动,我们称之为一种"创造性张力"。创造性张力的负面是情绪张力,两种张力同时存在,大小相等,方向相反。关键是要坚守创造性张力而消除情绪张力。创造性张力可转变一个人对失败的看法。失败不过是做得还不够好,但失败是一次学习的机会。创造性张力能培养毅力与耐性,它能够让我们看待现状的心态发生根本的转变,真实的情况成了盟友而非敌人,只要坚毅而持久的努力,就能从现状走向愿景。

第三,要看清结构性冲突。实际上大部分人都有一个牢不可破的信念,认为我们没有能力实现自己的目的。这种限制创造力的负面力量与创造性张力之间的矛盾系统称为"结构性冲突(Structural Conflict)"。对于"结构性冲突",有的人采用"操纵冲突(Conflict Manipulation)"的策略,即利用害怕失败的情绪张力,使人相信只有透过连续的焦虑与害怕状态才能使自己成功。也有人采用"意志力"的策略,即全神贯注地去击败达成目标的过程中所有形式的抗拒力来实现目的。

第四,要诚实地面对真相。要解决结构性冲突,关键在于要看清自己行为背后的结构性冲突。当我们发现自己为了某个问题而责怪某件事或某个人时,便要意识到自己可能正处于结构性的冲突中。发现在暗中运作的结构,结构本身就会变成"真实情况"的一部分,诚实地面对真实情况的意愿愈强,所看见的真实情况就愈接近它的真相,创造性张力也愈有力量。诚实地面对真实情况会变成一股创造性的力量,对这些结构作更有创意的变革,而不是去跟结构缠斗。

第五，要运用潜意识。愈是发自内心深处的良知和价值观，愈容易与潜意识深深契合，甚至有时就是潜意识的一部分。认清潜意识中的真正"愿景"，追求对一个人真正重要的事情，可以产生巨大的力量。让心灵处于平静的状态，让潜意识浮现出来。一项有用的起步练习是，只将"愿景"中的一个特定目标或某一方面纳入思考。首先想象这个目标已经完全实现了，然后问自己："如果我真的得到这个，它将带给我什么？"许多人发现，对这个问题的回答，就会揭开在目标背后更深的渴望。

圣吉认为，在自我超越中需要学会系统思考。一要融合理性与直觉。直觉并非完全没有根据的猜想，而可能是对时空上不接近的因果关系在潜意识中的一种联系判断，或是无法用简单的直线式因果语言来说明的某种思维判断。系统思考的一项重大贡献便是重新整合了理性与直觉。二要看清自己跟周遭世界是一体的。不断将事物的互动关系"衔接成环"，即不断发现我们原本视为外部的力量，实际上是与我们自己的行动互相关联的。三要形成同理心。同理心不仅是一种情绪状态，也奠基在一个洞察的层面上，当人们对于在其中运作的系统看到的更多，对彼此如何互相影响也会有更清楚的了解，再经由设身处地地为别人着想后，他们也自然会发展出更多同理心，改变怪罪他人和自责的态度。四要有对整体的使命感。当人类所追求的愿景超出个人的利益，便会产生一股强大的力量，远非追求狭窄目标所能及。

修炼中系统思考的复杂性有两种，一种是包含许多变数的"细节性复杂"，另一种是"动态性复杂"。系统思考工具是为了了解动态性复杂而特别设计的。而对于细节性复杂，则要依靠"潜意识"，在潜意识的层次我们具有意识层次所没有的、处理细节性复杂的巨大能力。所有的学习都可透过有意识的心与由其所训练出来的潜意识交互作用而产生效果。潜意识被"程式化"的方式很多，包括文化、信念、语言等。语言对潜意识内容组织的方式有所影响，而内容的组织方式往往比内容本身还重要。

六、改变心智模式和建立共同愿景

在完成自我超越的修炼后，进一步的修炼就是改变心智模式。圣吉认为，在学习型组织中，建立心智模式至关重要，它对我们的所作所为具有巨大影响力。因为心智模式影响我们如何认知周遭世界，并影响我们如何采取行动。我们所想的往往都是假设而不是真相。我们总是透过自己的心智模式来看这个世界，而心智模式总是不完全的。心智模式的问题不在于它的对或错，而在于不了解它是一种简化了的假设，以及它常隐藏在人们的心中不易被察觉与检视。所有新的管理理念或方法都会踢到"心智模式"这块隐在暗处的顽石。

学习如何将我们的心智模式摊开，并加以检视和改善，有助于改变我们心中对于周遭世界如何运作的既有认知。心智模式的修炼可以重新训练我们的自然倾向，使我们从交谈中可以产生真正的学习，而非只是强化原有的看法。对于建立学习型组织而言，这是一项重大的突破。传统权威组织的信条是管理、组织与控制，学习型组织的信条将是愿景、价值观与心智模式。健康的组织将是一个能够以整体的方式把人们汇集起来，为现在所面对的任何状况，发展出最完善的心智模式的团队。

培养组织运用心智模式的能力，必须学习新的技巧，并且要推动组织方面的革新。首先，必须把隐藏在组织重要问题背后的假设找出来。其次，要发展面对面的学习技能。这一训练最大的好处是增加组织生产力和解决人际问题，用反思和探寻的技巧去处理人际问题，变适应性的学习为创造性的学习。管理者必须运用反思和探询的技术，使组织内每个层次的人们在外部情况逼迫他们重新思考之前，摊出以及挑战自己的心智模式。

在圣吉看来，改变心智模式的目的是为人们在组织中建立共同愿景。他认为，组织的"共同愿景"不是一个想法，甚至像"自由"这样一个重要的想法。它是人们心中的一股令人深受感召的力量。如果两个人心中怀有相同的愿景，但彼此却未曾真诚地分享过对方的愿景，这并不算作共同愿景。人们寻求建立共同愿景的理由之一，就是他们内心渴望能够归属于一项重要的任务、事业或使命。共同愿景对学习型组织是至关重要的，因为它为学习提供了焦点与能量。在缺少愿景的情形下，组织充其量只会产生"适应型的学习"(Adaptive Learning)，只有当人们致力于实现某种他们深深关切的目标时，才会产生"创造型的学习"(Generative Learnings)。

虽然"愿景"对许多组织的领导而言是个熟悉的概念，但是，常常碰到的两种愿景却不是"共同愿景"。一种是强加在组织之上的个人愿景。大部分的愿景是一个人（或一个群体）强加在组织之上的。组织领导者的个人愿景被组织的各个层级和部门的成员真诚地分享，并凝聚了这些人的能量，甚或在极端不同的人之中建立了一体感。但这样的愿景，顶多博得服从而已，不是真心的追求。一个共同愿景是团体中成员都真心追求的愿景，它反映出个人的愿景。

另一种是想保持第一的愿景。有不少组织领导虽然不是将自己的愿景强加给组织，而是动员组织成员形成保持第一的愿景。只想保持第一的心态难以唤起建立新事物的创造力和热情。真正的功夫高手，比较在意自己内心对"卓越"所定义的标准，而不是"击败其他所有的人"。这并不是说愿景必须是内在的或是外在的，这两种类型的愿景是可以共存的，但是依靠只想击败对手的愿景,并不能长期维持组织的力量。

组织中的共同愿景会改变成员与组织间的关系。在组织成员看来,组织不再是领导者和管理者的组织,而是"我们的组织"。共同愿景是使互不信任的人一起工作的第一步,它产生一体感。事实上,组织成员所共有的目的、愿景与价值观,是构成共识的基础。心理学家马斯洛(Abraham Maslow)晚年从事杰出团体的研究,发现它们最显著的特征是具有共同愿景与目的。马斯洛观察到,在特别出色的团体里,任务与团队、团队成员本身已无法分开;或者应该说,当个人强烈认同这个任务时,定义这个人真正的自我,必须将他的任务包含在内。共同愿景自然而然地激发出勇气,这勇气会大到令自己都吃惊的程度。在追求愿景的过程中,人们自然而然会产生勇气,去做任何为实现愿景所必须做的事。

如果没有共同愿景,就不会有学习型组织。如果没有一个拉力把人们拉向真正想要实现的目标,维持现状的力量将不可能是牢不可破的。学习可能是困难而辛苦的,但有了共同愿景,我们将更可能发现思考的盲点,放弃固守的看法,承认个人与组织的缺点。

七、新型的组织管理

圣吉认为,在学习型组织中,组织管理将是一种新型的管理。这种新型管理首先要超越办公室的政治纷争。在传统的组织管理中,管理者要花费大量的精力对付内部的纷争。改变这种状态最好的办法就是建立共同愿景。如果未能真诚地拥有共同愿景与价值观,就无法鼓励人们超越只图一己之利的私心。我们可从建立一个重视"实质贡献"(Merit)而非政治支配的组织环境开始,在其中,做正确的事情远比是谁想做的重要。

一个非政治性的组织管理环境的建立,还需要"开放"(Openness)的组织文化。公开和真诚谈论重要课题,以及不断挑战自己的思考能力是非常重要的。前者可称为"参与式开放"(Participative Openness),后者可称为"反思式开放"(Reflective Openness)。如果没有开放,深藏在大多数组织内部、或明或暗的政争很难消除。愿景与开放的结合,是化解内部政争的第一步。在建立共同愿景的过程中,承诺奉行某些人类的基本价值(比如诚实),有助于削弱内部政治化的气氛。

学习型组织的新型管理是无为而为的管理。传统的组织管理是外加的压力管理,组织成员自己缺乏积极性,只是听从来自上面的管理。无法改变生存环境的无力感,或相信有某个人在某个地方遥控我们行动的想法,都会逐渐侵蚀学习的诱因；相反，如果知道命运是操控在自己的手中，组织成员就会不断地努力学习和应变。因此当组织成员对自己的行动有真正的责任感时，学习的速度也最快。这就是为什么学习型组织将日益成为以"地方为主"(Localness)的扁平式组织，这种组织会尽最大可能将决策权延伸至离"最高"阶层或组织总部最远的地方。

　　传统的管理认为实施"地方为主"的组织管理有两项难题：第一项是管理者，尤其是高阶管理者，在将决策权交给地方时，唯恐失去控制的力量。第二项难题是一旦没人控制，很难使"地方为主"达到有效地运作和协调一致。所谓第一个难题实际上是一种错觉，认为只有人从上面管理，才能管好一个组织的动态性与细节性，这是没有依据的。要排除这种错觉，就需要上层决策者改变心智模式，认清任何一个上层管理者都无法完成这种自上而下的动态的和细微的管理，上层管理者的任务是充分地将决策权延伸至基层，转而承担学习型组织中更重要的角色——推动组织内的五项修炼。至于第二个难题，也是可以解决的。不能把"地方为主"误认为是不存在控制，没有人在控制，并不意味着没有控制存在。事实上，所有健康的组织体（Organism）都有控制的流程，"地方为主"只是实行分散的控制流程，不是将控制集中在任何一位权威决策者手中。"地方为主"体现的是无数的地方决策过程，不断对环境变化做出及时、有效的反应。

　　学习型组织的管理是不再与时间为敌的新型管理。时间与注意力的管理，是最高管理者需要施加重大影响力的领域，影响的方式并非下达命令，而是以身作则。如果最高管理者一个工作日需要处理 20 个问题，他事实上是花了太多时间在原本应由组织的较下层来处理的"收敛性"问题上，而在管理和处理复杂问题上花的时间太少。

　　对所有的组织管理者而言，检讨自己用在思考上的时间有多少，是一个非常有用的起点。如果时间不够充足，原因何在？是工作压力使我们无法排出时间？或是我们花了太多时间在做不该做的事情上？不论是属于哪一种情形，能够改变的杠杆点在哪里？对某些人而言，可能需要改变个人的习惯；对另一些人而言，则可能需要缓和组织对不停地工作以达"最高效率"的要求。

　　学习型组织的管理重视微世界学习反思的新型管理。圣吉专门以学习实验室巡礼的形式，谈到微世界的学习试验。① 微世界学习依赖的不是延伸历史资料，而是了解背后的系统互动力量，当大家模拟一些决策时，常可以类推发现以往未曾想过的组织运作方式。

---

① 彼得·圣吉：《第五项修炼》，上海三联书店1990年版。

比如下列的微世界学习试验，探讨的是有关改善服务品质（支持分销商服务力量）的良性循环与提高价格折扣的恶性循环的关系，大家的共同体会是这两种循环均为增强环路，并认识到任何服务品质导向的策略都必须是长期性的策略。事后参与微世界学习探讨的四个人在读谈话记录时，都觉得很好笑。经由谈话内容的反省，学习小组找出几项团体运作方式的特征，比如，每个部门都认为，在系统中自己的部门最重要；当看到政策产生负面的效果时，咬定别人应对此负责；一味为自己的看法辩护，不深入探讨其他人的推理过程和内容。通过微世界观察到在实际生活中几乎不可能衡量的、在办公室中看不到的互动关系，在脑中画出一个内容更丰富的相互依存关系的图像。

微世界对组织学习有很大的作用。微世界与真实世界的整合（探寻、改善假设），加快或放慢步伐（扩大管理者认知的"时间窗口"，使他们对于缓慢、渐进的组织与企业变动，以及快速的人际互动与思维的过程，都有更高而敏锐的知觉），压缩空间（管理者能够得知自己的行动对于系统中其他遥远部分的影响），控制变因（简化或增加外部干扰变数，帮助管理者学习解析在实际状况中复杂的交互作用影响问题），从实验中学习（多次重复，使管理团体更加敞开心胸考虑和检验范围广泛的假说，并且不被封闭在某种成见之中），停下来反思（学习详细说明所作的假设，对微世界里的实验结果进行反思，并养成将反思的结果纳入实际决策的习惯），以"理论"为基础的策略（提供一个评价政策及策略的新基础，形成企业中互动关系的重要"理论"，以明辨各种可能政策和策略真正的含义，导致一种策略发展的新方式，使企业不至于落入只得接受平庸产业标准的境况），制度化的组织记忆（成为或创造一种组织记忆的新方式：组织的记忆必须依赖制度化的机制，而不是个人，不然你将冒着当人员由一个工作换到另一个工作时，便失去辛苦累积得来的教训和经验的风险）。

八、组织领导者新角色

圣吉认为，在学习型组织中，组织的领导者应当是设计师、仆人和教师。他们负责建立一种组织，能够让其成员不断增进了解复杂性、厘清愿景和改善共同心智模式的能力，领导者要对组织的学习负责。

在学习型组织中，组织领导者应当成为设计师。学习型组织领导者重要的设计工作包括整合愿景、价值观、理念、系统思考以及心智模式这些项目；更广泛地说，就是要整合所有的学习修炼。能使组织在学习上有所突破的，是那份从整合各项学习修炼所获得的综合。领导者必须小心不要滑入仅依赖某些修炼的一种安适的"沟槽"，因为单独运用任何一项修炼都会造成自我限制。

在学习型组织中，组织领导者应当成为共同愿景的仆人。每一位领导者都显现有相同的激励自我及团体的来源。每一个人在自己的愿景背后，都有一个在内心深处的故事和使命感。我们称之为"使命故事"（Purpose Story）——阐明这个组织为什么存在，以及要迈向何处的理由；它使领导者能够对他个人和组织的愿望赋予独特的意义。

领导者的使命故事既是个人的，也是整个团队的，它界定领导者生命中想做的事，使他全力以赴，却仍能保持谦卑，而不致把成败看得太重。它带给领导者的愿景一种特别深的意义，因为领导者的目标与理想，就像在一片广大的地理景观中、长长的旅途上所矗立的一些宏伟地标。但最重要的是，这类故事是他领导能力的核心。由"我们从何处来，要往何处去"的内涵中，点出组织的最终目的及其存在的理由。从这种深层的理由和生命意识之中，领导者发展出与自己个人愿景的独特关系。他变成愿景的"仆人"——永远忠于自己的愿景。

在学习型组织中，组织领导者应当是教师。领导者能够在四个层次影响人们对真实情况的看法：事件、行为变化形态（趋势）、系统（整体）结构和使命故事。现今的组织领导者大多把焦点放在事件和行为变化形态上面，这是为什么当代的绝大多数组织只是对环境做出反应，或顶多是顺应，而很少有所开创的原因。学习型组织的领导者兼顾这四个层次，但焦点主要放在使命和系统结构这两个层次上面。他们"教导"组织中所有的人也都这样做。领导者借助系统结构帮助人们看清更大的图像；领导者借着把焦点放在使命故事中，使组织中人人都具有大于个人的目的意识，共同的使命感会把他们联成一体，使之具有其他方式无法做到的那种认同感和连续感。

领导者的教师角色，教的并不是如何形成愿景，而是如何促进每一个人学习，帮助组织的每一个人培养对于系统的了解能力。"忠于真相"则是帮助领导者达成此项责任的不二法门。许多被自己的愿景所击垮的领导者几乎总是因为其失去了看清目前真实情况的能力，他们虚构个人及组织的希望，以缓和焦虑不安和规避不确定的事情，假装一切平安无事。他们变成演说家，而不再是领导者；变成自己愿景盲从的信仰者，而不再是学习者。

能将设计师、仆人和教师三个角色都扮演好的领导者，以创造性张力重振组织。"自我超越"的创造性张力是由坚持一个愿景，并同时诚实说出与实现愿景相关的目前的实际情况而产生的。领导者的创造性张力并不是焦虑——那是一种心理上的张力，领导者的方向必须是由使命故事、目的意识、价值观和愿景建立而成的。由于他严格要求自己忠于真相，以及不断深入探寻影响目前状况背后的那些力量，使愿景与现况的差距更加显著。领导者借此创造并管理这项创造性张力。不仅个人如此,整个组织也如此。当整个组织精熟于运用创造性张力,对于真实情况的看法将大为不同。大家会开始看到真实情况的各种可能面貌,而将现况看作在他们通力合作下能够加以影响的事情;这不是指设法相信自己很有力量的那种空泛的"信念",它是一种领悟——根源于体认现况的每个方面,包括事件、变化的形态,甚至系统结构本身,都可以透过创造性张力予以影响。

第二十三章 哈克的混序组织理论

【摘要】

著名学者迪伊·哈克是一位对组织的混序性做了开创性研究工作的人。法国哲学家莫兰曾用"有序—无序—相互作用—组织"来表达复杂性与复杂思维的基本特征。与莫兰的探索不同,国际维萨信用卡(VISA)创始人哈克则用"混序"(混沌和有序的组合用语)来描述组织的复杂性。

在哈克看来,混序组织是一种全新的、与人类心灵与自然相融合的"漂亮的组织"。混序组织是合作与竞争相互交融的组织,所有组织成员都能以独特、自主的方式自由竞争,一旦与整体的利益发生冲突就能自觉放弃自身利益并进行协作。健全的组织必须是开放的,是居于"混沌"和"有序"之间的混序组织。否则,它将会按熵增原理逐步衰退为稳定状态,成为"死"结构。混序组织的中心思想所阐扬的人际关系,会让人由衷地为其中的希望、愿景、价值、意义与自由而共同致力追求。这样的组织将诱发与激励人的积极性和建设性,以至产生不断进取的活力。所以,哈克主张创设创新而务实的混序组织,催化大规模的组织变革,使竞争、合作融而为一。在某种意义上可以说,混序组织的观念与学习型组织是互为补充的。

一、哈克的组织理论研究活动及主要著述

1924年,一个新的生命诞生在美国犹他州,他就是迪伊·哈克(Dee Hock)。哈克从小就厌倦学校和教会带给自己的束缚,拒不接受传统思想。到了14岁,哈克忽然想去工作,可年龄又不够,于是伪造洗礼证书,宣称自己已满16岁,混进一家罐头厂干起倒污水的工作。

身边的亲人都说哈克过于叛逆,将来很难成材,对他也不抱什么希望。27岁时,一家消费金融公司的下属机构给了哈克一个正当工作的机会。几个平均年龄只有20来岁的年轻人跟随他甩开膀子干,他们的努力产生了很好的效果,公司的业绩奇迹般高速增长,但公司思想保守的领导层最终还是容不下他。不到一年,哈克就被逐出了公司。后来,他流浪到了西雅图市,一个偶然的机会使他进入一家金融集团干起主持筹办消费者借贷业务的行当,日久天

长,他不守"规矩"的本性又渐渐暴露出来,在那个保守风气盛行的年代,他破除陈规、改革创新组织与管理的努力再一次流产了。

36岁那年,已是3个孩子的父亲的哈克生活十分窘迫,走投无路的他不得已敲开了美国国家商业银行的门,当了一名实习生,所干工作与勤杂工差不多。这位30多岁的男人经常被各部门调来调去,任人差遣,吃尽苦头。倔强的他不断告诫自己:这一辈子一定要找到一次出彩的机会。

1967年,哈克已经43岁了,正是在这个许多人对人生已不再抱出彩希望的年龄,他赢得了生命中的一次转机。美国国家商业银行计划开发信用卡业务,他争取到了一个协助工作的角色,他超越传统的想法获得了银行高层的支持。带着30多年来对创新组织与管理的向往和实践,经过近两年的积极探索,他终于成功了。在当时没有互联网、没有企业联盟的条件下,他发展出了一套"价值交换"的全球系统,并借此创建了一个全新的组织——也就是后来的"VISA(维萨)国际",以至于在以后的22年里,该组织成为奥林匹克运动会铁杆赞助商。如今维萨的营业额是沃尔玛的10倍,市场价值是通用电气的2倍,成了全球最大的商业公司,世界上超过1/6的人口成为它的客户。哈克自然而然地被推上了维萨信用卡网络公司创始人及荣誉CEO的宝座。

1984年,哈克离开了他亲手创办而运行成功的VISA,过起了他自己所说的"田园生活",与风雨对话,边读书边思考着万物。直到9年之后的1993年,哈克看到了一本书——米歇尔·沃尔德普鲁撰写的《复杂性:诞生于秩序与混沌边缘的科学》。哈克在谈到他从开始阅读该书的导论部分时说:"当时我丝毫没有料到,未来人生道路另一番的美好事物已在此乍露端倪。"读了两章以后,他"愈读就愈着迷"。这本书介绍的是圣塔菲研究所有关复杂性的研究,哈克特别注意到这样的论述:"经由研究复杂而有自组织与适应能力的系统(他们称之为'复杂')或许催生出一种新的科学。两百年来,科学对宇宙与其中的万物,一直设法以符合精确、线性因果律的运行机制来解释。这些学者对此不以为然,他们担心一味追求专门、分离、特殊,可能会让人在理解最终真理上走进死胡同。因此,他们提出了较为整体的认识方式,认为所有复杂并且有适应能力的系统都存在于混沌边缘,它们也具有足够的自组织能力,以创造我们称之为'秩序'的认知型态。"

但哈克在谈到该书的最后两三章时感到沉闷,他自称"被书中一长串的形容词弄得头昏脑胀,像自催化、非线性、自组织、复杂、调整整体,等等"。他查阅不同的词典希望找到一个比较适应的字眼,但却一无所获。哈克还曾赴圣塔菲研究所访问了几天,结果是"颇令人失望"。哈克这样说:"研究所的结构概念是17世纪的老古董,与其他千百个机构没有两样,除了它是以多元学科为导向,也不仅限于单一学术领域。面对社会的解体、生态圈的崩溃、暴力横行、饥荒不绝,我无意从事学术研究,出版一些不痛不痒的报告,而希望能真正做点有意义的事。探讨可辨识的最小物质单位是波或粒子,比起昔日宗教上争辩一个针头上可以容纳几位天使跳舞,性质上相去不远,而且在社会乱象中,也同样于事无补。"

于是哈克想,"为什么不创一个新词"用来解释这种困境?联想到"这种(复杂)系统应该是在混沌与秩序间的窄缝中出现",哈克分别借用混沌(Chaos)与有序(Order)的第一个音节,造出了"混序(Chaord)"这一名词。

法国哲学家莫兰曾用"有序—无序—相互作用—组织"来表达复杂性与复杂思维的基本特征。他认为,人们在认识复杂性的过程中有两个相互联系的核心:"一个经验的核心和一个逻辑的核心。经验的核心一方面包含着无序性和随机性,另一方面包含着错综性、层次颠倒和要素的激增。逻辑的核心一方面包含着我们必然面对的矛盾,另一方面包含着逻辑学上内在的不可判定性。"[①]与莫兰的探索不同,哈克则用"混序"(混沌和有序的组合用语)来描述组织的复杂性。他承认,"混序"是对"混沌边缘有序形态"的探索。他仔细观察山猫逮地鼠的过程后评论说:"山猫的本质无法测量、设计、制造或了解,但也未受控制,而是混沌边缘有秩序的型态,也就是混序。"既然"混沌边缘"是复杂性的本质,研究"混沌边缘"是复杂性研究的核心,那么,哈克的混序研究理应属于复杂性研究的范畴了。

1994年,哈克展开了一场比VISA更重要的探索,即"混序组织的建立"。年复一年,哈克与来自不同的行业与领域——医疗保健、教育、宗教、能源、农业、林业、慈善事业、软件开发、金融、海洋渔业、军方、环境保护——的几十个组织的数以千计的人士探讨关于具有混序组织的概念。最终哈克建立了"混序联盟",他作为该联盟创始人并担任CEO。

哈克1991年入选"企业名人堂",成为享此殊荣的30位在世者的其中一位,1992年哈克被美国《金钱》(Money)杂志评为"过去25年间最能改变人们生活方式的八大人物"之一。从一个生长于小镇、性格内向的孩子到VISA组织的创始者,最终成为混序组织理论的创始人,哈克的故事"对于我们当中正设法培养这种创新的人一定要准备些什么做出了强有力的阐释"。

哈克重视实践,在实践之余从事著述,他最重要的组织理论著作是2005年出版的《混序:维萨与组织的未来形态》(*Chaord: Visa and the Rise of Chaordic Organization*, 2005)。

---

① 埃德加·莫兰:《复杂思想:自觉的科学》,陈一壮译,北京大学出版社2001年版,第148页。

在该书的序言中,哈克指出,作为一种非凡的创新,维萨会是一个有趣的学术研究课题,但使得它和《混序》如此重要的是,它的创新行为并不是孤立的。事实上,它可能只是从组织创新中脱颖而出的一个最好的商业实例,与因特网、嗜酒者互诫会(Alcoholics Anonymous)、世界范围的空中交通管制系统这些与众不同的组织有着相似之处。这些组织的管理体系中没有总裁,没有独立的所有者。它们都是自由的行动主体所组成的网络,该网络中所有人都不理解也不必理解整个网络,但他们都知道参与的基本规则。每一个组织都像维萨一样,处于构造当中,并有着自己的一系列问题,但它们又都能迅速成长,并在很大程度上影响到那些如果不采取此种形式就无法解决的问题。

彼得·圣吉在为该书所作的序中写道:为什么社会与生物圈越来越混乱?本书描写的就是一个终生寻求上述问题答案的故事,这与维萨的形成密切相关。它是关于收服四只必定会吞噬其饲养员的野兽——自我、嫉妒、贪婪与野心的故事;这是一桩极为划算的交易——以自我换谦恭,以嫉妒换沉着,以贪婪换时间,以野心换自由。此书讲述了一系列无法预见的事件,它们使一位古稀老人踏上比维萨的创建更渺茫但却更为重要的旅程。最为重要的是,它是一个关于未来的、关于新时代正欲奋力破茧而出的、关于已有400岁高龄的旧时代在慌乱不安地为重生作垂死挣扎的故事。它不仅仅是我的故事,虽然我也在其中;也不仅仅是你的故事,尽管你也在其中;它是我们所有人的故事。

彼得·圣吉认为,我们面临着各种不断增多而又难以解决的问题,这是因为我们占支配地位的组织的DNA是以机器时代的思维方式为基础的,例如,"所有系统必须由某一个人控制",只有受到一位强势领袖人物的"推动",变化才可能发生。但众所周知,在健康的生命系统中,控制是分布式的,变化是动态的。而我们就是太习惯于"必须由某人控制"这一思维定势,所以无法想象其他真正的选择。哈克的天才就在于他恰恰想到了这一点,然后构建了一种清晰的哲学并有着把这种哲学引入生活的操作设计能力。

二、物理学研究对社会组织变革的深刻影响

哈克对混序组织的研究得益于现代物理学理论的发展。物理学是一切科学的基础,不但在形而上学层面上塑造人类的思想,也通过对它的应用在形而下或形而中层面上改变着人类所赖以生存的世界。物理学不但为发展科学和技术提供所需基础原理和关键知识,而且对社会各个方面产生直接的巨大冲击。作为物理学家的爱因斯坦的科学创造精神对我们今天倡导的自主创新起着巨大的鼓舞作用。

从宇宙诞生那一刻起,在剧烈动荡的条件下,基本粒子之间有了组织性联系而形成了原子核,然后原子核和电子又形成了原子,原子与原子核间又形成了分子和物质,星系间又通过自组织,形成了今天仍在不断变化着的宇宙。物理学正是研究、了解它们相互作用和组织结构变化的规律的。组织结构实际上是一个系统的有序性的表现。古希腊的原子论就认为物理组织中最基础的单元是原子。牛顿力学同样以原子论为基础,确认原子是组织整个宇宙的基本单元。宇宙万物之间力的相互作用形成这个奇异的宇宙组织(原子结构模型也曾效仿宇宙模型而进行建构)。爱因斯坦的宇宙模型也是为了了解这个宇宙组织而建构的。

现代物理学开始突破传统的物理学所坚持的物质结构观念。普里高津研究了新组织——耗散结构的生成问题,他的热力学定律证实了在远离平衡态的状态下,能量的耗散者不仅可以造成无序,而且可以造成组织。比如,在贝纳德对流实验中产生一种涡流型的组织,这个组织在构成元素的循环基础上产生一种固定的形式。涡流确实是起组织作用的。星系是旋涡形成的,导致恒星形成的过程是旋涡形的。人类本身在某种意义上也是由复杂地组织起来的许多涡流组成的:血液从心脏出发经过整个机体再回到心脏的涡流式的循环,我们的细胞分子的不停歇的回转,而我们的细胞在死亡后又被其他细胞替代和轮换,我们本身又被替代交换的涡流带走,每一代在时间中延续时都重新开始同样的生命周期。①

20世纪70年代以来,自然科学前沿出现了一大批像"耗散结构论"、"协同论"、"突变论"、"超循环论"、"混沌理论"和"分形理论"等新兴学科。它们的研究对象尽管不同,但是都具有共同特性,那就是它们都是非线性的复杂系统,或非线性的自组织形成过程,它们都是现代物理学新分支研究的对象。

20世纪物理学变革给人们的世界观带来了巨大的革命,以爱因斯坦为代表的现代物理学家们功不可没。他们的新观念促成组织概念的不断变革。宇宙不再是机器,人也不再是机器。新的组织应与人性相协调。新组织结构要克服传统等级制度的弱点,它应该机动灵活、适应性强、有活力、能鼓励各种人参与、能适应创新并且和谐共存。物理学的新成就及其应用,使人类进入了一个新时代:信息社会。它给人类生活和生存带来了巨大的福音,也给人类建构和谐社会奠定了坚实的思想基础和技术基础,提供了多种多样的技术手段。

哈克研究和跟踪了现代物理学理论的进展,他认为,在很长时间中,机械

---

① 伊利亚·普利高津:《确定性的终结——时间、混沌与新自然法则》,上海科技教育出版社1998年版。

思维主导过我们的思想、我们的组织性质乃至工业社会的结构。在某种程度上，很少有人能充分认识到它对我们的影响之深。传统物理学的机械运动理论表明整个宇宙以及其中的万物，无论是物理的、生物的或社会的，都可以理解为像钟表那样由各个机械部件组成，并以精确的、线性因果律互相作用。近代社会的组织与管理模式深深受到牛顿力学机械论的影响。牛顿机械观把宇宙看作是一架大机器，人是这部机器中的一颗螺丝钉。甚至有人干脆认为，人也是机器。社会与人像宇宙中的其他物体一样严格按决定论的轨道运行，于是有了历史决定论、拉普拉斯决定论等决定论的机械观。

在机械论者看来，社会组织按机械论线性方式组织成等级森严的金字塔结构。管理也是机械性的管理模式。正如马克斯·韦伯所断言的，在现代社会里，最合理、最有效的组织是具有等级制度特征的，如条件稳定，等级制结构就很起作用，因为它强调具体职能的把握和预见性。等级制结构——高度正规化、专门化、集中化，并主要依靠工作过程的标准化，以便进行组织协调，所以适宜于大规模地、有效地进行日常工作。等级制结构常见于稳定和成熟的产业部门，这些部门基本上从事合理的、重复类型的工作。因具有重复性，使得运行适合等级制结构。然而，等级制控制可能要以牺牲个人的主动性为代价，并且在不确定和迅速变化时期内可能会全然无效。等级制还可能产生其他机能失调特征，如组织内的抵制、推诿和拖拉、逃避责任、文过饰非和本位主义。它也会阻碍组织成员发挥主动性。

现代物理学理论的进展对人类的贡献是巨大而深刻的，也是多方面的。它对人类组织管理创新作用是绝不可小视的，特别是新掀起的复杂性科学则研究自然界的自组织。复杂性就是组织的复杂性，这种组织不同于传统的封闭的组织，而是开放的组织了。它告诉我们最好的组织形式是有序和无序的和谐结合，叫"混序组织"。哈克坚信，如果我们能够剖析并理解所有这些部件及其作用规律，我们就能重建整个世界，并且其中的所有一切都是可预测的、可控制的机械主义，比我们以前的世界更适合我们。

三、传统思维与现代思维的区别

复杂性科学的研究进展极大地推动着组织创新和管理创新研究的高涨。但是传统的组织理论研究受到传统思维的限制。哈克在其实践和理论研究中提出了传统的秩序思维与基于混序的现代思维之间的区别。在哈克看来，传统思维方式概括起来主要有以下四个特性：一是连续性或无断裂性，自然界无跳跃；二是确定性，导致多种形式的决定论；三是可分性，还原论和构成论由此导致否定事物间的关联性和系统的整体性;四是可严格预见性、否定随机性和偶然性,否定事物的突现与生成。

复杂思维在以上四个方面有相反的、否定的表述。可以用"四不"来表达复杂性思维与机械性思维的方式之间的差别。复杂性思维有许多特征。首先,混序世界具有不连续性。1900年普朗克提出"作用量子"概念为关于自然界的不连续性观念奠定了基础。波尔把它引入原子结构的研究中,使核外电子处于稳定状态。后被爱因斯坦引用来解释光电效应,等等。系统科学与复杂性理论把不连续性作为其不言而喻的前提。"不连续性"思想包含以下内容:(1) 系统由多主体组成。(2) 主体间相互作用,其中没有哪一个主体是独立存在的。"在复杂适应系统中(CAS),任何特定的适应性主体所处环境的主要部分,都由其他适应性主体组成,所以任何主体在适应上所作的努力就是要去识别别的适应性主体。这个特征是 CAS 生成的复杂动态模式的主要根源。"(3) 主体间通过聚集相互作用而生成具有高度协调性和适应性的有机整体。(4) 相互作用是非线性的。简单主体的聚集相互作用,会产生突现现象,从而生成"复杂的大尺度行为"。"对于突现现象而言,生长出来的复杂性是一个基本的思想"。

其次,混序世界具有不确定性。用著名的科学家普里高津的话说,"腐朽"的确定性,即确定性已腐朽了、终结了,而必须代以"不确定性"。当然,这样说可能有点绝对化,事实上,如成思危所指出的,"系统在远离平衡的状态下也可以稳定(自组织),确定性的系统有其内在的随机性(混沌),而随机性的系统却又有其内在的确定性(突现)"。但不确定性是基本的,确定性是它的特例,这是因为世界的万物变化充满着随机性和偶然性,由此决定了事物变化的不确定性。日本著名学者野中郁次郎曾这样说:"在当前的经济环境中,'不确定性'是唯一可确定的因素。"所以普里高津强调:"我坚信,我们正处在科学史中一个重要的转折点上。我们走到了伽利略和牛顿所开辟的道路的尽头,他们给我们描绘了一个时间可逆的确定性宇宙的图景。我们现在却看到了确定性的腐朽和物理学定义新表述的诞生。"我们"必须重新表述把自然和创造性囊括在内的自然法则"。这种自然法则,"不再基于确定性,而是基于或然性"[1]。

值得我们关注的是,随着确定性的终结,不确定性研究已受到了人们普遍的重视。罗伯特·马修斯在2003年英国《焦点》月刊5月号上发表了《不可思议的世界》一文。文章开头说:"此时此刻,在你周围,比原子还小的粒子正在

---

[1] 伊利亚·普利高津:《确定性的终结——时间、混沌与新自然法则》,上海科技教育出版社1998年版。

不断出现(生成)又消失,它们凭空产生(生成),又转瞬即逝。你可能不知道它们的存在;但没有它们,无论是你还是整个宇宙都将不复存在,你应该庆幸它们的存在。它们被称为虚粒子。这是所有科学中意义最深远、也最匪夷所思的理论——不确定性原理——推理之一。"

不确定性原理最早由海森伯提出,以后引发了爱因斯坦与玻尔关于"上帝是否掷骰子"的争论。争论的结果以有利于波尔一边而告一段落。接着又有彭罗斯与霍金的争论,霍金站在波尔一边,嘲笑爱因斯坦念念不忘的上帝只能是个"随时都在玩骰子的大赌徒"。不确定性原理已经在科学探索中显示其强大力量:它暗示着虚无空间中充满能量,其能量的随机爆发随时随地可能发生;粒子纠结效应为实现粒子加密法提供了基础,成为一种保护秘密信息的全新方法;不确定性原理最惊人的应用是在宇宙学中,人们据此推断出宇宙中存在着"暗物质"和"暗能量"。这些都表示着海森伯不确定性原理的巨大威力。

不确定性已被广泛应用于宏观研究领域,如美国斯坦福大学著名创新研究专家罗森伯格撰写的《不确定性与创新文化》一文。该文一开头就说,在考虑科学和技术文化时,有一个在讨论中起支配作用的关键词,即不确定性。不确定性原理应用于管理,形成了一门"不确定性管理"的课程,以适应瞬息万变的市场变化,因为市场变化是不确定的,环境的不确定性要求运用新的思想方式来考虑战略。

第三,混序世界具有不可分离性。按照复杂性的观点,自然界没有简单的事物,只有被人简化的事物。可分离性或可还原性就是把复杂事物作简单化的处理。这种简单化处理方法的背景是机械论宇宙观。机械论宇宙观把宇宙看作一架机器、一只大钟,人也是机器,或机器上的螺丝钉。人为了认识这架机器、这只大钟,首先将它拆分或"拆零"。它显然是把复杂事物简单化了:以为可以从部分的性质出发获得对整体的理解,简单地把整体看作部分之和。这种观念就是《生成哲学》一书开头部分就批判的构成论和还原论。

不可分离性观念是建立在"宇宙是一个不可分割的整体"这一观念基础之上的。量子力学告诉我们,观察对象与观察者是一个不可分离的整体。混沌理论则告诉我们,由简单的零部件组成的简单的系统将会产生极其复杂的行为模式。

第四,混序世界具有不可预测性。不可预测性的一个形象的比喻是蝴蝶效应:墨西哥湾上空一只蝴蝶的翅膀一扇动,就可能引起加利福尼亚的一场大风暴。现实中如曾经发生过的亚洲金融危机,开始是一个、几个国家或地区,后来波及面越来越广,乃至影响全球。

不确定性已导致历史决定论的破产。这是因为自然界和人类的社会生活中有大量的偶然性和随机性。正如莫兰在《复杂思想:自觉的科学》一书中所说:"如果这个历史阶段消除可随机性、偶然性、战役、机缘、古埃及女王克娄巴特拉的美丽的鼻子、拿破仑的奥斯特利茨战役中的迷雾、斯大林的死亡,它的合理化就达到比一部荒谬的历史更坏的荒谬性。""如果我们认为历史是理智的,它知道它需要什么,它牵引着我们的鼻子走向进步,那么这种观点比莎士比亚的白痴的观点更加白痴!"①

未来不是完全可以预测的,未来不在过去的延长线上。未来并非过去的继续,而是一系列的不连续事件。只有承认这种不连续性并设法适应它,我们才有机会在21世纪生存下来并获得成功。针对未来的不确定性和不可预测性,人们想出了一系列的办法以适应这个动荡不定、极难预料的环境变化。

四、混序组织及其特征

哈克指出,近三个世纪以来,人们一直孜孜不倦地建构社会,使其与秩序的观念相一致。人们相信有了更多还原论的科学知识、专业化、技术、效率、线性教育、规则和规律、等级的支配与控制,就能学会管理组织。在组织里,我们相信只要在一处拉起一个操纵杆,就可以在另一处得到一个精确的结果,而且可以确定地知道这一结果从何而来。不必介意人在这一过程中都要像螺丝钉和齿轮一样地运作。两个多世纪以来,人们在反复地管理这些组织并拉起这些操纵杆,但我们极少得到预期的结果。我们所得到的结果都是再明显不过的:错乱分布的财富和权力、破败不堪的生态圈和濒临崩溃的社会。

哈克说,假如将机器隐喻为今天的组织概念的父亲的话,那么工业时代就是母亲,两者一起主导了所有机构的演化。由于机械化、支配-控制型组织的出现,工艺时代独家生产的流程遭到淘汰。为了生产大量一致的产品、服务、知识和人,这些组织积聚资源、集中权威、统一实践、加强服从,造就了一批管理学家。他们擅长于减少可变性和多样性而使其成为整齐划一、无休止地重复、效率不断提高的生产线。由此,工业时代变成了管理者的时代。与此同时也使这个时代变成了自然科学家的时代。他们的主要作用是通过不断增加的精确度、无休止的重复统一、反复的实验过程,使得整体主义的思维方式还原为专门化的知识。有段时间,大学在这两类的鉴定和生产上取得了垄断地位。

所有组织中的最高层级,商业、政治、社会和教育等方面都由可以互相交换的、有知识和经验的精英们所组成。他们通过维护组织的存在形式以及对

---

① 埃德加·莫兰:《复杂思想:自觉的科学》,陈一壮译,北京大学出版社2001年版,第179页。

权力和财富的不断集中,给自身带来了巨大的利益。同时,那些组织滋生了无数不可思议的科学和技术的创新。变化的巨轮使人们的生活、工作、娱乐方式产生了多样性与复杂性。这样,反过来就要求有全然不同的组织观念,能使权力与财富的分布更均匀,人们的才能不受羁绊,社会组织、人类的精神和生态圈之间恢复和谐。我们必须要记住的一个基本事实,并不是我们已经成为世界的专业管理者和专家,而是我们的专业性质变成了对统一和效率的创造和管理,但我们所需要的已经变为对多样性和复杂性的理解和协同,也就是变化本身的真实过程。

哈克从自己的组织变革与创新的实践中认识到现有组织的变革与组织全新的演进有着许多共同的特征。正如人体不适应一个由各部分按照越往上越重要的线性顺序来排列的垂直层级结构那样,未来的组织也同样不会以这种方式建构。根据主从关系构建的大金字塔式的组织架构将会让位于由半独立而平等的个体联合组成的组织架构,这些个体既可以是组织内的个人,也可以是大组织内的小组织。不过,这并不是说,目前所有的工业组织都会马上毁灭。演化极少会如此残酷无情。它是势不可挡的,却又很有耐性。大多数组织会渐渐发展成这样一种形式,其中权力、财富与信息更加分散和普遍,尽管演变的过程缓慢而痛苦。

没有竞争与合作的相互结合,就没有社会、商业与政治等领域所取得的成果。诸如维萨卡、因特网以及 Linux 软件等组织都是由半独立而平等的个体为了共同的目的而联合起来的组织。提出这样的组织理念,一定程度上加剧了关于竞争与合作究竟何者才是时代的主流的无休止的争论。虽然竞争与合作各自都有狂热的倡导者,但偏废任何一方都不是明智之举。人类社会始终存在着斗争与妥协、权力观念与服务观念之间的竞赛,在这种较量中并没有胜利者。合作者若走到了极端,就会导致不计后果地追求平等,然后利用中央集权令整个社会趋于千篇一律的状态,进而越发高压地维持这种一致性,以致最终走向奴役。竞争者若走到了极端,就会不顾一切地追求私利,剥削他人,然后相互报复,进而加速进入无政府状态,最终走向混沌。因此,只有竞争与合作和谐地携手并进,才能避免陷入控制或混沌的极端状态。

哈克从创立和管理维萨国际,以及建立"混序联盟"的实践中提炼出现代混序的基本概念。哈克自己说:"(这个混序概念是)我毕生对自然的热爱,为这样一个组织所做的努力,是由阅读的心得以及对组织性质的理念融合而成的"。所谓混序,从字面上看是混沌有序(Chaord),它借用混沌(Chaos)和有序(Order)两个词的第一个音节组合成一个新的词。"混序"同时具有混沌与有序双重特征,但任何一个特征都不能压倒另一方,是介于二者之间的一种状态。其基本含义是指任何自我组织、自我管理、有适应能力、非线性复杂的有机体、组织、社群或系统，无论是物理、生物或社会行为，均能和谐地结合混沌与秩序两种特性。一个个体，其行为所展现的模式与几率，无法由其构成的部分推断或解释。任何混乱排序的复合体，都是以演化与自然为基本组织原则的个体。

混序组织的理念构架是强调任何组织都是人类创造的产物。它们都是人群心智、情感与精神的形成力量，吸引人们为追求共同目标而奋斗的理念构架。不能把它们看作像一栋房子或一部机器那样是一群不变的实体。任何组织都是其社会环境的具体展现，它们与其整体社会环境相互作用、相互依存，是一组变动不居的关系网，不是静态的，而是不断变动和演化的。健全的组织必须是开放的，是居于"混沌"和"有序"之间的"混序"组织。否则，它将会按熵增原理逐步衰退为稳定状态，成为"死"结构。混序组织的中心思想所阐述的人际关系，会让人由衷地为其中的希望、愿景、价值、意义与自由而共同致力追求。也就是说，这样的组织将诱发与激励人的积极性和建设性，由此它们才会有不断进取的活力。

哈克描述过混序组织的特征，认为混序组织具有以下的特点：一是建立在明晰的共有目标和原理基础上；二是整体与部分都是自组织和自治理；三是使它们的组成部分有可能存在；四是从外部获得动力，从核心获得统一；五是目标和原理是可持续的，形式和功能是可变的；六是公平地分配力量、权利、责任和奖励；七是合作与竞争的和谐组合；八是在永远扩展循环中学习、适应和创新；九是与人类精神和生态圈相容；十是解放并倍增机智、创意和判断力；十一是相容并培植多样性、复杂性和变革；十二是建设性地利用和协调矛盾冲突；十三是尽量抑制但可以适当地使用命令与控制手段。

五、混序组织形成的挑战及其应对

哈克认为，混序组织是对传统制度的挑战。传统企业严格的等级观念、机械的规章制度以及无所不在的控制，从根本上扼杀了组织成员的创造性和积极性，使组织难以灵活应对新的挑战与机遇。因此，在创建维萨国际前，哈克等人就为心目中理想的组织确定了几条基本准则，这些准则可以帮助我们更灵活地理解混序组织的本质。

首先是权力与功能必须最大程度地下放。任何功能，如果能被多个部门分担，就不可集中于一个部门；任何权力，如果能由更基层部门所行使，就不可控制在高层。其次是自我组织。无论出于何种原因，任何成员都有权在任何时候以任何规模进行自我组织管理,并且拥有不可侵犯的权利来参与更高层次乃至整个组织的管理。第三是管理必须分散。任何个人或机构,或彼此间的联盟,尤其是管理者,不得控制或支配任何层次的任何决定或结论。第四是必须将竞争与合作完美地结合起来。组织的每个部分都能够以独特的方式不受约束地自由竞争,但又要彼此联系,以了解其他成员的需求,并在需要时作为整体不可分割的部分来彼此合作。第五是具有无比的延伸性和极度的持久性。在保持根本目标、组织性质以及具体准则不变前提下,能够从形式和功能上不断进行自我调整,使人类的才智与精神得到充分发挥。第六是全部成员和谐而公平地分享组织的所有权。任何关联方都有权参与经营与管理,并享有所有权。最后是要重视组织运行的混序特性。哈克认为,工业革命形成的"命令—控制"的组织形式已经过时,它有悖于人类的本性,已形成了对生物圈的破坏和对社会的伤害,因而,他希望借助生物圈的观念建立一种新型组织,一种就像人体、大脑或生物圈一样,可以自我组织、自我管理、自我发展的组织,这就是混序组织的雏形。

  哈克认为,组织对个人的重要性在于,好的组织可以发挥人的创造性和积极性。一个好教练,可以带出一个好球队,而一个不好的组织可以使人的聪明才智泯灭。哈克引用马基雅维利的名著《君王论》中的话说:"一如医生对消耗性的疾病的说法,开始阶段容易治疗但不易发现,经过一段时间后,若未极早对症下药,病症会变得很容易发现但不容易治疗。政治上的问题亦复如此。"生物演化与社会演化有其共通之处,两者都非静态和可预测的,而是无时无刻不在变动与演化。一个有机体是其生态环境的具体展现,一个组织也是其社会环境的具体展现,组织不但与环境密不可分,而且也是组织健全与存续之所系。每一个有机体都与其他所有有机体及整体生态环境相互依存,而每一个组织也都与其他所有组织与整体环境相互依存。生物有机体在变迁的生态环境中的生存之道在于不断演化为最能发挥其功能的形态,而有机体各部分的生存之道,则在于采取对整个有机体的发育最有助益的形态。组织也是如此,组织在变迁的社会环境中,生存之道在于不断演变为最能发挥功能的形态,而组织各部分的生存之道,则在于采取对整个组织最有助益的形态。健全的生物有机体与健全的组织都是一组变动不居的关系网,同时显现为"混沌"与"秩序"的和谐结合。

  哈克混序理论的提出,让我们置身于一场思想观念和管理实践的挑战之中。我们不能再沉迷于分割观念的牢笼中,执迷于机械的分割,而应走向复杂性的整体思维道路。正因为这样,"混沌-有序"组织的倡导者哈克在他的《混序时代的诞生》中倡导人们要"走出数学语言的执迷",他运用经济学家、会计师及美国会计史学会前任会长托马斯·江森的话提出了以下劝告:笛卡尔-牛顿学派世界观对思想的影响,远远跨越自然科学的范畴,会计学也在其列。复式分簿记录以及自16世纪由此演化的财富测量系统明显具有笛卡尔-牛顿学派的精神。它们所立足的观念,诸如个体为部分的总合的基本单位(就像家庭是社会的基本单位一样)、"果"是无限分割的"线"性之因的结果……现在有些学科,如量子物理学与演化生物学,对现实的最贴切的描述,就像由各种相互联系的关系构成一张网那样,其中的万物都处在生生不息的变动与演化中,而人类以其有限的感知,仅能觉察一隅。这种"全系统"的世界观下,部分的综合并不能代表任何事物的整体,部分只有就其在一个事事相关的更大整体中,方能展现其意义……如果现在连科学家都以全新的观点来看宇宙,那么先前从科学家那里承袭机械的世界观的会计人员,为何还把人类组织机械性的论点牢牢抱住不放呢?我们不该再将管理会计视为驱使人去测量的工具,而是要激励人去探索会计测量背后的关系、模式与过程。

组织创新越来越引起人们的关注。学习型组织创始人彼得·圣吉在探讨组织变革之道时,描绘出一张组织变革的地图:让所有深切关心建立组织新形态的人,都能一起来参与一个共同的知识建构过程,渐渐绘制出更精确的地图,以建立更健康的组织。这就是他所倡导的学习型组织。其实彼得·圣吉的《第五项修炼》也是要人们走出机械还原论的误区,帮助人们在实践中处理系统复杂性。按他的说法,他的五项修炼,作为系统思考工具,"是为了了解动态复杂性而特别设计的"。《第五项修炼》最后一章的标题是"不可分割的整体",他以这样一句话作为全书的结尾:"某种新的事情正在发生,而它必然与我们都有关——只因为我们都属于那个不可分割的整体。"

各种组织有一个主要的共通点,就是拒绝演化者则难逃惩罚。抗拒随生态环境变迁的生物难逃灭绝的命运,而抗拒社会环境变迁的组织则难逃结束的命运。事实上,有机体与组织是不可分的,生态环境与社会环境也是不可分的。万物都仰赖阳光带来的能量,在宇宙中和谐地共舞。无论生物性或社会性,无论有机体或组织,万物皆为活生生存在体,而非机械性的合成物,可以如机器般妄加操纵。万物本质上都属无法操纵,再多的科学、数学、测量也无法强制它们的行为。

英国经济学家情报社等单位早在1997年就提出关于未来组织设计的报告,报告讨论了传统公司结构正走向衰败的现实,设计了未来成功企业的形象,勾画了未来组织所面临的最大挑战,认为只有最具弹性的组织才能经受住压力。这个报告提出了两种组织类型:流程再造和学习型组织。美国学者麦耶斯的《知识管理与组织设计》针对知识经济条件下直线制组织机构的衰落,强调组织设计应朝着适应新颖、创新和变革的柔性而敏捷的组织转变。日本学者野中等提出了群体知识的组织结构,即超常规组织,以适应群体创新的需要。

  我们正在努力构建和谐社会。建立和谐社会,同样是一个社会组织结构中各种利益的调整与重组问题。目前,中国社会中贫富悬殊、腐败盛行、就业困难、教育不公等困扰着高层领导,也引起民众的不满。要把眼前这块蛋糕分配得公平一些,组织管理真正面临着严峻挑战。

第二十四章 霍尔的组织效能理论

【摘要】
　　理查德·H.霍尔是专注于组织效能研究的学者,他坚持认为,组织效能是组织实践者和分析者应当关心的主要对象。霍尔一直试图在组织效能的关键领域中阐发一些观点,并且在对组织效能的分析中意识到在概念和方法上存在着矛盾。他认为,如果忽视这一矛盾,组织效能的分析就不会对组织理论或实践有任何推动作用。明智的做法是承认这一矛盾,并建立一个矛盾模型。这个模型包括组织获取资源和确立目标的关键要素。只有理论家和实践者认识到组织总是面对约束条件和命令、尝试达到目标并对付各种各样的成员、处理冲突的时间框架等问题,并且发现可进行选择的范围有限时,组织理论才会出现可用的、有意义的发展。

一、霍尔的组织理论研究活动与主要著述

　　理查德·H.霍尔(Richard H. Hall,1932—)教授是一位优秀的大学教师,同时也是美国纽约州立大学奥尔巴尼分校组织行为学跨学科博士项目的发起人之一。霍尔1956年毕业于俄亥俄州立大学,1977年起在奥尔巴尼分校任教授。与此同时,他还身兼多个管理职位:社会科学系代理主席(1978—1979)、主席(1982—1985);社会和行为科学学院院长(1991—1993);组织行为学博士项目的主任及联合执行主任(1989—1991,1994—1997);奥尔巴尼分校科研副校长和研究生院院长(1979—1980);美国奥尔巴尼—中国南开大学联合社会学博士项目协调人(1985—1991)。

　　作为一名在组织理论研究领域中享有盛誉的国际知名学者,霍尔独立撰写了七本著作,并与他人合著了一部组织理论方面的著作,发表了近50篇研究组织理论的学术论文。霍尔独著的《组织、结构、过程和结果》(普伦蒂斯·霍尔出版社2002年版)至今已发行了第八版,被公认为是组织理论研究领域中的经典。此外,他还曾是学术期刊《社会学论坛》(1995—2001)、《美国社会学家》(1991—1995)、《社会学工作与职业》(1980—1986)的编辑。现在,霍尔还担任《社会科学季刊》《德古意特组织学研究》以及其他六本学术期刊的副主

编。霍尔以亲近学生、教学一流而著名。

霍尔众多著述中有代表性的是:《职业和社会结构》(Occupations and the Social Structure, 2nd edition. Englewood Cliffs, NJ: Prentice Hall, 1975);《劳动社会学:透视、分析和问题》(Sociology of Work: Perspective, Analyses, and Issues. Thousand Oaks, CA: Pine Forge Press. 1994);《组织:结构、过程及结果》(Organization: Structures, Processes, and Outcomes. 8th Published by Pearson Education, Inc, Publishing as Pretice Hall. Copyright 2002)。

霍尔在组织理论方面的贡献在他的《组织:结构、过程及结果》一书中得到充分的体现。霍尔认为研究组织理论,最终的目的就是为了提高组织的效能,而在阐述他的组织效能矛盾模型时,霍尔对组织理论发展过程中出现的种种不同理论流派以及模型做了一个总结,对每一个流派及其模型的合理性及局限性一一作了评论,使人们看清楚组织理论研究曲折发展、不断前行的清晰轨迹。

二、组织效能及其主要的分析模型

霍尔指出,研究组织的目的,主要是为了弄清楚组织如何有效或无效、为什么有效或无效。我们总是希望一个组织从政治、经济或道德的角度上看多多少少有一定的效能。但是,对组织效能的看法不可能是完全相同的。一方面,组织效能本身即如何通过结构设计、决策和领导过程及与环境的互动使组织有效是非常复杂的;另一方面,不同的人,当他们作为本组织的成员时,由于在组织中的职务不同,或者只是作为其他组织的成员时,他们对同一组织效能的看法不仅不同,甚至还会是相互抵触的。

霍尔认为,对于组织理论的实践者和集中精力进行组织分析的学者来说,组织效能始终是一个主要的、或明或暗的出发点。他们都希望能够找到分析和调整组织以提高其效能的方法。为了对组织效能进行研究,人们提出了不同的组织效能模型。

第一种组织效能模型是系统资源模型。它是由尤琴特曼和西肖尔(Yuchtman, Seashore)在1967年创立的。这一模型认为,一个组织的效能是"组织利用环境获取稀缺而有价值的资源以维持运转的能力"[①]。他们指出,组织资源的多少是与组织获取环境资源的能力相关联的。获取资源能力强的

---

① 参见理查德·H.霍尔《组织:结构、过程及结果》,上海财经大学出版社2003年版,第268页。

组织,其运行中的资源会丰富一些,获取资源能力弱的组织,其运行中的资源则可能会贫乏一些。这一模型强调的是组织利用环境的能力而不是对环境的最大掠夺利用。因为如果所有组织都对环境资源加以最大限度的利用,则会导致资源的完全枯竭。

霍尔指出,这一模型虽然有说服力,但也存在问题。因为这一模型并没有清楚地说明一个组织业务量的增长,究竟应当作为目标还是一种获取资源的形式和条件。资源并不是组织随意想得到和随便能得到的,它应以组织努力实现的目标为基础;组织很少为了获取资源而获取资源的,而组织对环境资源的获取也是根据组织中的权力联盟所选择的路径来实现的。

第二种组织效能模型是目标模型。它是埃佐尼(Etzioni)在1964年提出来的。这一模型认为,组织的效能是"组织实现其目标的程度"①。霍尔指出,以目标为中心的观点有一个相当清晰的假设,即组织由一群理性的决策者控制,这些人表明他们希望组织在运行中达到的一系列目标。这是目标模型的优点所在。

但是,这一模型也存在缺陷。首先,组织目标可能具有多重性,目标的数量和多样性都是难以想象的。组织既有公开的、正式的目标,也有潜在的目标,而且即使其公开的、正式的目标也是多种多样的。其次,组织目标具有特殊性。许多范围广泛的目标在实际操作中会得到具体化,其可能的表现形式是更加具体和特定的分目标或子目标。在组织内部,不同单位之间可以有不同的运行方向,虽然与广泛的目标相一致,但操作起来彼此并不一样。第三,组织目标具有临时性。一个组织有长期的目标,也有短期的目标。但是多数经验的研究都是截取组织样本数据中的一个横截面,采取短期目标的分析视角。在组织的整个等级体系的不同层级上,人们思考目标的时间框架也是不同的,这更加突出了目标的临时性。

第三种组织效能模型是参与-满意模型。这是与目标模型相反的组织效能模型。管理学家巴纳德早在1938年的研究中就为这一模型确定了基调,他将组织视为一种合作的、对激励进行了分配的装置。② 1973年乔治乌(Georgiou)对该模型作了说明。他认为,组织内部必须有足够的激励才能维持组织成员对组织的贡献,组织内部还必须留有过剩的发展能力来对付环境问题。

霍尔指出,上述模型有一定的说服力,但也存在重大缺陷。首先,个人和

---

① 参见理查德·H.霍尔《组织:结构、过程及结果》,上海财经大学出版社2003年版,第269页。
② 同上,第277页。

他所从属的组织有不同形式的联系。这种联系可以是疏远的、斤斤计较的或是道德上的。正是这些不同的联系形式排除了个人和组织目标的一致性。而且，在多数组织中，个人并没有意识到组织的正式目标与操作性目标的区别，所以即使个人和组织目标一致也无实际意义。其次，这一模型将注意力放在对个人达到目标的工具分析上，而忽视了整个组织或组织的下属单位的行动或运作。一旦将组织绩效的考虑降低到个人的层面，就很难再去注意低运营成本与较少人员流动这类令人满意的结果之间存在冲突。第三，这一模型忽略了组织之外的个人也会受到组织行动的影响。

另外，霍尔还分析了第四种组织效能模型，即总体失灵与启示分析模型。对这一模型做出贡献的是组织分析家佩罗（Perrow）。他在1977年指出，大多数组织效能研究都试图将与测量效能有关的变量独立出来。[1] 他认为这是一种传统的管理技术分析，需要有一种新的模型来取代这类传统的做法。佩罗提出了组织效能分析可以采用的"总体失灵分析"和"启示性分析"的模型，这两者合起来就是要解决组织生产什么、组织效能为谁的问题。

佩罗指出，组织是有目的的人力系统，但不一定是正式目标指导下的理性系统；是协商的场所而不是合作的系统；是权力体系而不是反映文化规范的制度；是其他组织和团体的资源而不是封闭的系统。如果将组织定义为有目的的人力系统，在研究组织效能时，我们必须问的是，组织生产的是什么？传统的也是惯常的方法是观察高效能的组织，从中寻找与高效能相关的因素。与这种方法不同的总体失灵分析则是一种隔离经营差的组织的方法，即排除差的组织的做法，对保留的经营得好的组织的做法加以总结概括。其目的在于通过改善组织的服务和产品来提升组织效能。

启示性分析则是揭示多数管理者明了而许多社会科学家却不愿承认的事实，即复杂的社会系统在很大程度上是受纯粹的机会、偶然事件和运气影响的。组织中的大多数决策是模棱两可的；组织偏好的顺序是不连贯、不稳定的；组织在沟通和理解方面的努力也是时常无效的；组织子系统的联系是非常松散的；组织中的大多数社会控制的努力是非常笨拙、难以预期的。[2] 通过这种设问式的启示性分析，就能更精确地解决"组织效能为谁"的问题。但是，佩罗提出的与传统的组织效能变量分析相区别的分析模型依然是模糊的。

霍尔认为另一种模型即"约束条件、目标与参与者"分析模型是最值得重视的。这一模型是由彭宁斯和古德曼（Pennings and Goodman）在1977年提

---

[1] 参见理查德·H.霍尔《组织：结构、过程及结果》，上海财经大学出版社2003年版，第282页。
[2] 同上，第283页。

出来的。这一模型提出了组织效能概念。彭宁斯和古德曼认为,"如果相关的约束条件能够满足,并且组织结果接近或超过多重目标的一套参照标准,组织就是有效的"①。

彭宁斯和古德曼指出,所谓组织的约束条件,是一个组织要想有效就必须满足的一些条件或要求,其中包括预先确定的政策或程序;组织目标则是组织希望达到的目的或由占主导地位的联盟确定的目标。虽然约束条件和目标都用于组织效能评价,但两者是有区别的。第一个区别是组织目标会受到占有主导地位的联盟的特别注意和关心,它和占主导地位的联盟的动机密切相关。第二个区别是"目标可能或不可能接近参考标准,而约束条件作为组织效能的必要条件必须满足",组织效能的"度"可以根据目标接近或超过参考标准的程度来评价。

虽然上述模型很好地指出了组织成分有内部和外部两个部分,并且指出能够决定组织目标和确定约束条件的是其占居主导地位的联盟组成的共同体,但是,霍尔认为彭宁斯和古德曼提出的模型是存在缺陷的。一是他们没有把组织资源看作组织的约束条件。对任何一个组织来说,资源是不可缺少的,组织所要求的资源对组织来说是一个约束条件。二是两人虽然承认组织目标和约束条件都有多重参考标准,但是他们并没有注意到,单一目标或约束条件的不同参考标准可能包含相互矛盾的因素。

尽管霍尔批评了彭宁斯和古德曼的分析模型,但他仍然指出,"约束条件、目标及参与者"模型是和他所创立的组织效能矛盾分析模型很相近的模型。差别只是在于要不要将资源视为组织的约束条件,另外,是否一定要强调在组织中占主导地位的联盟共同体在有关约束条件和目标方面必须一致。

三、建构组织效能分析的矛盾模型

霍尔指出,对几种不同的组织效能模型加以对比研究后就会发现,组织效能的概念中存在矛盾。因此,科学的组织理论研究必须分解组织效能概念,揭示并评价它在内涵上以及在应用中存在的矛盾,从而构建起有效的组织效能矛盾模型。

霍尔认为,在实际构建组织效能矛盾模型之前,首先必须明确,试图建立一个包容许多因素的总体组织效能概念,并依据这一总体概念来区分有效的组织和无效的组织的做法是愚蠢的。我们必须承认,一个长期生存并运转着

---

① 参见理查德·H. 霍尔《组织:结构、过程及结果》,上海财经大学出版社 2003 年版,第 280 页。

的组织,在努力达成多种目标、获取多种资源、赢得组织内外支持等方面,或多或少是有效的。建立组织效能分析的矛盾模型的真实意图在于,帮助人们了解一个真实的组织总是面对着多种目标、多种资源,从而在不同的选择中,组织的效能可能在某些方面是高的,而在另外一些方面则比较低。

同时,霍尔也指出,在现实生活中,具体组织的目标总是多样化的,因而是充满矛盾的。私人领域中的组织,其目标是多样的。比如一个私人公司,其利润目标看上去简单而且容易计量,但是仔细分析一下就会发现不是这样。利润涉及时间、利润率、市场的动荡、公司所处的位置、产品质量等,而且利润的性质本身也是非常复杂的,包括股权的回报、总资本的回报、销售增长、债务与股权资本比率等。这些目标要素之间的关系并不是明确的,这就足以使目标变得复杂。在公共领域中,其组织目标会更加多样化,更加充满矛盾。比如,对与问题青年打交道的组织——青少年拘留中心的目标加以分析就会发现,其中既包括"提供安全监护",又有"设计健康生活"的内容,这两者是互不相容的。因为把青少年关在监狱中才能实现安全监护,而这又很难说是一种健康的生活安排。

霍尔从其他组织效能分析模型中分解出组织的环境约束条件、组织目标、组织成员、时间框架等要素,再将它们综合在一起,并指出每一个方面存在的矛盾,从而建构了一个组织效能分析的矛盾模型。

霍尔指出,效能作为一个总的概念很少有或完全没有任何作用,这是人们的共识。尽管如此,简单地忽视这个问题、忽视那些与效能有关的发现,将是一个巨大的错误。如果使用效能分析的矛盾模型,这个看似悖论的问题就能得到解决。简单地说,效能分析的矛盾模型假定组织在努力达成多种目标、获取多种资源、赢得组织内外支持以及从各种时间框架来评判效能等方面或多或少是有效的,这里多种目标、多种资源等概念是关键性的,因为它们提示人们一个组织的效能在某些方面是较高的,而在另一些方面则较低。

我们将用一个相对简单的方法来讨论矛盾模型:一是组织面临多重的、冲突的环境约束条件;二是组织有多重目标且相互冲突;三是组织有多种多样的、相互冲突的内部成员和外部股东;四是组织有多重的、相互冲突的时间框架。

通过对效能的分析我们提出概念上和方法论上的矛盾,并建立了一个矛盾模型。这个模型包括获取资源和目标模型的关键要素,它尝试用一种方法把二者结合起来,既保留它们主要的真知灼见,又增加了内部矛盾的重要因素。组织效能仍然是组织实践者和分析者的主要关心对象,如果忽视这个矛盾,分析就不会对组织理论有任何推动作用。同样,忽视组织无法控制的因素的存在或忽视一些潜在的可以操纵的因素的存在，对理论或实践也是无益的。只有理论家和实践者认识到组织在它们面对约束条件和命令、尝试达到目标并对付各种各样的成员、处理冲突的时间框架等问题并且可进行选择的范围有限时，组织理论才会出现可用的、有意义的发展。

霍尔创立的组织效能矛盾模型包括下列内容。首先，组织效能矛盾模型强调组织面临多重的、冲突的环境约束条件。这些条件，既可能是强加给组织的，也可能是经过协商，组织自觉接受的。如果组织的约束条件是被强加的，那么组织是不能加以控制的；如果约束条件是经过协商，组织自愿接受的，则组织可以在一定程度上加以控制。

无论组织的约束条件其来源如何，都必须强调其相互冲突的特性。因为满足某一约束条件的努力可能正好与满足另一个约束条件相矛盾。作为一般规律，组织越大、越复杂，它面临的约束条件的范围就越大，种类就越多，其矛盾性也就越显著。在这种情况下，组织就必须识别这些相互矛盾的约束条件，对它们进行排序，而且要努力预测其行动的后果。

其次，组织效能矛盾模型强调组织有多重目标并且相互冲突。组织目标的冲突表现在多个方面。比如，正式目标和操作性目标的冲突。操作性目标是正式目标的展开，是实现正式目标的工具。操作性目标所反映的是基于不同价值观的选择。操作目标可能根据某个正式目标来设定，也可能会推翻另一个正式目标。非正式的操作性目标与群体利益有更直接的关系，它们可能支持正式目标，也可能与正式目标无关或者背离正式目标。

再比如，组织目标也会变化。究其原因有三个。一是组织和环境的互动。组织和环境之间的关系如竞争、协商、同化和联盟，都会影响组织目标的设定。二是组织内部可能出现变动。组织在开始时往往强调容易量化的目标，放弃不易量化的目标，到后来，组织则会朝向量化目标转变。三是组织外部的压力作用。这些外部压力可能是来自环境中的间接压力，也可能是适应新技术发展要求产生的压力，还有社会价值观的变化带来的压力。组织目标会根据这些互不相关的条件的变化而加以调整。

第三，组织效能矛盾模型强调组织中多种多样的、利益相互冲突的内部成员和外部股东。股东是受组织影响的那些人，他们可能是雇员、组织成员、消费者、委托人，或者一般意义上的公众。作为组织的股东，显然有不同的并且常常是矛盾的利益诉求。

第四，组织效能矛盾模型强调组织有多重的、相互冲突的时间框架。霍尔很重视时间框架对组织目标的影响。他引用了汉纳和福利曼（Hannan and Freeman）对这一问题的论述。这两位学者指出，要了解组织如何在时间上体现是一个难题。在相同的环境下,两个目标相同、运营结构相同的组织可能会强调不同的投资回报速度。一个组织可能在某种情形下,用一种既可能增加有利结果的概率又可能增加长期衰退风险的方法进行投资。另一个组织可能会避免较快的回报以便得到长期的安全。

在使用时间框架方面,组织内部也有差异。这些差异发生在单位之间以及垂直方向的各个部门之间。随着时间的流逝,环境约束条件的约束作用,以及涉及的环境条件也不相同。曾经在某个时间非常关键的约束条件可能会消失,不再对组织构成威胁,但新的约束条件也会随即出现。在组织的历史中,时间扮演着重要的角色。

四、组织效能矛盾模型的应用

在应用组织效能模型时,霍尔认为,许多理论研究和实践应用都证明,组织在决策上并不可能实现最优化。因此,在分析组织效能时,正确的思维是,必须强调在迫切的约束条件、目标、成员和时间框架下实行妥协。在外部压力下,要基于力量关系和组织内的联合与合作作出妥协。

人们在应用组织效能矛盾模型时,首先必须清楚地知道,组织存在无法控制的约束条件。组织只能努力控制那些它觉得对自己很重要的约束条件,通过行业垂直一体化、利用董事会、政治干预、做广告等途径来让组织努力掌握或减少环境的不确定性,形成有利于自己的环境。但是,总有一些环境条件是无法控制的,如天气、世界政治经济的变化、人口模式、组织所在地区的经济社会发展等。组织所碰到的无法控制的事件和力量,会成为组织不可避免的约束条件的一部分。组织必须认真分析并应对这些客观的无法控制的约束条件,并及时调整其他可控制的约束条件、组织目标、组织成员和时间框架。[①]

其次,组织在应用效能矛盾模型时,必须认真对待潜在的可操纵的环境约束条件。健康的组织运行总是要想方设法操纵、控制环境。组织的最高层管理人员的主要任务就是要提高本组织在环境中的地位。对于组织来说,控制、操纵潜在的环境约束条件,要对付、处理的是一个不确定的领域。对于市场的垄断者来说,如果某人确信能提出一个控制环境的技术,那么每个组织都会争相采用。国家的反垄断法就是专门用来对付某些组织的环境控制行为的。只要在法律许可的范围内,或只要未被抓住,任何一个组织都会尽可能地努力控制和操纵潜在的环境约束条件。

---

① 参见理查德·H.霍尔《组织:结构、过程及结果》,上海财经大学出版社2003年版,第286页。

不仅私人组织会努力控制、操纵其组织的约束条件,公共组织也会这样做。公共预算的过程其实就是组织控制环境的例子。组织通过控制预算,以获取资源来维持生存、促进发展。公共组织向其成员和其他人发送信息,这些信息被用来保护组织及其利益。①

第三,组织在应用效能矛盾模型时,必须充分考虑自身的特点。在组织自身的边界内,组织有能力按照决策和政治进程的需要进行建构或重构。组织在给定的条件下,存在着最有可能成功的各种各样的组织结构与形式。组织的最高层管理者的任务就是在不同的情形下确定什么是最合适的组织结构与形式。人们很容易发现,由于组织处在一个变化的态势中,在技术迅速变化的领域中的组织常常没有正式的组织图,因为这类组织中的战略和组织结构之间存在一种相互变动的关联。

虽然组织结构并不完全是灵活的,特别是工会协议、习俗和法律都削弱着组织的灵活自主性,但是组织仍然有可能对自身进行新的构建或重构。虽然至今人们对组织形式是不是组织效能提升的最重要因素这一问题并没有明确的答案,许多研究似乎表明,组织最终的生存取决于组织控制之外的某些因素,但是有一点是清楚的,即根据组织的特点,在不同的条件下长期控制相关的环境,建构组织以获取足够的资源,这些乃是试图达到目标的任何组织效能分析必须考虑的关键因素。②

五、当代的组织理论流派分析

围绕组织效能这一中心因素,霍尔对当代出现的五大组织理论流派或模型进行了分析、评价。他认为,虽然每个组织理论或流派对组织现象的解释都有其真知灼见,但没有哪一种组织理论与流派可以被证明为经典的或最佳的。

第一种组织理论流派是种群-生态理论。对这一理论或流派做出贡献的学者比较多,如奥尔德里奇(Aldrich)、汉纳(Hannan)、比德韦尔(Bidwell)、麦凯尔维(Mckelvey)、鲍姆(Baum)等。这一组织理论流派不讨论单个组织单位,而是关心组织的不同形式或总体,认为人们偏向于选择能很好地适应环境的组织形式,而放弃那些对环境适应性较差的组织形式。这种对组织形式的选择通常包含三个阶段。在第一阶段上,组织形式发生变异,这种变异可能是计划好的,也可能事先没有计划过。只要变异发生,第二阶段就开始了。这是

---

① 参见理查德·H.霍尔《组织:结构、过程及结果》,上海财经大学出版社2003年版,第287页。
② 同上,第288页。

一个选择的阶段,合适的组织形式被选用,而不合适的组织则被淘汰。第三阶段是保持阶段,组织形式的保持可以是"保存、复制或繁殖"。经过三个阶段,合适的组织形式就会在环境中占领"适当位置"。足以满足这种组织形式"所需要的资源及其他约束条件的明显结合"。但是环境仍然还有一些"适当位置"对合适的组织形式虚位以待。①

霍尔认为,种群-生态理论是有意义的。主要体现在两个方面:一种意义是提出了检验组织效能的"最终标准"。生存是组织效能的积极标志,而组织死亡则是消极的标志。另一种意义在于它让人们敏锐地感觉到环境因素的重要性。这一理论告诉人们,如果因为适当位置的扩张或萎缩而使组织形式处于成长期或衰退期,则任何组织模型都必须重视环境因素。

霍尔认为种群-生态理论流派也存在缺陷。不少组织理论学者对这一理论流派提出了批评。他们认为种群-生态理论流派只是提出了公理式的归纳概括,即凡是有效地生存下来的组织相对来说都比那些不能生存的组织更好地采用了适应环境中的适当位置的结构,但是对组织和环境究竟应该如何正确地"匹配"这一关键的问题并没有讲清楚。而且种群-生态理论很少提到组织效能问题。这一理论过多地将组织形式与生态系统加以类比,而没有涉及组织中的人的决策和行为动机。事实上,组织并不是一群没有活力的大众,虽然有些组织因为对环境的反应较为迟钝而给人们留下没有活力的印象,但是,所有的组织都在做事情。组织将输入转换成输出,这些输出会对社会产生影响。

第二种组织理论流派是资源-依赖理论。对这一理论做出贡献的学者有奥尔德里奇(Aldrich)、费弗(Feffer)、邓福德(Dunford)等人。资源-依赖理论首先假设组织不能够产生它所需要的各种资源,同样,不是每一个可能的行动都能在组织内部得到执行从而实现组织的自立。这说明组织在资源上必须依赖环境。在组织-环境关系中组织是积极参加者,组织管理者既管理组织又管理组织所依赖的环境。组织通过其最高管理人员与社会连接起来。资源-依赖理论的一个重要因素是组织的战略选择。它也是这一理论的核心。在环境中组织可以有多种选择,不存在一个最佳的结构或行动路径,关键是要确定选择的标准和结构的标准。资源-依赖理论强调组织内部的权力配置对战略选择的决定作用。

资源-依赖理论认为,组织进行有关环境的战略决策有三种方法。第一种方法是由组织内的决策者自行决策。这种决策主要是围绕组织在环境中的

---

① 参见理查德·H.霍尔《组织:结构、过程及结果》,上海财经大学出版社2003年版,第292页。

"适当位置"来进行的。组织内部的决策者既可以选择去填充或占有环境中的"适当位置",也可以选择离开"适当位置"。① 第二种方法是组织努力控制环境本身。组织可以运用合法或不合法的方式控制竞争,包括操纵专利权、压制某种技术发展来作为控制资源-依赖的手段。组织总是努力减少对其他组织的依赖,而让其他组织依赖自己。第三种方法是组织行动者根据自己的背景和价值观来判定环境的真实性。环境是由组织内的行动者即人来感知、理解和评价的,并且依据自己的感知、理解和评价来对环境采取行动。虽然同一组织内人们的背景具有同质性,但不同的组织决策者对环境的感知、理解和评价的相同程度是有限的。至于不同的组织,它们对环境的感知、理解和评价不可能完全相同,对环境采取的行动也不会完全相同。

资源-依赖理论还关心组织形式的保留问题。有三种机制可以让组织将以往取得成功的组织形式保留下来。第一种机制是通过建立文书档案系统,实现官僚化,来保留成功的组织形式。第二种保留机制是社会化过程。个人进入组织,就是持续地进行正式或非正式的社会化过程。组织将内部的文化传播给新的成员。第三种保留机制是组织领导结构长期保持一致。组织是通过筛选和过滤才让一些人进入组织的管理层的,这种筛选和过滤是由组织中最高层的人做出的,他们可能挑选和自己一样的人。

第三种组织理论流派是理性-权变理论。下列学者对这一理论做出过贡献:劳伦斯(Lawrence)、洛尔施(Lorsch)、贝克尔(Becker)、唐纳森(Donaldson)等。理性的观念加上权变的思想,产生了理性-权变理论。权变理论的一个重要思想是:什么是最好的组织方法,完全取决于组织所必须面对的环境具有什么样的特性。理性-权变理论认为组织总是在追求目标的实现、应对自身面临的环境,组织意识到并不存在一个最佳的组织方法。

作为观察组织理性和权变的一个重要视角,马克思主义认为,经济制度的进化是不可避免的。同时,组织的发展不单纯是一个技术问题。马克思主义的视角对理解理性-权变理论是有意义的。它指出组织管理总希望结果是理性的,但是组织应对环境的手段不一样,特别是组织中的决策者对工人的态度不同,却不能保证结果必然是理性的。理性-权变理论并不假定只要有实现理性的意图,理性就必然实现。无论从马克思主义的还是非马克思主义的视角来看,理性-权变理论都把组织行为看作在一定环境背景下,组织在一系列目标之间进行选择的结果。②

---

① 参见理查德·H. 霍尔《组织:结构、过程及结果》,上海财经大学出版社 2003 年版,第 297 页。
② 参见理查德·H. 霍尔《组织:结构、过程及结果》,上海财经大学出版社 2003 年版,第 302 页。

第四种组织理论流派是交易-成本理论。对这一理论流派作出贡献的是威廉姆森(Williamson)、拉泽尔松(Lazerson)等人。虽然威廉姆森声明,其理论并不排斥其他的组织理论流派,但他仍然认为,他的交易-成本理论具有很强的解释力。该理论的出发点是商品和服务的交易或交换。它假定个人的行为是为了谋取私利。简单的交易是在自由市场中的"当场成交"。但后来,简单的市场交易被更为复杂的、不确定的情形所取代,简单的信任关系也越来越成问题,其结果是等级制度或组织的产生。在威廉姆森看来,组织是对不确定的环境进行的反应。环境不确定性的表现之一是潜在交易伙伴的不确定性,组织不清楚他们是否可靠,不清楚他们的行为方式是不是机会主义的。由于组织行为受到雇佣合同的限制,在这种情况下,等级制度就有助于降低交易成本。组织也可以向相反的方向发展,它们可以通过从外部购买资源、临时性的帮助和转包等方式回到市场。因此,在组织和市场之间的运行并不必然是单向的。但是,拉泽尔松似乎并不完全同意威廉姆森的观点。他认为一些公司通过横向和纵向的一体化扩张,在组织内部创造内部市场。另外,这些公司组织靠强化的分包,增加了对市场的依赖。这些组织在内部创造了内部市场,但重要的是作为等级制度的组织并没有发展起来。

对交易-成本理论做出最为系统驳斥的是格拉诺维特尔(Granovetter)。他认为,经济交易实际上是嵌入社会关系之中的。以此为基础,他批评了市场-等级制度理论。他指出,在现代社会中,经济交易与信任有关,这反过来又与社会关系而不是经济关系有关。不能将交易-成本模型仅仅局限在经济交易的领域。事实上,无论交易的产生是否基于社会的或经济的原因,也无论市场交换和组织层级是否在发生交易的地方产生共同作用,交易-成本理论都是重要的,但它只有和其他理论一起,才能很好地解释组织行为。①

第五种组织理论流派是制度主义理论。对这一理论做出贡献的有迪马乔(DiMaggio)、鲍威尔(Powell)、迈尔(Meyer)、斯科特(Scott)等人。首先,迪马乔和鲍威尔认为"制度同构"是组织所以采用现有形式的主要原因。他们指出,重大的社会变革已经引发很大的变化,需要对组织结构重新进行解释。但在同一领域中,组织之间出现同构性有三个原因:其一是来自环境的强制性力量。政府的规制与文化方面的期望是外在的力量,将标准化强加在组织身上。组织采取的形式必须经由政府将其规范化、合法化。其二是组织间的相互模仿或相互示范。在面临不确定的问题并为该问题寻求答案时,组织往往采取同一组织场内的其他组织在面对类似的不确定性时所采取的制度化解决方

---

① 同上,第304页。

式。其三是在组织中的员工变得更为专业化时,便会出现规范性压力。在现代社会中,专业培训、组织场内专业网络的发展和复杂化导致了一种制度的形成,在这种制度下,同一组织场内的管理人员之间几乎没有什么区别。

制度主义理论特别强调符号的作用。迪马乔和鲍威尔强调的是制度化的惯例被引入组织的方式。他们指出,同一组织场中的组织在互换专业人员或者面临共同的紧急情况时,就会发展出同构性。其他的制度主义论者关注组织和环境的关系,更多地从惯性和模式被赋予意义的角度,以及互动模式和结构得以合法化的方式的视角探讨了组织的塑造和发展问题。另外的一些学者则认为,组织中的个体是有感情的、有意义的行为者,他们并不是狭隘的、专家政治的决策者,正是他们在和环境的互动中逐步建构了组织并选择了组织的结构形式。组织及其结构形式并不是由非个人技术力量,也不是靠简单的政治决策,或由冷酷无情的环境需求塑造出来的。

但是,制度主义理论仍然存在缺陷。比如,制度主义强调制度化的作用,但其论证却是同义反复。他们认为制度化是行动者努力实现其政治目的产物,而一个项目的成败及制度采取什么样的形式取决于支持、反对或以其他方式影响制度化项目的行动者之间权力的对比。将这些论述做压缩,实际上讲的就是行动的制度化取决于权力的制度化。再如,制度主义理论没有对什么是制度化的、什么不是制度化的做出区分。事实上并不是任何说起来是制度性的东西都是制度化的。

在对比分析了当代各种组织理论流派之后,霍尔指出,随着组织理论研究的发展,人们越来越多地认识到,不应该将这些理论流派视为对立的或相互竞争的解释,不应当用一种理论去反对另一种理论,而应当将它们结合起来。综合这些众多的理论流派,人们发现组织在努力实现自身的目标、追赶竞争对手的同时都必须获取资源,这几乎是人所共知的常识。在组织理论学家心目中,大家也已经形成强烈的共识:随着时间的流逝,彼此之间不再是"为范式而战的斗士",相反,都想试图通过多种视角联合起来,从而对组织的产生、运行及其结构形式寻找更为圆满的解释。①

---

① 参见理查德·H. 霍尔《组织:结构、过程及结果》,上海财经大学出版社 2003 年版,第 310 页。

后 记

当《组织理论:历史与流派》再版时,我心里充满的是感慨和感激。

我感慨的是自己经过艰辛的努力,终于在学术的道路上有所收获。上个世纪 80 年代中期,我得到一次出国进修的机会,来到美国纽约州立大学奥尔巴尼分校,师从理查德·H.霍尔教授学习组织理论,并在著名组织行为学家戴维·麦克费雷的指导下,从事组织理论研究。回国后,由于仍继续从事学校行政部门的管理工作,只能在实际事务中体会和运用所学到的组织知识。

后来,我遇到一次在当时看来是人生的困惑,从学校行政部门出来,到学院授课教学。但正是这次工作的转换,让我找准了自己的"适当位置"。我发愤钻研,认真教学,不断提升自己。读完了博士,被聘为教授,取得了博导的资格,从一个行政管理者转型为一名合格的教师。也正是在离开学校行政部门的十几年中,我真正开始了对霍尔教授传授的组织理论知识的研究。在向研究生、课程进修班的学员、MPA 的学生介绍组织理论的一个个流派以后,我将讲授的组织理论汇集整理,交付南京大学出版社出版,这就是本书的第一版。

由于当时组织理论对于中国的学术界来说还是一个新的领域,该书成稿时,即受到不少人的关注。时任南京大学副校长的张永桃教授,不仅竭力向南京大学出版社推荐此书,而且还亲自为本书的第一版作序。其后,当时的全国人大常委会副委员长王光英先生、著名社会学家费孝通先生在读到本书后都肯定了我在这方面的研究,两人都欣然为本书题写了书名。当时担任江苏省省委常委、江苏省政协主席的胡福明教授在通读该书后,也欣然为本书作了序。本书第一版问世后受到好评,许多研究企业组织和公共组织的论著大量引用了本书介绍的理论和观点,多所大学将此书指定为行政管理专业研究生入学考试参考专著。

我感激的是在我的学术生涯中有那么多的人给予我帮助。本书第一版问世后,由于市场经济的发展与完善,公司治理的任务提上议事日程,变革公司的组织结构成为理论界和实务界关心的课题。同时,经济的发展也推动政府管理创新,作为政府行政管理体制改革重要内容的政府机构改革也成为重点研究工程,如何配置公共行政权力,形成合理、有效的公共组织结构成为理论界和实务界关注的话题。这些实际需要推动着组织理论研究的发展。一些关心我学术研究的人不断鼓励我做这方面的深入研究,建议我认真总结近十几年来硕士生和博士生的组织理论课程教学经验,对组织理论的流派进行补充,对原书进行修订。在他们的提议、帮助和关心下,本书终于有了现在的新版本。

  理查德·H.霍尔教授在他的组织理论著作中,曾非常深刻地指出,一个组织在处理与环境的关系时,关键是要做出正确的战略性选择,确定自己在社会中的"合适位置",只有找到了"合适位置",组织才会有效能。其实一个人也是这样,在一生中,只有努力找准自己在社会中的"合适位置",人生才会放出光彩。当然只是找准合适的位置还不行,还需要有好的和谐的环境。值得庆幸的是,在我遭遇转折,懊恼彷徨,甚至被人误解时,总有些人安慰我、开导我、理解我。在我对组织理论的研究松懈时,总有人给我鞭策、鼓励和力量。在一个和谐的社会组织中,人们总是相互理解、相互支持、相亲相爱、通力协作的。当本书的新版面世时,我真诚地感激那些在学术道路上一直理解我、关爱我的人们。

朱国云

2014 年 3 月